JN451901

기계경비기획설계

주 일 엽 저

도서출판 진 영 사

기계경비기획설계

주 일 엽

2012년 9월 1일 초판인쇄
2012년 9월 3일 발 행

발행인 박 진 영

발행처 도서출판 진영사
인천광역시 부평구 갈산동 16-22번지
전화 : 032)505-4207
팩스 : 032)505-4206
E-mail : 0183734207@hanmail.net
등록 : 122-91-77317

ISBN 978-89-6541-089-8 93300
값 23,000원

저자와 합의로 인지첨부를 생략합니다.
저작권법의 보호를 받는 저작물입니다.
내용과 구성의 무단 전제 및 도용을 금합니다.

머 리 말

우리나라의 기계경비 관련산업은 크게 기계경비 장비산업과 기계경비 서비스산업으로 구분할 수 있다. 기계경비 장비산업의 경우는 삼성테크윈, LG전자 등 전기·전자·기계 관련업체를 중심으로 CCTV, DVR 등 주요 제품에 대한 국제적인 경쟁력을 확보하고 있으며, 기계경비 서비스산업의 경우도 에스원(S1), ADT캡스, KT텔레캅 등 기계경비 관련업체들이 기업, 가정 등을 대상으로 다양한 서비스를 제공하면서 지속적인 성장을 거듭하고 있다. 이제 기계경비 관련산업은 이제 물리보안뿐만 아니라 정보보안까지 포괄하는 종합보안산업으로 영역을 확대하고 있으며, U-City, U-Health, 로봇산업 등 미래지향적 사업영역에도 역량을 집중하고 있다.

이러한 기계경비 관련산업의 비약적인 발전은 경호, 경비 등 시큐리티 분야를 학문적으로 공부하고 실무적으로 담당하는 많은 사람들에게 시큐리티 전문가로의 성장을 모색할 수 있는 상당한 기회로 인식되고 있다. 그러나 높은 사회적 관심에도 불구하고 기계경비와 관련한 학문적 발전은 기계경비 관련산업의 비약적인 발전에 비해 상대적으로 미흡한 실정이다. 이는 기계경비 관련산업의 보안적 특성에 기인하는 면도 있지만, 시큐리티 분야에서 경호, 경비, 경찰, 범죄 등 여타 분야에 비해 기술적 특성이 높은 기계경비 분야에 대한 학문적 접근이 상대적으로 어렵고 지금까지 해당 분야의 인재 양성에도 소홀히 한데 따른 것일 수도 있다.

저자가 본 서를 저술한 이유는 지금까지 기계경비개론 등 개론서 위주의 기계경비 관련 이론과 실무를 보다 구체화할 필요가 있었기 때문이다. 본 서는 일반인들이 기계경비기획설계에 대해 포괄적으로 이해하는데 초점을 두었다. 따라서 기계경비기획설계에 대한 기술적 개념 외에 행정적, 법적 개념도 상당부분을 할애함으로써 자연과학과 사회과학을 상호 연계하는 융합적, 통섭적 이해를 할 수 있도록 본 서의 구성에 관심을 기울였다.

모두 7개장으로 구성된 본 서의 구체적인 내용은 다음과 같다. 제1장은 환경설계를 통한 범죄예방(CPTED)에 대하여 기본이론, 세부기법, 그리고 CPTED와 시큐리티시스템 간의 관계를 기술하였고, 제2장은 전기이론, 전기설비, 전기법규 등 전기시설 기획설계에 대하여 기술하였으며, 제3장은 정보통신이론, 정보통신설비, 정보통신법규 등 정보통신 기획설계에 대하여 기술하였다. 제4장은 기계경비 표준규격, 기계경비 설계단계, 기계경비 제도설계 등 기계경비 설계방법에 대하여 기술하였으며, 제5장은 기계경비업무, 기계경비시스템 기획설계, 자동화재탐지설비 기획설계 등 기계경비시스템 기획설계에 대하여 기술하였다. 제6장은 CCTV 시스템, CCTV 시스템 기획설계, CCTV 시스템 가이드라인 등 CCTV 시스템 기획설계에 대하여 기술하였으며, 제7장에서는 개인안전 참고법규, 안전관리 참고법규, 건축건설 참고법규, 기타분야 참고법규 등 기계경비 참고법규에 대하여 기술하였다.

본 서를 저술하면서 기계경비개론을 저술할 당시 느꼈던 기계경비 관련자료의 부족 등 현실적인 문제가 이어졌다. 기계경비기획설계의 학문적·실무적 특성, 경비지도사 국가자격시험 출제기준 등을 고려하여 전기, 전자, 통신 및 기계경비 기본이론의 일부분을 저자의 기계경비개론에서 참조하고 재구성하였으며, 기계경비기획설계와 관련한 행정적·법적 개념은 관련법규 중심으로 기술하였다. 독자들은 본 서가 지금까지 상대적으로 부족했던 기계경비기획설계 이론서로서 저술되었다는 점에서 부족한 부분에 대한 이해를 바란다. 이에 대해서는 지속적인 자료 수집을 통해 보완하겠으며, 이에 대한 독자들의 아낌없는 지도·편달도 기대한다. 아울러 본 서가 인용하거나 참고한 자료를 저술한 모든 분들, 그리고 본 서의 경제성 여부를 떠나 기꺼이 출판을 결정한 도서출판 진영사 관계자들께 감사드린다. 끝으로 본 서를 저술하는데 있어서 무한한 배려와 격려를 마다하지 않은 나의 가족에게 감사를 표한다.

2012년 8월
중부대학교 경찰경호학과 연구실에서
저자 씀

차 례

제1장 환경설계 범죄예방

제1장 환경설계 범죄예방

제 1 절 CPTED 기본이론

1. CPTED의 개념

(1) CPTED의 정의

CPTED는 Crime Prevention Through Environmental Design, CPTED('셉테드'[Sep-Ted]라고 읽음, 이하 CPTED)의 준말로 우리말로는 '환경설계를 통한 범죄예방'이라고 한다[그림 1-1 참조]. 해외의 CPTED 관련자료를 중심으로 CPTED를 정의하면 CPTED란 "인간이 거주하는 시설이나 주변 환경의 보다나은 설계와 효율적인 사용으로 범죄에 대한 공포와 범죄의 발생을 감소시키고 인간의 삶의 질을 향상시키는 범죄 예방 원리"를 의미한다. CPTED는 건축물이나 주변시설을 건축하고 난 이후에도 적용이 가능하나 실질적으로는 건축물이나 주변시설을 건축하기 이전이 가장 최적의 시기라고 할 수 있다. CPTED의 사용은 범죄기회를 감소시켜 범죄와 공포를 줄이고 공간의 합법적인 사용자들 사이에 긍정적인 사회적 상호작용

[그림 1-1] CPTED[1)]

1) National Crime Prevention Council, Crime Prevention Through Environmental Design Guidebook, 2003.

을 유도하는데 범인의 체포나 처벌보다는 예방에 보다 중점을 두는 것이 특징이다.

CPTED는 1960년 초 제인 제이콥스(Jane Jacob)가 처음으로 개념을 제기한 이래 1971년 레이 제프리(Ray Jeffery)가 이에 대한 개념을 정립하였다. CPTED의 발달과정을 살펴보면 다음과 같다.2)

1960년 초 제인 제이콥스(Jane Jacob)는 뉴욕에서의 거주경험을 토대로 한 '위대한 미국 도시들의 죽음과 삶(The Death and Life of Great American Cities)'을 통해 거주자와 물리적 환경과의 상호작용, 이웃이나 도로의 활성화가 삶에 미치는 영향, 주거환경과 범죄와의 다양한 연관성 등을 설명하면서 CPTED의 개념을 최초로 제기하였다. CPTED라는 용어를 처음 사용한 레이 제프리(Ray Jeffery)는 1971년 '환경설계를 통한 범죄예방(Crime Prevention Through Environmental Design)'에서 도시설계와 범죄와의 관계에 대해 이론적으로 소개하였다. 1972년에는 웨스팅하우스 프로젝트에 참가하였던 오스카 뉴만(Oscar Newman)은 '방어공간(Defensible Space)'이라는 책에서 '자연적 감시', '접근통제 및 영역에 대한 관심'의 중요성을 설명하면서 소유감이나 영역감의 부족이 범죄행위와 밀접한 관계에 있다는 것과 건물 설계 시 그 형태나 사용형태를 고려해야 하는 필요성을 강조하였는데 이를 통해 '환경설계를 통한 범죄예방(CPTED)'이라는 학문분야가 생겨났다. 이후 미국 전역으로 확산된 CPTED 연구 및 실용화작업은 1980년대 들어 CPTED 원칙이 각 지역의 건축관계 법령에 반영되기 시작했다. 1980년대 이후부터는 캐나다, 영국, 호주, 일본 등 선진국에서도 CPTED 기법을 적용한 설계사례들이 꾸준히 증가하고 있으며 우리나라에서도 관련연구들이 지속적으로 증가하고 있다. CPTED에서 환경은 사람이 거주하는 물리적·사회적 환경을 포함하는 개념이고 환경설계란 환경자체에 밀접하게 연관된 변수들을 변화시킴으로서 특정범죄나 두려움을 예방하려는 기법을 말한다. '장소와 범죄' 사이의 관계를 중심으로 범죄예방을 위한 건축 및 환경 설계를 연구하는 이론과 접근방법에는 CPTED 이외에도 여러 가지가 있으며 완전한 이론적, 실무적인 통합이 이루어지지 않고 있는 실정이다.

(2) CPTED 추진사례3)

미국 캘리포니아 오클랜드 락우드 가든(Lockwood Gardens)에서는 범죄예방 전략으

2) 경찰청, 환경설계를 통한 범죄예방(CPTED) 방안, 2005, pp.14-17, 내용 재구성.

3) 주일엽·조광래, 환경설계를 통한 범죄예방(CPTED)과 시큐리티시스템(Security System) 간 연계방안, 한국경호경비학회지, 제19호, 2009, pp.170-171, 재인용.

로 조명 개선, 주변 울타리 보강, 안전장치가 된 출입구, 건물 외부수리, 지역주민의 유대감을 나타낼 수 있는 표지판 설치 등이 시행되었다. 도로에 인접한 주택가의 앞마당에 범죄자들이 접근하는 것을 제한하기 위하여 길 주변에는 허리 높이의 울타리를 설치하였고 외곽에는 2~3미터 정도 높이의 울타리를 설치하였다. 또한 외곽 울타리 양끝에는 출입구를 설치하고 열쇠를 부착하여 허가받은 사람들만이 출입할 수 있도록 하였으며 출입구 근처에 경비실을 설치, 안전요원을 배치함으로써 상설 감시체계를 갖추었다. 이렇게 변화된 울타리와 출입구, 경비원 덕분에 범죄자들의 접근과 도주가 어려워졌으며 주거지 내에서의 마약거래상들의 거래가 근절되었다.[4)]

미국 텍사스주 휴스턴(Huston)에서는 주택지구의 삶의 질 향상을 위한 도시 재활력 프로그램인 'Neighborhood To Standard'를 마련하여 도심지의 재활력과 안전성 강화를 위해 노력하였다. 이를 위해 지역사회의 문제와 필요성에 대해 지역주민들을 대상으로 여론조사를 실시하여 공공시설, 가로등, 도로 정비, 폐가 정비, 하수구 정비, 가로미화 등 지역주민들이 원하는 사항에 우선순위를 두고 도시환경을 개선하였다. 또한 공원과 같은 공공지역의 안전문제가 도시지역 주민들의 삶의 질과 밀접한 관련이 있다는 인식하에 기준보다 높은 조명 설치, 주민들이 같이 할 수 있는 프로그램 개발, 도시가로등의 효용성 증가를 위해 조경수 전지작업, 주택가나 미개발 지역의 조경정리 등을 실시하였다. 이와 같은 시의 적극적인 노력으로 주거단지가 활성화됨에 따라 주변지역 또한 안정화되는 '오아시스 효과'가 나타났다[5)].

호주의 빅토리아주는 1990년대 이래 '범죄 예방 설계'의 개념을 정책상 적극 실천하였다. 도시의 조명을 더 밝게 하거나 보행에 편리한 건축환경을 조성함으로써 범죄 발생 건수를 줄였다. 범죄예방 설계의 교육을 받은 경찰 간부들은 마을회의, 자문회의, 안전진단 등 업무에 눈에 띄지 않도록 참여했다. 경찰은 야간 주민통행의 보호에 관심을 기울였으며, 그 결과 범죄 신고 건수가 크게 줄었다. 경찰은 모습을 드러내지 않고 주민들이 스스로 범죄 예방에 참여하는 방법을 썼고 이것이 효과를 발휘했다. 과거 경험들은 경찰 주도의 범죄예방은 효과가 낮지만 풀뿌리(Grassroots)에서 출발한 범죄 예방은 효과적이었다는 것을 보여준다.[6)]

우리나라의 경우는 CPTED에 대한 접근이 외국에 비해 다소 늦은 편이다. 경찰청은

---

4) 경찰청, 환경설계를 통한 범죄예방(CPTED) 방안, 2005, p. 30.
5) 경찰청, 환경설계를 통한 범죄예방(CPTED) 방안, 2005, pp.30-31.
6) 경향신문, "안전한 도시, 경찰 아닌 주민이 만드는 것", 2009.4.16.

과거의 도시계획이 경제성과 편의성만을 고려한 건축설계로 우범지대 발생 등 범죄 기회의 증가로 이어져 범죄예방에 한계를 드러냄에 따라 도보순찰·차량순찰 등과 같은 인력투입식 예방활동에서 탈피하여 범죄를 예방하는 과학적인 범죄예방 방안인 CPTED를 시행하게 되었다. 경기도 부천시의 CPTED 시범적용을 위하여 T/F팀을 구성하여 2005년 7월부터 2007년 6월까지 2년간 시범운영을 실시하고 '환경설계를 통한 범죄예방 방안'과 '범죄예방을 위한 설계지침'을 마련하여 부산, 대구 등 10개 혁신도시 예정지에 배포·활용토록 하였다. 경찰청은 유관기관과 협의하여 행정중심복합도시, 혁신도시 등 신도시 계획 수립 시 CPTED 기법을 반영하는 한편, 범죄예방 개념과 방범시설물 의무화 등이 법제화 될 수 있도록 주택법 등 관련법령 개정을 추진하였다.[7)]

경찰청은 2005년 7월 '경찰청, 판교신도시에 CPTED 도입 추진' 제하 브리핑에서 판교 신도시에 환경설계에 의한 범죄예방 프로그램인 CPTED 도입을 추진키로 하였다고 밝혔다. 이를 위해 2005년 7월 경찰청과 건설교통부, 성남시, 한국토지공사, 대한주택공사 등 판교 신도시 건설과 관련한 관계기관 실무자들과의 협의에 이어 2005년 8월 판교신도시에 적용할 '범죄예방을 위한 설계지침'을 제공함에 따라, 건설교통부 등 관계기관에서는 판교 신도시 기본 계획에 CPTED 기법을 적극 도입하기로 결정하였다[표 1-1 참조].[8)]

서울시는 2009년 3월 CPTED 이론을 적용한 '범죄예방 환경설계지침'을 마련하고 사업시행인가를 받은 뉴타운 등 240여개 구역에 본격 시행한다고 밝혔다. 이는 우리나라의 범죄발생이 2003년 이후 연간 200만 건을 넘어서는 등 도시범죄가 증가 추세에 있고 영국·미국 등에서 환경설계를 통해 범죄예방 효과를 거둔 점에 착안한데 따른 것이다. 범죄예방 환경설계지침은 범죄유형을 살인, 강도, 절도, 손괴, 폭력, 강간, 방화, 침입 등 8가지로 구분하고, 유해환경요소를 유흥가, 공장, 다중밀집, 상권활성화, 학원가, 역세권, 학교주변 등 7가지로 구분청 브리핑자료 하여 구체적인 CPTED 적용 방안을 규정한 것이 특징이다.[9)]

---

7) 경찰청, 2007 경찰백서, 2007, pp.85-86.
8) 경찰청, 경찰청 브리핑자료 -"경찰청, 판교신도시에 CPTED 도입 추진", 2005.7, pp.1-5.
9) 서울시, 서울시 브리핑자료 -"서울시, 국내 최초 범죄예방 환경설계지침 개발", 2009.3.15; 국민일보, "뉴타운 '방범설계' 적용한다", 2009.3.16.

[표 1-1] 경찰청의 CPTED 지침

[범죄예방을 위한 설계 지침]

(경찰청, 2005)

제 1 장 총 칙

제 1 조 (목적)

이 지침은 단독주택단지, 아파트단지, 공원, 주차장, 학교, 상업시설 등의 조명과 조경 등에 대한 설계기준을 정하여 기존도시 및 신도시의 범죄예방과 안전을 도모하는데 있다.

제 2 조 (적용범위)

이 지침은 신도시 및 도시재개발 등을 통한 주택단지 조성이나 개별 건축물 신축에 적용하며 지역이나 범죄의 특성 등에 따라 차등하여 적용할 수 있다.

제 3 조 (용어의 정의)

이 지침에서 사용하는 용어의 정의는 다음과 같다.

1. "환경설계를 통한 범죄예방(CPTED)"이라 함은 적절한 건축설계나 도시계획 등을 통해 대상지역의 방어적 공간특성을 높여 범죄가 발생할 기회를 줄이고 지역 주민들이 안전감을 느끼도록 하여 궁극적으로는 삶의 질을 향상시키는 종합적인 범죄예방 전략을 말한다.
2. "수고(樹高)"라 함은 지표면으로부터 수목 상단부까지의 수직높이를 말한다.
3. "지하고(枝下高)"라 함은 수목의 줄기에 있는 가장 아래가지에서 지표면까지의 수직거리를 말한다.
4. "자연적 감시"라 함은 시야를 최대한 확보할 수 있도록 건물이나 조경 등의 물리적 특징을 배치하는 것이다.
5. "자연적 접근통제"라 함은 입·출구, 울타리, 조경, 조명 등 시설물을 적절히 배치하여 사람들이 보호공간에 들어오고 나가는 것을 통제하는 것을 말한다.
6. "영역성"이라 함은 조경, 조명, 표지, 보도 형태, 울타리 등을 이용하여 일정 지역에 대한 소유권을 표시하는 것을 말한다.
7. "활동 활성화"라 함은 일정 지역에 대한 지역주민 등의 사용을 증진시키기 위해 공원을 배치하거나 다양한 상가를 유치하는 것을 말한다.

제 4 조 (범죄예방을 위한 설계 지침의 일반 원칙)

건물설계나 신도시 건설시 범죄예방을 위해서는 "환경설계를 통한 범죄예방(CPTED)"의 일반원칙을 따라야 한다.

① 건물의 형태를 결정하거나 주변 시설물을 배치할 때는 도로 등 주변에서 내부또는 내부에서 외부주변에 대한 자연적 감시가 잘 이뤄지도록 설계되어야 한다.

② 조경, 울타리, 표지 등과 같은 건물이나 공원 등의 시설물은 자연적 접근통제가 잘 되도록 설계한다.

③ 건물이나 공원 등을 설계할 때는 공적공간과 사적공간을 명확히 구분하여 영역성을 강화하는 방향으로 설계한다.

④ 도시 공간 구조를 다양화하거나 건물 내에 다양한 상가나 사무실을 유치하여 지역주민의 활동이 활성화 되도록 해야 한다.

제 2 장 조 경

제 5 조 (일반 기준)

조경은 건설교통부의 조경기준을 따르되 범죄예방을 위하여 다음과 같이 식재한다.

① 건물의 창문 앞에는 1미터 이하의 관목을 식재하고 순차적으로 교목을 식재하되 교목은 지하고 2미터 이상을 유지하여 시야를 확보해야 한다.

② 수목의 식재로 인하여 숨을 장소나 함정지역이 생기지 않도록 수목의 간격을 일정하게 유지하여야 한다.

③ 건물과 일정한 간격을 두고 식재하여 창문을 가리거나 나무를 타고 침입하는 것이 발생하지 않도록 해야 한다.

④ 조경은 항상 잘 정돈하고 관리하여 시야를 가리거나 조명을 가리는 것을 피해야 한다.

⑤ 인접한 곳에는 비슷한 수종을 식재하여 형태나 크기 등의 일관성을 유지해야 하며 같은 블록에서는 가능한 같은 수종을 식재해야 한다.

제 6 조 (단독주택단지, 아파트단지의 조경기준)

① 단독주택 정원에 수목을 식재할 때에는 창문을 가리지 않도록 수고 1미터 이하의 관목을 식재하고 교목을 식재할 경우 지하고를 창문높이 이상으로 하여야 한다.

② 아파트의 경우 단지앞 정원에는 수고 1미터 이하의 관목을 식재하고 단지 중앙부에 지하고 2미터 이상을 가진 교목을 식재하여 시야를 확보한다.

제 7 조 (주차장의 조경기준)

① 지상주차공간 주변은 숨을 공간이나 함정지역이 생기지 않도록 관목은 피하고 지하고(枝下高) 2m 이상을 가진 교목을 식재하여 시야를 확보하여야 한다.

② 수목의 식재로 인하여 조명을 가리지 않도록 조명과 조경간의 공간을 충분히 확보하여 야간에 시야를 확보하여야 한다.

③ 지하주차장에서 나오는 출구 주위에는 가능한 조경수를 식재해서는 안되며 부득이한 경우에는 주변에서의 자연적 감시가 쉽게 이뤄지도록 해야 한다.

제 8 조 (공원의 조경기준)

산책길이나 보도 주위에는 관목을 설치하고 안쪽으로 교목을 식재하여 공원 이용자의 시야를 방해하지 않아야 한다.

제 3 장 조 명

제 9 조 (일반기준)

조명은 건설교통부의 도로안전시설 및 관리지침의 조명시설을 따르되 범죄예방을 위하여 다음과 같이 설치한다.

① 보행자의 통행이 많은 지역은 사물에 대한 인식을 쉽게 하기 위하여 눈부심 방지(Glare-Free) 보행자燈을 사용하고 조명의 종류는 색채의 표현과 구분이 가능한 것을 사용해야 한다.

② 조명은 균일성이 유지되고 명암의 차이가 적도록 설치되어야 한다.

③ 높은 조도의 조명을 적게 설치하는 것보다 낮은 조도의 조명을 많이 설치하여 그림자가 생기지 않도록 하고 과도한 눈부심을 줄여야 한다.

④ 차도와 보행로가 함께 있는 도로에는 반드시 보행자燈을 설치해야 한다.

⑤ 사용되지 않는 장소, 고립된 장소 등은 조명을 밝히지 않아야 한다.

⑥ 유입공간, 표지판, 입구와 출구는 조명을 충분히 밝혀 사람들을 인도하여야 한다.

⑦ 그늘진 곳, 움푹 들어간 곳, 보이지 않는 곳에는 조명의 연결이 끊기지 않도록 해야 한다.

⑧ 조명의 효율성을 높이기 위해 가능한 지면만을 비추도록 설계한다.

제 10 조 (도로의 조명기준)

① 가로등은 차도만을 밝히지 말고 보행로도 함께 밝혀야 한다.

② 조명주위에 나무를 식재할 때는 일정한 거리를 두거나 가지치기를 하여 조명을 가리지 않도록 해야 한다.
③ 도로에 설치된 조명은 10m 전방에서 사람을 식별할 수 있는 조도를 유지해야 한다.
④ 보행등을 설치할 경우에는 가로수의 지하고(枝下高)를 고려하여 조명이 방해받지 않도록 하여야 한다.

제 11 조 (단독주택단지의 조명기준)

① 단독주택 단지의 경우 출입문, 정원, 지상주차장에는 조명을 설치하여 야간에 주변환경을 감시할 수 있어야 한다.
② 출입문으로 가는 통로에는 유도등을 설치하야 한다.
③ 정원의 조명은 조경에 의한 그림자가 생기지 않도록 일정한 거리를 두거나 가지치기를 해야 한다.
④ 단독주택 주변에 설치된 조명은 인근 지역 주민의 수면을 방해하지 않도록 차광 구조를 설치해야 한다.
⑤ 단독주택의 좌우측면이나 뒤편의 사각지역에도 보안등을 설치하여야 한다.

제 12 조 (아파트단지의 조명기준)

① 연립주택이나 빌라, 아파트의 경우 단독주택의 조명기준을 준용한다.
② 공동출입구와 계단에는 조명을 설치하여 불안감을 감소시켜야 한다.
③ 공동주차장이나 아파트 앞 정원에는 그림자가 생기지 않도록 조명을 설치하되 조도는 15룩스 이상으로 하여 시야를 분명히 해야 한다.

제 13 조 (공원지역의 조명기준)

① 공원의 특징을 살릴 수 있는 상징적인 배치를 하되 적정한 조도를 유지하여 안전감을 높여야 한다.
② 산책로 주변에는 유도등이나 보행등을 설치하여 공원을 이용하는 사람들의 불안감을 감소시켜야 한다.
③ 나무의 가지 등 조경요소에 의하여 조명시설이 가리지 않도록 배치하고 관리해야 한다.
④ 공원입구, 통로, 표지판은 충분한 조명을 설치하여 야간에도 쉽게 보이도록 하여야 한다.

제 14 조 (지하주차장의 조명기준)

① 주차장법에 규정되어 있는 70 룩스의 조도를 유지하여야 한다.

② 주차장 내부에 조명을 설치할 때는 주차 구획선 위 천장에 설치하여 주차된 차를 쉽게 인식할 수 있어야 한다.

③ 지하주차장의 천장조명과 함께 사람의 키 높이 정도로 벽에도 조명을 설치하여 사각지대 발생을 피하여야 한다.

④ 주차장이나 주차장 유입로의 벽이나 천장에는 빛을 반사하는 페인트와 물질을 사용하고 모든 보행자 지역에는 조도를 높여 안전감을 향상하여야 한다.

⑤ 지하주차장의 조명은 눈부심 방지(Glare-Free) 조명을 설치하여야 한다.

제 15 조 (기타 조명기준)

① 야간에 사용되는 지역은 도로에 사용되는 것과 같은 수준의 조명을 공급해야 한다.

② 주택가 주변의 골목, 공터 등에도 조명을 설치해야 한다.

③ 버스정류장, 택시 승강장 등에도 조명 시설을 설치해야 한다.

제 5 장 영 역 성 확 보

제 16 조 (일반기준)

영역성 향상을 위한 일반기준은 다음과 같다.

① 공적인 장소와 사적인 장소사이를 분명하게 구별하고 정해진 장소로만 출입하거나 접근할 수 있도록 울타리나 조경을 설치해야 한다.

② 외부에서 사적 공간 안으로 들어오는 입구는 소유감각을 증진할 수 있도록 상징물을 설치하여야 한다.

③ 출입로와 통로의 명확한 경계를 위해 도로와 다른 포장재료 사용, 높이의 차이, 조경 등을 활용해야 한다.

④ 현재 위치와 방향감을 제공하거나 일정 지역의 사용용도를 명확하게 하기 위해서 도로로부터 분명하게 보이는 장소에 표지판 등을 설치해야 한다.

제 17 조 (단독주택단지의 영역성 강화 기준)

① 주택주변에 간단한 정원과 보행로를 만들어 공적공간과 사적공간의 구분을 명확히 하여야 한다.

② 사적공간임을 명확히 하기 위해 조경을 활용하거나 울타리를 설치하여야 한다.

③ 단독주택단지 외곽은 울타리나 펜스를 설치하여 거주자의 영역감을 증진하되 친환경적인 재료를 사용하고 시야를 방해하는 것을 피하여야 한다.
④ 단지 근처에 가구별 주차장을 설치하고 방문자 주차장은 별도로 설치하여야 한다.

제 18 조 (아파트단지의 영역성 강화 기준)
① 각 동 앞에는 정원을 설치하고 도로와 정원 사이에 별도의 보행자 통로를 만들어 공적 공간과 사적 공간의 구분을 명확히 하여야 한다.
② 정원은 펜스나 울타리를 사용하여 사적인 공간임을 명확히 하여야 한다.
③ 보행자 통로는 도로와 다른 포장재료나 색깔을 사용해야 한다.
④ 아파트 단지 외곽은 조경이나 울타리 등으로 거주자의 영역감을 증진시켜야 한다.
⑤ 거주자 주차장과 방문자 주차장을 구별하여 표시하여 방문자 차량임을 명확히 하여야 한다.

제 19 조 (공개된 지역의 영역성 강화 기준)
① 공원이나 상가지역도 사적 지역, 준사적 지역, 공적 지역의 구분을 명확히 하여야 한다.
② 사적지역과 공적지역 사이의 구분을 명확히 하기 위해 전이공간을 설치하여야 한다.
③ 상가지역은 부지 배치 등을 표시한 표지판을 설치하여 영역감을 높여야 한다.

제 6 장 자 연 적 접 근 통 제

제 20 조 (일반기준)
사적 공간으로의 접근통제는 다음과 같은 일반기준에 따른다.
① 사적지역으로의 접근을 통제하기 위하여 울타리나 펜스를 설치하여야 한다. 단, 울타리의 유형을 선택할 때에는 자연적 감시를 고려하여야 한다.
② 보행자의 안전을 위하여 인도는 도로를 따라서 설치하여야 한다.
③ 출·입구 통로는 관목이나 잔디를 사용하여 입구를 쉽게 알아 볼 수 있도록 해야 한다
④ 건물외벽을 디자인할 때는 침입을 용이하게 하는 요소나 시설을 피하여야 한다.
⑤ 건물과 구역의 출입구에는 출입차단장치를 설치하여 출입을 통제해야 한다.

⑥ 단지 내 출입구의 수를 제한하고 통과만을 위한 도로는 단지외곽으로 우회하도록 계획되어야 한다.

제 21 조 (단독주택단지의 접근통제 기준)

① 주택주변에 울타리나 펜스를 설치하여 외부인의 자유로운 출입을 차단하여야 한다. 단 울타리나 펜스는 자연적 감시를 고려하여 높이를 조정하여야 한다.
② 출입통로에는 문을 설치하고 출입문은 잠금장치를 설치하여야 한다.
③ 창문에는 잠금장치와 방범창을 설치하되 주변 환경과 조화를 이루는 미적요소를 고려하여 인증제품을 사용하여야 한다.
④ 단독주택 단지 내에는 근린생활시설을 제외한 다른 업종의 배치를 억제하여 지역 주민 이외의 사람이 쉽게 출입하는 것을 피하여야 한다.

제 22 조 (아파트단지의 접근통제 기준)

① 각 동의 출입문에는 경비원을 배치하여 출입을 통제하여야 한다.
② 각 동의 출입로에는 상징문을 설치하여 사적 공간임을 인식시켜야 한다.
③ 1, 2층의 외벽은 침입을 용이하게 하는 요소를 제거하여야 한다.
④ 개별 가구의 주 출입문은 이중 잠금장치를 설치하고 창문에도 잠금장치와 방범창을 설치하여 침입을 막아야 한다.
⑤ 주 출입로의 입구에는 출입차단기를 설치하며 경비원을 배치하여야 한다.
⑥ 단지 외곽으로는 울타리나 펜스를 설치하여 단지내로의 출입을 통제하여야 한다.
⑦ 주 출입로 입구에 상가를 배치하여 외부인이 단지내로 출입하는 것을 통제해야 한다.

제 23 조 (공개된 공간의 접근통제 기준)

① 공원의 외곽에는 울타리나 펜스를 설치하여 사람들의 출입을 통제하여야 한다.
② 야간에 사용하지 않는 공원은 출입문을 닫고 조명을 꺼야 한다.
③ 사용시간이 정해진 공원은 정해진 시간을 알리는 표지판을 설치하여야 한다.

제 7 장 활 동 의 활 성 화 방 안

제 24 조 (일반기준)

사람의 활동을 유도하고 활성화하는 일반기준은 다음과 같다.

① 유흥주점 등과 같은 유해환경업소의 위치는 주변 여건과의 관계를 고려하여 결정해야 한다.

② 도로 주변에 소매점, 편의점과 같은 시설물을 배치하여 자연적인 감시가 이뤄지도록 한다.

제 25 조 (단독주택단지의 활동 활성화 기준)
주택단지 중앙에 운동장, 레크레이션센터 등을 설치하여 지역 주민의 소유감을 높이고 자연적 감시의 기회를 제공한다.

제 26 조 (아파트단지의 활동 활성화 기준)
① 주민자치센터, 관리사무소, 테니스 코트, 어린이 놀이터를 단지 가운데 설치하여야 한다.
② 단지내에는 정자와 벤치를 설치하여 자연스럽게 이웃주민이 모이고 활동할 수 있는 공간을 고려하여야 한다.

제 27 조 (공원의 활동 활성화 기준)
① 공원에는 운동시설을 설치하여 지역주민들의 활동이 활성화될 수 있도록 유도하여야 한다.
② 단독주택단지나 아파트단지 주변에 공원을 배치하여 지역주민들의 상호작용의 장소로 활용되도록 하여야 한다.

(3) CPTED 기술표준

CPTED 기술표준에 있어서 대표적인 사례로는 유럽표준(CEN)과 한국산업표준(KS A 8800: 2008)을 들 수 있으며, 영국, 미국, 호주, 뉴질랜드 등 일부 국가에서는 CPTED와 관련하여 법령으로 규정하고 있다. 이에 대해 유럽표준(CEN), 한국산업표준(KS A 8800: 2008), 그리고 주요국가의 입법사례를 살펴보면 다음과 같다.

유럽표준위원회(CEN, The European Committee for Standardization)의 경우를 살펴보면 1996년 CPTED 표준화를 위한 CEN/TC325가 구성되었으며 CEN/TC325는 표준화 작업을 위해 3개의 실무그룹을 구성하여 운영하고 있는데 WG1에서는 EN 14383-1 '용어의 정의'를, WG2는 ENV 14383-2 '도시계획'을, WG3에서는 다양한 시설과 공간(주택, 상가, 주유소, 학교, 차량 이용 테러 방어)에서의 CPTED 가이드라인을, 이후에 만들어진 WG4에서는 '대중교통 수단과 시설'에서의 범죄 및 두려움 예방설계 및 관리 표준을 다루고 있다. [표 1-2]는 CPTED 유럽표준 제정을 위한 실무그룹과 담당 분야를 정리한 것이다[10)]

[표 1-2] CPTED 유럽표준 제정을 위한 실무그룹과 담당 분야

실무그룹(WG)	담당 분야	내 용
WG1	EN14383-1	CPTED 관련 용어의 정의
WG2	CEN/TR14383-2:2007	도시계획 및 설계 절차 및 시스템
WG3	CEN/TS 14383-3	주택단지
	CEN/TS 14383-4	상가 및 오피스
	prCEN/TS 14383-5	주유소
	prCEN/TR 14383-6	학교 등 교육시설
	prCEN/TR 14383-8	차량 이용 공격에 대한 건물 방어와 보호
WG4	prCEN/TR 14383-7	대중교통 수단 및 시설

* EN은 확정된 표준, TS는 technical specification, TR은 technical report, CEN앞의 pr은 pre standard로서 사전표준안을 의미.

국가표준인증종합정보센터는 2008년 CPTED의 핵심요소, 전략, 절차에 대한 가이드라인을 규정한 '범죄예방 환경설계(CPTED) - 기반표준'(Crime Prevention Through Environmental Design - fundamentals, 표준번호 KS A 8800: 2008)을 제정하여 시행하고 있다. 현재 우리나라는 '범죄예방 환경설계(CPTED) - 기반표준' 외에 설계가이드라인, 전문인력 양성체계 등 세부적인 규격은 미제정된 상태로서 향후 제정될 범죄예방환경설계(CPTED) 표준화 틀은 [표 1-3]과 같다. '범죄예방 환경설계(CPTED) - 기반표준'(표준번호 KS A 8800: 2008)은 주거지역, 상업지역, 공업지역, 학교·청소년 시설, 쇼

10) 박현호, 근거이론에 기초한 환경설계를 통한 범죄예방 표준화의 질적 연구: CPTED 유럽표준의 분석과 국내 표준화의 발전 방향을 중심으로, 한국공안행정학회보, 34, pp.177-178, 182.

핑센터 · 소매점, 공원, 대중교통시설 등 7개 종류의 환경(시설 및 공간)에 대한 환경 유형 전략 · 기법을 예시하고 있다.11)

[표 1-3] CPTED 표준화 틀

분 야	규격 번호	제 목	비 고
프로세스(시스템)	KS A 8800	범죄예방환경설계(CPTED) - 기반규격	제정
설계 가이드라인	KS A 8811	주거지역 CPTED	
	KS A 8812	상업지역 CPTED	
	KS A 8813	공업지역 CPTED	
	KS A 8814	학교/청소년 시설 CPTED	
	KS A 8815	쇼핑센터/소매점 CPTED	
	KS A 8816	공원 CPTED	
	KS A 8817	대중교통시설 CPTED	
	KS A 8818	방범 CCTV 시스템 설계 및 구축 가이드라인	
전문인력 양성 체계	KS A 8840	CPTED 전문인력 양성 프로그램	
공공/민간 파트너십	KS A 8850	공공/민간 파트너십 Best Practice	
인증 기본요건	KS A 8860	인증 기본요건(Requirements)	
자격인증.기관 인정/인증	KS A 8870	인증심사원 자격인증 및 기관 인정/인증	
적합성 평가 가이드	KS A 8870	적합성 심사평가 가이드라인	

영국, 미국, 호주, 뉴질랜드 등은 법률, 조례 등을 제정하여 CPTED의 조기정착을 위하여 많은 노력을 경주하고 있다. [표 1-4]는 주요국가의 CPTED 입법사례를 예시하

11) 국가표준인증종합정보센터, 범죄예방 환경설계(CPTED) - 기반표준'(Crime Prevention Through Environmental Design - Fundamentals, 표준번호 KS A 8800: 2008, 2008, pp.i-ii, pp.35-37.

고 있다.[12)]

[표 1-4] 주요국가의 CPTED 입법사례

국가명	주요 법규	내 용
영 국	범죄와 무질서법(Crime and Disorder Act 1998)	지방정부와 경찰에 모든 의사결정과 업무를 수행할 때 지역사회의 안전을 고려할 의무를 부과
미 국	애리조나주 Tempe시 조례의 CPTED 규정	경찰이 범죄예방 계획을 평가하고 승인할 수 있는 권한을 부여
	워싱턴주 Seatac시 조례의 CPTED 규정	야외조명, 지상주차장 조명, 주차장 구조, 주유소와 편의점 설계 및 관리, 보행로, 자전거도로, 공원의 조명, 건물의 전면, 조경, 내부공간, 자연적 감시와 관련한 CPTED 원칙과 의무가 자세히 규정
	플로리다주 Gainesville시 편의점 행정조례	CPTED의 '감시(Surveillance)' 원칙 등을 법제화
호 주	NSW주 환경설계평가법 제 79c조	모든 건축설계 허가관청으로 하여금 모든 새로운 개발신청을 평가함에 있어 반드시 범죄위험성을 고려하는 것을 의무화
뉴질랜드	국가 지침 (National Guideline)	CPTED 원칙에 대해 설명하고 있으며, 전략적 정책으로서 CPTED를 적용하고 시행하는 방법, 절차에 대해서 설명

12) 신의기 · 박경래 · 정영오 · 김걸 · 박현호 · 홍경구, 범죄예방을 위한 환경설계의 제도화 방안, 연구총서 08-15. 한국형사정책연구원, 2008, pp.91-110.

2. CPTED 기본원리

(1) CPTED 기본원리

CPTED의 기본원리는 크게 첫째, 자연적 감시(Natural Surveillance), 둘째, 자연적 접근 통제(Natural Access Control), 셋째, 영역성(Territoriality), 넷째, 유지와 관리(Maintenance and Management) 등 4가지 기본원리로 구분할 수 있다. 이를 구체적으로 살펴보면 다음과 같다.13)

첫째, '자연적 감시(Natural Surveillance)'는 잠재적인 범죄구역에서 범죄자를 감시하거나 관찰할 수 있는 상황을 만든다는 것이다. 이는 범죄자가 타인으로부터 감시, 관찰되는 것을 원하지 않는다는 것을 감안한 것으로 감시 또는 공공장소에서의 정당한 시선은 범죄자가 발각될 수 있는 위험을 증가시킬 수 있다. 감시의 기본 목표는 실질적인 효과의 유무를 떠나 침입자를 내부에 들이는 것을 제한하는 것이 아니라, 침입자를 관찰할 수 있도록 하는 것이다. '자연적 감시'는 잠재적인 범죄구역에 있는 사람들이(관찰자) 창문이나 조명의 확보, 그리고 장애물의 제거 등 다수의 기법을 통해 시야선(Sight Lines)을 확보하거나 개선할 수 있다.

둘째, '자연적 접근 통제(Natural Access Control)'는 출입문, 담장, 수목, 그리고 기타 물리적 요소를 이용하여 인가받지 못한 사람들이 정당한 이유 없이 특정지역을 출입하는 것을 배제하는 것이다. '자연적 접근 통제'는 거주지나 상업시설 등 시설물에서 적절한 시건장치, 출입문, 그리고 방범창을 이용하여 달성할 수 있다. '자연적 접근 통제'는 사람들이 공공장소에서 개인공간(사유물)으로 이동할 경우에 보다 많은 주의가 필요한데 적절한 입구, 출구, 담장, 조망 및 조경은 사람이나 차량의 이동을 모두 안내할 수 있으며 범죄의 기회를 감소시킨다. '자연적 접근 통제'는 거리나 광장 등 일반인의 사용이 개방된 장소에서 적용하는 것은 보다 어려운데 이러한 환경에서 접근을 통제하는 것은 비물리적 또는 심리적 장벽 등 다른 기법이 필요하며, 표지판, 보도블럭, 안내로 등을 활용하거나 잠재적인 범죄자로 하여금 범행대상이 범행에 어렵도록 느끼도록 한다. '자연적 접근 통제'의 모든 기법은 범죄의 기회를 감소시켜야

---

13) National Crime Prevention Council, Crime Prevention Through Environmental Design Guidebook, 2003, pp.3-5, 내용 재구성.

하지만 잠재적인 범죄 피해자의 이동성을 제한해서는 안 될 것이다.

셋째, '영역성(Territoriality)'은 사람들이 개인 영역과 타인의 영역을 구분하여 자신의 영역을 자연스럽게 보호할 수 있도록 하는 것을 의미한다. 담장, 포장도로, 표지판, 양호한 유지보수와 조망은 개인의 영역성을 표현할 수 있으며 침입자를 인식하는 것은 잘 구분된 영역성에서는 매우 용이할 수 있으며 잠재적인 범죄자의 범행 의지를 감소시킬 수 있다.

넷째, '유지와 관리(Maintenance and Management)'는 개인 소유물이나 영역을 지속적으로 유지하고 관리함으로써 범죄자가 해당 시설이나 영역에 대한 침입 의지를 차단하는 것을 의미한다. 이는 황폐한 지역이 황폐하지 않은 지역에 비해 원하지 않는 활동을 더 많이 유발할 수 있다는 개념에서 출발하고 있는데, 영역에 대한 관심, 사회적 응집력과 안전에서 내한 보편적인 인식이 지역의 정체성과 이미지의 발달을 통해 강화된다는 것으로 확장된다. 공공장소, 개인공간 구분이나 공간의 세분화와 같은 공간의 정의는 사회적 소외를 감소시키고, 반달리즘(Vandalism)과 같은 범죄 행동이나 일탈의 기회를 감소시키는 것과 관계가 있다. '유지와 관리'는 시간이 경과해도 지속될 수 있도록 관심을 가져야 한다.[14)]

(2) 3가지 D 접근(Three D Approach)

'3가지 D 접근'(Three D Approach)은 Designation(목적), Definition(정의), Design(설계) 등이 있다. '3가지 D 접근'은 간단한 공간 평가 안내로써 어떻게 공간을 설계하고 사용해야 하는지에 대한 기준을 결정하는데 도움을 준다. '3가지 D 접근'의 개념은 ① 모든 공간은 고유의 목적(Designated Purpose)을 가진다. ② 모든 공간은 사회적, 문화적, 법적 또는 물리적 정의(Definitions)를 가진다. ③ 모든 공간은 바람직한 행동(Desired Behaviors)을 지지하고 조정하도록 설계된다. '3가지 D 접근'이 기준으로 사용되기 위하여 공간은 [표 1-5]와 같은 고려사항에 따라 평가되어야 한다.[15)]

---

14) CPTED의 기본원리 중에서 '유지와 관리(Maintenance and Management)'와 유사한 범죄예방 이론으로 '깨어진 창'(Broken Window) 이론이 있는데 깨어진 채 수리되지 않고 있는 창문이나 가로등, 거리에 장기간 방치된 폐차, 쓰레기가 쌓인 거리 등 방치되고 있다는 지역임을 나타내는 무질서한 물리적 환경은 주민들에게 범죄에 대한 공포감을 증대시키고 나아가 다양한 무질서, 비행, 범죄가 발생하기 쉬운 환경을 초래한다는 이론이다.

15) National Crime Prevention Council, Crime Prevention Through Environmental Design Guidebook, 2003, pp.6-7, 내용 재구성.

[표 1-5] '3가지 D 접근'의 고려사항

구 분	고 려 사 항
Designation (목적)	• 공간의 고유로 부여된 목적은 무엇인가? • 처음에 의도된 목적은 무엇인가? • 공간이 현재의 사용이나 의도된 사용을 얼마나 잘 지원하고 있는가? • 위법성이나 이해관계의 문제는 없는가?
Definition (정의)	• 공간이 어떻게 정의되는가? • 소유 구분이 명확한가? • 공간의 경계는 어디인가? • 공간이 사용되는데 영향을 미치는 사회적, 문화적 정의가 있는가? • 법적, 행정적 규정이 명확하고 정책이 강화되는가? • 표지판이 있는가? • 목적과 정의에 있어서 갈등이나 모호함이 있는가?
Design (설계)	• 물리적 설계는 의도된 기능을 얼마나 잘 지원하는가? • 물리적 설계는 바람직하거나 수용할 수 있는 행동을 얼마나 잘 지원하는가? • 물리적 설계는 의도된 인간 활동의 적절한 기능이나 공간의 생산적인 사용을 방해하거나 충돌하는가? • 행동을 통제하기 위한 물리적 설계가 관습이나 예의와 충돌하거나 혼란을 야기하는가?

제 2 절 CPTED 세부기법

1. CPTED 설계전략

CPTED의 기본원리에 기초한 CPTED 설계전략은 ① 분명한 시야선 확보(Allow for clear sight lines), ② 적절한 조명의 사용(Provide adequate lighting), ③ 고립지역의 개선(Minimize concealed and isolated routes), ④ 사각지대의 개선(Avoid entrapment), ⑤ 부지 용도의 다양화(Promote land use mix), ⑥ 활동인자 활성화(Use of activity generators), ⑦ 영역성 강화(Create a sense of ownership through maintenance and management), ⑧ 정확한 표지로 정보 제공(Provide signs and information), ⑨ 공간 설계 및 유지 관리(Improve overall design of the built environment) 등이 있다.[16][17] 이를 구체적으로 살펴보면 다음과 같다.[18]

(1) 분명한 시야선 확보

시야선은 전후좌우의 모든 방향에서 볼 수 있는 선을 말하는데 건물이나 도시 등을 설계할 때 예리한 코너, 튀어나온 벽, 높은 울타리, 무성한 수풀과 같이 시야선을 방해하는 요소는 피하고 낮은 담장, 정돈된 관목, 투명한 울타리와 같이 사용자가 쉽게 볼 수 있는 것으로 설치하여 범죄를 예방하여야 한다. 건물설계나 도시계획 시 분명한 시야선을 확인하고 범인이 숨을 수 있는 장소를 피해야 한다. 건물 내의 예리한 코너, 돌출부위, 기둥 등 시야선을 방해하는 것은 가능한 제거해야 하며 개조가 불가능한 곳은 CCTV, 볼록거울 등과 같은 기계적 장비를 설치하여 시야선을 보충해

16) 9가지 설계전략 외에도 '고립된 도로의 개선(Minimize concealed and isolated routes)'이나 '사각지대의 개선(Avoid entrapment)' 개념과 유사한 '고립지역의 감소(Reduce Isolation)'가 있다(National Crime Prevention Council, Crime Prevention Through Environmental Design Guidebook, 2003, p. 8).

17) 주일엽·조광래, 환경설계를 통한 범죄예방(CPTED)과 시큐리티시스템(Security System) 간 연계방안, 한국경호경비학회지, 제19호, 2009, p. 168.

18) National Crime Prevention Council, Crime Prevention Through Environmental Design Guidebook, 2003, pp.8-28, 30-33; 경찰청, 환경설계를 통한 범죄예방(CPTED) 방안, 2005, pp.35-46, 내용 재구성.

야 한다. 시야선은 2층 이상의 주차장 계단, 지하도, 고층빌딩의 로비와 같이 범죄가 발생할 가능성이 있는 공간을 설계하거나 계획할 때 특히 반영되어야 한다.

조경을 선택할 때에는 나무들이 성장하여 장벽이나 숨겨진 장소를 만들지 않도록 최대 높이 등 성장 습성 등을 파악하여야 한다. 기둥모양의 나무와 가지가 개방된 나무는 가지와 잎이 넓게 퍼져있는 수목에 비해 시야선 확보를 통한 관찰이 용이하다. 가시권을 방해하는 급격한 코너변화, 기둥, 벽은 피하여 설계하고, 식목의 성장에 따라 원래 설계된 시야선이 모호해지지 않도록 유지관리를 잘해야 한다[그림 1-2 참조].

【 점검사항 】

1. 도로에서 시야선을 감소시키는 날카로운 모서리 또는 갑작스런 변화가 개선될 수 있는가?
2. 설계가 시야선이나 가시성을 확보하고 있는가?
3. 고층빌딩의 계단, 로비 등과 같은 관심지역은 명확한 시야선을 가지고 있는가?
4. 시야선이 막혀 있다면, 유리를 사용해서 가시성을 확보하거나 거울, CCTV 등과 같은 보완방안이 있는가?
5. 식물의 성장에 따른 조망권의 방해 가능성에 대해 고려하고 있는가?
6. 지하도, 주차장 등과 같은 장소에서 분명한 시야선을 확보하고 있는가?

[그림 1-2] 분명한 시야선 확보

(2) 적절한 조명의 사용

잘 설치된 적절한 조명은 범죄의 두려움을 제거하고 범죄를 예방하는 가장 중요한 요소다. 기본적인 조명은 정상적인 시야에서 사람이 10미터 거리에서 얼굴을 식별할 수 있도록 하여야 하며, 조명은 지역에 맞는 적정한 가시권을 제공해야 한다. 보행자 도로, 뒷 골목길, 공공장소의 접근 통로에서는 10미터 거리에서 얼굴을 식별할 수 있도록 조명을 설치해야 하며 특히 표시물이나 입·출구의 조명은 더 밝은 것을 사용해야 한다. 반면, 외딴 곳이나 인적이 드문 곳으로 연결되는 통로에는 조명의 설치를 가능한 피해야 한다. 왜냐하면 조명을 설치할 경우 이 같은 장소가 사람이 자주 이용하는 장소라는 잘못된 정보를 제공하여 오히려 범죄의 위험에 노출될 수 있기 때문이다.

조명은 그림자와 조명 지역 사이의 명암 차이를 줄이기 위해 균일하게 밝혀져야 하고 높은 조도를 사용하기 보다는 낮은 조도의 조명을 많이 설치하는 것이 깊은 그림자를 감소시키고 과다한 눈부심을 피할 수 있어 바람직하다. 조명시설은 잘 깨지지 않도록 내구성이 좋은 재료를 사용하거나 보호장구를 설치해야 한다. 사각지대가 생기지 않도록 설계되어야 하며 도로의 포장 면에 직접 비추어야 한다. 시야를 보존하기 위해 조경·담장 등과 같이 빛을 막는 요소를 제거해야 한다. 조명 시설은 깨끗한 상태에서 관리되어야 하고 고장이 날 경우 즉시 수리되어야 하며 수리하는 관리 주체를 기재한 스티커를 붙여야 한다[그림 1-3 참조].

【 점검사항 】

1. 도로나 공간이 야간에 사용되지 않는다면 조명이 제공되어야 할 필요가 있는가?
2. 야간에 10m 전방에서 사람의 얼굴을 알아 볼 수 있을 정도로 충분한 조명이 제공되고 있는가?
3. 그늘이 지거나 대비(Contrast)가 강하지 않도록 일정하게 조명이 제공되고 있는가?
4. 조명이 너무 강하지 않는가?
5. 양호한 가시성이 요구되는 보행로, 출입구 등과 같은 장소에서 조명장치가 설치되어 있는가?
6. 조명장치가 반달리즘(Vandalism)과 같은 범죄 행동에 보호될 수 있는가?
7. 주차장, 건물 주변공간 등 야간에 사용될 수 있는 장소에 조명이 충분히 제공되고 있는가?
8. 골목길에 조명이 필요한가?

[그림 1-3] 적절한 조명의 사용

(3) 고립지역의 개선

고립지역이란 시야선이 닿지 않거나 자연적 감시가 어려운 곳으로 사람의 잦은 통행이 없거나 도로에서 멀리 떨어져 있어 유사시 구조를 요청하거나 구조를 받기 어려운 지역을 말한다. 계단 및 경사로는 유리창을 설치하거나 개방하여 주변에서 충분한 관찰이 이뤄지도록 해야 한다. 고립지역임을 알리고 대체통로를 표시한 표지판은 조명을 잘 밝혀야 한다.

도로에서 떨어진 빌딩은 고립감을 줄 수 있으므로 피해야 한다. 저층단지의 주차장은 주변지역이나 빌딩에서 자연적 감시가 가능하도록 설치되어야 한다. 고립지역을 활성화 할 수 있는 프로그램을 개발하여 활용도를 높임으로써 자연적 감시 가능성을 높이도록 한다. 고립지역은 조명 개선, 볼록거울, 응급전화, 비상벨, CCTV 등 적절한 설치를 고려해야 한다. 응급전화나 비상벨을 설치한 경우에는 알아보기 쉬운 장소에 사용법을 기재한 표지판을 설치하고, CCTV가 설치된 곳도 감시지역임을 표시하여야 한다[그림 1-4 참조].

【 점검사항 】

1. 계단, 복도, 터널 등과 같은 고립지역은 제거될 수 있는가?
2. 고립지역의 끝에서 50 ~ 100미터 내에 출입구가 있는가?
3. 대체할 수 있는 통로가 있는가?
4. 보행자가 고립지역의 끝을 볼 수 없다면, 조명을 강화하거나 자연적 감시를 개선하여 가시성을 확보할 수 있는가?
5. 고립지역은 일정하게 조명이 제공되고 있는가?
6. 다양한 용도의 공간 사용으로 사람들이나 활동으로 자연적 감시가 제공되고 있는가?
7. 인위적인 감시가 진행되고 있는가?
8. 경보기, 비상전화, 표지판 등과 같은 장치나 시설이 설치되어 있는가?

[그림 1-4] 고립지역의 개선

(4) 사각지대의 개선

사각지대란 작고 제한된 지역으로 벽이나 수풀 같은 장벽에 의하여 3면이 가려져 있어서 시야선 확보는 어려우나 이동은 가능한 통로 근처 등 감시가 곤란한 함정지역을 말한다. 예를 들면 터널 안이나 지하주차장, 기둥사이, 다리, 계단, 키가 큰 나무 사이의 어두운 공간, 비상탈출을 위해 설치된 지역, 높낮이가 다른 차도와 보도 등을 말하며 특히 일과시간 이후 활동이 적어지는 시간대에 함정지역이 많이 생길 수 있다.

지형 상 숨을 수 있는 장소, 인적이 드문 골목, 벽으로 둘러싸인 지역, 주요 보행로 주변의 저장창고와 같은 함정지역은 제거되어야 한다. 제거가 어려운 함정지역은 일과시간 이후나 사용하지 않는 기간에는 폐쇄하거나 잠궈야 한다. 함정지역 개선을 위해서는 주변환경을 정비하여 자연적 가시권을 확보하는 것이 가장 좋으나 자연적 가시권 확보가 어려운 지역은 적절한 조명을 사용해야 한다. 승강기 문에 유리창을 사용하여 외부에서 승강기 내부를 볼 수 있도록 하거나 승강기 내에 CCTV, 비상벨 등과 같은 보안시설의 설치를 권장해야 한다[그림 1-5 참조].

【 점검사항 】

1. 사각지대가 있는가? 있다면 제거될 수 있는가?
2. 사용하지 않는 시간에는 폐쇄될 수 있는가?
3. 사각지대에 대하여 자연적 감시나 인위적 감시가 있는가?
4. 대피할 수 있는 통로가 있는가?
5. 고립지역에서 일관성 있는 자연적 감시가 있는가?
6. 고립지역이나 주차장 등과 같은 지역에서 자연적 감시가 제공되고 있는가?
7. 고립지역에서 자연적 감시가 불가능하다면, 비상전화, 경보기, 그리고 도움을 줄 수 있는 사람이 있는가?
8. 고립지역에서 활동성을 증가함으로써 공간 사용이 증대될 수 있는가?

[그림 1-5] 사각지대의 개선

(5) 부지 용도의 다양화

부지용도를 다양화하는 것은 일정 지역을 사무실·유흥가 등과 같은 한 가지 용도로만 사용하는 것이 아니라 지역주민들이 필요로 하는 다양한 시설을 배치함으로써 활용도를 높이는 것이다. 일정 지역의 부지를 다양하게 활용하는 것은 환경적, 경제적, 미적인 측면과 더불어 주민들의 시설이용을 증진시킴으로써 자연적 감시를 증가시켜 해당 지역의 안전을 확보할 수 있다. 부지활용을 다양화 한다고 하여 무계획적으로 운용되어서는 안되며 각 시설물들의 용도가 서로 조화를 이루어야 하고 특히 지역사회가 필요로 하는 시설들이 배치되어야 한다. 부지의 다양한 사용은 사람의 활동, 자연적 감시, 사람 사이의 접촉을 촉진하기 위하여 조화를 이루어야 한다. 예를 들면 주거지역에 위치한 사무실 단지에 어린이 집이나 헬스클럽, 상점 등을 설치해야 한다.

부지용도를 다양화하는 가장 중요한 이유는 지역의 주요 사용자에게 적당하고 적합한 서비스를 제공하기 위해서이다. 특히 거주지역의 편의점이나 개인 소매상, 사무실 등은 인근 지역주민의 고용기회를 창출하는 역할을 하기도 한다. 술집, 클럽 등은 도시 생활에서 피할 수 없으나 근린주거에서 어떤 곳에 위치하느냐에 따라 주변지역 환경에 큰 영향을 끼칠 수 있다. 유해업소의 위치를 선정할 때에는 사전에 이들 업소가 범죄나 주변 환경에 영향을 충분히 고려한 후 주의 깊게 위치를 선택해야 한다. 부지용도를 다양화하여 많은 사람들이 이용할 경우 익명성의 증가로 인해 범죄를 오히려 유발할 수 있다. 특히 공적공간과 사적공간이 맞닿은 곳은 범죄의 표적이 되기 쉬우므로 개인 소유의 토지나 건물에 근접한 공공장소의 일정부분을 재정비하여 일종의 완충지대를 설치(방어공간)하여 익명성을 감소시키고 잠재적인 범인들로 하여금 범죄의지를 약화시킬 필요가 있다[그림 1-6 참조].

【 점검사항 】

1. 공간을 다양하게 사용하고 있는가?
2. 공간의 사용에 있어서 유흥업소 등 관심이 요구되는 시설의 영향을 최소화 할 수 있는가?

[그림 1-6] 부지 용도의 다양화

(6) 활동인자 활성화

활동인자란 사람들로 하여금 일정지역에 모여 활동 하도록 하거나, 도로나 공간에 생명력을 부여함으로써 범죄기회를 감소시키는 시설이나 사용을 말한다. 이와 같은 활동인자에는 공원에 설치하는 놀이시설이나 휴게시설, 사무실 빌딩에 위치한 레스토랑 등이 포함한다. 활동인자는 작은 규모로 제공될 수도 있고 일정한 시설물에 부가되어 제공될 수도 있으며 특별한 사용으로 강화될 수도 있다.

허가받은 노점상이나 포장마차는 공원이나 통로의 가장자리를 따라 배치하여 지역주민들이 활발하게 사용할 수 있도록 하여야 한다. 공원은 레크리에이션이나 문화활동 같은 다양한 지역사회 활동에 사용되어야 한다. 활동인자 활성화는 많은 사람들을 유인하여 공포감과 익명성을 증가할 수 있으므로 보행자 중심의 활동을 장려해야 한다. 도로의 눈이라고 할 수 있는 소매점, 편의점과 같은 시설물을 설치함으로써 공포감을 완화할 수 있다. 또한 청소년을 위한 놀이터, 쉼터, 청소년 센터, 스포츠 공간 등을 조성하는 것은 범죄나 비행의 기회를 차단하는데 유효하나 한 장소에 지나치게 많은 청소년들이 모이지 못하도록 설계하는 것 또한 중요하다[그림 1-7 참조].

【 점검사항 】

1. 자연적 감시를 강화할 수 있는 보완적 공간 사용이 진행되고 있는가?
2. 보완적 사용자를 위한 공간 설계가 제공되고 있는가?
3. 활동성을 강화할 수 있도록 설계되고 있는가?
4. 다양한 행사나 활동을 위한 프로그램이 있는가?
5. 계획된 활동을 지원하기 위한 용도의 구분이 가능한가?
6. 일관된 활동이 가능하도록 설계되고 있는가?
7. 공간이 증가된 활동을 지원할 수 있도록 프로그램 되어 있는가?

[그림 1-7] 활동인자 활성화

(7) 영역성 강화

어떤 지역에 대한 소유감이나 영역성은 종종 장소를 보다 안전하게 만드는 중요한 요소이다. 사람들은 그들의 영역을 벗어났다고 느끼는 지역에서 불안감을 느끼며 위험한 상황에 빠질 가능성도 많다. 또한 정상적인 소유자를 알 수 없는 곳은 문제가 발생했을 때 누구에게 신고해야 하는지 분명하지 않기 때문에 불안감을 느낄 수 있다. 올바른 관리가 되지 않고 누구나 쉽게 침입할 수 있는 지역은 적정한 유지관리를 통해 경계를 명확히 해야 한다. 예를 들면 잘못 경계된 정원은 주변 조경의 정비나 작은 울타리를 설치하여 영역성을 강화할 수 있다.

일상적인 시설을 위하여 사용된 재료는 관리 필요성을 최소화 하기 위해 잘 파손되지 않는 재료를 사용해야 한다. 공공지역은 시설물이 파손될 경우 신고하거나 수리를 쉽게 할 수 있도록 잘 정리된 전화번호부나 웹사이트가 있어야 하며 고장난 자물쇠, 문이나 창문의 훼손, 부적절한 조명은 반드시 신고 되어야 한다. 낙서 제거, 쓰레기 처리, 손상된 시설물 수리 등은 공공기관이나 대지의 관리인에 의해 즉시 잘 관리되고 있다는 인상을 주어야 한다. 포장된 도로, 표지판, 울타리 등은 일정 지역에 대한 영역감을 강화시킬 수 있으나 반대로 범죄의 기회를 증가시킬 수도 있으므로 신중하게 고려되어야 한다[그림 1-8 참조].

【 점검사항 】

1. 영역성을 강화할 수 있도록 설계가 제공되고 있는가?
2. 유지 및 보수가 용이하도록 설계가 제공되고 있는가?
3. 유지 및 보수를 위한 표지판이나 정보가 사람들에게 제공하고 있는가?
4. 공간의 관리에서 낙서의 제거 등과 같은 우선적인 유지 및 보수가 진행되고 있는가?

[그림 1-8] 영역성 강화

(8) 정확한 표지로 정보 제공

표지판은 정확한 정보, 적정한 위치, 분명하고 일관된 형태 등을 통해 지역 주민들이나 방문객들에게 정확한 정보를 제공해야 한다. 적정한 곳에 전략적으로 위치한 표지판과 지도는 지역주민이나 방문객들에게 안전감을 제공한다. 표지판은 분명하고 일관되어야 하며 메시지를 쉽게 읽을 수 있도록 표준화해야 한다. 표지판은 크고 읽기 쉽고 인식 가능해야 한다. 이를 위해서는 강한 색깔이나 표준 심벌, 간단한 지도와 그래픽 등을 사용할 수 있다.

표지판은 정확한 정보를 가진 메시지를 전달해야 한다. 예를 들면 경찰관서나 행정관청같이 도움이나 지원을 받을 수 있는 장소, 관리사무실 위치, 공공시설물 이용시간 등을 나타낼 수 있어야 한다. 표지판은 교차로나 입구 근처와 같은 위치의 적당한 높이에 설치해서 잘 보이도록 해야 한다. 표지판 위의 낙서나 파손된 표지판의 방치는 관리가 되지 않고 있다는 인상을 주어 지역주민 등에게 불안감을 일으킬 수 있으므로 즉시 제거되어야 한다. 야간에는 표지판 주위에 조명을 밝혀 쉽게 알아 볼 수 있도록 해야 한다. 특히 주변 환경이 복잡한 곳은 지도를 넣는 것이 좋다. 표지판 주변은 가지치기 등과 같은 환경정비를 통해 표지판이 쉽게 보일 수 있도록 관리해야 한다. 주차장의 경우 구조나 위치를 분명하게 표시해서 사용자들이 자신들의 위치를 쉽게 확인할 수 있도록 해야 한다[그림 1-9 참조].

【 점검사항 】

1. 표지판은 높은 가시성을 가지고 있는가?
2. 표지판은 높은 가독성을 가지고 있는가?
3. 표지판은 그 의미를 명확히 전달하고 있는가?
4. 표지판은 충분한 정보를 제공하고 있는가?
5. 대피할 수 있는 통로를 제시하고 있는가?
6. 표지판은 잘 유지 및 보수되고 있는가?
6. 지하도, 공원 등과 같은 넓은 공간에서 안내도가 제공되고 있는가?
7. 표지판은 운영시간 중에 게시되고 있는가?

[그림 1-9] 정확한 표지로 정보 제공

(9) 공간 설계 및 유지 관리

주변 환경은 인간의 행동에 커다란 영향을 미친다. 범죄예방에 치우쳐 보안장비 설치만을 강조할 경우에는 주변 환경을 삭막하게 만들어 오히려 공포감을 조장하는 반면 조화롭고 아름다운 환경은 사용자에게 안락함을 제공한다. 좋은 설계는 가능한 주변 환경을 있는 그대로 활용하면서도 지리감을 향상시켜 표지판에 대한 의존도를 줄인다.

해당 시설의 기능적인 목적을 달성하는 것도 중요하지만 기본적으로 이용자가 편안하게 즐길 수 있고 미적으로도 아름다운 환경을 만들어야 한다. 공간의 설계는 이해하기 쉬워야 한다. 예를 들어 입구와 출구, 사람을 찾는 장소, 세탁소와 같은 서비스 제공 장소는 처음 방문하는 사람도 쉽게 찾을 수 있도록 해야 한다. 공간이 복잡할수록 접근성을 높이기 위한 설계·시설물들이 설치될 필요가 있으나 이것은 오히려 보다 많은 혼동을 가져올 수도 있다. 공간 설계의 목적은 분명해야 하고 사용되지 않거나 사용될 수 없는 공간은 피해야 한다. 공간설계 시 야간 사용을 고려하여 설계되어야 한다. 보다 좋은 공공안전과 보안을 위하여 적합한 재료, 배치, 색깔을 사용해야 한다. 예를 들어 밝고 힘찬 마무리는 안전감을 향상시킨다[그림 1-10 참조].

【 점검사항 】

1. 안전사항이 공간의 질적, 미적 기준과 부합하는가?
2. 주변에 이웃이 근접해 있는가?
3. 공간이 단순하고 쉽게 이해할 수 있는가?
4. 사용하지 않는 공간은 없는가?
5. 야간시간에도 사용하는 공간이 있는가?
6. 건축자재가 안전을 강화할 수 있는 것인가?

[그림 1-10] 공간 설계 및 유지 관리

2. CPTED 설계기준

CPTED의 기본원리, CPTED 설계전략에 따라 공동주택, 단독주택, 상업지역, 업무지역, 학교시설, 도로, 공원, 녹지, 방범시설 등 다양한 공간에 대하여 CPTED를 적용할 수 있다. 이와 관련하여 서울시에서는 2009년 서울시 재정비촉진(뉴타운) '범죄예방 환경설계(CPTED)' 지침을 수립하여 시행하고 있다. 동 지침에서 제시한 아파트단지 출입구, 아파트단지 부출입구, 아파트단지 주동출입구, 아파트 경비실, 아파트 담장, 아파트 건축물, 아파트단지 내 부대·복리시설, 아파트(상업·업무), 주차장, 아파트 승강기, 아파트 복도·계단, 아파트(상업·업무), 조경, 아파트 옥외배관, 주택·주택(종합), 상업·업무(건축물), 아파트(상업·업무·도로), 조명, 학교(종합), 도로 지하도, 도로 보·차도, 도로 가로시설물, 아파트(상업·업무), 광고물, 공원·녹지 종합, 방범시설 방범설비 등 주요 공간별 CPTED 체크리스트를 통해 CPTED 설계기준을 살펴보도록 한다.[19)]

(1) 아파트

아파트 단지 주출입구는 ① 출입구 문주(상징물) 설치, ② 주출입구 내·외부 이질 포장재료 사용, ③ 주출입구는 문주를 통하지 않고 출입할 수 없도록 계획, ④ 주출입구 CCTV 설치, ⑤ 주출입구 차량 출입차단기 설치, ⑥ 주출입구 차량 출입차단기 - 출입차량 자동인식·감시·관리시스템 연계, ⑦ 출입구 주변에 잠재적 범죄 유발자가 이용할 수 있는 휴게시설이 없도록 계획했는지 여부, 단지 내 차량 통과도로 계획 여부 등을 고려해야 한다.

아파트 단지 부출입구는 ① 부출입구 문주(상징물, 조경수 등으로 영역성 확보 포함) 설치 여부, ② 아파트 베란다 창문에서 단지 부출입구를 조망할 수 있는 주동이 계획되어 있는지 여부, ③ 부출입구 CCTV 설치, ④ 부출입구 부분에 단지 내 주민 이용성 높은 운동시설 등 설치 여부, ⑤ 부출입구 주변에 투시형 또는 조경 담장 설치 여부, ⑥ 부출입구와 주변 담장에 조명 설치 여부, ⑦ 부출입구 경비실 설치 여부 등을 고려해야 한다.

아파트 주동 출입구는 ① 주동 출입문 조명 외에 출입구 주변에 조명 설치 여부, ② 각 출입방향에서 주동 출입구를 조망할 수 있도록 조경을 계획했는지 여부, ③ 주동 출입구를 인접 아파트 주호에서 조망되도록 계획했는지 여부, ④ 주동 출입구로 향하

19) 서울시, 서울시 재정비촉진(뉴타운) "범죄예방 환경설계(CPTED)" 지침, 2009, pp.16-25, 내용 재구성.

는 통행로 경계부분에 50cm 이하 관목 식재 여부, ⑤ 주동 출입문 강화유리, 방범필름, 비상벨, 충격센서 설치 여부, ⑥ 주동 출입구 문주 설치 등을 고려해야 한다.

아파트 경비실은 ① 경비실 각 시야방향으로 시야차단 장애물 등이 없도록 계획, ② 경비실에 방범 모니터링 시스템 구축, ③ 주출입구 경비실 설치, ④ 주출입구 경비실 설치, ⑤ 부출입구, 주동 출입구를 감시(조망)하는 경비실 설치, ⑥ 어린이 놀이터를 감시할 수 있는 경비실 설치, ⑦ 경비실에 민간 경비업체 서비스 연계 구축 등을 고려해야 한다.

아파트 담장은 ① 경계에 영역성 확보를 위한 투시형 담장, 조경울타리 등 계획, ② 단지내 사각지대, 고립지대에 출입통제 울타리 설치, ③ 담장에 일정간격으로 진입금지, 전용공간 표지판 설치, ④ 조경담장은 밀생수종, 사계절수종으로 하고, 수고 1~1.5m 이내 계획, ⑤ 단지 경계에 유해시설이 있는 경우에는 2m 이상 비투시형 담장 설치 등을 고려해야 한다.

아파트 건축물은 ① 편복도 창문 방범창과 잠금장치, 침입경보기, 강화유리 설치, ② 외벽에 배관설치 홈, 내부로 노출된 배관 또는 배관덮개 설치, ③ 외부 배관은 창문, 발코니에서 1.5m 이상 이격하여 설치, ④ 현관문에 신문, 우유 투입함이 없게 제작하거나 투입함이 있는 경우에는 범죄도구 사용 방지장치 설치, ⑤ 옥상 비상구에 CCTV 설치, 화재 시 자동풀림 잠금장치 설치 등을 고려해야 한다.

아파트 부대·복리시설은 ① 어린이놀이터는 일조 양호하고, 자연적 감시가 가능한 위치에 계획, ② 단지 내 상가는 아파트 단지와 담장, 울타리, 조경 등으로 공간 구분, ③ 단지 내 상가 주차장은 아파트 주차장과 분리 운영, ④ 단지 내 상가 주출입구는 아파트 단지를 경유하지 않고 출입토록 계획, ⑤ 단지 내 유치원(보육시설 포함) 출입구는 아파트 단지를 통하여 출입, ⑥ 단지 내 야외운동기구 설치, ⑦ 단지 내 경로당은 주·부출입구에서 바로 출입하지 않도록 하고, 자연감시 가능한 장소에 계획, ⑧ 자전거 보관대는 주동 출입구 근처에 설치 등을 고려해야 한다.

아파트(상업·업무지역 포함) 주차장은 ① 보행로에서 지하주차장 출입구가 보이도록 계획, ② 지하주차장 출입구 조명시설 설치, ③ 주차장 차로·벽면·천정에 이동방향과 진출입구, 경로, 비상벨 위치 표시, ④ 지하주차장 조명은 글레어 방지(Glare-Free) 조명을 설치, ⑤ 지하주차장 바닥조명은 바닥 85cm 높이가 100Lux 이상, ⑥ 지하주차장 사각지대 주차구획 부분 감시할 수 있도록 CCTV 설치, ⑦ 지하주차장 썬큰[20], 천창 설치, ⑧ 아파트 100세대 당 하나의 주차장으로 분할 계획, ⑨ 지하주차장 출입구에 차량출입 차단기 및 자동인식시스템 설치, ⑩ 상업·업무시설은 2,000㎡ 이내마다 하나의 주차장 분할 계획, ⑪ 지하주차장 비상벨은 25m 이내마다 설치, ⑫ 상업·업무시설에 방문자 주차장 별도 설치, ⑬ 상업·업무시설 건물 출입구 부분에 여성 및 장애인 주차장 설치, ⑭ 지하주차장 주요지점 감시카메라 모니터를 지상1층 승강기홀 등에 설치, ⑮ 지하주차장 기둥과 벽면을 규칙적으로 배열하고 지하주차장 차로 이외 주차구획에도 조명 설치 등을 고려해야 한다.

아파트 승강기는 ① 승강기 내부 바닥면 및 조작장치 조도는 50Lux 이상 계획, ② 정전 시 비상조명 조도는 램프에서 2m 지점이 1Lux 이상, 30분 유지, ③ 승강기 내부 CCTV 설치, 1층 승강기홀에 감시 모니터 설치, ④ 17인승 이상의 승강기 내 조작장치는 2군데 이상 설치, ⑤ 승강기 홀, 승강기 홀과 인접한 복도, 계단실 조도는 100Lux 이상 계획, ⑥ 승강기 내 방범감지 시스템 도입, ⑦ 피난승강기 이외 승강기를 전망형 승강기로 계획, ⑧ 주동 현관입구에서 승강기 출입구가 보이도록 계획 등을 고려해야 한다.

아파트 복도·계단은 ① 복도식 아파트의 복도에 안전, 피난, 경고 안내판 설치(층수·승강기·계단·비상벨 위치 등), ② 비상벨은 복도식 아파트의 복도 15m 이내마다 설치, 계단실 아파트의 계단에 1개 이상 설치, ③ 복도식 아파트의 복도에 창문(샷시창)은 미설치, ④ 각 층 계단실 또는 승강기 홀에 감시카메라 설치, ⑤ 주동 출입구를 승강기 홀까지 직선으로 계획하고 동작감지 자동조명 설치, ⑥ 복도식 아파트의 복도를 굴곡 없이 직선으로 계획 등을 고려해야 한다.

아파트 옥외배관은 ① 창문이나 개구부가 없는 벽면에 설치 또는 1.5m 이상 이격, ② 건물 외벽에 가스배관 이외에 요철이나 사람이 기어오르거나 딛고 오를 수 있는 시설은 미설치, ③ 가스배관(각종 배관 포함)에 특수덮개(바늘형·가시형 등) 설치, ④ 지상 10m 이상 옥외배관 홈 등에 매입, ⑤ 지상 10m 이상 내부 노출형으로 계획, ⑥ 창문, 개구부 인접 배관 설치 시 인체감지 센서 설치, ⑦ 옥외배관이 시작되는 바닥면에 접근통제 시설 설치, ⑧ 옥외배관에 침입감지시설 구축 등을 고려해야 한다.

(2) 주택

주택 조경은 ① 투시형 담장 주변에 식재하는 조경수는 시야 확보를 위하여 밀생

20) Sunken, 지하에 자연광을 유도하기 위해 토지를 굴착하여 조성한 장소.

하지 말 것, ② 주택 정원에 식재된 교목의 지하고는 1.5m 이상으로 계획, ③ 담장에 근접하여 식재하는 교목의 주된 가지가 담장에서 1.5m 이상 이격, ④ 조경담장을 설치한 경우에는 현관문, 창문, 개구부에 대한 방범설비(이중시건장치 · 강화유리 · 방범창 · 경보기 등) 설치, ⑤ 조경담장 높이가 1.5m 이하인 경우에는 밀생하고, 1.5m 이상인 경우에는 시야통로(하나의 시야 폭 10cm 내외)가 일정하게 유지되도록 식재 등을 고려해야 한다.

주택 담장은 ① 외부인 침입을 물리적으로 차단하기 위한 접근통제 수단인 경우에는 투시형으로써 높이 1.8m 이상 계획, ② 담장과 건물 사이는 15m 이상 이격, ③ 주택에 부속된 창고 · 차고 · 쓰레기통은 발코니 · 창문 · 베란다에서 2m 이상 이격하여 계획, ④ 영역성 구분 정도의 낮은 담장을 설치하는 경우에는 현관문, 창문, 개구부에 대한 방범설비(이중시건장치 · 강화유리 · 방범창 · 경보기 등) 설치 등을 고려해야 한다.

주택 창문 · 출입문 · 개구부는 ① 담장이 없는 건축물은 정원(또는 마당)을 거쳐 출입문에 접근하도록 계획, ② 창문 앞에는 시야를 차단하는 장애물은 미계획, ③ 출입문(대문 · 현관)은 도로 또는 통행로에서 직접 볼 수 있도록 계획 등을 고려해야 한다.

주택 외벽은 ① 도시가스관, 빗물받이 등을 설치하는 홈을 계획하거나 특수 방범덮개 설치, ② 전기 · 가스 · 수도 등 검침용 기기는 주택 외부에 설치하여 별도 출입 없이 검침할 수 있는 구조로 계획, ③ 주택 지붕 처마와 처마 사이는 3m 이상 이격 등을 고려해야 한다.

주택 조명은 ① 출입문(대문) 40Lux 이상, 현관문 30Lux 이상, 마당(정원) 20Lux 이상으로 각각 계획, ② 창문, 개구부, 베란다 등에 인접한 조명은 야간 수면에 방해가 되지 않도록 창문 방향에 창광막 등 설치, ③ 주택마다 설치하는 주소 또는 도로 위치 표시판에는 야광, 미니 조명 설치, ④ 볼라드 조명은 10m 이내 마다 설치 등을 고려해야 한다.

(3) 상업 · 업무시설

상업 · 업무시설은 ① 건축물 창문, 발코니는 외부조망이 가능한 구조로 구성, ② 대지경계는 조형물, 화단, 바닥포장 등을 사용하여 영역성 구분, ③ 공개공지는 외부에서는 출입이 자유롭고 개방된 구조로 하고, 공개공지에서 건축물로의 출입은 통제하는 구조로 계획, ④ 상점 앞 옥외공간(노천카페 등) 설치, ⑤ 상가는 투시형 셔터를 설치하고 셔터를 설치하지 않는 상가유리는 방범필름 부착, ⑥ 건물과 건물 사이 협소한 통행로에는 조명시설, 비상벨 설치 또는 출입시간을 통제, ⑦ 상업용 건물의 1층 전면부는 벽면적의 50% 이상을 투명한 재료로 계획 등을 고려해야 한다.

(4) 학교시설

학교시설은 ① 보도(학생 통행로 포함)에 성능이 검증된 방호울타리(가드레일) 설치, ② 건널목에는 전자발광 감속경고 표지판 설치, ③ 초등학교(유치원, 100인 이상 보육시설 포함) 출입문을 중심으로 도로 양방향 300m 구간에는 보호구역 도로표지, 노면표시, 횡단보도, 신호등, 도로반사경, 과속방지시설, 미끄럼방지시설, 방호울타리, 차량 속도위반 단속카메라, 유색아스콘 등 설치, ④ 학교 주변 어린이 공원, 산책로 이면도로, 휴게시설 등에는 지역주민이 이용할 수 있는 운동시설과 놀이시설, 아간조명 계획, ⑤ 학교주변 보도경계석 높이는 20cm 이상 설치 등을 고려해야 한다.

(5) 도로

지하도는 ① 지하도 내부는 흰색 등 밝은 색으로 마감, ② 지하도 선형은 일직선으로 하고 사각지대가 없도록 기둥, 벽 등 계획, ③ 바닥에는 85cm 높이 지점이 70Lux 이상 되도록 계획, ④ 지하도에는 감시카메라와 비상벨 설치, 비상경보기 설치, ⑤ 야간이용이 많지 않고 다른 통행방법이 있는 경우에는 심야시간 통행 제한 등을 고려해야 한다.

보도 · 차도는 ① 보도 폭을 150cm 이상으로 계획, ② 도로변 연석의 높이는 15cm 이상으로 계획, ③ 도로변에 안전난간 설치, ④ 사용량이 적은 보행자 전용도로는 활성화를 위하여 각종 시설(운동시설 · 상점 · 휴게시설 · 아파트 출입구 등)과 연계하여 설치, ⑤ 한적한 이면도로에는 비상전화, 비상벨, 비상경보기 설치 등을 고려해야 한다.

가로시설물은 ① 도로변 벤치, 파고라는 조명과 함께 설치, ② 도로변 벤치 및 파고라는 유동인구가 많은 장소에 설치, ③ 광장은 4면이 개방된 구조로 유동인구가 많은 중심지에 계획, ④ 공중화장실은 보행인이 쉽게 확인할 수 있는 시야가 확보된 장소에 설치 등을 고려해야 한다.

(6) 조명 · 가로등

조명 · 가로등에 있어서 공통사항은 ① 보행통로 조명은 눈부심 방지 설치, ② 조명은 밝기의 차이가 3:1 이상 나지 않도록 계획, ③ 사각지대 없는 조명설치 계획 수립, ④ 보행로, 산책로 등 조명배치는 시점에서 종점까지 연속성, 고르게 분포 - 주택지 교통량이 많은 도로조명(수평면 평균조도 5Lux, 연직면 최소조도 1Lux), 주택지 교통량이 적은 도로조명(수평면 평균조도 3Lux, 연직면 최소조도 0.5Lux), 상업지역 교통량이 많은 도로조명(수평면 평균조도 20Lux, 연직면 최소조도 4Lux), 상업지역 교통량이 적은 도로조명(수평면 평균조도 10Lux, 연직면 최소조도 2Lux) - 등을 고려해야 한다.

가로 조명은 ① 12m 이상 도로는 가로등 설치, ② 12m 미만 도로는 보안등을 설치하고, ③ 조명기구 배열은 15m 이하 도로는 편측배열, 15m 초과 25m 이하 노모는 시그재그 배열, 25m 초과는 마주보기 배열을 하고, 곡선부 도로에는 곡선외측에 편측(또는 보강) 배열 실시 등을 고려해야 한다.

공동주택 조명은 ① 주출입구, 부출입구, 주동출입구에는 별도 100Lux 이상 조명 실시, ② 가로등을 일정간격으로 설치하고 빛이 닿는 범위가 겹치도록 계획, ③ 도로 또는 보행로에서 주출입구, 부출입구, 주동출입구가 떨어져 있는 경우 보행 유도를 위한 볼라드 등을 설치, ④ 조명에 아파트 창이나 베란다 방향으로 차광구조 또는 차광막 설치 등을 고려해야 한다.

상업 · 업무시설 조명은 ① 도로 또는 보행로에서 주출입구, 부출입구, 주동출입구가 떨어져 있는 경우 보행 유도를 위한 볼라드 등을 설치, ② 실외공간은 바닥기준 20Lux 이상, 지하공간은 바닥 85cm 높이 지점이 평균 70Lux 이상 계획, ③ 가로등을 일정간격으로 설치하고 빛이 닿는 범위가 겹치도록 계획, ④ 상점, 쇼윈도우 조명을 야간에 활용할 수 있도록 계획 등을 고려해야 한다.

(7) 아파트, 상업 · 업무시설 광고물

아파트, 상업 · 업무시설 광고물은 ① 보행자의 시야를 차단하는 입간판, 타워형간판은 미계획, ② 상점 전면 창에 광고물 등 미설치, ③ 광고물 가이드라인을 준수하여 계획 수립, ④ 조형물 · 시설물을 이용한 광고물은 4계절 모두 이용 가능한 형태로 계획 등을 고려해야 한다.

(8) 공원 · 녹지

공원·녹지는 ① 수고가 2m 이상인 교목은 지하고를 1.5m ~ 1.8m 이상 확보, ② 시야가 차단되거나 은닉장소가 없도록 조경 계획, ③ 공원 담장은 투시형으로 계획, ④ 산책로에는 시야선 확보를 위하여 눈높이 이하 수목 식재, ⑤ 공원에는 관리용 차량 외에는 차량출입 통제, ⑥ 벤치는 통행이 많은 장소에 설치, ⑦ 한적한 곳에는 비상벨, 감시카메라 설치 등을 고려해야 한다.

(9) 방범시설

방범시설은 ① 가로, 세로 바에 보강재료 강철빔이 삽입된 방범창, ② 감시카메라는 어둡고 근거리 감시는 적외선 LED 카메라, 어둡고 원거리 감시는 저조도 카메라, 건물 외부에 설치하는 감시카메라는 방수용 덮개 설치, 조리개 자동 조절렌즈, 역광 보정기능 카메라 사용, 방범용 감시카메라 안내표지판 설치, 사생활 침해 등 인권침해 논란을 최소화하기 위하여 방범용 감시카메라 설치운용지침 준수, ③ 복도방향 창문, 3층 이하층에 방범창 설치, ④ 전기충격기(2만V 이상)에 견디는 디지털 도어록 설치, ⑤ 출입문 2중 시건장치 설치, ⑥ 도어체인, 투시경, 비디오폰, 창문경보기, 비상벨, 적외선 방범경보기, 충격 · 진동 감지기, 도어경보기, 경광사이렌, 유리 방탄필름 등을 적절히 설치 등을 고려해야 한다.

제 3 절 CPTED와 시큐리티시스템

1. 시큐리티시스템[21)]

'시큐리티'(Security)란 피해방지전략의 가장 적극적인 수단으로 방비의 강화를 현실화하여 범죄자의 범죄성공 가능성을 최소화시킴으로서 범죄를 사전에 차단시키는 역할을 한다. 이를 위한 시큐리티시스템(Security System)의 기본목적은 ① 허용되지 않은 출입 통제, ② 도난품의 운반과 이동을 제지, ③ 건축물에 대한 직접적인 파괴 행위 억제 등 3가지로 요약된다[22)].

이러한 의미에서 '시큐리티시스템'(Security System)이란 중요인물, 보유자산이나 시설을 외부의 침입으로부터 보호하고 시설관리, 안전관리 등을 위한 종합적이고 가시적인 방범체계를 구성, 운영함으로써 불의의 상황을 조기에 발견, 신속하고 정확하게 대처하여 침입기도나 범죄로부터의 손실을 사전에 예방하는 시스템을 말한다.[23)] 시큐리티시스템은 단순한 인력경비업무보다 더욱 완벽한 경비업무 제공을 위하여 사용자가 위탁한 대상물에 출입할 수 있는 경로 등에 적용기준에 맞는 각종 감지기를 설치하는 등 전자시스템으로 경비업무를 제공함으로써 사용자의 인명과 재산을 보호하고 대폭적인 원가절감 효과를 추구하는 것이 특징이다.

시큐리티시스템의 기본기능은 감지기능(Detection), 감시기능(Monitoring), 대처기능(Response), 지연기능(Delay) 등으로 구분할 수 있으며, 적용범위에 따라 외부감시시스템, 내부감시시스템, 지역관제시스템, 중앙관제시스템, 지령장치 및 상황본부 등으로 구분된다.[24)]

---

21) 주일엽 · 조광래, 환경설계를 통한 범죄예방(CPTED)과 시큐리티시스템(Security System) 간 연계방안, 한국경호경비학회지, 제19호, 2009, pp.169-170.

22) Ralph, S., Safety and Security in Building, NY: Van Nostrand Reinhold, 1985, pp.23-26.

23) 최병준, 인텔리전트빌딩의 시큐리티시스템 도입에 따른 건축계획적 특성에 관한 연구, 석사학위 청구논문, 1995, p. 3.

24) 신상엽, 기계경비론, 백산출판사, 2005, p. 64; 이상원, 기계경비개론, 공안행정연구원, 1996, p. 45, pp.106-109; 박현철, 아파트의 유인에서 무인경비체계로의 전환에 관한 연구, 석사학위 청구논문, 단국대학교 대학원, 1997, pp.31-39.

첫째, 외부감시시스템은 시큐리티시스템을 구축하고자 하는 대상건물의 외부 감시를 위한 시설로서 외부 침입에 대한 1차적 감시를 하는 외부 감시용 감지기가 있다. 외곽 경비시스템은 감지기를 외곽지역에 설치하여 월담, 지하침투, 무단침입 등의 외부침입으로부터 시설물을 완벽하게 보호할 수 있도록 포괄적 안전시스템의 일환으로서 이용되고 있다. 외부감시시스템은 벽 감시, 철조망 감시, 정문 감시, 설비 감시 등으로 구분된다. 둘째, 내부감시시스템은 외부감시에서 감지하지 못한 내부침입에 대한 감시를 위한 시스템으로 외부감시시스템과 함께 구축하여 2차 감시를 하며 주로 내부감시 감지기가 이용된다. 내부감시시스템은 현관문 감시, 창문 감시, 공간 감시, 물체 감시, 비상스위치, 제어기(Control Unit) 등으로 구분된다. 셋째, 지역관제시스템은 내부감시시스템의 제어기(Control Unit)로부터 전송된 신호를 지역별로 분석하고 신호를 다시 중앙관제시스템으로 전송하는 시스템을 말한다. 지역관제시스템은 크게 데이터 역수신 장비, 지역관제 모니터 등으로 구분된다. 넷째, 중앙관제시스템은 지역관제시스템으로부터 전송되어온 사용자의 신호를 분석하고 이상신호에 대하여 처리하는 시스템으로서 사용자의 현재 상태를 감시한다. 중앙관제시스템에는 데이터 수신장비, 데이터 저장장비, 데이터 분석 소프트웨어 등이 있다. 다섯째, 지령장치와 상황본부(통제센터)가 있다. 지령장치는 상황본부 근무자가 대기소 및 관계기관 등에 지령 또는 연락을 하기 위한 통신기기가 지령장치의 중심이 된다. 상황본부는 경비요원에게 지시, 명령 및 관계기관으로의 통보 등의 조치와 대상시설에 관한 정보를 관리하는 시설이기 때문에 시큐리티 운영업무의 핵심이 된다.

시큐리티시스템에 대한 주요 분류체계를 살펴보면 [표 1-6]과 같다.[25]

[표 1-6] 시큐리티시스템 분류체계

구 성 요 소	주 요 장 치
경보장비	표시기, 화재 경보장비, 내부침입 감지기, 외곽 감지기, 전력제어 인터페이스, 전원 및 환경관련 감지기, 원격 감시장비, 캐비넷 및 랙 등
출입통제장비	전자 출입통제, 신분 확인장비, 기계적 출입통제 관련상품 등

25) 에스원, Security Management : 통합 시큐리티 디자인 방법과 사례, 정출판사, 1997, Ⅵ 부록, 내용 재구성.

감시장비	카메라 및 필름관련 장비, CCTV, 야간 감시장비, 추적시스템 등
은행 방범장비·장치	출납 카운터 및 서랍 관련기기, 위조지폐 식별기, 안전금고, 운전자/도보자용 은행 창구, 신분확인 시스템, 서명확인 시스템, 최루가스 및 추적가능 물질 함유 현찰, 출입 칸막이 등
통신장비	공중신호 연결장치, 비상용 통신장비, 광통신 연결장비, 확성기, 상호 통신장비, 확성장치 및 호출장비, 무선장비, 시큐리티 전용 녹음기, 안전관련 통신용품 및 비디오상품 등
컴퓨터 프로그램 및 보호장치	컴퓨터 보호장치, 소프트웨어 등
전원공급 관련장비	충전용 배터리, 비충전용 배터리, 전기적 낙뢰보호기 및 필터, 발전기, 비상전원 공급장치 등
시큐리티 통합 관리시스템	통합관리시스템 구축
조명장비	제어장치, 비품·기구, 휴대용 발전기 및 라이트, 스포트 라이트, 시큐리티용 라이트, 스트로보 라이트 등
시건장비	열쇠 제조장비, 전기/전자식 자물쇠, 기계식 자물쇠, 봉인 등
도난 및 파손 방지 시스템	금전등록기 감시장비, 상품 도난방지시스템, 화재기기 보호, 중요재산 인식물질, 사무실 보호장비, 쇼핑카트 제어장비 등
시큐리티 울타리 및 유리기기	출입문 관련 동작기기, 울타리·대문 및 관련 동작기기, 아크릴유리, 알람유리, 안전필름유리, 코팅유리, 전선내장유리, 폴리카보네이트 유리, 시큐리티창문, 기타 하드웨어 등
차량관련 장비 및 시스템	주차/교통 제어시스템, 차량장비, 무장차량, 시큐리티용 차량설비, 수감자 호송차량, 순찰차량, 감시용 차량 등
컨테이너	현금 상자, 휴대용 현금 운송장비, 급송 운반용 가방, 현금 운송용 가방, 시큐리티용 전시상자, 서류보관용 컨테이너, 변질방지용 포장, 각종 보관상자 등
순찰관리 및 순찰시계	바코드 리더장비, 전자휴대용 리더 및 장비, 전자기록기, 키스위치, 기계식 키 동작장비, 디지털 다이얼 시계 등
정보보호기기 관련시스템	서류 제어, 서류 파괴장비, 도청 방지장비, 도청 추적장비 등

운영 관련장비	범죄 현장 관련장비, 약물 검사장비, 지문 검사장비, 심리검사, 화재범위 감식장비, 로봇, 거짓말 탐지기 등
테러·폭탄위협 및 폭동 방지장비	대테러 및 군중통제, 폭탄 제거장비, 방탄 관련장비, 폭발 방지장비, 폭발물 추적장비, 폭발물 식별장비, 개인 보호장비, 방탄 및 방폭차량, 원격 자동 시동장치, 무기 감지장비

2. CPTED와 시큐리티시스템 간의 관계[26)]

CPTED는 '적절한 건축설계나 도시계획 등 도시 환경의 범죄에 대한 방어적 디자인(Defensive Design)을 통하여 범죄가 발생할 기회를 줄이고 도시민들이 범죄에 대한 두려움을 덜 느끼고 안전감을 유지하도록 하여 궁극적으로 삶의 질을 향상시키는 종합적인 범죄예방 전략'을 의미한다.

CPTED는 ① 자연적 감시(Natural Surveillance), ② 자연적 접근 통제(Natural Access Control), ③ 영역성(Territoriality), ④ 유지와 관리(Maintenance and Management) 등 4가지 기본원리와 ① 분명한 시야선 확보(Allow for clear sight lines), ② 적절한 조명의 사용(Provide adequate lighting), ③ 고립된 도로의 개선(Minimize concealed and isolated routes), ④ 사각지대의 개선(Avoid entrapment), ⑤ 부지 용도의 다양화(Promote land use mix), ⑥ 활동인자 활성화(Use of activity generators), ⑦ 영역성 강화(Create a sense of ownership through maintenance and management), ⑧ 정확한 표지로 정보 제공(Provide signs and information), ⑨ 공간 설계 및 유지 관리(Improve overall design of the built environment) 등 9가지 세부설계전략을 토대로 시행된다. 이는 도시학, 사회학, 심리학, 건축학, 조경학, 범죄학, 전자 · 전기공학 등 다양한 분야의 학문적 이론을 종합하여 광범위한 도시 또는 집단거주 지역에서 시행되고 환경, 인력 및 전자 · 기계설비가 종합적으로 연계하여 계획, 설계, 시행 및 보완되며 나아가 '자발적인 범죄예방'을 목표로 한다는 점이 특징이다.

시큐리티시스템은 CPTED와 같이 다양한 학문적 이론을 배경으로 하고 있으나 CPTED에 비해 보다 국지적인 지역, 장소, 또는 지점을 대상으로 하고, 본질적으로 인

26) 주일엽 · 조광래, 환경설계를 통한 범죄예방(CPTED)과 시큐리티시스템(Security System) 간 연계방안, 한국경호경비학회지, 제19호, 2009, pp.178-182.

력 위주 경비활동에서 탈피하여 첨단 전자 · 기계설비 위주 경비활동을 목표로 하고 있다는 점이 특징이다. 또한, 시큐리티시스템이 계획수립, 조건분석, 시스템 설계 및 적용 등 CPTED와 유사한 설계절차를 따르고 있으나 CPTED가 '자발적인 범죄예방'을 목표로 하는데 비해 시큐리티시스템에 부속된 해당 전자 · 기계설비를 통해 범죄자로 하여금 범죄 의도를 일부 저하시키고 범죄 발생 후 전자 · 기계적인 경보에 따라 경비인력이 출동하여 안전조치를 하거나 기계적인 대응을 하게 된다는 점에서 '수동적인 범죄예방'에 보다 치중한다고 할 수 있다.

CPTED와 시큐리티시스템을 상호 비교하면 CPTED가 자연 · 인공환경, 건축물, 전자 · 기계설비 등을 종합하는 다소 완만한 체제인데 비해 시큐리티시스템은 위해요소가 안전구역 내에 침입 또는 침범할 수 없도록 강제한다는 점에서 보다 강력한 체계라고 할 수 있다. 최근에는 시큐리티시스템이 중앙정부, 지방자치단체 차원에서 범죄발생 다발지역 또는 우려지역에 대한 CCTV 설치, 경찰청 또는 민간경비업체 차원에서 중앙통제시스템 구축 등을 모색하는 등 과거에 비해 보다 광범위한 지역에서 시큐리티시스템을 구축하고 있는 점에서 시큐리티시스템의 발전 가능성을 예상할 수 있다. 따라서 CPTED와 시큐리티시스템은 서로 대립되는 관계가 아니라 상호 보완하는 관계라고 할 수 있다.

CPTED와 시큐리리티시스템 간의 연계요소를 도출하기 위해서 ① 자연적 감시 ② 자연적 접근 통제 ③ 영역성 등 3가지 CPTED 기본원리와 ④ 유지와 관리(Maintenance and Management) 등 4가지 기본원리와 ① 분명한 시야선 확보 ② 적절한 조명의 사용 ③ 고립된 도로의 개선 ④ 사각지대의 개선 ⑤ 부지 용도의 다양화 ⑥ 활동인자 활성화 ⑦ 영역성 강화 ⑧ 정확한 표지로 정보 제공 ⑨ 공간 설계 및 유지 관리 등 9가지 세부설계전략에 따라 시큐리티시스템 분류체계[표 1-6 참조]에 기초한 다양한 종류의 시큐리티시스템 구성요소들을 CPTED와 상호 연계하여 운용할 필요성이 있다.

CPTED 설계전략별 고려사항[27]과 이에 연계하는 시큐리티시스템 구성요소를 분석하여 [표 1-7]에 정리하였다. CPTED의 '영역성 강화'를 위해 모든 시큐리티시스템 구성요소가 소요되는 외에 기타 설계전략에서도 ① 감시장비 ② 조명장비 ③ 통신장비

27) National Crime Prevention Council, Crime Prevention Through Environmental Design Guidebook, 2003, pp.8-28; 경찰청, 환경설계를 통한 범죄예방(CPTED) 방안, 2005, pp.34-47.

④ 경보장비 등이 주로 사용될 수 있다. 따라서 CPTED 설계 시에는 설계전략과 고려사항에 맞는 시큐리티시스템 구성요소를 적재적소에 사용할 수 있도록 해야 할 것이다.

[표 1-7] CPTED와 연계한 시큐리티시스템 구성요소

CPTED 설계전략	CPTED 고려사항	시큐리티시스템 구성요소
분명한 시야선 확보	분명한 시야선 확보(Allow for clear sight lines)는 전후좌우의 모든 방향에서 볼 수 있도록 건물이나 도시 등을 설계할 때 낮은 담장, 정돈된 관목, 투명한 울타리, 화단 등과 같이 사용자가 쉽게 볼 수 있는 것으로 설치하여 범죄를 예방하여야 한다.	감시장비, 조명장비, 경보장비, 시큐리티 울타리, 유리기기 등
적절한 조명의 사용	적절한 조명의 사용(Provide adequate lighting)은 범죄의 두려움을 제거하고 범죄를 예방하는 가장 중요한 요소로서 정상적인 시야에서 얼굴을 식별할 수 있도록 하여야 한다.	조명장비, 감시장비, 통신장비, 경보장비 등
고립된 도로의 개선	고립된 도로(Concealed and isolated routes)란 보행자가 시야선이 닿지 않거나 자연적 감시가 어려운 곳으로 사람의 잦은 통행이 없거나 도로에서 멀리 떨어져 있어 유사시 구조를 요청하거나 구조를 받기 어려운 도로를 말한다. 대부분 사람들은 고립된 도로에 있게 될 경우 매우 불안하다고 느끼게 되므로 이러한 장소는 제거되거나 개선되어야 한다.	감시장비, 조명장비, 통신장비, 경보장비 등
사각지대의 개선	사각지대(Entrapment Areas)란 일반 통행로 인근에서 벽, 수풀과 같은 장벽에 의해 3면이 차단된 작고 좁은 지역을 의미한다. 지형상 숨을 수 있는 장소, 인적이 드문 골목, 벽으로 둘러싸인 지역, 주요 보형로 주변의 저장창고와 같은 함정지역은 제거되어야 한다.	감시장비, 조명장비, 통신장비, 경보장비 등

부지 용도의 다양화	부지 사용의 균형(A balanced land use mix)은 환경적, 경제적, 미적 그리고 안전 등의 이유에 있어서 중요하다. 부지 용도를 다양화하는 것은 일정 지역을 사무실, 유흥가 등과 같은 한 가지 용도로만 사용하는 것이 아니라 지역주민들이 필요로 하는 다양한 시설을 배치함으로써 활용도를 높이는 것이다.	감시장비, 조명장비, 경보장비 등
활동인자 활성화	활동인자(Activity generators)란 사람들을 모이게 하고, 거리나 공간에 생명력을 부여하고 활동성을 창조하여 범죄의 기회를 감소하는데 도움을 주는 시설이나 사용을 의미한다. 이와 같은 활동인자에는 공원에 설치하는 놀이시설이나 휴게시설, 사무실·빌딩에 위치한 레스토랑 등이 포함된다.	감시장비, 조명장비, 경보장비 등
영역성 강화	영역성(Sense of ownership, or territoriality)은 특정 지역에 대한 소유감이나 영역성은 종종 장소를 보다 안전하게 만드는 중요한 요소이다. 사람들은 영역을 벗어났다고 느끼는 지역에서 불안감을 느끼며 위험한 상황에 빠질 가능성도 많다.	감시장비, 조명장비, 통신장비, 경보장비, 출입통제장비, 시건장비 등
정확한 표지로 정보 제공	정확한 표지로 정보 제공(Provide signs and information)은 체계적으로 설계되고 전략적으로 위치한 표지와 지도를 통해 안전감을 제공한다. 표지는 정확한 정보, 적정한 위치, 분명하고 일관된 형태 등을 통해 지역 주민들이나 방문객들에게 정확한 정보를 제공해야 한다.	경보장비, 조명장비, 경보장비 등
공간 설계 및 유지 관리	공간 설계 및 유지 관리(Improve overall design of the built environment)은 인간의 행동에 영향을 미친다. 범죄예방에 치우쳐 보안장비 설치만을 강조할 경우에는 주변 환경을 열악하게 하여 오히려 공포감을 조장하는 반면, 조화롭고 아름다운 환경은 사용자에게 안락함을 제공한다.	경보장비, 조명장비, 경보장비, 시큐리티통합 관리시스템 등

CPTED와 시큐리티시스템 간의 상호 유기적인 연계를 위한 국가 및 민간 차원의 발전방안은 다음과 같다.

첫째, CPTED에 대한 국가 차원의 정책 추진이 필요하다. 해외에서는 1971년 이후 그 개념이 정립된 이후 미국, 영국, 호주 등 선진국에서 범죄예방을 위해 도시설계, 건축 등에 있어서 지속적으로 연구가 진행되고 현장에서 적용되는 등 비약적인 발전을 지속하고 있으나 우리나라에서는 최근 들어서 신도시 건설 등에 일부 도입이 추진되고 있는 실정이다. 이러한 현실적 배경에는 주택보급 위주의 정책에 따라 범죄예방 등 주거환경에 대해서는 상대적으로 관심을 기울이지 못한데 그 이유가 있다. 따라서 향후 CPTED와 관련한 법적, 제도적 도입을 통한 CPTED 활성화를 모색하여야 할 것이다.

둘째, 시큐리티시스템의 지속적인 발전을 위한 관심 경주가 필요하다. CPTED가 포괄적인 범죄예방을 목표로 하는데 비해 시큐리티시스템은 핵심 지역, 장소, 또는 지점을 그 보호대상으로 하고, 본질적으로 첨단 전자·기계설비 위주 경비활동을 목표로 하고 있다는 점이 특징이다. 그러므로 이상적인 CPTED 구성에도 불구하고 특정지역에서 범죄행위가 자행될 경우, 시큐리티시스템이 이를 경보, 대응한다는 개념에서 CPTED의 핵심개념으로 시큐리티시스템 개념을 도입하고 관련기술 발전에 노력해야 한다.

셋째, CPTED와 시큐리티시스템에 대한 공경비와 민간경비 간의 유기적인 협력이 필요하다. CPTED와 시큐리티시스템은 민간경비 차원에서 해결해야 할 문제가 아니라 공경비와 유기적인 협력이 있을 경우에만 이를 효과적으로 운용할 수 있다. CPTED와 시큐리티시스템은 범죄에 대해 각각 완벽하게 대응할 수 없다. 따라서 CPTED와 시큐리티시스템을 포괄적으로 지원하고 담보할 수 있는 공경비의 역할이 대단히 중요하다.

제2장 전기시설 기획설계

제2장 전기시설 기획설계

제1절 전기이론

1. 전기요소

(1) 전류

전류는 음(-) 전하를 운반하는 전사의 흐름으로써 전류의 기호는 I, 단위는 A(Ampere, 암페어)이다. 1A는 도선의 임의의 단면적을 1초 동안 1C(Coulomb)의 전하가 통과할 때의 크기를 의미한다.[28] 전류의 방향은 양(+) 전하의 이동방향을 양(+)의 방향으로 정하고 있으나 실제로는 음(-) 전하를 운반하는 자유전자가 전류의 반대방향으로 이동한다. 1A의 전류가 흐르는 도선에는 1초에 약 6.25×10^{18}개의 자유전자가 단면적을 통과한다. 전류는 교류(AC)와 직류(DC)로 구분할 수 있다. 교류(AC, Alternating Current)는 전류의 크기와 방향이 주기적으로 변하는 전류를 의미하며 교류가 흐를 때 전자들은 도선을 통해 순환하지 않고 왕복 운동을 하는데, 우리나라의 가정용 전기는 일반적으로 220V, 60Hz의 교류를 사용한다. 직류(DC, Direct Current)는 전류의 크기와 방향이 변하지 않고 일정한 전류를 의미하며 직류가 흐를 때 전자들은 도선을 통해 이동한다. 일반적으로 방범용 감지기, 방재용 감지기 등 기계경비시스템에서 사용하는 많은 장치들이 직류(DC)를 사용하는 경우가 많으므로 외부에서 공급되는 교류(AC)를 직류(DC)로 변환하여 공급해야 하는데 이를 정류라고 한다[표 2-1 참조].[29]

---

28) 원자는 양(+) 전하를 띤 원자핵과 음(-) 전하를 띤 전자로 이루어져 있다. 핵은 양(+) 전하를 띤 양성자와 전기적으로 중성인 중성자로 구성되어 있으며 원자질량의 대부분을 차지한다.

29) 주일엽, 기계경비개론, 도서출판 진영사, 2012, p.31, 내용 재구성.

[표 2-1] 직류 및 교류

구 분	기 호	부 호
직 류	DC	
교 류	AC	

전기회로는 전류가 전원의 양극(+)에서 출발하여 음극(-)에 도달할 수 있도록 전선으로 연결하여 전기가 흐르도록 한 것을 의미한다. 직렬연결(Serial Connection)은 전원 또는 전기부품을 일렬로 연결한 것이며, 병렬연결(Parallel Connection)은 전원 또는 전기부품을 평행하게 연결한 것이다[그림 2-1 참조].[30)]

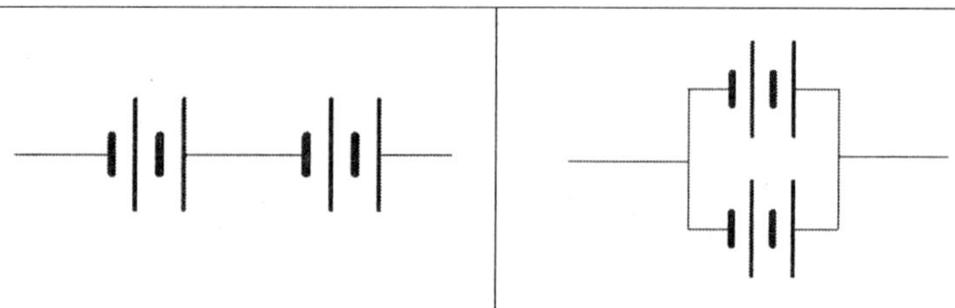

[그림 2-1] 직렬연결 및 병렬연결

전류의 세기를 측정하는 기구를 전류계(Ammeter, AM)라고 하는데 다음과 같은 단계에 따라 전류를 측정한다. 첫째, 측정하려는 전류가 직류인지 교류인지 확인한 후에 전류를 측정하려는 곳에 직렬로 연결한다. 둘째, 측정하려는 전류가 전류계의 최대값을 초과하지 않도록 허용치를 설정한다. 셋째, 측정하려는 전류가 직류일 경우에는 전류계의 (+) 단자를 전원의 (+) 극에 연결하고 전류계의 (-) 단자는 전원의 (-) 극

30) 주일엽, 기계경비개론, 도서출판 진영사, 2012, p.37, 내용 재구성.

에 연결한다. 이 경우에 전원의 양극에 전류계를 직접 연결하지 않도록 주의해야 한다[그림 2-2 참조].

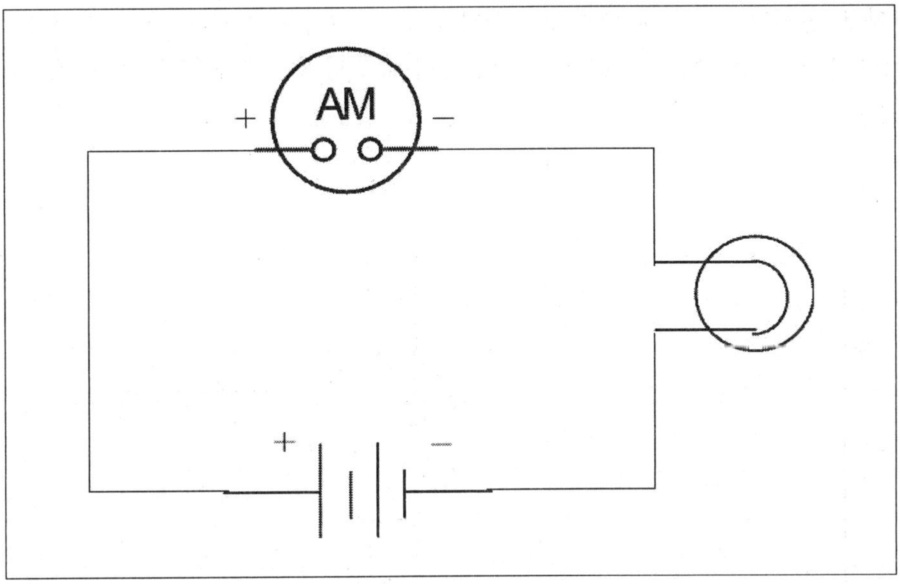

[그림 2-2] 전류계의 연결방법

(2) 전압

전압(Voltage)은 노체에 위치한 두 점 사이의 전기적인 위치에너지(전위) 차이로써 전압의 기호는 E(또는 V), 단위는 V(Volt, 볼트)이다. 전압이 클수록 보다 많은 전기에너지를 갖고 있으며 전압이 0이 되면 전류가 흐르지 않게 된다.[31] 전압이 발생하는 이유는 양(+) 대전체와 음(-) 대전체 사이에서 전기력이 발생하기 때문이다. 양(+) 대전체와 음(-) 대전체가 근접하게 되면 양(+) 대전체가 음(-) 대전체로부터 음(-) 전하, 즉 전자를 끌어당기게 될 것이다. 이러한 상태에서 양(+) 대전체와 음(-) 대전체 사이에 전선을 연결하면 전자가 전선을 따라 이동하게 되며 이를 전류라고 한다. 즉, 전류가 발생하는 원인은 양(+) 대전체와 음(-) 대전체 사이에 존재하는 전기력에 기인한다.

전압의 세기를 측정하는 기구를 전압계(Voltmeter, VM)라고 하는데 다음과 같은 단

31) 주일엽, 기계경비개론, 도서출판 진영사, 2012, p. 34, 내용 재구성.

계에 따라 전압을 측정한다. 첫째, 전류가 직류인지 교류인지 확인한 후에 전압을 측정하려는 곳에 병렬로 연결한다. 둘째, 측정하려는 전압이 전압계의 최대값을 초과하지 않도록 허용치를 설정한다. 셋째, 측정하려는 전압이 직류일 경우에는 전압계의 (+) 단자를 전원의 (+) 극에 연결하고 전압계의 (-) 단자는 전원의 (-) 극에 연결한다. 전압계의 경우는 전류계와는 달리 전원의 양극에 전압계를 직접 연결할 수 있다[그림 2-3 참조].

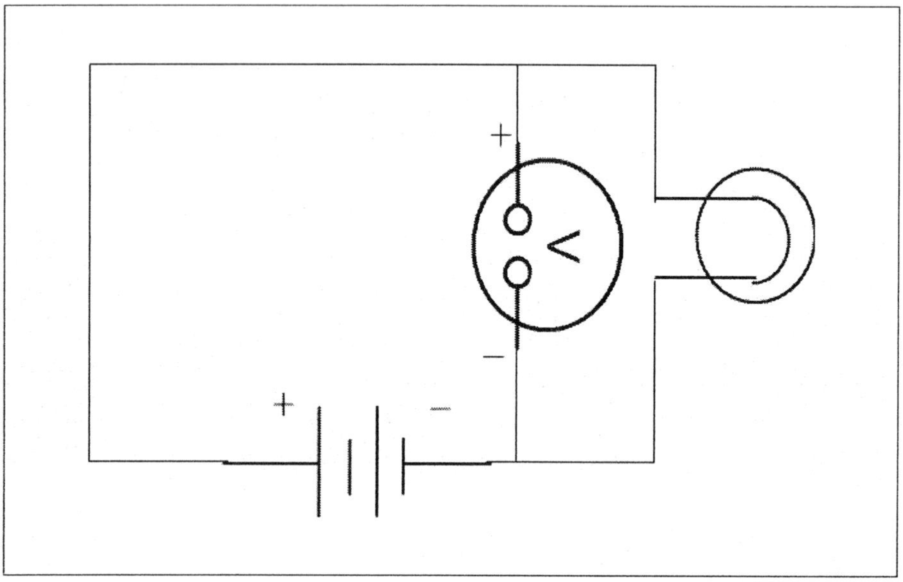

[그림 2-3] 전압계의 연결방법

(3) 저항

저항은 전류가 흐르는 것을 방해하는 힘으로써 저항의 기호는 R이며 단위는 Ω(Ohm, 옴)이다. 1V의 전압을 가했을 때 1A의 전류를 흐르도록 하는 저항을 1Ω으로 정의하고 있다. 저항(R)은 길이(L)에 비례하고 단면적(S)에 반비례하는데($R = \rho L/S$, ρ= 비례상수로서 물질의 저항도를 의미) 전선의 길이(L)가 길면 저항(R)이 크고, 전선의 단면적(S)이 넓으면 저항(R)이 작다. 물질의 저항은 온도에 따라 변하는데 도체는 온도가 증가하면 전기저항도 증가하지만 반도체는 저항이 감소한다. 도체에 흐르는 전류(I)는 전압의 세기(V)에 비례하며 저항(R)에 반비례하는데 이를 옴의 법칙(Ohm's Law)이라고 한다. 옴의 법칙에 따른 전압(V), 저항(R), 전류(I) 간의 관계식은 [식 2-1]과 같다.[32)]

$$V = I \times R \text{ 또는 } I = \frac{V}{R} \text{ 또는 } R = \frac{V}{I} \qquad [\text{식 } 2\text{-}1]$$

(4) 전력

전력(Electric Power)은 단위시간 동안 전기장치에 공급되는 전기에너지, 또는 단위시간 동안 다른 형태의 에너지로 변환되는 전기 에너지로써 1V의 전압으로 1A의 전류가 1초 동안 이동할 때에 하는 일을 1J(Joule)이라고 하며, 전기 에너지는 사용하는 전기기기에 따라 열 에너지, 빛 에너지, 운동 에너지 등으로 변환된다. 이와 같이 전력의 기호는 P이며 단위는 W(Watt, 와트)를 사용한다. 1W는 1A의 전류가 1V의 전압이 걸린 곳을 흐를 때 소비되는 전력의 크기를 의미한다. 전력(P), 전압(V), 전류(I)의 관계는 전력(P) = 전압(V) × 전류(I)이다. 또한 옴의 법칙(Ohm's Law)과 전력(P), 전압(V), 저항(R), 전류(I)의 관계식은 [식 2-2]와 같다.[33)] 일정 시간 동안 사용한 전기 에너지의 총량을 전력량이라고 하는데 1W의 전력을 1시간 동안 사용했을 때의 전력량을 1Wh(와트시)라고 한다. 1V의 전압으로 1A의 전류를 1시간 동안 흐르게 했을 경우에 사용한 전력량은 1Wh가 되며 이는 3,600J이 된다.

$$P = V \times I \text{ 또는 } P = I^2 \times R \text{ 또는 } P = \frac{V^2}{R} \qquad [\text{식 } 2\text{-}2]$$

직류의 경우에는 [식 2-2]에 따라 전력을 구할 수 있으나 교류의 경우에는 실효값(Root-Mean-Square Value, RMS value), 피상전력(Apparent Power), 유효전력(Active Power), 무효전력(Reactive Power), 소비전력(Power Dissipation)에 대한 이해가 필요하다. 실효값은 시간에 따라 전압과 전류가 변화하는 교류의 크기를 동일한 일을 하는

32) 주일엽, 기계경비개론, 도서출판 진영사, 2012, p. 35, 내용 재구성.
33) 주일엽, 기계경비개론, 도서출판 진영사, 2012, pp.34-35, 내용 재구성.

직류의 크기로 변경한 값을 의미한다[식 2-3, 식 2-4]. 피상전력은 전압의 실효값을 V[V]로 하고 그 때의 전류의 실효값을 I[A]라고 하면 그 전압과 전류를 곱한 것을 의미한다[식 2-5]. 유효전력은 전원이 부하에 공급되어 실질적으로 소비되는 전력을 의미하며 전압(V)와 전류(I)의 위상차를 θ 라고 하면 cosθ 를 역률이라고 한다[식 2-6]. 무효전력은 전원이 부하에 공급되어도 실질적으로 소비되지 않는 전력을 의미한다[식 2-7]. 소비전력은 기기의 동작에 필요한 전력으로 기기에 일정하게 사용되는 전력을 의미한다[식 2-8].

$$\text{전압실효값}[V] = \frac{\text{순시최대전압값}[Vm]}{\sqrt{2}} \qquad \text{[식 2-3]}$$

$$\text{전류실효값}[I] = \frac{\text{순시최대전류값}[Im]}{\sqrt{2}} \qquad \text{[식 2-4]}$$

$$\text{피상전력}[W] = \text{전압실효값}[V] \times \text{전류실효값}[I] \qquad \text{[식 2-5]}$$

$$\text{유효전력}[W] = \text{전압}[V] \times \text{전류}[I] \times \text{역률}[\cos\theta] \qquad \text{[식 2-6]}$$

$$\text{무효전력}[W] = \text{전압}[V] \times \text{전류}[I] \times \sin\theta \qquad \text{[식 2-7]}$$

$$\text{소비전력}[W] = \text{피상전력}[W] \times \text{역률}[\cos\theta] \qquad \text{[식 2-8]}$$

2. 구성요소

(1) 전기부품

전기회로를 구성하는 대표적인 부품으로는 저항기(Resister), 커패시터(Capacitor), 인덕터(Inductor) 등이 있다. 저항기(Resister), 커패시터(Capacitor), 인덕터(Inductor) 등에 대해 구체적으로 살펴보면 다음과 같다.[34)]

전류가 흐르는 것을 방해하는 전기부품을 저항기(Resister)라고 한다. 저항기의 기호

34) 주일엽, 기계경비개론, 도서출판 진영사, 2012, p. 36-37, 내용 재구성.

는 R, 단위는 Ω(Ohm, 옴)이다. 일반적인 저항기의 경우는 표면에 4개의 연속된 띠색깔을 통해 저항값을 표시하는데 저항색 기준코드(Color Code for Resistance)를 [표 2-2]에 정리하였다.

[표 2-2] 저항색 기준코드

색상	A	B	C	D
	첫째자리 (저항값1)	둘째자리 (저항값2)	셋째자리 (승수)	넷째자리 (허용오차)
흑색	0	0	1	
갈색	1	1	10	
적색	2	2	100	
등색	3	3	1,000	
황색	4	4	10,000	
녹색	5	5	100,000	
청색	6	6	1,000,000	
자색	7	7	10,000,000	
회색	8	8	100,000,000	
백색	9	9	1,000,000,000	
금색	–	–		±5%
은색	–	–		±10%
무색	–	–		±20%

두 도체 사이의 공간에 정전기를 저장하는 장치를 커패시터(Capacitor) 또는 콘덴서(Condenser)라고 한다. 커패시터가 정전기를 저장할 수 있는 양을 정전용량이라고 하며 기호는 C, 단위는 F(Farad, 패럿)이다. 커패시터의 전하량을 Q, 전위차를 V라고 하는데 두 도체 판의 면적을 S, 거리를 d라고 하면 다음과 같은 관계식이 성립한다[식 2-9 참조].

$$C=\frac{Q}{V} \text{ 그리고 } C=\frac{eS}{d}\,(e=\text{유전율}) \qquad \text{[식 2-9]}$$

도선을 둥글게 만든 것을 코일(Coil)이라고 하는데 코일에 전기를 흘려주면 자장(磁場)이 형성되며 이러한 코일의 특성을 전기부품으로 이용하는 것을 인덕터(Inductor)라고 한다. 인덕터에 교류를 흐르게 하면 전류의 흐름을 방해하는 성질이 나타나는데 이를 인덕턴스(Inductance)라고 한다. 인덕터의 기호는 L, 단위는 H(Henry, 헨리)이다. [표 2-3]은 저항기, 커패시터, 인덕터 등 전기부품의 부호, 기호, 단위를 정리한 것이다.

[표 2-3] 전기부품

구 분	저항기	커패시터	인덕터
부 호		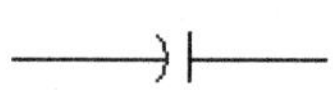	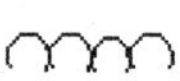
기 호	R	C	L
단 위	Ω	F	H

동일 용량의 전원 또는 전기부품을 직렬 또는 병렬로 연결할 경우 전체 전원 또는 전기부품의 용량 값이 달라지는데 이를 [표 2-4]에 정리하였다.

[표 2-4] 직렬연결 및 병렬연결

구 분	직렬연결	병렬연결
전 원 (AC / DC)	$V_t = V_1 + V_2 + ... + V_n$ $I_t = I_1 = I_2 = ... = I_n$	$V_t = V_1 = V_2 = ... = V_n$ $I_t = I_1 + I_2 + ... + I_n$
저항기 (Resister)	$R_t = R_1 + R_2 + ... + R_n$	$\frac{1}{Rt} = \frac{1}{R_1} + \frac{1}{R_2} + ... + \frac{1}{R_n}$

저항기 (Resister)	$R_t = R_1 + R_2 + ... + R_n$	$\frac{1}{Rt} = \frac{1}{R_1} + \frac{1}{R_2} + ... + \frac{1}{R_n}$
커패시터 (Capacitor)	$\frac{1}{Ct} = \frac{1}{C_1} + \frac{1}{C_2} + ... + \frac{1}{C_n}$	$C_t = C_1 + C_2 + ... + C_n$
인덕터 (Inductor)	$L_t = L_1 + L_2 + ... + L_n$	$\frac{1}{Lt} = \frac{1}{L_1} + \frac{1}{L_2} + ... + \frac{1}{L_n}$

[그림 2-4]와 같이 저항이 직렬로 연결될 경우에 각 저항에 걸리는 전압의 비는 아래의 수식에 따른다[식 2-10 참조].

$$V_1 = I \times R_1,\ V_2 = I \times R_2 \ \Rightarrow\ V_1 : V_2 = R_1 : R_2 \qquad \text{[식 2-10]}$$

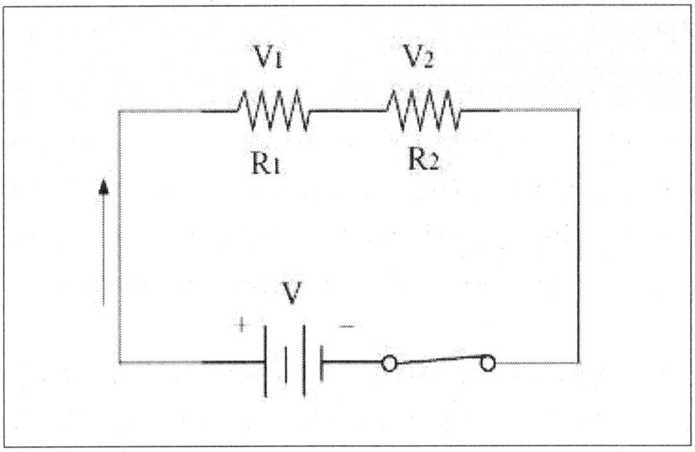

[그림 2-4] 저항이 직렬로 연결될 경우 각 저항에 걸리는 전압의 비

[그림 2-5]와 같이 저항이 병렬로 연결될 경우에 각 저항에 걸리는 전류의 비는 아래의 수식에 따른다[식 2-11 참조].

$$I_1 = \frac{V}{R_1},\ I_2 = \frac{V}{R_2} \Rightarrow I_1 : I_2 = \frac{1}{R_1} : \frac{1}{R_2} \qquad \text{[식 2-11]}$$

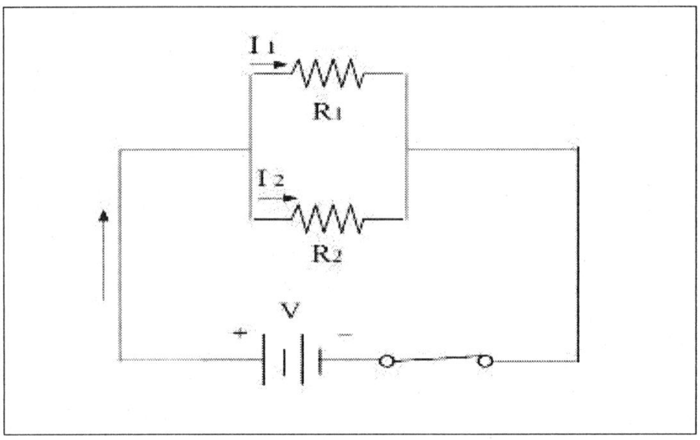

[그림 2-5] 저항이 병렬로 연결될 경우 각 저항에 걸리는 전류의 비

(2) 스위치[35)]

스위치(Switch)는 전기회로의 상태를 외부의 신호에 따라 동작(ON) 또는 정지(OFF) 상태로 변환하는 장치를 의미한다. 기계경비시스템의 선로 구성에 있어서 전자기를 이용한 개폐 스위치인 계전기(릴레이, Relay)가 많이 사용되는데 계전기는 코일(Coil)에 전류를 흘리면 전자석이 작동하여 접점을 끌어당기고 동 접점이 고정 접점에 붙어서 선로를 닫거나(ON) 열게(OFF) 되며, 저전압 출력으로 고전압을 제어할 때 사용할 수 있다.

계전기 접점은 A접점(Arbeit Contact), B접점(Break Contact), C접점(Change-Over Contact) 등 3가지로 구분할 수 있다. A접점(Arbeit Contact)은 전기적으로 릴레이에 전류가 흐르면 동작하여 닫히는(ON) 접점으로서 NO(Normally Open Contact) 접점이라고 하며 주로 방재용 감지기에 사용된다. B접점(Break Contact)은 전기적으로 릴레이에 전류가 흐르면 동작하여 접점이 열리는(OFF) 접점으로서 NC(Normally Closed Contact) 접점이라고 하며 주로 방범용 감지기에 사용된다. C접점(Change-Over Contact)은 A접점, B접점을 공유하는 접점으로서 Transfer Contact라고도 한다.

---

35) 주일엽, 기계경비개론, 도서출판 진영사, 2012, p. 39, 내용 재구성.

제2절 전기설비

1. 전선설비

(1) 전선

전선(Electric Wire)은 전력 또는 전기신호를 전달하기 위하여 사용하는 선을 의미하며 주로 도체인 구리 또는 알루미늄을 사용하여 제작되는데 구리는 알루미늄에 비해 전기적인 특성은 좋으나 가격이 상대적으로 비싸며 알루미늄은 구리에 비해 전기적인 특성은 나쁘나 가격이 상대적으로 낮고 인장강도가 높다는 장점이 있다.[36)]

전선의 종류는 구조와 형태로 구분하면 크게 나선, 절연전선, 케이블 등 3가지로 구분할 수 있다. 나선은 절연재료 없이 도체만으로 구성되며, 절연전선은 나선에 고무, 비닐, 에나멜 등의 절연재료로 피복을 만든 것이며, 케이블은 절연재료로 피복을 씌워 절연을 하고 기계적인 보호를 한 전선을 의미하는데 주로 지중 매설이나 고압 송전용으로 주로 사용한다. 전선의 용도에 따른 구분은 기기 배선용 전선, 통신용 전선, 전력용 전선 등으로 구분할 수 있다. 기기 배선용 전선은 전원 공급, 제어·신호 전송, 전기·전자·통신 등에 사용되는 전선이고, 통신용 전선은 전화용 및 기타 통신용 등으로 사용되는 전선이며, 전력용 전선은 정격 전압에 따라 구분되는 전선을 의미한다. 전선의 색상은 접지회로는 녹색으로 표시하며, 직류회로는 양극(+) 적색, 음극(-)은 청색으로 표시하고, 교류회로는 1상 회로는 적색, 2상 회로는 청색으로 표시하고, 3상 회로는 A상은 흑색, B상은 적색, C상은 청색, N상(중성선)은 백색 또는 회색으로 표시한다.[37)]

전선의 일반요건은 전기용품안전관리법의 적용을 받는 것 이외에는 한국산업표준(KS)에 적합한 것, 한국전기기술기준위원회 표준에 적합한 것, 통상 사용상태에서의

---

36) 전기설비기준(제3조 정의)에 따른 전선의 정의는 강전류 전기의 전송에 사용하는 전기 도체, 절연물로 피복한 전기 도체 또는 절연물로 피복한 전기 도체를 다시 보호 피복한 전기 도체를 말한다(지식경제부 고시 제2012-11호, 2012.1.31).
37) http://hl1ixt.blog.me/150114089291, 검색일: 2012.5.25, 내용 재구성.

온도에 견디는 것이어야 한다. 또한, 설치장소의 환경조건에 적절하고 발생할 수 있는 전기 · 기계적 응력에 견디는 능력이 있는 것을 선정하여야 한다.[38)]

전선의 규격은 전기용품안전관리법의 개정시행(2004. 7. 1)과 KS(Korean Industrial Standards, 한국산업규격)의 국제기준 부합화에 따라 IEC(International Electrotechnical Commission, 국제전기기술위원회) 규격의 전선을 사용할 수 있다. 전기설비기술기준 제6조(전선)에서 전선은 전기용품안전관리법의 적용을 받는 것(100㎟ 이하) 이외에는 기존 KS 규격에 의한 전선 또는 IEC 제품규격(IEC와 부합하는 KS 규격)에 의한 전선을 사용할 수 있도록 규정하고 있다. KS의 전선규격에 대응되는 IEC 규격은 IEC 60227, IEC 60228, IEC 60245, IEC 60332, IEC 60811, IEC 60885 등이 있다. KS 기호에 따른 전선 규격명칭은 [표 2-5]와 같다.

[표 2-5] KS 기호에 따른 전선 규격명칭

KS 규격번호	규격명
KS C 3001	전기용 동재의 전기저항
KS C 3002	전기용동선 및 알루미늄선 시험방법
KS C 3004	고무,플라스틱 절연전선 시험방법
KS C 3005	전기절연용 컴파운드 시험방법
KS C 3006	에나멜동선 및 에나멜AL선 시험방법
KS C 3007	에나멜 동선 통칙
㉿ KS C 3101	전기용 연동선 (A)
㉿ KS C 3102	전기용 경동선 (H)
㉿ KS C 3103	전기용 경동연선 (AS)
㉿ KS C 3104	전기용 동연선 (AS)
㉿ KS C 3105	평각동선
㉿ KS C 3106	전기기기 권선용 연동성
㉿ KS C 3107	유성 에나멜 동선
㉿ KS C 3111	전기용 경 알루미늄선 (HAL)

38) 전기설비기술기준의 판단기준(지식경제부 공고 제2012-32호, 2012.1.31) 제3조(전선 일반 요건).

㉿ KS C 3112	경 알루미늄 연선 (HAL)
㉿ KS C 3113	강심 알루미늄 연선 (ACSR)
㉿ KS C 3120	주석도금 연동선
㉿ KS C 3121	주석도금 경동선
KS C 3123	글래스 권 동선
KS C 3125	이중 유리섬유 절연 평각 동선
㉿ KS C 3128	600V 폴리에틸렌절연 전선 (IE)
㉿ KS C 3129	전기용 반 경 알루미늄선
㉿ KS C 3131	고압 가교 폴리에틸렌 케이블 (CV)
㉿ KS C 3132	600V EP 고무절연 케이블
㉿ KS C 3133	전기용 황인동선 (WR)
㉿ KS C 3135	600V 가교 폴리에틸렌 절연전선
㉿ KS C 3136	주석도금 경동연선
㉿ KS C 3137	주석도금 연동연선
㉿ KS C 3138	고압 강심 알루미늄 절연전선
㉿ KS C 3139	고압 경 알루미늄 절연전선
KS C 3140	전력용 케이블의 지중 매설 시공방법
㉿ KS C 3208	2중 면권 평각 동선
㉿ KS C 3301	600V 고무 절연전선
㉿ KS C 3302	600V 비닐 절연전선 (IV)
㉿ KS C 3303	고무코드
㉿ KS C 3304	비닐코드 (VSF, VTF, VFF, VCTF, VCTFK)
㉿ KS C 3306	8자형 옥외전화선
㉿ KS C 3307	평형 옥외 전화선
㉿ KS C 3308	네온관용 전선
㉿ KS C 3309	전기기용 고무 절연 인출선
㉿ KS C 3310	케임브릭 절연 전선
㉿ KS C 3311	자동차용 저압전선 (AV)

㉿ KS C 3312	면권 동선 및 견권동선
㉿ KS C 3313	옥외용 비닐 절연 전선 (OW)
㉿ KS C 3314	전열기용 코드
㉿ KS C 3315	인입용 비닐 절연전선 (DV)
㉿ KS C 3316	텔레비젼 수신용 피더 코드
㉿ KS C 3317	600V 고무절연 캡타이어 케이블
㉿ KS C 3318	인출용 클로르프렌 쉬스 전선
㉿ KS C 3320	600V 알루미늄도체 비닐절연전선 (AL-IV)
㉿ KS C 3321	용접용 케이블
㉿ KS C 3322	인입용 알루미늄 도체 비닐절연전선
㉿ KS C 3323	600V 비닐절연 비닐쉬스 케이블 (VV)
㉿ KS C 3324	고압 인하용 절연전선
㉿ KS C 3325	전기기기용 비닐 절연전선 (KIV)
㉿ KS C 3326	선박용 전선
㉿ KS C 3327	옥외용 강심 AL도체 비닐 절연전선 (ACSR-OW)
㉿ KS C 3328	600V 2종 비닐 절연전선 (HIV)
㉿ KS C 3329	부틸고무 전력 케이블
㉿ KS C 3330	제어용 케이블 (CVV,CEV,CEE,CVV,CCE)
㉿ KS C 3331	600V 부틸고무절연 클로르프렌쉬스케이블
KS C 3332	고무절연 클로르프렌쉬스 케이블
KS C 3333	600V 규소 고무절연 유리 편조전선
KS C 3334	벨트지 케이블
KS C 3335	저압가스 케이블
KS C 3336	SL 케이블
KS C 3337	인출용 규소고무 절연 유리편조 전선
㉿ KS C 3338	폴리에스테르 나이론 동선
㉿ KS C 3340	PVC 옥내 전화선 (TIV)
㉿ KS C 3401	1000V 형광등 전선 (FL)

㉿ KS C 3402	자동차용 고압전선 (AIRN, AIRV)
KS C 3403	자동차 잡음방지용 고압 저항전선
㉿ KS C 3600	케이블의 콘크리트 직접매설 공법 (CB)
㉿ KS C 3602	600V 비닐절연 비닐 캡타이어 케이블 (VCT)
㉿ KS C 3603	PE절연 비닐쉬스 시내쌍 케이블 (CPEV)
㉿ KS C 3604	비닐절연 비닐쉬스 전화용 국내 케이블 (SH)
㉿ KS C 3605	600V 고무 절연 연피 케이블
㉿ KS C 3606	종이절연 연피 시내 스타 케이블
㉿ KS C 3609	엘리베이터용 케이블
㉿ KS C 3610	고주파 동축케이블 (PE절연편조형)
KS C 3611	600V 폴리에틸렌 케이블 (EV,EE,CV,CE)
KS C 3612	X선용 고전압 케이블
KS C 3613	케이블용 강대외장 및 상식층
㉿ KS C 3614	연피 OF 케이블
㉿ KS C 3615	포타블 스폿트 용접기용 2차 케이블
㉿ KS C 3616	알루미늄 피복 OF 케이블
㉿ KS C 3617	텔레비젼 수신용 동축 케이블
KS C 3618	폴리에틸렌 절연 강 외피 시내 케이블
㉿ KS C 3829	고압기기선 배선용 전선

(2) 배선

배선은 시설장소의 환경 및 전압에 따라 감전 또는 화재의 우려가 없도록 시설하여야 하며, 이동전선을 전기기계기구와 접속하는 경우에는 접속불량에 의한 감전 또는 화재의 우려가 없도록 시설하여야 하고, 특고압 이동전선은 시설하여서는 안 되나 충전부분에 사람이 접촉하였을 때 사람에 위해를 줄 우려가 없고 이동전선과 접속하는 것이 필수적인 전기기계기구에 접속하는 것은 허용된다. 배선의 사용전선은 배선에 사용하는 전선(나전선 및 특고압에 사용하는 접촉전선을 제외한다)은 감전 또는 화재의 우려가 없도록 시설장소의 환경 및 전압에 따라 사용상 충분한 강도 및 절연 성능을 갖는 것이어야 하며, 배선에는 나전선을 사용하여서는 안 되나 시설장소의 환경 및 전압에 따라 사용상 충분한 강도를 갖고 있고 또한 절연성이 없음을 고려하여 감전 또는 화재의 우려가 없도록 시설하는 경우에는 허용되며, 특고압 배선에는 접촉전선을 사용할 수 없다.[39]

배선방식의 선정은 사용하는 전선(나전선, 절연전선) 또는 케이블의 종류에 따라 적합한 것이어야 한다. 배선설비의 선정에 대한 기준표를 [표 2-6]에 정리하였다.[40]

[표 2-6] 배선설비의 선정

<table>
<tr><th colspan="2" rowspan="2">전선과 케이블</th><th colspan="8">시설방법</th></tr>
<tr><th>미고정</th><th>직접고정</th><th>전선관</th><th>케이블트렁킹
(몰드형,
바닥면 매입형
포함)</th><th>케이블
덕트</th><th>케이블
래더,
케이블
트레이,
브래킷</th><th>애자사용</th><th>지지용선</th></tr>
<tr><td colspan="2">나전선</td><td>×</td><td>×</td><td>×</td><td>×</td><td>×</td><td>×</td><td>○</td><td>×</td></tr>
<tr><td colspan="2">절연전선</td><td>×</td><td>×</td><td>○</td><td>○</td><td>○</td><td>×</td><td>○</td><td>×</td></tr>
<tr><td rowspan="2">외장케이블
(금속외장 및 무기 절연 포함)</td><td>다심</td><td>○</td><td>○</td><td>○</td><td>○</td><td>○</td><td>○</td><td>△</td><td>○</td></tr>
<tr><td>단심</td><td>△</td><td>○</td><td>○</td><td>○</td><td>○</td><td>○</td><td>△</td><td>○</td></tr>
<tr><td colspan="10">○ : 허용한다.
× : 허용하지 않는다.
△ : 적용할 수 없거나 실용상 일반적으로 사용하지 않는다.</td></tr>
</table>

39) 전기설비기술기준(지식경제부 고시 제2012-11호, 2012.1.31) 제50조(배선의 시설), 제51조(배선의 사용전선).

40) 한국전기안전공사, IEC 규격에 의한 배선방식의 선정과 시공 해설, 2012, pp.1-3.

배선의 시설방법의 경우는 미고정은 전선 및 케이블을 포설한 그 상태대로 두는 방법을, 직접고정은 전선 및 케이블을 포설하고 고정재를 사용하여 지지물에 직접 고정하는 방법을, 케이블 트렁킹은 건축물에 고정되는 본체부와 제거할 수 있거나 개폐할 수 있는 커버로 이루어지며 절연전선, 케이블, 코드를 완전하게 수용할 수 있는 크기의 것을, 케이블 덕트는 절연전선 및 케이블 등을 인입하거나 교체할 수 있는 사각형 단면의 것을, 케이블 래더(Ladder)는 길이방향의 가로대에 케이블 지지용 가로대를 고정한 사다리형의 것을, 케이블 트레이는 전선류가 굴러 떨어지지 않도록 테두리가 있는 것으로 뚜껑은 없으며, 케이블 브래킷은 케이블을 적재하기 위한 수평 지지대로 한쪽만을 벽 등에 고정하는 것으로 케이블의 길이 방향에 등 간격으로 설치하는 것을, 지지용 선(Wire)은 단심 또는 다심 외장케이블을 가공 배선하는 경우 행거를 사용하여 케이블을 매날기 위한 시시선(메신저와이어)을 의미한다.

배전방식 선정의 경우는 나전선 시설은 애자를 사용하여 전기적 절연을 유지하는 방법 이외에는 허용하지 않으며 전기설비기술기준에서도 나전선의 사용은 특별한 용도(접촉전선 기타) 이외에는 인정하지 않고 있다. 절연전선 시설은 미고정, 직접고정, 케이블 래더, 케이블 트레이, 브래킷 및 지지용 선에 의한 방법은 허용하지 않으며 전선을 외적영향으로부터 보호할 수 있는 방법이 필요하나 애자사용공사를 하는 경우에는 나전선과 마찬가지로 허용된다. 외장케이블(다심) 시설은 전선의 구조가 기초 절연 이외에 외상보호가 되어 있어 애자사용공사를 제외한 모든 방법을 허용하는데 일반적으로 애자를 사용하지 않는 것은 경제적인 문제 때문이다. 외장케이블(단심) 시설은 미고정 및 애자사용공사를 제외한 모든 방법이 허용되나 단심케이블을 고정하지 않고 시설하여 전류를 흘릴 경우 그 케이블에 자계가 발생하여 주위에 영향을 미칠 우려가 있기 때문에 실용상 일반적으로 사용하지 않으며 우리나라의 경우 단심케이블을 2개연 또는 3개연으로 꼬아서 사용하는 것이 일반적이다.

(3) 전압강하

전압강하는 전기에너지의 손실로 인해 저항 양단에 걸리는 전압의 감소치를 의미하며 전압강하의 수전단 전압에 대한 백분율을 전압강하율(Percentage Voltage Drop)이라고 한다. 전압강하는 변압기 2차간선 또는 배분전반에서 각 선간 및 대지 간 측정하며 송전단 전압[V], 수전단 전압[V]을 이용하여 구하게 된다. 구체적인 산출식은 다음과 같다[식 2-12 참조].

$$전압강하율[\%] = \frac{송전단\,전압(Es) - 수전단\,전압(Er)}{수전단\,전압(Er)} \times 100 \qquad [식\ 2\text{-}12]$$

전선길이 60m를 초과하는 경우 전압강하 기준은 [표 2-7]에, 배선방식에 따른 전압강하 및 전선 단면적(전선의 굵기)을 산출하는 공식을 [표 2-8]에 나타내었다.[41]

[표 2-7] 전선길이 60m 초과하는 경우 전압강하

TR 2차 또는 인입점에서 최원단까지의 거리(m)	허용 전압강하 기준(%)	
	TR에서 공급 시	저압으로 공급 시
120 이하	5 이하	4 이하
200 이하	6 이하	5 이하
200 초과	7 이하	6 이하

[표 2-8] 배선방식에 따른 전압 강하 및 전선 단면적 산출

배선방식	전압 강하(V)	전선 단면적(㎟)
단상 2선식 (1Ø2W) 직류 2선식 (DC2W)	$e = \frac{35.6 \cdot L \cdot I}{1000A}$	$A = \frac{35.6 \cdot L \cdot I}{1000e}$
3상 3선식 (3Ø3W) 단상 3선식 (1Ø3W)	$e = \frac{30.8 \cdot L \cdot I}{1000A}$	$A = \frac{30.8 \cdot L \cdot I}{1000e}$
직류 3선식 (DC3W) 3상 4선식 (3Ø4W)	$e = \frac{17.8 \cdot L \cdot I}{1000A}$	$A = \frac{17.8 \cdot L \cdot I}{1000e'}$
e : 각 선간의 전압강하(V) e' :외측선 또는 각 상의 1선과 중심선 사이의 전압강하(V) A : 전선단면적(㎟), L : 전선 1본의 거리(m), I : 부하기기의 정격전류(A)		

41) 한국전기안전공사, 기술핸드북, 2011, p. 22; 기타 수집자료, 내용 재구성.

2. 전기설비

(1) 전기사용설비의 시설

전기사용설비의 시설은 저압전로의 절연성능, 전기기계기구의 시설, 전기자동차 전원공급설비의 시설, 무선설비에 대한 장해 방지, 배선과 다른 배선 및 시설물의 접근 또는 교차, 저압간선 등의 과전류에 대한 보호, 일반 공중 출입 장소의 전기설비의 지락에 대한 보호, 고압 이동전선 및 접촉전선에 대한 보호, 다중 이용 시설의 전기설비 시설, 분진이 많은 장소, 가연성 가스 등이 있는 장소, 부식성 가스 등이 있는 장소, 화약류 저장소, 특수장소의 특고압 전기설비, 특수장소의 접촉전선, 전기울타리의 시설, 전격살충기, 엑스선 발생장치의 시설, 파이프라인 등에 전열장치의 시설, 전기욕기, 은(銀) 이온 살균장치의 시설, 전기부식방지설비의 시설, 특고압 전기집진 응용장치 등의 시설, 비상용 예비전원의 시설 등에 대한 전기설비기술기준을 시행하고 있다.[42]

전기사용 장소의 사용전압이 저압인 전로의 전선 상호간 및 전로와 대지 사이의 절연저항은 개폐기 또는 과전류차단기로 구분할 수 있는 전로마다 [표 2-9]에서 정한 값 이상이어야 한다. 다만, 전동기 등 기계기구를 쉽게 분리하기 곤란한 분기회로의 경우 전로의 전선 상호 간의 절연저항에 대해서는 기기 접속 전에 측정한다.[43]

[표 2-9] 저압전로의 절연성능

전로의 사용전압 구분		절연저항
400 V 미만	대지전압(접지식 전로는 전선과 대지 사이의 전압, 비접지식 전로는 전선 간의 전압을 말한다)이 150 V 이하인 경우	0.1 MΩ
	대지전압이 150 V 초과 300 V 이하인 경우	0.2 MΩ
	사용전압이 300 V 초과 400 V 미만인 경우	0.3 MΩ
400 V 이상		0.4 MΩ

42) 전기설비기술기준(지식경제부 고시 제2012-11호, 2012.1.31).
43) 전기설비기술기준(지식경제부 고시 제2012-11호, 2012.1.31) 제52조.

전기사용 장소에 시설하는 전기기계기구는 충전부가 노출되지 않아야 하며, 사람에 위해를 주거나 화재발생의 우려가 있는 발열이 없도록 시설하여야 한다. 다만, 전기기계기구를 사용하기 위하여 충전부의 노출 또는 발열체의 시설이 기술상 부득이한 경우에 감전 기타 사람에 위해를 주거나 화재 발생의 우려가 없도록 시설하는 경우는 예외로 한다.[44]

도로 운행용 자동차로서 재충전이 가능한 축전지, 연료전지, 광전지 또는 그 밖의 전원장치에서 전류를 공급받는 전동기에 의해 구동되는 전기자동차에 전기를 공급하기 위한 전기설비는 감전, 화재 그 밖에 사람에게 위해(危害)를 주거나 물건에 손상을 줄 우려가 없도록 시설하여야 한다.[45]

전기사용 장소에 시설하는 전기기계기구 또는 접촉전선은 전파, 고주파전류 등이 발생함으로서 무선설비의 기능에 계속적이고 중대한 장해를 줄 우려가 없도록 시설하여야 한다.[46]

배선은 다른 배선, 약전류전선 등과 접근하거나 교차하는 경우에 혼촉에 의한 감전 또는 화재의 우려가 없도록 시설하여야 하며, 배선은 수도관, 가스관 또는 이에 준하는 것과 접근하거나 교차하는 경우는 방전에 의하여 이 시설물들을 손상할 우려가 없고 누전이나 방전에 의하여 이 시설물들을 통하여 감전 또는 화재의 우려가 없도록 시설하여야 한다.[47]

저압간선, 저압간선에서 분기하여 전기기계기구에 이르는 저압의 전로 및 인입구에서 저압간선을 거치지 않고 전기기계기구에 이르는 저압의 전로(이하 "간선 등")에는 적절한 곳에 개폐기를 시설함과 동시에 과전류가 생겼을 경우에 그 간선 등을 보호할 수 있도록 자동적으로 전로를 차단하는 장치를 시설하여야 하나 그 간선 등에서 단락사고에 의한 과전류가 생길 우려가 없는 경우는 예외로 한다. 전기사용 장소의 옥내에 시설하는 전동기(정격출력이 0.2 kW 이하는 제외)에는 과전류에 의한 그 전동기의 소손으로 인하여 화재가 발생할 우려가 없도록 과전류가 생겼을 때 자동적으로 전로를 차단하는 장치를 시설하고 그 밖에 적절한 조치를 하여야 한다. 다만, 전동기의 구조 또는 부하의 특성이 전동기를 소손할 정도의 과전류가 발생할 우려가

44) 전기설비기술기준(지식경제부 고시 제2012-11호, 2012.1.31) 第53조.
45) 전기설비기술기준(지식경제부 고시 제2012-11호, 2012.1.31) 第53조의 2조.
46) 전기설비기술기준(지식경제부 고시 제2012-11호, 2012.1.31) 第54조.
47) 전기설비기술기준(지식경제부 고시 제2012-11호, 2012.1.31) 第55조.

없는 경우는 예외로 한다. 교통신호등, 그 밖에 손상으로 공공의 안전 확보에 지장을 줄 우려가 있는 것에 전기를 공급하는 전로에는 과전류에 의한 과열소손으로부터 그 기기들의 전선 및 전기기계기구를 보호할 수 있도록 과전류가 생겼을 때 자동적으로 전로를 차단하는 장치를 시설하여야 한다.[48]

일반 공중이 출입할 우려가 있는 장소 또는 절연체에 손상을 줄 우려가 있는 장소에 시설하는 것에 전기를 공급하는 전로에는 지락이 생겼을 경우에 감전 또는 화재의 우려가 없도록 전로를 자동적으로 차단하는 장치를 시설하고 그 밖에 적절한 조치를 하여야 한다.[49]

이동전선 및 접촉전선(전차선은 제외)에 고압의 전기를 공급하는 전로에는 과전류가 생겼을 경우에 그 이동전선 및 접촉전선을 보호할 수 있도록 자동적으로 전로를 차단하는 장치를 시설하여야 하며, 지락이 생겼을 경우에 감선 또는 화새의 우려가 없도록 전로를 자동적으로 차단하는 장치를 시설하고 그 밖에 적절한 조치를 하여야 한다.[50]

다중이 이용하는 시설에 설치하는 전기설비는 감전, 화재 기타 사람에 위해를 주거나 물건에 손상을 줄 우려가 없도록 설치장소의 환경에 맞는 보호등급으로 시설하는 등 적절한 조치를 하여야 한다.[51]

분진이 많은 장소에 시설하는 전기설비는 분진에 의한 그 전기설비의 절연성능 또는 도전성능의 열화에 따른 감전 또는 화재의 우려가 없도록 시설하여야 한다.[52]

가연성 가스 또는 인화성 물질의 증기가 새거나 체류하는 장소로 점화원이 있으면 폭발할 우려가 있는 장소, 분진이 있는 곳으로 점화원이 있으면 폭발할 우려가 있는 장소, 화약류가 있는 장소, 셀룰로이드, 성냥, 석유류, 기타 타기 쉬운 위험한 물질을 제조하거나 저장하는 장소에 시설하는 전기설비는 통상 사용상태에서 그 전기설비가 점화원이 되어 폭발 또는 화재의 우려가 없도록 시설하여야 한다.[53]

산류, 알카리류, 염소산카리, 표백분, 염료 혹은 인조비료의 제조공장, 동, 아연 등의 제련소, 전기분동소, 전기도금공장, 개방형 축전지를 설치한 축전지실 또는 이에

48) 전기설비기술기준(지식경제부 고시 제2012-11호, 2012.1.31) 제56조.
49) 전기설비기술기준(지식경제부 고시 세2012-11호, 2012.1.31) 제57조.
50) 전기설비기술기준(지식경제부 고시 제2012-11호, 2012.1.31) 제58조.
51) 전기설비기술기준(지식경제부 고시 제2012-11호, 2012.1.31) 제59조.
52) 전기설비기술기준(지식경제부 고시 제2012-11호, 2012.1.31) 제60조.
53) 전기설비기술기준(지식경제부 고시 제2012-11호, 2012.1.31) 제61조.

준하는 장소 등 부식성 가스 또는 용액이 발산되는 장소에 시설하는 전기설비는 부식성 가스 또는 용액에 의한 그 전기설비의 절연성능 또는 도전성능의 열화에 따른 감전 또는 화재의 우려가 없도록 예방조치를 하여야 한다.[54)]

조명을 위한 전기설비(개폐기 및 과전류차단기는 제외) 이외의 전기설비는 화약류 저장소 안에 시설하여서는 안된다. 다만, 쉽게 착화하지 않도록 하는 조치가 강구되어 있는 화약류를 보관하는 장소로서 부득이한 경우에는 예외로 한다.[55)]

특고압 전기설비는 제60조 및 제61조에서 규정하는 장소에 시설할 수 없다. 다만, 가연성 가스 등에 착화할 우려가 없도록 조치가 강구된 정전도장장치(靜電塗裝裝置), 동기전동기, 동기발전기, 유도전동기 및 이에 전기를 공급하는 전기설비를 시설하는 경우에는 예외로 한다.[56)]

접촉전선은 분진이 많은 장소에 시설할 수 없다. 다만, 개방된 장소에서 저압 접촉전선 및 그 주위에 분진이 집적하는 것을 방지하기 위한 조치를 하고 또한 면, 마, 견, 그 밖의 타기 쉬운 섬유의 분진이 존재하는 장소에는 저압 접촉전선과 그 접촉전선에 접촉되는 집전장치가 사용상태에서 떨어지기 어렵도록 시설한 경우에는 예외로 한다. 접촉전선은 제61조 각 호에서 규정하는 장소에 시설하여서는 안 되며, 고압 접촉전선은 제62조에서 규정하는 장소에 시설할 수 없다.[57)]

옥외에서 나전선을 고정하여 시설한 울타리로서 그 나전선을 충전하여 사용하는 전기울타리는 시설할 수 없다. 다만, 논밭, 목장 기타 이와 유사한 장소에서 짐승의 침입 또는 가축의 탈출을 방지하기 위하여 시설하는 경우로서 절연성이 없음을 고려하여 감전 또는 화재의 우려가 없도록 시설할 때는 예외로 한다.[58)]

전격살충기 또는 엑스선 발생장치는 제60조부터 제62조까지에서 규정하는 장소에 시설할 수 없다.[59)]

파이프라인 등 도관 및 기타 시설물에 의하여 액체를 수송하는 시설에 시설하는 전열장치는 제60조부터 제62조까지에서 규정하는 장소에는 시설할 수 없다. 다만, 감전, 폭발 또는 화재의 우려가 없도록 적절한 조치를 하였을 경우에는 예외로 한다.[60)]

---

54) 전기설비기술기준(지식경제부 고시 제2012-11호, 2012.1.31) 제62조.
55) 전기설비기술기준(지식경제부 고시 제2012-11호, 2012.1.31) 제63조.
56) 전기설비기술기준(지식경제부 고시 제2012-11호, 2012.1.31) 제64조.
57) 전기설비기술기준(지식경제부 고시 제2012-11호, 2012.1.31) 제65조.
58) 전기설비기술기준(지식경제부 고시 제2012-11호, 2012.1.31) 제66조.
59) 전기설비기술기준(지식경제부 고시 제2012-11호, 2012.1.31) 제67조.

욕조의 양단에 전극을 설치하여 그 전극 상호 간에 미약한 교류전압을 가하여 입욕자에게 전기적 자극을 주는 전기욕기, 욕조 안에 전극을 가지는 이온발생기를 설치하여 그 전극 상호 간에 미약한 직류전압을 가하여 은 이온을 발생시켜서 살균하는 은 이온 살균장치는 감전에 의한 사람의 위해 또는 화재의 우려가 없는 경우에만 시설할 수 있다.[61]

전기부식방지설비는 다른 시설물에 전기부식작용에 의한 장해를 줄 우려가 없도록 시설하여야 한다.[62]

사용전압이 특고압의 전기집진장치 · 정전도장장치(靜電塗裝裝置) · 전기탈수장치 · 전기 선별장치 그 밖의 전기집진 응용장치 및 이에 특고압의 전기를 공급하기 위한 전기설비는 옥측 또는 옥외에는 시설할 수 없다. 다만, 그 전기설비의 충전부의 위험성을 고려하여 감전 또는 화재의 우려가 없도록 시설하는 경우는 예외로 한다.[63]

상용전원이 정전되었을 때 사용하는 비상용 예비전원(수용장소에 시설하는 것만 해당)은 상용전원 측의 수용장소에 시설하는 전로 이외의 전로와 비상용 예비전원이 전기적으로 접속되지 않도록 시설하여야 한다. 비상용 예비전원으로 발전기를 시설하는 공간에는 환기 등 필요한 시설을 갖추어야 한다.[64]

(2) 전기설비안전

전기설비는 전기에너지를 사용하므로 기계경비 기획설계의 경우에도 사전에 이에 대한 전기안전 조치가 필요하다. 우리나라의 경우에도 전기시설 안전원칙, 전로의 절연, 전기설비의 접지, 전기설비의 피뢰, 전선 등의 단선 방지, 전선의 접속, 전기기계기구의 열적강도, 고압 또는 특고압 전기기계기구의 시설, 과전류에 대한 보호, 지락에 대한 보호, 공급지장의 방지, 고주파 이용설비에 대한 장해 방지, 통신장해 방지, 지구자기관측소 등에 대한 장해 방지, 절연유 등에 대한 전기설비기술기준을 시행하고 있다.[65]

전기설비의 안전원칙은 첫째, 감전, 화재 그 밖에 사람에게 위해(危害)를 주거나 물

---

60) 전기설비기술기준(지식경제부 고시 제2012-11호, 2012.1.31) 제68조.
61) 전기설비기술기준(지식경제부 고시 제2012-11호, 2012.1.31) 제69조.
62) 전기설비기술기준(지식경제부 고시 제2012-11호, 2012.1.31) 제70조.
63) 전기설비기술기준(지식경제부 고시 제2012-11호, 2012.1.31) 제71조.
64) 전기설비기술기준(지식경제부 고시 제2012-11호, 2012.1.31) 제72조.
65) 전기설비기술기준(지식경제부 고시 제2012-11호, 2012.1.31).

건에 손상을 줄 우려가 없도록 시설하여야 하고, 둘째, 사용목적에 적절하고 안전하게 작동하여야 하며, 그 손상으로 인하여 전기 공급에 지장을 주지 않도록 시설하여야 하며, 셋째, 다른 전기설비, 그 밖의 물건의 기능에 전기적 또는 자기적인 장해를 주지 않도록 시설하여야 한다.[66]

전로의 절연은 대지로부터 절연시켜야 하나, 구조상 부득이한 경우로서 통상 예견되는 사용형태로 보아 위험이 없는 경우와 혼촉에 의한 고전압의 침입 등의 이상이 발생하였을 때 위험을 방지하기 위한 접지 접속점 그 밖의 안전에 필요한 조치를 하는 경우는 예외로 한다. 또한, 변성기 안의 권선과 그 변성기 안의 다른 권선 사이의 절연성능은 사고 시에 예상되는 이상전압을 고려하여 절연파괴에 의한 위험의 우려가 없는 것이어야 한다.[67]

접지는 이상 시 전위상승, 고전압의 침입 등에 의한 감전, 화재 그 밖에 사람에 위해를 주거나 물건에 손상을 줄 우려가 없도록 접지를 하고 그 밖에 적절한 조치를 하여야 하며, 전기설비를 접지하는 경우에는 전류가 안전하고 확실하게 대지로 흐를 수 있도록 하여야한다.[68]

피뢰는 뇌방전으로 인한 과전압으로부터 전기설비의 손상, 감전 또는 화재의 우려가 없도록 피뢰설비를 시설하고 그 밖에 적절한 조치를 하여야 한다.[69]

단선은 전선, 지선(支線), 가공지선(架空地線), 약전류전선 등(약전류전선 및 광섬유케이블을 말한다) 그 밖에 전기설비의 안전을 위하여 시설하는 선은 통상 사용상태에서 단선의 우려가 없도록 시설하여야 한다.[70]

전선의 접속은 접속부분에서 전기저항이 증가되지 않도록 접속하고 절연성능의 저하(나전선은 제외) 및 통상 사용상태에서 단선의 우려가 없도록 하여야 한다.[71]

전로에 시설하는 전기기계기구는 통상 사용상태에서 그 전기기계기구에 발생하는 열에 견디는 것이어야 한다.[72]

고압 또는 특고압의 전기기계기구는 취급자 이외의 사람이 쉽게 접촉할 우려가 없

66) 전기설비기술기준(지식경제부 고시 제2012-11호, 2012.1.31) 제2조.
67) 전기설비기술기준(지식경제부 고시 제2012-11호, 2012.1.31) 제5조.
68) 전기설비기술기준(지식경제부 고시 제2012-11호, 2012.1.31) 제6조; 발전용 화력설비, 수력설비, 풍력설비는 제외하며, 전로에 관계되는 부분에 대해서는 전로의 절연규정에 따른다.
69) 전기설비기술기준(지식경제부 고시 제2012-11호, 2012.1.31) 제6조의 2.
70) 전기설비기술기준(지식경제부 고시 제2012-11호, 2012.1.31) 제7조.
71) 전기설비기술기준(지식경제부 고시 제2012-11호, 2012.1.31) 제8조.
72) 전기설비기술기준(지식경제부 고시 제2012-11호, 2012.1.31) 제9조.

도록 시설하여야 하며, 고압 또는 특고압의 개폐기·차단기·피뢰기 그 밖에 이와 유사한 기구로서 동작할 때에 아크가 생기는 것은 화재의 우려가 없도록 목제(木製)의 벽 또는 천정 기타 가연성 구조물 등으로부터 이격하여 시설하여야 한다. 다만, 내화성 재료 등으로 양자 사이를 격리한 경우에는 예외로 한다.[73]

특고압을 직접 저압으로 변성하는 변압기는 발전소 등 공중(公衆)이 출입하지 않는 장소에 시설하는 경우, 혼촉 방지 조치가 되어 있는 등 위험의 우려가 없는 경우, 특고압측의 권선과 저압측의 권선이 혼촉하였을 경우 자동적으로 전로가 차단되는 장치의 시설 그 밖의 적절한 안전조치가 되어 있는 경우 중 어느 하나에 해당하는 경우에 시설할 수 있다.[74]

고압 또는 특고압을 저압으로 변성하는 변압기의 저압측 전로에는 고압 또는 특고압의 침입에 의한 저압측 전기설비의 손상, 감전 또는 화재의 우려가 없도록 그 변압기의 적절한 곳에 접지를 시설하여야 하나 시설방법 또는 구조상 부득이한 경우로서 변압기에서 떨어진 곳에 접지를 시설하고 그 밖에 적절한 조치를 취함으로써 저압측 전기설비의 손상, 감전 또는 화재의 우려가 없는 경우에는 예외로 한다. 특고압을 고압으로 변성하는 변압기의 고압측 전로에는 특고압의 침입에 의한 고압측 전기설비의 손상, 감전 또는 화재의 우려가 없도록 접지를 시설한 방전장치를 시설하고 그 밖에 적절한 조치를 하여야 한다.[75]

과전류에 대한 보호는 전로의 필요한 곳에 과전류에 의한 과열소손으로부터 전선 및 전기기계기구를 보호하고 화재의 발생을 방지할 수 있도록 과전류로부터 보호하는 차단 장치를 시설하여야 한다.[76]

지락에 대한 보호는 전로에는 지락이 생겼을 경우 전선 또는 전기기계기구의 손상, 감전 또는 화재의 우려가 없도록 지락으로부터 보호하는 차단기를 시설하고 그 밖에 적절한 조치를 하여야 한다. 다만, 전기기계기구를 건조한 장소에 시설하는 등 지락에 의한 위험의 우려가 없는 경우에는 예외로 한다.[77]

공급지장의 방지는 고압 또는 특고압의 전기설비의 경우에는 그 손상으로 인하여 전기사업자의 원활한 전기공급에 지장을 주지 않도록 시설하여야 하며, 전기사용자

73) 전기설비기술기준(지식성제부 고시 제2012-11호, 2012.1.31) 제10조.
74) 전기설비기술기준(지식경제부 고시 제2012-11호, 2012.1.31) 제11조.
75) 전기설비기술기준(지식경제부 고시 제2012-11호, 2012.1.31) 제12조.
76) 전기설비기술기준(지식경제부 고시 제2012-11호, 2012.1.31) 제13조.
77) 전기설비기술기준(지식경제부 고시 제2012-11호, 2012.1.31) 제14조.

에게 전기를 공급하는 사업용의 고압 또는 특고압의 전기설비는 그 전기설비의 손상으로 전기의 원활한 공급에 지장이 생기지 않도록 시설하여야 한다.[78]

고주파 이용설비에 대한 장해 방지는 고주파 이용설비(전로를 고주파전류의 전송로로서 이용하는 것만 해당)는 다른 고주파 이용설비의 기능에 계속적이고 중대한 장해를 줄 우려가 없도록 시설하여야 한다.[79]

유도장해 방지는 특고압 가공전선로에서 발생하는 극저주파 전자계는 지표상 1 m에서 전계강도(電界强度)가 3.5 kV/m 이하, 자계강도가 83.3 μT 이하가 되도록 시설하는 등 상시 정전유도(靜電誘導) 및 전자유도(電磁誘導) 작용에 의하여 사람에게 위험을 줄 우려가 없도록 시설하여야 하나 논밭, 산림 그 밖에 사람의 왕래가 적은 곳에서 사람에 위험을 줄 우려가 없도록 시설하는 경우에는 예외로 한다. 특고압의 가공전선로는 전자유도작용이 약전류전선로(전력보안 통신설비는 제외)를 통하여 사람에 위험을 줄 우려가 없도록 시설하여야 한다. 전력보안 통신설비는 가공전선로로부터의 정전유도작용 또는 전자유도작용에 의하여 사람에 위험을 줄 우려가 없도록 시설하여야 한다.[80]

통신장해 방지는 전선로 또는 전차선로는 무선설비의 기능에 계속적이고 중대한 장해를 주는 전파를 발생할 우려가 없도록 시설하여야 하며, 전선로 또는 전차선로는 약전류전선로에 유도작용으로 인하여 통신상의 장해를 주지 않도록 시설하여야 한다. 다만, 약전류전선로 관리자의 승낙을 받은 경우에는 예외로 한다.[81]

지구자기관측소 등에 대한 장해 방지는 직류의 전선로, 전차선로 및 귀선은 지구자기관측소 또는 지구전기관측소에 대하여 관측상의 장해를 주지 않도록 시설하여야 한다.[82]

절연유는 사용전압이 100 kV 이상의 중성점 직접접지식 전로에 접속하는 변압기를 설치하는 곳에는 절연유의 구외 유출 및 지하 침투를 방지하기 위한 설비를 갖추어야 하며, 폴리염화비페닐을 함유한 절연유를 사용한 전기기계기구는 전로에 시설할 수 없다.[83]

---

78) 전기설비기술기준(지식경제부 고시 제2012-11호, 2012.1.31) 제15조.
79) 전기설비기술기준(지식경제부 고시 제2012-11호, 2012.1.31) 제16조.
80) 전기설비기술기준(지식경제부 고시 제2012-11호, 2012.1.31) 제17조.
81) 전기설비기술기준(지식경제부 고시 제2012-11호, 2012.1.31) 제18조.
82) 전기설비기술기준(지식경제부 고시 제2012-11호, 2012.1.31) 제19조.
83) 전기설비기술기준(지식경제부 고시 제2012-11호, 2012.1.31) 제20조.

제3절 전기법규

1. 전기사업법

(1) 목적 및 정의

① 목적

전기사업법은 전기사업에 관한 기본제도를 확립하고 전기사업의 경쟁을 촉진함으로써 전기사업의 건전한 발전을 도모하고 전기사용자의 이익을 보호하여 국민경제의 발전에 이바지하는 것을 그 목적으로 한다.[84)]

② 정의

전기사업, 전기사업자, 발전사업, 발전사업자, 송전사업, 송전사업자, 배전사업, 배전사업자, 전기판매사업, 전기판매사업자, 구역전기사업, 구역전기사업자, 전력시장, 전력계통, 보편적 공급, 전기설비, 전선로, 전기사업용전기설비, 일반용전기설비, 자가용전기설비, 안전관리 등 주요 용어의 정의는 다음과 같다.[85)]

1. 전기사업 : 발전사업 · 송전사업 · 배전사업 · 전기판매사업 및 구역전기사업
2. 전기사업자 : 발전사업자 · 송전사업자 · 배전사업자 · 전기판매사업자 및 구역전기사업자
3. 발전사업 : 전기를 생산하여 이를 전력시장을 통하여 전기판매사업자에게 공급하는 것을 주된 목적으로 하는 사업
4. 발전사업자 : 발전사업의 허가를 받은 자
5. 송전사업 : 발전소에서 생산된 전기를 배전사업자에게 송전하는 데 필요한 전기설비를 설치 · 관리하는 것을 주된 목적으로 하는 사업

84) 전기사업법(법률 제10253호, 2010.4.12) 제1조(목적).
85) 전기사업법(법률 제10253호, 2010.4.12) 제2조(정의).

6. 송전사업자 : 송전사업의 허가를 받은 자
7. 배전사업 : 발전소로부터 송전된 전기를 전기사용자에게 배전하는 데 필요한 전기설비를 설치·운용하는 것을 주된 목적으로 하는 사업
8. 배전사업자 : 배전사업의 허가를 받은 자
9. 전기판매사업 : 전기사용자에게 전기를 공급하는 것을 주된 목적으로 하는 사업
10. 전기판매사업자 : 전기판매사업의 허가를 받은 자
11. 구역전기사업 : 대통령령으로 정하는 규모 이하의 발전설비를 갖추고 특정한 공급구역의 수요에 맞추어 전기를 생산하여 전력시장을 통하지 않고 그 공급구역의 전기사용자에게 공급하는 것을 주된 목적으로 하는 사업
12. 구역전기사업자 : 구역전기사업의 허가를 받은 자
13. 전력시장 : 전력거래를 위하여 한국전력거래소가 개설하는 시장
14. 전력계통 : 전기의 원활한 흐름과 품질유지를 위하여 전기의 흐름을 통제·관리하는 체제
15. 보편적 공급 : 전기사용자가 언제 어디서나 적정한 요금으로 전기를 사용할 수 있도록 전기를 공급하는 것
16. 전기설비 : 발전·송전·변전·배전 또는 전기사용을 위하여 설치하는 기계·기구·댐·수로·저수지·전선로·보안통신선로 및 그 밖의 설비로서 다음에 해당하는 것
    가. 전기사업용전기설비
    나. 일반용전기설비
    다. 자가용전기설비
17. 전선로 : 발전소·변전소·개폐소 및 이에 준하는 장소와 전기를 사용하는 장소 상호간의 전선 및 이를 지지하거나 수용하는 시설물
18. 전기사업용전기설비 : 전기설비 중 전기사업자가 전기사업에 사용하는 전기설비
19. 일반용전기설비 : 지식경제부령으로 정하는 소규모의 전기설비로서 한정된 구역에서 전기를 사용하기 위하여 설치하는 전기설비
20. 자가용전기설비 : 전기사업용전기설비 및 일반용전기설비 외의 전기설비
21. 안전관리 : 국민의 생명과 재산을 보호하기 위하여 이 법에서 정하는 바에 따라 전기설비의 공사·유지 및 운용에 필요한 조치를 하는 것

변전소, 개폐소, 송전선로, 배전선로, 전기수용설비, 수전설비, 구내배전설비, 저압, 고압, 특고압 등 주요 용어의 정의는 다음과 같다.[86)]

1. 변전소 : 변전소의 밖으로부터 전압 5만볼트 이상의 전기를 전송받아 이를 변성(전압을 올리거나 내리는 것 또는 전기의 성질을 변경시키는 것)하여 변전소 밖의 장소로 전송할 목적으로 설치하는 변압기와 그 밖의 전기설비 전체
2. 개폐소 : 다음 각 목의 곳의 전압 5만볼트 이상의 송전선로를 연결하거나 차단하기 위한 전기설비
   가. 발전소 상호간
   나. 변전소 상호간
   다. 발전소와 변전소 간
3. 송전선로 : 다음 각 목의 곳을 연결하는 전선로(통신용으로 전용하는 것은 제외)와 이에 속하는 전기설비
   가. 발전소 상호간
   나. 변전소 상호간
   다. 발전소와 변전소 간
4. 배전선로 : 다음 각 목의 곳을 연결하는 전선로와 이에 속하는 전기설비
   가. 발전소와 전기수용설비
   나. 변전소와 전기수용설비
   다. 송전선로와 전기수용설비
   라. 전기수용설비 상호간
5. 전기수용설비 : 수전설비와 구내배전설비
6. 수전설비 : 타인의 전기설비 또는 구내발전설비로부터 전기를 공급받아 구내배전설비로 전기를 공급하기 위한 전기설비로서 수전지점으로부터 배전반(구내배전설비로 전기를 배전하는 전기설비)까지의 설비
7. 구내배전설비 : 수전설비의 배전반에서부터 전기사용기기에 이르는 전선로·개폐기·차단기·분전함·콘센트·제어반·스위치 및 그 밖의 부속설비
8. 저압 : 직류에서는 750볼트 이하의 전압을 말하고, 교류에서는 600볼트 이하의 전압

86) 전기사업법시행규칙(지식경제부령 제207호, 2011.10.19) 제2조(정의).

9. 고압 : 직류에서는 750볼트를 초과하고 7천볼트 이하인 전압을 말하고, 교류에서는 600볼트를 초과하고 7천볼트 이하인 전압
10. 특고압 : 7천볼트를 초과하는 전압

(2) 전기사업

① 허가기준

전기사업을 하려는 자는 전기사업의 종류별로 지식경제부장관의 허가를 받아야 하고 허가받은 사항 중 지식경제부령으로 정하는 중요 사항을 변경하려는 경우에도 또한 같으며, 전기사업의 구체적인 허가기준은 다음과 같다.[87)]

1. 전기사업을 적정하게 수행하는 데 필요한 재무능력 및 기술능력이 있을 것
2. 전기사업이 계획대로 수행될 수 있을 것
3. 배전사업 및 구역전기사업의 경우 둘 이상의 배전사업자의 사업구역 또는 구역전기사업자의 특정한 공급구역 중 그 전부 또는 일부가 중복되지 않을 것
4. 구역전기사업의 경우 특정한 공급구역의 전력수요의 50퍼센트 이상으로서 대통령령으로 정하는 공급능력을 갖추고, 그 사업으로 인하여 인근 지역의 전기사용자에 대한 다른 전기사업자의 전기공급에 차질이 없을 것
5. 그 밖에 공익상 필요한 것으로서 대통령령으로 정하는 기준에 적합할 것

② 결격사유

전기사업의 허가를 받을 수 없는 결격사유는 다음과 같다.[88)]

1. 금치산자 또는 한정치산자
2. 파산선고를 받고 복권되지 아니한 자
3. 「형법」 제172조의2, 제173조, 제173조의2(제172조제1항의 죄를 범한 자는 제외), 제174조(제172조의2제1항 및 제173조제1항 · 제2항의 미수범만 해당) 및 제175조(제172조의2제1항 및 제173조제1항 · 제2항의 죄를 범할 목적으로 예비 또는 음모한 자만 해당) 중 전기에 관한 죄를 짓거나 이 법을 위반하여 금고 이상의 실형을 선고받고 그 집행이 끝나거나(집행이 끝난 것으로 보는 경우를 포함) 집행이 면제된 날

87) 전기사업법(법률 제10253호, 2010.4.12) 제7조(사업의 허가).
88) 전기사업법(법률 제10253호, 2010.4.12) 제8조(결격사유).

부터 2년이 지나지 않은 자
4. 제3호에 규정된 죄를 지어 금고 이상의 형의 집행유예선고를 받고 그 유예기간 중에 있는 자
5. 전기사업의 허가가 취소된 후 2년이 지나지 아니한 자
6. 제1호부터 제5호까지의 어느 하나에 해당하는 자가 대표자인 법인

(3) 전기의 공급

① 전기공급

발전사업자 및 전기판매사업자는 정당한 사유 없이 전기의 공급을 거부하여서는 않된다. 발전사업자 및 전기판매사업자가 전기의 공급을 거부할 수 있는 사유는 나음과 같다.[89]

1. 전기요금을 납기일까지 납부하지 않은 전기사용자가 공급약관에서 정하는 기한까지 해당 요금을 내지 않는 경우
2. 전기의 공급을 요청하는 자가 불합리한 조건을 제시하거나 전기판매사업자의 정당한 조건에 따르지 않고 다른 방법으로 전기의 공급을 요청하는 경우
3. 전기사용자가 표준전압 또는 표준주파수 외의 전압 또는 주파수로 전기의 공급을 요청하는 경우
4. 발전용 전기설비의 정기적인 보수기간 중 전기의 공급을 요청하는 경우(발전사업자만 해당)
5. 전기를 대량으로 사용하려는 자가 다음 각 목에서 정하는 시기까지 전기판매사업자에게 미리 전기의 공급을 요청하지 않는 경우
   가. 용량 5천킬로와트(「건축법 시행령」 별표 1 제14호에 따른 업무시설 중 나목에 해당하는 경우에는 2천킬로와트) 이상 1만킬로와트 미만: 사용 예정일 1년 전
   나. 용량 1만킬로와트 이상 10만킬로와트 미만: 사용 예정일 2년 전
   다. 용량 10만킬로와트 이상 30만킬로와트 미만: 사용 예정일 3년 전
   라. 용량 30만킬로와트 이상: 사용 예정일 4년 전
6. 전기설비의 사용전 점검을 받지 않고 전기공급을 요청하는 경우

89) 전기사업법(법률 제10253호, 2010.4.12) 제14조(전기공급의 의무); 전기사업법시행규칙(지식경제부령 제207호, 2011.10.19) 제13조(전기의 공급을 거부할 수 있는 사유).

7. 시 · 도지사 또는 그 밖의 행정기관의 장이 전기공급의 정지를 요청하는 경우
8. 재해나 그 밖의 비상사태로 인하여 전기공급이 불가능한 경우

② 긴급사태

송전사업자 또는 배전사업자는 그 전기설비를 다른 전기사업자 또는 수전설비(受電設備)의 용량이 3만킬로볼트암페어 이상인 전기사용자로서 전력을 직접 구매하는 전기사용자에게 차별 없이 이용할 수 있도록 하여야 한다. 「국가정보화 기본법」 제51조제2항에 따른 전기통신 선로설비(이하 "전기통신선로설비")의 설치를 필요로 하는 자에게 전기설비를 대여할 수 있고, 「국가정보화 기본법」 제51조제4항에 따른 협의가 성립된 경우에는 그 협의 결과에 따라 같은 조 제3항에 따른 조정을 요청한 자에게 전기설비를 대여하여야 하며, 제3항에 따라 전기설비를 대여받아 전기통신선로설비를 설치하는 자는 전기설비의 안전관리에 관한 기술기준을 준수하여야 한다.[90][91] 다만, 지식경제부장관은 천재지변, 전시 · 사변, 경제사정의 급격한 변동, 그 밖에 이에 준하는 사태가 발생하여 전력시장에서 전력거래가 정상적으로 이루어질 수 없다고 인정하는 경우에는 전력시장에서의 전력거래의 정지 · 제한이나 그 밖에 필요한 조치를 할 수 있으며, 그 사유가 없어졌다고 인정되는 경우에는 지체 없이 해제하여야 한다.[92]

90) 전기사업법(법률 제10253호, 2010.4.12) 제20조(전기설비의 이용 제공), 제32조(전력의 직접 구매); 전기사업법시행령(대통령령 제23816호, 2012.5.23) 제20조(전력의 직접 구매).
91) 국가정보화기본법(법률 제10629호, 2011.5.19) 제51조(광대역통합정보통신망 확충을 위한 협조 등) ② 「전기통신사업법」 제6조에 따른 기간통신사업자, 「방송법」 제2조에 따른 종합유선방송사업자 및 중계유선방송사업자(이하 이 조에서 "기간통신사업자등"이라 한다)는 도로, 철도, 지하철도, 상·하수도, 전기설비, 전기통신회선설비 등을 건설·운용·관리하는 기관의 장에 대하여 필요한 비용부담을 조건으로 전기통신 선로설비(「방송법」 제80조에 따른 전송·선로설비를 포함한다)의 설치를 위한 관로등의 건설 또는 대여를 요청할 수 있다. ③ 기간통신사업자등은 제2항의 기관과 관로등의 건설 또는 대여에 관한 합의가 이루어지지 아니할 경우 방송통신위원회에 조정을 요청할 수 있다. ④ 방송통신위원회는 제3항에 따른 조정요청을 받아 조정을 할 경우 관계 중앙행정기관의 장과 사전에 협의하여야 한다. ⑤ 제2항부터 제4항까지에 따른 건설 또는 대여의 요청 및 합의와 조정에 관하여 필요한 사항은 대통령령으로 정한다.
92) 전기사업법(법률 제10253호, 2010.4.12) 제46조(긴급사태에 대한 처분).

(4) 전기시설의 점검

① 전기설비

지식경제부장관은 일반용전기설비가 전기설비의 안전관리를 위하여 필요한 기술기준에 적합한지 여부에 대하여 지식경제부령으로 정하는 바에 따라 그 전기설비의 사용 전과 사용 중에 정기적으로 한국전기안전공사 또는 전기판매사업자로 하여금 점검(전기판매사업자는 사용전 점검 중 대통령령으로 정하는 전기설비의 경우로 한정)하도록 하여야 한다. 지식경제부장관은 전기설비의 안전관리를 위하여 필요한 기술기준을 정하여 고시하여야 하며 이를 변경하는 경우에도 또한 같다. 전기사업자와 자가용전기설비 또는 일반용전기설비의 소유자나 점유자는 전기설비를 기술기준에 적합하도록 유지하여야 한다.[93]

② 전기안전관리자

전기안전관리자의 선임에 대한 규정은 다음과 같다.[94]

1. 전기사업자나 자가용전기설비의 소유자 또는 점유자는 전기설비(휴지 중인 전기설비는 제외)의 공사·유지 및 운용에 관한 안전관리업무를 수행하게 하기 위하여 지식경제부령으로 정하는 바에 따라 「국가기술자격법」에 따른 전기·기계·토목 분야의 기술자격을 취득한 사람 중에서 각 분야별로 전기안전관리자를 선임하여야 한다.
2. 자가용전기설비의 소유자 또는 점유자는 전기설비의 안전관리에 관한 업무를 다음 각 호의 자에게 위탁할 수 있다(안전관리업무를 위탁받은 자는 분야별 전기안전관리자를 선임).
   가. 전기안전관리업무를 전문으로 하는 자로서 자본금, 보유하여야 할 기술인력 등 대통령령으로 정하는 요건을 갖춘 자
   나. 시설물관리를 전문으로 하는 자로서 제1항에 따른 분야별 기술자격을 취득한 사람을 보유하고 있는 자

93) 전기사업법(법률 제10253호, 2010.4.12) 제66조(일반용전기설비의 점검), 제67조(기술기준), 제68조(전기설비의 유지).
94) 전기사업법(법률 제10253호, 2010.4.12) 제73조(전기안전관리자의 선임 등).

3. 지식경제부령으로 정하는 규모 이하의 전기설비(자가용전기설비와 태양에너지 및 연료전지를 이용하여 전기를 생산하는 발전설비만 해당)의 소유자 또는 점유자는 다음에 해당하는 자에게 지식경제부령으로 정하는 바에 따라 안전관리업무를 대행하게 할 수 있다(안전관리업무를 대행하는 자는 전기안전관리자로 선임된 것으로 간주).
   가. 안전공사
   나. 자본금, 보유하여야 할 기술인력 등 대통령령으로 정하는 요건을 갖춘 전기안전관리대행사업자
   다. 전기 분야의 기술자격을 취득한 사람으로서 대통령령으로 정하는 장비를 보유하고 있는 자
4. 전기안전관리자를 선임 또는 선임 의제(擬制)하는 것이 곤란하거나 적합하지 않다고 인정되는 지역 또는 전기설비에 대하여는 지식경제부령으로 따로 정하는 바에 따라 전기안전관리자를 선임할 수 있다.
5. 전기안전관리자를 선임한 자는 전기안전관리자가 여행·질병이나 그 밖의 사유로 일시적으로 그 직무를 수행할 수 없는 경우에는 그 기간 동안, 전기안전관리자를 해임한 경우에는 다른 전기안전관리자를 선임하기 전까지 지식경제부령으로 정하는 바에 따라 대행자를 각각 지정하여야 한다.
6. 전기안전관리자의 세부기술자격 및 직무와 전기안전관리업무를 대행하는 자가 수행할 수 있는 전기안전관리대행의 범위 등에 관한 사항은 지식경제부령으로 정한다.

③ 점검자

일반용전기설비 점검자의 자격은 다음에 해당하는 사람이 수행하여야 한다.[95]

1. 전기 분야 산업기사 이상의 자격이 있는 사람
2. 전문대학에서 전기에 관한 학과를 졸업한 사람 또는 이와 같은 수준 이상의 학력이 있는 사람
3. 고등학교에서 전기에 관한 학과를 졸업한 사람으로서 해당 분야에서 2년 이상 실무경력이 있는 사람

95) 전기사업법시행규칙(지식경제부령 제207호, 2011.10.19) 제36조(일반용전기설비 점검자의 자격).

2. 전기공사업법

(1) 목적 및 정의

① 목적

전기공사업법은 전기공사업과 전기공사의 시공·기술관리 및 도급에 관한 기본적인 사항을 정함으로써 전기공사업의 건전한 발전을 도모하고 전기공사의 안전하고 적정한 시공을 확보함을 목적으로 한다.[96)]

② 정의

「전기공사업법」에서 규정한 전기공사, 공사업, 공사업자, 발주자, 도급, 하도급, 수급인, 하수급인, 전기공사기술자, 전기공사관리, 시공책임형 전기공사관리 등 주요 용어의 정의는 다음과 같다.[97)]

1. 전기공사 : 다음에 해당하는 설비 등을 설치·유지·보수하는 공사 및 이에 따른 부대공사로서 대통령령으로 정하는 것
   가. 「전기사업법」 제2조제16호에 따른 전기설비
   나. 전력 사용 장소에서 전력을 이용하기 위한 전기계장설비(電氣計裝設備)
   다. 전기에 의한 신호표지
2. 공사업(工事業) : 도급이나 그 밖에 어떠한 명칭이든 상관없이 전기공사를 업(業)으로 하는 것
3. 공사업자 : 공사업의 등록을 한 자
4. 발주자(發注者) : 전기공사를 공사업자에게 도급을 주는 자(다만, 수급인으로서 도급받은 전기공사를 하도급 주는 자는 제외)
5. 도급(都給) : 원도급(原都給), 하도급, 위탁, 그 밖에 어떠한 명칭이든 상관없이 전기공사를 완성할 것을 약정하고, 상대방이 그 일의 결과에 대하여 대가를 지급할 것을 약정하는 계약

---

96) 전기공사업법(법률 제10957호, 2011.7.25) 제1조(목적).
97) 전기공사업법(법률 제10957호, 2011.7.25) 제2조(정의).

6. 하도급(下都給) : 도급받은 전기공사의 전부 또는 일부를 수급인이 다른 공사업자와 체결하는 계약
7. 수급인(受給人) : 발주자로부터 전기공사를 도급받은 공사업자
8. 하수급인(下受給人) : 수급인으로부터 전기공사를 하도급받은 공사업자
9. 전기공사기술자 : 다음에 해당하는 사람으로서 지식경제부장관의 인정을 받은 사람
   가. 「국가기술자격법」에 따른 전기 분야의 기술자격을 취득한 사람
   나. 일정한 학력과 전기 분야에 관한 경력을 가진 사람
10. 전기공사관리 : 전기공사에 관한 기획, 타당성 조사·분석, 설계, 조달, 계약, 시공관리, 감리, 평가, 사후관리 등에 관한 관리를 수행하는 것
11. 시공책임형 전기공사관리 : 전기공사업자가 시공 이전 단계에서 전기공사관리 업무를 수행하고 아울러 시공 단계에서 발주자와 시공 및 전기공사관리에 대한 별도의 계약을 통하여 전기공사의 종합적인 계획·관리 및 조정을 하면서 미리 정한 공사금액과 공사기간 내에서 전기설비를 시공하는 것(「전력기술관리법」에 따른 설계 및 공사감리는 시공책임형 전기공사관리 계약의 범위에서 제외)

③ 점검자

「전기공사업법 시행령」에서 규정한 전기공사의 종류는 다음과 같으며, 방재 및 방범 설비공사, 지능형 빌딩시스템 설비공사의 전기설비를 제어 및 감시하는 공사, 지능형 주택자동화시스템 설비공사의 전기설비를 제어 및 감시하는 공사 등 기계경비 관련 전기공사는 건축물의 전기설비공사에 해당한다[표 2-10 참조].[98)]

1. 발전·송전·변전 및 배전 설비공사
2. 산업시설물, 건축물 및 구조물의 전기설비공사
3. 도로, 공항 및 항만의 전기설비공사
4. 전기철도 및 철도신호의 전기설비공사
5. 전기설비공사 외의 전기설비공사
6. 전기설비 등을 유지·보수하는 공사 및 그 부대공사

98) 전기공사업법 시행령(대통령령 제23475호, 2011.12.30) 제2조(전기공사).

[표 2-10] 전기공사의 종류[99)]

구 분	공 사 종 류
발전설비공사	• 발전소(원자력발전소, 화력발전소, 풍력발전소, 수력발전소, 조력발전소, 태양열발전소, 내연발전소, 열병합발전소, 태양광발전소 등의 발전소를 말한다)의 전기설비공사와 이에 따른 제어설비공사
송전설비공사	• 공중송전설비공사 : 공중송전설비공사에 부대되는 철탑기초공사 및 철탑조립공사(지지물설치 및 철탑도장을 포함), 공중전선설치공사(금구류 설치를 포함), 횡단개소의 보조설비공사, 보호선·보호망공사 • 지중송전설비공사 : 지중송전설비공사에 부대되는 전력구설비공사, 공동구 안의 전기설비공사, 전력지중관로설비공사, 전력케이블설치공사(전선방재설비공사를 포함) • 물밑송전설비공사 : 물밑전력케이블설치공사 • 터널 안 전선로공사 : 철도·궤도·자동차도·인도 등의 터널 안 전선로공사
변전설비공사	• 변전설비기초공사 : 변전기기, 철구, 가대 및 덕트 등의 설치를 위한 공사 • 모선설비공사 : 모선(母線)설치(금구류 및 애자장치를 포함), 지지 및 분기개소의 설비공사 • 변전기기설치공사 : 변압기, 개폐장치(차단기, 단로기 등), 피뢰기 등의 설치공사 • 보호제어설비설치공사 : 보호·제어반 및 제어케이블의 설치공사
산업시설물의 전기설비공사	• 산업시설물 및 환경산업시설물(소각로, 집진기, 열병합발전소, 지역난방공사, 하수종말처리장, 폐기물처리시설, 그 밖의 산업설비) 등의 전기설비공사 • 산업시설의 공정관리를 위한 전기설비의 자동제어설비(SCADA, TM/TC 등의 전력설비를 포함)공사

99) 전기공사업법 시행령(대통령령 제23475호, 2011.12.30) 별표1(전기공사의 종류).

배전설비공사	• 공중배전설비공사 : 전주 등 지지물공사, 변압기 등 전기기기설치공사, 가선공사(수목전지공사를 포함) • 지중배전설비공사 : 지중배전설비공사에 부대되는 전력구설비공사, 공동구 안의 전기설비공사, 전력지중관로설비공사, 변압기 등 전기기기설치공사, 전력케이블설치공사(전선방재설비공사를 포함) • 물밑배전설비공사 : 물밑전력케이블설치공사 • 터널 안 전선로공사 : 철도·궤도·자동차도·인도 등의 터널 안 전선로공사
건축물의 전기설비공사	• 전원설비공사 : 수전·변전설비공사(큐비클 설치공사를 포함), 예비전원설비공사(비상용 발전기, 축전지, 충전장치, 무정전전원장치, 연료전지, 정류장치의 설비공사) 및 보호·제어설비공사 • 전원공급설비공사 : 배전반, 분전반, 전력간선, 분기선 및 배관(덕트 및 트레이를 포함) 등의 설비공사 • 전력부하설비공사 : 조명설비(조명제어설비를 포함), 콘센트 등 기계·기구 및 동력설비의 공사 • 반송설비공사 : 이동보도, 주차설비, 엘리베이터, 에스컬레이터, 전동덤웨이터, 권상용 모터, 레일, 카, 컨베이어, 슈터, 곤돌라, 삭도 등 사람이나 물건을 운반하는 반송용 시설의 전기설비공사 • 방재 및 방범 설비공사 : 서지(surge)·낙뢰설비, 잡음·전자파(EMI, EMC, EMS 등을 말한다)의 방지설비공사, 항공장애등설비공사, 접지설비공사, 「소방시설 설치유지 및 안전관리에 관한 법률 시행령」 별표 1에 따른 소방시설의 설치·유지에 관한 전기공사 및 도난 방지를 위한 전기설비공사 • 지능형 빌딩시스템 설비공사의 전기설비를 제어 및 감시하는 공사 • 지능형 주택자동화시스템 설비공사의 전기설비를 제어 및 감시하는 공사 • 약전설비공사 : 전기시계설비, 시보설비, 주차관제전기설비 • 그 밖에 건축물에서 요구되는 전기설비공사

구조물의 전기설비공사	• 전식방지공사 : 탱크 및 배관 등의 부식을 방지하기 위한 전기공사 • 동결방지공사 : 제설·제빙용, 바닥난방용, 동파방지용, 일정온도 유지용 등의 전기발열체의 설비공사 • 신호 및 표지 설비공사 : 네온사인, 큐빅보드, 광고표시등(전광판을 포함), 신호등의 설치공사 및 제어설비의 공사 • 광장, 운동장 등에 설치하는 조명탑의 전기설비공사와 그 밖에 구조물에서 요구되는 전기설비공사
도로전기설비공사	• 가로등설치공사 : 가로등, 조경등, 보안등, 신호등, 터널등의 설치공사 • 터널설비공사 : 터널조명설비공사와 터널방재에 필요한 전기설비공사 • 그 밖에 도로에서 필요한 전기설비공사
공항전기설비공사	• 공항시설에 대한 전기설비공사 • 그 밖에 공항에서 필요한 전기설비공사
항만전기설비공사	• 조명타워공사 및 등대 등의 전기설비공사 • 그 밖에 항만에서 필요한 전기설비공사
전기철도설비공사	• 전기철도 및 지하철도의 전기시설공사, 수전선로설치공사, 변전소설치공사, 송배전선로의 설치공사, 전차선설비공사, 역사전기설비공사
전기설비의 설치를 위한 공사	• 전기기계·기구(발전기, 변압기, 배전반, 조명탑 등)의 설치공사 • 소광설비공사 등 에너지 절약을 위한 설비공사 • 주변전실 및 부변전실의 보호·제어를 위한 설비공사 • 유입케이블 또는 가스절연 송전선 등의 계측 및 보호를 위한 전기설비공사 • 하천변, 유원지, 교각, 빌딩, 고궁 등의 무대조명 및 경관조명을 위한 설비공사 • 전력설비의 내진·방재(소음·진동·화재)·계측 및 보호를 위한 설비공사 • 건축용 또는 토목공사용 가설 전기공사 • 그 밖에 전기를 동력으로 하는 전기공사

(2) 전기공사업

① 전기공사업

전기공사업을 하려는 자는 지식경제부령으로 정하는 바에 따라 주된 영업소의 소재지를 관할하는 특별시장·광역시장·도지사 또는 특별자치도지사에게 등록하여야 한다. 전기공사업의 등록을 하려는 자가 갖추어야 할 기술능력, 자본금 및 사무실 등에 관한 기준은 다음과 같다.100)

1. 기술능력, 자본금 및 사무실을 갖출 것[표 2-11 참조]
2. 지식경제부장관이 지정하는 금융기관 또는 「전기공사공제조합법」에 따른 전기공사공제조합이 제1호에 따른 자본금 기준금액의 100분의 25 이상에 해당하는 금액의 담보를 제공받거나 현금의 예치 또는 출자를 받은 사실을 증명하여 발행하는 확인서를 제출할 것

[표 2-11] 전기공사업의 등록기준

항목	전기공사업의 등록기준
기술능력	• 전기공사기술자 3명 이상(2000년 12월 31일까지는 3명 중 1명 이상은 전기공사산업기사 이상의 국가기술자격자, 1명 이상은 전기공사기능사 이상의 국가기술자격자가 포함되어야 하고, 2001년 1월 1일 이후에는 3명 중 1명 이상은 전기공사산업기사 이상의 국가기술자격자가 포함)
자본금	• 2억원 이상
사무실	• 전기공사업 운영을 위한 공부상 면적이 25제곱미터 이상인 사무실 확보

100) 전기공사업법(법률 제10957호, 2011.7.25) 제4조(공사업의 등록); 전기공사업법 시행령(대통령령 제23475호, 2011.12.30) 제6조(공사업의 등록 등), 별표3(공사업의 등록기준); 전기공사업법(법률 제10957호, 2011.7.25) 제3조(전기공사의 제한 등) 전기공사는 공사업자가 아니면 도급받거나 시공할 수 없으나 대통령령으로 정하는 경미한 전기공사는 그러하지 아니하다. 또한 다음 각 호의 자는 그 수요에 의한 전기공사로서 대통령령으로 정하는 전기공사를 직접 할 수 있다. 1. 국가, 2. 지방자치단체, 3. 「전기사업법」 제7조제1항에 따라 허가를 받은 자.

② 결격사유

전기공사업의 등록을 할 수 없는 결격사유는 다음과 같다.[101)]

1. 금치산자 또는 한정치산자
2. 파산선고를 받고 복권되지 아니한 자
3. 다음 각 목의 어느 하나에 해당되어 금고 이상의 실형을 선고받고 그 집행이 끝나거나(집행이 끝난 것으로 보는 경우를 포함) 면제된 날부터 2년이 지나지 아니한 사람
   가. 「형법」 제172조의2(전기의 경우만 해당), 제173조(전기의 경우만 해당), 제173조의2(전기의 경우만 해당하며, 제172조제1항의 죄를 범한 사람은 제외한다), 제174조(전기의 경우만 해당, 제164조제1항, 제165조, 제166조제1항 및 제172조제1항의 미수범은 제외) 또는 제175조(전기의 경우만 해당, 제164조제1항, 제165조, 제166조제1항 및 제172조제1항의 죄를 범할 목적으로 예비 또는 음모한 사람은 제외)를 위반한 사람
   나. 이 법을 위반한 사람
4. 제3호에 따른 죄를 범하여 금고 이상의 형의 집행유예를 선고받고 그 유예기간에 있는 사람
5. 등록이 취소된 후 2년이 지나지 않은 자. 이 경우 공사업의 등록이 취소된 자가 법인인 경우에는 그 취소 당시의 대표자와 취소의 원인이 된 행위를 한 사람을 포함한다.
6. 임원 중에 제1호부터 제5호까지의 규정 중 어느 하나에 해당하는 사람이 있는 법인

(2) 전기공사의 시공

① 전기공사

전기공사업자는 전기공사기술자가 아닌 자에게 전기공사의 시공관리를 맡겨서는 안 되며, 전기공사의 규모별로 대통령령으로 정하는 구분에 따라 전기공사기술자로 하여금 전기공사의 시공관리를 하게 하여야 한다. 전기공사업자는 전기공사를 효율

---

101) 전기공사업법(법률 제10957호, 2011.7.25) 제5조(결격사유).

적으로 시공하고 관리하게 하기 위하여 전기공사기술자 중에서 시공관리책임자를 지정하고 이를 그 전기공사의 발주자(공사업자가 하수급인인 경우에는 발주자 및 수급인, 공사업자가 다시 하도급받은 자인 경우에는 발주자·수급인 및 하수급인)에게 알려야 한다. 전기공사기술자는 전기공사에 따른 위험 및 장해가 발생하지 않도록 「전기공사업법」과「전기사업법」 제67조에 따른 기술기준(이하 "기술기준") 및 설계도서(設計圖書)에 적합하게 전기공사를 시공관리하여야 하며 전기공사업자는 전기공사를 시공할 때에는 「전기공사업법」과 기술기준 및 설계도서에 적합하게 시공하여야 한다. 전기공사업자가 아닌 자는 사업장·광고물 등에 공사업자임을 표시하거나 공사업자로 오인될 우려가 있는 표시를 하여서는 안 되며, 전기공사업자는 전기공사현장의 눈에 잘 띄는 곳에 시공자, 전기공사의 내용, 그 밖에 지식경제부령으로 정하는 사항을 기재한 표지를 게시하여야 하고, 전기공사업자는 수급한 전기공사를 완공하면 시공자, 전기공사의 내용, 그 밖에 지식경제부령으로 정하는 사항을 적은 표지판을 주된 배전반에 붙이거나 확인하기 쉬운 부분에 설치하여야 한다.[102]

② 분리발주

전기공사는 다른 업종의 공사와 분리발주하여야 하며 시공책임형 전기공사관리도 「건설산업기본법」에 따른 시공책임형 건설사업관리 등 다른 업종의 공사관리와 분리발주하여야 하나, 공사의 성질상 분리하여 발주할 수 없는 경우, 긴급한 조치가 필요한 공사로서 기술관리상 분리하여 발주할 수 없는 경우, 국방 및 국가안보 등과 관련한 공사로서 기밀 유지를 위하여 분리하여 발주할 수 없는 경우 등 특별한 사유가 있는 경우에는 예외로 한다. 전기공사의 도급 또는 하도급의 계약당사자는 그 계약을 체결할 때 도급 또는 하도급의 금액, 공사기간, 그 밖에 대통령령으로 정하는 사항을 계약서에 분명히 기재하여야 하며, 서명날인한 계약서를 서로 주고받아 보관하여야 하며 전기공사업자는 지식경제부령으로 정하는 바에 따라 도급·하도급 및 시공에 관한 사항을 적은 전기공사 도급대장을 비치(備置)하여야 하고, 공사의 도급 또는 하도급 계약서에 분명하게 적어야 하는 사항은 다음과 같다.[103]

102) 전기공사업법(법률 제10957호, 2011.7.25) 제16조(전기공사의 시공관리) ~ 제24조(전기공사 표지의 게시 등).

103) 전기공사업법(법률 제10957호, 2011.7.25) 제11조(전기공사 및 시공책임형 전기공사관리의 분리발주), 제12조(전기공사의 도급계약 등); 전기공사업법 시행령(대통령령 제23475호, 2011.12.30) 제8조(분리발주의 예외), 제9조(전기공사도급계약서의 내용).

1. 공사 내용
2. 도급금액과 도급금액 중 노임(勞賃)에 해당하는 금액
3. 공사의 착수 및 완성 시기
4. 도급금액의 우선(優先)지급금이나 기성금 지급을 약정한 경우에는 각각 그 지급의 시기·방법 및 금액
5. 도급계약 당사자 어느 한쪽에서 설계 변경, 공사 중지 또는 도급계약 해제 요청을 하는 경우 손해부담에 관한 사항
6. 천재지변이나 그 밖의 불가항력으로 인한 면책의 범위에 관한 사항
7. 설계변경, 물가변동 등에 따른 도급금액 또는 공사 내용의 변경에 관한 사항
8. 하도급대금 지급보증서 발급에 관한 사항(하도급계약의 경우만 해당)
9. 하도급대금의 직접 지급 사유와 그 절차
10. 산업안전보건관리비 지급에 관한 사항
11. 보험료 등 해당 공사와 관련하여 관계 법령 및 지식경제부장관이 정하여 고시하는 기준에 따라 부담하는 비용에 관한 사항
12. 도급목적물의 인도를 위한 검사 및 인도 시기
13. 공사가 완성된 후 도급금액의 지급시기
14. 계약 이행이 지체되는 경우의 위약금 및 지연이자 지급 등 손해배상에 관한 사항
15. 하자보수책임기간 및 하자담보방법
16. 해당 공사에서 발생된 폐기물의 처리방법과 재활용에 관한 사항
17. 그 밖에 다른 법령 또는 계약당사자 양쪽의 합의에 따라 명시되는 사항

제3장 정보통신 기획설계

제1절 정보통신이론
제2절 정보통신설비
제3절 정보통신법규

제3장 정보통신 기획설계

제1절 정보통신이론

1. 용어정의

(1) 전기통신

“전기통신”의 법률적 정의는 “정보통신”에 비해 상위의 개념이라고 할 수 있는데 전기통신사업법에 “전기통신”에 대한 정의 및 관련 용어에 대해 정의하고 있다. 전기통신사업법에서 규정하고 있는 “전기통신” 에 대한 정의와 전기통신, 전기통신설비, 전기통신회선설비, 사업용전기통신설비, 자가전기통신설비, 전기통신역무, 전기통신사업, 전기통신사업자, 이용자, 보편적 역무, 기간통신역무, 부가통신역무, 특수한 유형의 부가통신역무 등 주요 용어에 대한 정의는 다음과 같다.[104]

1. 전기통신 : 유선·무선·광선 또는 그 밖의 전자적 방식으로 부호·문언·음향 또는 영상을 송신하거나 수신하는 것
2. 전기통신설비 : 전기통신을 하기 위한 기계·기구·선로 또는 그 밖에 전기통신에 필요한 설비
3. 전기통신회선설비 : 전기통신설비 중 전기통신을 행하기 위한 송신·수신 장소 간의 통신로 구성설비로서 전송설비·선로설비 및 이것과 일체로 설치되는 교환설비와 이들의 부속설비
4. 사업용전기통신설비 : 전기통신사업에 제공하기 위한 전기통신설비

104) 전기통신사업법(법률 제10656호, 2011.5.19) 제2조(정의).

5. 자가전기통신설비 : 사업용전기통신설비 외의 것으로서 특정인이 자신의 전기통신에 이용하기 위하여 설치한 전기통신설비
6. 전기통신역무 : 전기통신설비를 이용하여 타인의 통신을 매개하거나 전기통신설비를 타인의 통신용으로 제공하는 것
7. 전기통신사업 : 전기통신역무를 제공하는 사업
8. 전기통신사업자 : 전기통신사업법에 따른 허가를 받거나 등록 또는 신고(신고가 면제된 경우를 포함)를 하고 전기통신역무를 제공하는 자
9. 이용자 : 전기통신역무를 제공받기 위하여 전기통신사업자와 전기통신역무의 이용에 관한 계약을 체결한 자
10. 보편적 역무 : 모든 이용자가 언제 어디서나 적절한 요금으로 제공받을 수 있는 기본적인 전기통신역무
11. 기간통신역무 : 전화・인터넷접속 등과 같이 음성・데이터・영상 등을 그 내용이나 형태의 변경 없이 송신 또는 수신하게 하는 전기통신역무 및 음성・데이터・영상 등의 송신 또는 수신이 가능하도록 전기통신회선설비를 임대하는 전기통신역무(다만, 방송통신위원회가 정하여 고시하는 전기통신서비스는 제외)
12. 부가통신역무 : 기간통신역무 외의 전기통신역무
13. 특수한 유형의 부가통신역무
    가. 「저작권법」 제104조에 따른 특수한 유형의 온라인서비스제공자의 부가통신역무
    나. 그 밖에 타인 상호간에 컴퓨터를 이용하여 「국가정보화 기본법」 제3조제1호에 따른 정보를 저장・전송하거나 전송하는 것을 목적으로 하는 부가통신역무

(2) 정보통신

정보통신(Data Communication)에 대한 정의는 크게 법률적 정의와 기술적 정의로 구분할 수 있다. "정보통신"에 대한 법률적 정의는 정보통신산업진흥법 및 정보통신공사업법에서 관련 용어를 정의하고 있다.

정보통신산업진흥법에서 규정하고 있는 정보통신, 정보통신산업, 정보통신기업, 정보통신망 등 주요 용어에 대한 정의는 다음과 같다.[105]

---

105) 정보통신산업진흥법(법률 제10956호, 2011.7.25) 제2조(정의).

1. 정보통신 : 정보의 수집 · 가공 · 저장 · 검색 · 송신 · 수신 및 그 활용과 관련되는 기기(器機) · 기술 · 서비스 등 정보화를 촉진하기 위한 일련의 활동과 수단
2. 정보통신산업 : 정보통신과 관련한 제품(이하 "정보통신제품")을 개발 · 제조 · 생산 또는 유통하거나 이에 관련한 서비스를 제공하는 산업으로서 다음 각 목의 산업(다만, 「정보통신망 이용촉진 및 정보보호 등에 관한 법률」 제2조제1항제2호에 따른 정보통신서비스를 제공하는 산업은 제외)
   가. 컴퓨터 및 정보통신기기와 관련한 산업
   나. 「소프트웨어산업 진흥법」 제2조제2호에 따른 소프트웨어산업
   다. 「전자거래기본법」 제2조제5호에 따른 전자거래와 관련한 산업
   라. 「산업발전법」 제8조제2항에 따른 지식서비스산업 중 대통령령으로 정하는 정보통신과 관련된 산업
   마. 「이러닝(전자학습)산업 발전 및 이러닝 활용 촉진에 관한 법률」 제2조제3호에 따른 이러닝산업
   바. 「국가정보화 기본법」 제3조제6호에 따른 정보보호와 관련한 산업
   사. 그 밖에 정보통신을 활용하여 부가가치를 창출하는 산업으로서 대통령령으로 정하는 산업
3. 정보통신기업 : 정보통신제품을 개발 · 제조 · 생산 또는 유통하거나 정보통신 관련 서비스를 제공하는 사업을 행하는 기업
4. 정보통신망 : 「전기통신기본법」 제2조제2호에 따른 전기통신설비를 이용하거나 전기통신설비와 컴퓨터 및 컴퓨터의 이용기술을 활용하여 정보를 수집 · 가공 · 저장 · 검색 · 송신 또는 수신하는 정보통신체제

정보통신공사법에서 규정하고 있는 정보통신설비, 정보통신공사, 정보통신공사업, 정보통신공사업자, 용역, 용역업, 용역업자, 설계, 감리, 감리원, 발주자, 도급, 하도급, 수급인, 하수급인, 정보통신기술자 등 주요 용어에 대한 정의는 다음과 같다.[106)]

1. 정보통신설비 : 유선, 무선, 광선, 그 밖의 전자적 방식으로 부호 · 문자 · 음향 또는 영상 등의 정보를 저장 · 제어 · 처리하거나 송수신하기 위한 기계 · 기구(器具) · 선로(線路) 및 그 밖에 필요한 설비

106) 정보통신공사법(법률 제10250호, 2010.4.12) 제2조(정의).

2. 정보통신공사 : 정보통신설비의 설치 및 유지·보수에 관한 공사와 이에 따르는 부대공사(附帶工事)로서 대통령령으로 정하는 공사
3. 정보통신공사업 : 도급이나 그 밖에 명칭이 무엇이든 이 법을 적용받는 정보통신공사(이하 "공사")를 업(業)으로 하는 것
4. 정보통신공사업자 : 정보통신공사법에 따른 정보통신공사업(이하 "공사업")의 등록을 하고 공사업을 경영하는 자
5. 용역 : 다른 사람의 위탁을 받아 공사에 관한 조사, 설계, 감리, 사업관리 및 유지관리 등의 역무를 하는 것
6. 용역업 : 용역을 영업으로 하는 것
7. 용역업자 : 「엔지니어링산업 진흥법」 제21조제1항에 따라 엔지니어링사업자로 신고하거나 「기술사법」 제6조에 따라 기술사사무소의 개설자로 등록한 자로서 통신·전자·정보처리 등 대통령령으로 정하는 정보통신 관련 분야의 자격을 보유하고 용역업을 경영하는 자
8. 설계 : 공사(「건축사법」 제4조에 따른 건축물의 건축 등은 제외)에 관한 계획서, 설계도면, 시방서(示方書), 공사비명세서, 기술계산서 및 이와 관련된 서류(이하 "설계도서")를 작성하는 행위
9. 감리 : 공사(「건축사법」 제4조에 따른 건축물의 건축 등은 제외)에 대하여 발주자의 위탁을 받은 용역업자가 설계도서 및 관련 규정의 내용대로 시공되는지를 감독하고, 품질관리·시공관리 및 안전관리에 대한 지도 등에 관한 발주자의 권한을 대행하는 것
10. 감리원(監理員) : 공사(「건축사법」 제4조에 따른 건축물의 건축 등은 제외)의 감리에 관한 기술 또는 기능을 가진 사람으로서 제8조에 따라 방송통신위원회의 인정을 받은 사람
11. 발주자 : 공사(용역을 포함)를 공사업자(용역업자를 포함)에게 도급하는 자(다만, 수급인(受給人)으로서 도급받은 공사를 하도급(下都給)하는 자는 제외)
12. 도급 : 원도급(原都給), 하도급, 위탁, 그 밖에 명칭이 무엇이든 공사를 완공할 것을 약정하고, 발주자가 그 일의 결과에 대하여 대가를 지급할 것을 약정하는 계약
13. 하도급 : 도급받은 공사의 일부에 대하여 수급인이 제3자와 체결하는 계약
14. 수급인 : 발주자로부터 공사를 도급받은 공사업자
15. 하수급인 : 수급인으로부터 공사를 하도급 받은 공사업자

16. 정보통신기술자 : 「국가기술자격법」에 따라 정보통신 관련 분야의 기술자격을 취득한 사람과 정보통신설비에 관한 기술 또는 기능을 가진 사람으로서 제39조에 따라 방송통신위원회의 인정을 받은 사람

"정보통신"에 대한 기술적 정의는 다음과 같다. "정보통신"이란 전기통신회선에 문자, 부호, 영상, 음향 등 정보를 저장·처리하는 장치와 그에 부수되는 입출력 장치 또는 기타의 기기를 접속하여 정보를 송신, 수신 처리하는 전기통신을 말한다. 데이터(Data)란 부호화된 정보를 말하므로 정보통신의 요건은 정보처리장치와 부호화를 들 수 있다. 정보통신은 고속성, 신뢰성, 상용성, 기술성, 경제성의 특성을 갖는다. 정보통신은 원격지에 설치된 컴퓨터 상호간 또는 컴퓨터와 단말기 간을 통신회선으로 접속하여 데이터를 송수신하는 통신방식이다. 정보통신에는 전화, 텔렉스와 같이 가입자 회선을 정보통신에 사용하여 가입자 상호간 임의로 송수신할 수 있는 공중회선 서비스, 제한된 범위 내에 있는 상대 이외에는 송수신할 수 없지만 저속에서 고속까지 여러 가지 서비스를 받을 수 있는 전용회선서비스, 디지털 데이터 교환장치(DDX)를 중심으로 하는 디지털 데이터 교환망서비스 등이 있다. 정보통신은 멀리 떨어져 있는 입출력 장치와 컴퓨터를 통신회선으로 연결하여 데이터 처리와 데이터 전송을 종합해서 능률적으로 실행하는 방식이다. 데이터통신은 데이터 전송에 덧붙여서 데이터의 처리까지 포함된 것이다. 통신을 목적으로 구축해 놓은 시스템을 정보통신시스템이라 한다.[107]

(3) 무선통신

전파법에서 규정하고 있는 전파, 주파수분배, 주파수할당, 주파수지정, 주파수회수, 주파수재배치, 무선설비, 무선통신, 무선국, 무선종사자, 시설자, 방송국, 우주국, 지구국, 위성망, 위성궤도, 전자파장해, 전자파적합, 방송통신기자재, 전파환경 등 주요 용어에 대한 정의는 다음과 같다.[108]

1. 전파 : 인공적인 유도(誘導) 없이 공간에 퍼져 나가는 전자파로서 국제전기통신연합이 정한 범위의 주파수를 가진 것

---

107) http://terms.naver.com/entry.nhn?docId=796905, 검색일: 2012.6.1; 윤승은, 정보통신용어사전, 일진사, 2008, 재인용.
108) 전파법(법률 제11037호, 2011.8.4) 제2조(정의).

2. 주파수분배 : 특정한 주파수의 용도를 정하는 것
3. 주파수할당 : 특정한 주파수를 이용할 수 있는 권리를 특정인에게 주는 것
4. 주파수지정 : 허가나 신고로 개설하는 무선국에서 이용할 특정한 주파수를 지정하는 것
5. 주파수회수 : 주파수할당, 주파수지정 또는 주파수 사용승인의 전부나 일부를 철회하는 것
6. 주파수재배치 : 주파수회수를 하고 이를 대체하여 주파수할당, 주파수지정 또는 주파수 사용승인을 하는 것
7. 무선설비 : 전파를 보내거나 받는 전기적 시설
8. 무선통신 : 전파를 이용하여 모든 종류의 기호·신호·문언·영상·음향 등의 정보를 보내거나 받는 것
9. 무선국(無線局) : 무선설비와 무선설비를 조작하는 자의 총체(다만, 방송수신만을 목적으로 하는 것은 제외)
10. 무선종사자 : 무선설비를 조작하거나 설치공사를 하는 자로서 기술자격증을 발급받은 자
11. 시설자 : 방송통신위원회로부터 무선국의 개설허가를 받거나 방송통신위원회에 개설신고를 하고 무선국을 개설한 자
12. 방송국 : 공중(公衆)이 방송신호를 직접 수신할 수 있도록 할 목적으로 개설한 무선국
13. 우주국(宇宙局) : 인공위성에 개설한 무선국
14. 지구국(地球局) : 우주국과 통신을 하기 위하여 지구에 개설한 무선국
15. 위성망 : 우주국과 지구국으로 구성된 통신망의 총체
16. 위성궤도 : 우주국의 위치나 궤적(軌跡)
17. 전자파장해 : 전자파를 발생시키는 기자재로부터 전자파가 방사(방사: 전자파에너지가 공간으로 퍼져나가는 것) 또는 전도(전자파에너지가 전원선(電源線)을 통하여 흐르는 것)되어 다른 기자재의 성능에 장해를 주는 것
18. 전자파적합 : 전자파장해를 일으키는 기자재나 전자파로부터 영향을 받는 기자재가 전자파장해 방지기준 및 보호기준에 적합한 것
19. 방송통신기자재 : 방송통신설비에 사용하는 장치·기기·부품 또는 선조(線條) 등
20. 전파환경 : 인체, 기자재, 무선설비 등을 둘러싸고 있는 전파의 세기, 잡음 등 전

자파의 총체적인 분포 상황

전파법 시행령에서 규정하고 있는 송신설비, 수신설비, 송신공중선계, 공중선전력, 실효복사전력, 중파방송, 단파방송, 초단파방송, 텔레비전방송, 데이터방송, 방송구역, 블랭킷에어리어, 연주소, 무선측위, 무선항행, 무선탐지, 무선방향탐지, 레이더 등 주요 용어에 대한 정의는 다음과 같다.[109]

1. 송신설비 : 전파를 보내는 설비로서 송신장치와 송신공중선계(送信空中線系)로 구성되는 설비
2. 수신설비 : 전파를 받는 설비로서 수신장치와 수신공중선계로 구성되는 설비
3. 송신장치 : 무선통신의 송신을 위한 고주파 에너지를 발생하는 장치와 이에 부가되는 장치
4. 송신공중선계 : 송신장치에서 발생하는 고주파 에너지를 공간에 복사하는 설비
5. 공중선전력(空中線電力) : 공중선의 급전선(給電線)에 공급되는 전력
6. 실효복사전력(實效輻射電力) : 공중선전력에 주어진 방향에서의 반파다이폴의 상대이득(相對利得)을 곱한 것
7. 중파방송 : 300킬로헤르츠(㎑)부터 3메가헤르츠(㎒)까지의 주파수대역 중 방송용으로 분배된 주파수의 전파를 이용하여 음성·음향 등을 보내는 방송
8. 단파방송 : 3메가헤르츠(㎒)부터 30메가헤르츠(㎒)까지의 주파수대역 중 방송용으로 분배된 주파수의 전파를 이용하여 음성·음향 등을 보내는 방송
9. 초단파방송 : 30메가헤르츠(㎒)부터 300메가헤르츠(㎒)까지의 주파수대역 중 방송용으로 분배된 주파수의 전파를 이용하여 음성·음향 등을 보내는 방송
10. 텔레비전방송 : 정지 또는 이동하는 사물의 순간적 영상과 이에 따르는 음성·음향 등을 보내는 방송
11. 데이터방송 : 데이터와 이에 따르는 영상·음성·음향 등을 보내는 방송
12. 방송구역 : 방송을 양호하게 수신할 수 있는 구역으로서 전계강도(電界强度)가 방송통신위원회가 정하여 고시하는 기준 이상인 구역
13. 블랭킷에어리어 : 방송국의 송신공중선으로부터 발사되는 강한 전파로 다른 전파와의 간섭이 일어나는 지역(중파방송의 경우에는 지상파의 전계강도가 미터마다 1볼트 이상인 지역)

---

109) 전파법 시행령(대통령령 제23759호, 2012.5.1) 제2조(정의).

14. 연주소 : 방송사항의 제작·편성 및 조정에 필요한 설비와 그 종사자의 총체
15. 무선측위(無線測位) : 전파의 전파특성(傳播特性)을 이용하여 위치·속도 및 기타 사물의 특징에 관한 정보를 취득하는 것
16. 무선항행 : 항행을 위하여 하는 무선측위(장애물의 탐지를 포함)
17. 무선탐지 : 무선항행 외의 무선측위
18. 무선방향탐지 : 무선국 또는 물체의 방향을 결정하기 위하여 전파를 수신하여 하는 무선측위
19. 레이더 : 결정하려는 위치에서 반사 또는 재발사되는 무선신호와 기준신호와의 비교를 기초로 하는 무선측위 설비

2. 통신이론

(1) 신호[110)]

신호(Signal)는 데이터를 전달하기 위하여 데이터의 크기를 전기나 자기의 주기성 파형으로 표현하는 것을 의미하는데 아날로그 신호(Analog Signal)와 디지털 신호(Digital Signal)로 구분할 수 있다[그림 3-1 참조].

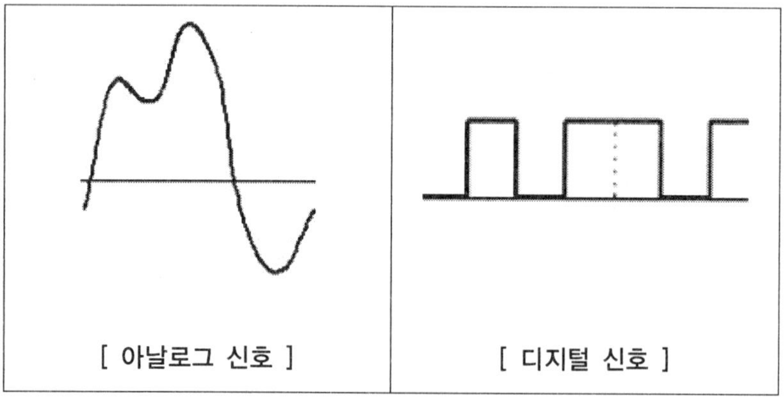

[그림 3-1] 신호의 구분

110) 주일엽, 기계경비개론, 도서출판 진영사, 2012, pp.54-55, 내용 재구성.

아날로그 신호는 신호의 개별 값과 값이 서로 단절되는 것이 아니라 연속되는 값으로 표현하는 것으로 전압, 압력, 온도, 소리 등과 같이 연속적으로 변화하는 신호이다. 디지털 신호는 연속적인 값으로 표현되는 아날로그 신호와는 달리 모든 정보를 이산적인 값으로 표현하는 신호로써 컴퓨터 등 정보기기를 이용한 정보통신에서는 대부분 디지털 신호를 이용하며 일반적으로 통신속도를 bit/sec로 표현한다.

(2) 주파수

주파수(Frequency, f)는 1초 동안에 반복되는 신호의 횟수를 의미하며 그 단위는 Hz(헤르쯔)이다. 주파수의 표시는 전파의 경우를 살펴보면 3,000㎑ 이하의 것은 ㎑, 3,000㎑ 초과 3,000㎒ 이하의 것은 ㎒, 3,000㎒ 초과 3,000㎓ 이하의 것은 ㎓로 표시한다. 전파의 주파수대열은 그 주파수의 범위에 따라 [표 3-1]과 같이 9개의 주파수대로 구분한다.111)

[표 3-1] 주파수의 표시

주파수대의 주파수 범위	주파수대번호	주파수대약칭	미터법에 따른 구분
3㎑ 초과 30㎑ 이하	4	VLF	밀리아미터파
30㎑ 초과 300㎑ 이하	5	LF	킬로미터파
300㎑ 초과 3,000㎑ 이하	6	MF	핵터미터파
3㎒ 초과 30㎒ 이하	7	HF	데카미터파
30㎒ 초과 300㎒ 이하	8	VHF	미터파
300㎒ 초과 3,000㎒ 이하	9	UHF	데시미터파
3㎓ 초과 30㎓ 이하	10	SHF	센티미터파
30㎓ 초과 300㎓ 이하	11	EHF	밀리미터파
300㎓ 초과 3,000㎓ 이하 (또는 3㎔ 이하)	12		데시밀리미터파

파장(λ)은 1개 신호의 시간적인 길이를 의미하는데 신호의 반복 주기(T)를 사이클

111) 전파법 시행령(대통령령 제23759호, 2012.5.1) 별표 5(주파수의 표시).

(Cycle)이라고 하며, 주기적으로 진동하는 신호의 진동 폭을 진폭(Amplitude)이라고 한다. 주파수(f)와 주기(T)의 관계식은 [식 3-1]과 같다.

$$f = \frac{1}{T}\,[Hz] \quad \text{또는} \quad T = \frac{1}{f}\,[Sec] \qquad \text{[식 3-1]}$$

(3) 통신단위

정보통신의 전송속도는 bps(bit per sec), baud(보), packet(패킷) 등으로 구분한다. bps는 1초 동안에 전송할 수 있는 0, 1과 같은 비트의 수로 전송되는 데이터의 양을 의미하고, baud(보)는 1초 당 신호의 변화 횟수를 의미한다. packet(패킷)은 정해진 형식에 맞춘 데이터 블록(Data Block)을 의미한다. bps와 baud(보)의 관계를 살펴보면, 1 비트가 신호 단위인 경우는 bps와 baud(보)가 동일하며, 2개 비트가 신호 단위인 경우는 bps는 baud×2가 되며, 3개 비트가 한 신호 단위인 경우는 bps는 baud×3이 된다. [표 3-2]는 정보통신에 있어서 시간이나 용량의 단위기준을 정리한 것이다(컴퓨터의 처리속도나 기억용량의 경우에도 적용할 수 있다).112)

[표 3-2] 정보통신의 단위기준

구 분	의 미	구 분	의 미
ms(milli)	10^{-3}	kilo	10^{3}
μs(micro)	10^{-6}	mega	10^{6}
ns(nano)	10^{-9}	giga	10^{9}
ps(pico)	10^{-12}	tera	10^{12}
fs(femto)	10^{-15}	peta	10^{15}
as(atto)	10^{-18}	exa	10^{18}

112) 주일엽, 기계경비개론, 도서출판 진영사, 2012, p. 43, 59, 내용 재구성.

3. 전송이론

(1) 변조

변조(Modulation)는 신호의 전송을 위하여 저주파 신호(신호파)에 고주파(반송파)를 포함시키는 것을 의미하는데 변조된 신호를 피변조파(Modulated Wave)라고 한다. 복조(Demodulation)는 유선 또는 무선 전송로를 거쳐 전송된(수신된) 피변조파에서 고주파(반송파)를 제거하는 과정을 거쳐 저주파 신호(신호파)를 추출하는 과정을 의미한다. 변조 방식에 따른 분류를 [표 3-3]에 정리하였다.

[표 3-3] 변조 방식의 구분

구 분	주요 내용
진폭변조 (AM, Amplitude Modulation)	저주파 신호(신호파)의 진폭에 따라 고주파(반송파)의 진폭을 변화시키는 변조 방법으로써 상하측파대단측파대방식(SSB, Single Side Band System)과 양측파대방식(DSB, Double Side Band System) 등이 있다.
주파수 변조 (FM, Frequency Modulation)	저주파 신호(신호파)의 진폭에 따라 고주파(반송파)의 주파수 변화를 비례시키는 변조 방법이다.
위상 변조 (PM, Pulse Modulation)	저주파 신호(신호파)의 진입 크기에 비례하여 고주파(반송파)의 위상각을 변화시키는 변조 방법이다.
펄스 변조 (PM, Pulse Modulation)	저주파 신호(신호파)에 의해서 주기적인 펄스를 변화시키는 변조 방법으로써 펄스 진폭 변조(PAM, Pulse Amplitude Modulation), 펄스 지속 변조(PDM, Pulse Duration Modulation), 펄스 위치 변조(PPM, Pulse Position Modulation), 펄스 주파수 변조(PPM, Pulse Frequency Modulation), 펄스 폭 변조(PWM, Pulse Width Modulation), 펄스 부호 변조(PCM, Pulse Code Modulation) 등이 있다.

(2) 신호처리

정보통신을 위한 신호처리는 일반적으로 아날로그 신호를 디지털 신호로 변환하거나, 디지털 신호를 아날로그 신호로 변환하는 것을 목적으로 한다. 이를 이해하기 위하여 펄스 변조(PM, Pulse Modulation) 중의 하나인 펄스 부호 변조(PCM, Pulse Code Modulation)를 살펴보도록 한다.

펄스 부호 변조(PCM, Pulse Code Modulation)는 송신측에서 아날로그 신호(Analog Signal)를 디지털 신호(Digital Signal)로 변환하여 유선 또는 무선 전송로를 이용하여 전송하고 수신측에서 디지털 신호(Digital Signal)를 아날로그 신호(Analog Signal)로 복구하는 방식으로써 크게 표본화(Sampling), 양자화(Quantization), 부호화(Encoding), 복호화(Decoding) 등의 절차로 구분할 수 있다[그림 3-2 참조].

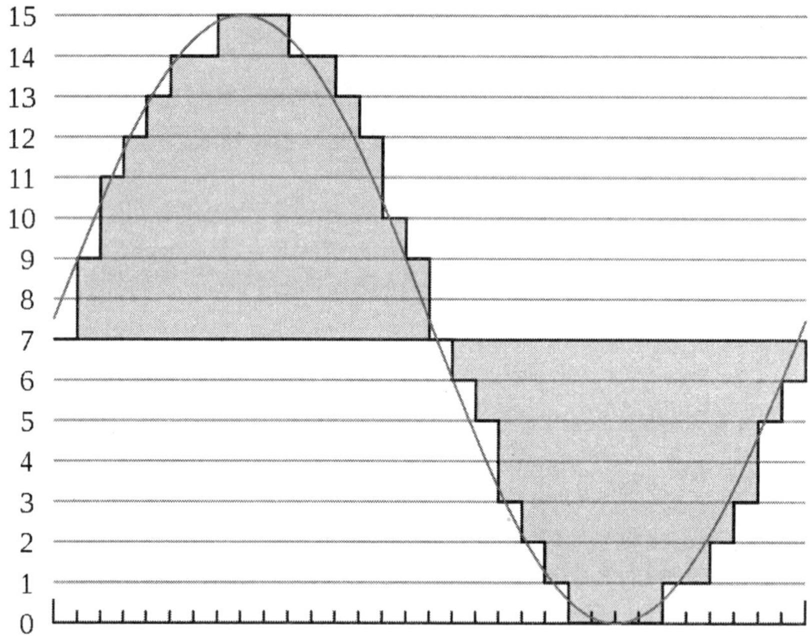

[그림 3-2] PCM 신호처리 과정의 표본화 및 양자화[113)]

113) http://en.wikipedia.org/wiki/Pulse-code_modulation, 검색일: 2012.6.1.

표본화(Sampling)는 아날로그 신호(Analog Signal)를 디지털 신호(Digital Signal)로 변환하기 위하여 일정한 시간 간격마다 나타나는 아날로스 신호(Analog Signal)의 값(크기)을 구하여 디지털 값(크기)로 표시하는 과정을 의미한다. 이 때 표본화를 위한 시간 간격(주기)는 원래 아날로그 신호(Analog Signal) 파형의 최고 주파수의 2배 이상의 빈도로 표본화할 경우에 표본화한 신호에서 원래 아날로그 신호(Analog Signal) 파형을 복구할 수 있다.

양자화(Quantization)는 표본화된 아날로그 신호(Analog Signal)를 디지털 신호(Digital Signal)로 나타내기 위하여 표본화한 아날로그 신호(Analog Signal)의 진폭의 크기를 수치로 산출하는 과정을 의미한다.

부호화(Encoding)는 아날로그 신호(Analog Signal)의 진폭의 크기가 양자화(Quantization)된 수치를 부호로 변환하는 과정을 의미하는데 양자화(Quantization)된 수치를 0, 1의 조합인 2진수로 변환하게 된다.

복호화(Decoding)는 아날로그 신호(Analog Signal)가 디지털 신호(Digital Signal)로 변환되어, 즉 부호화(Encoding)된 디지털 신호(Digital Signal)가 유선 또는 전송로를 경유하여 수신측에서 도착하게 되면 디지털 신호(Digital Signal)를 아날로그 신호(Analog Signal)로 복구하는 과정을 의미하는데 지금까지 설명한 양자화(Quantization), 표본화(Sampling)의 과정을 진행하게 된다.

(3) 통신규약

통신규약(Protocol)은 정보통신에서 데이터의 전송을 실시하는 두 개의 컴퓨터 시스템 상호 간에 전달되는 데이터의 형식을 의미한다. 대표적으로 국제표준화기구(International Organization for Standardization, ISO)에서 서로 다른 컴퓨터 간의 컴퓨터 통신을 위해 개발한 규약인 OSI 7계층(Open Systems Interconnection 7 Layer)이 있다 [표 3-4 참조][114)]

114) 주일엽, 기계경비개론, 도서출판 진영사, 2012, pp.56-57, 내용 재구성.

[표 3-4] OSI 7 계층

구 분		주 요 내 용
1계층	물리적 계층 (Physical Layer)	물리적 통신매체에 접근하기 위한 기계적, 전기적, 기능적, 절차적 특성을 규정
2계층	데이터 링크 계층 (Data Link Layer)	통신망을 통하여 전달되는 데이터의 오류 회복 및 흐름 제어 등과 같은 작업을 수행
3계층	통신망 계층 (Network Layer)	두 개의 장치 사이에 대한 연결을 구성, 유지 및 종료하는 기능을 수행
4계층	전송 계층 (Transport Layer)	상위 계층들이 하위에 있는 통신망의 구조에 대하여 독립적으로 동작할 수 있도록 하는 기능을 수행
5계층	세션 계층 (Session Layer)	통신을 하는 두 개의 응용 프로그램 사이에서 대화를 위한 하나의 논리적 구조를 설정
6계층	표현 계층 (Presentation Layer)	데이터의 형식에 상관없이 작업 수행이 가능하도록 데이터의 형식 변환 및 암호화 등을 규정
7계층	응용 계층 (Application Layer)	통신을 하는 응용 프로그램이 통신망을 통하여 필요한 서비스를 제공받도록 하는 기능 수행

(4) 전송방식

정보통신 전송방식은 크게 접속방식에 따른 분류, 전송방향에 따른 분류로 나눌 수 있으며, 이 외에도 통신기술에 따른 분류로서 신호종류에 따른 분류, 순차전송 여부에 따른 분류, 동기방식에 따른 분류 등으로 구분할 수 있다.

정보통신 전송방식에 따른 분류를 구체적으로 살펴보면 다음과 같다.

접속방식에 따른 분류는 Point-to-Point 방식, Multi-Point 방식, 교환 방식 등으로 구분된다. Point-to-Point 방식은 송신부와 수신부가 전송선로에 의해 일 대 일로 접속하는 방식으로 정보의 양이 상대적으로 많을 경우에 사용한다. Multi-Point 방식은 전송선로 1회선에 다수의 단말기기가 접속하는 방식으로 컴퓨터 온라인(On-line) 시스템에 사용한다. 교환 방식은 교환망(공중회선)을 통해 다수의 단말기기가 접속하고 정보를 교환하는 방식으로 정보의 양이 상대적으로 적을 경우에 사용한다. 일반적으로 Point-to-Point 방식, Multi-Point 방식은 교환기를 사용하지 않는 전용회선을, 교환방식은 교환기를 사용하는 교환회선을 사용한다. 전용회선은 가입자가 전용으로 사용할 수 있고, 보안성이 있으며, 개별망 구축이 가능하고, 장애 발생 시 복구가 빠르다는 장점이 있으나 비용이 비싸고, 회선 구축에 교환회선에 비해 시간이 소요된다는 단점이 있다. 교환회선은 회선 구축이 빠르고, 비용이 싸다는 장점이 있으나 가입자가 전용으로 사용할 수 없고(통화 중 발생), 보안성이 없으며, 회선 상태를 상시 관리하기 힘들다는 단점이 있다.

전송방향에 따른 분류는 단방향 통신(Simplex Communication), 반이중 통신(Half Duplex Communication), 전이중 통신(Full Duplex Communication) 등으로 구분된다. 단방향 통신(Simplex)은 2선식 회선을 사용하며 어느 한 방향으로만 데이터 전송이 가능한데 TV, 라디오 등이 이에 해당된다. 반이중 통신(Half Duplex)은 양방향 통신은 가능하나 순간적으로는 한쪽 방향으로 송신이 가능하고 동시에 송·수신하는 것은 불가능하며 송신측과 수신측이 교대하여 데이터를 송·수신하여야 하는데 무전기, 팩스 등이 이에 해당된다. 전이중 통신(Full Duplex)은 4선식 회선을 사용하여 동시에 양방향으로 송·수신이 가능한데 전화기, 정보통신 등이 이에 해당된다.

정보통신 통신기술에 따른 분류를 구체적으로 살펴보면 다음과 같다.

신호종류에 따른 분류는 아날로그 전송(Analog Transmission), 디지털 전송(Digital Transmission)으로 구분된다. 아날로그 전송(Analog Transmission)은 정보를 유선, 무선 등 전송선로를 통해 전송할 경우에 신호의 개별 값이 연속되는 값을 가지는 아날로그 신호(Analog Signal)로 전송하는 것을 의미한다. 디지털 전송(Digital Transmission)은 모든 정보를 이산적인 값을 가지는 디지털 신호(Digital Signal)로 전송하는 것을 의미한다.

순차전송 여부에 따른 분류는 직렬 전송(Serial Transmission)과 병렬 전송(Parallel Transmission)으로 구분된다. 직렬 전송(Serial Transmission)은 데이터를 구성하는 0, 1과 같은 각각의 비트들을 하나의 전송선을 통해 순차적으로 전송하는 방식으로 속도가 느리다는 단점에 비해 전송 비용이 적게 들기 때문에 장거리 전송에 많이 사용되며 RS-232C(Recommended Standard Revision C), RS-422, RS-485 등이 주로 사용된다.[115] 병렬 전송(Parallel Transmission)은 데이터를 구성하는 각각의 비트들을 다수의 전송선을 통해 동시에 전송하는 방식으로 속도가 빠르다는 장점에 비해 전송 비용이 많이 든다는 단점이 있다.

동기방식에 따른 분류는 동기식 전송(Synchronous Transmission)과 비동기식 전송(Asynchronous Transmission)으로 구분된다. 동기(Synchronous)란 "시스템 클럭 등과 같이 두 개의 장치 사이에 공통으로 전달되는 신호를 바탕으로 하여 특정 사건 및 사상에 의하여 함께 보조를 맞추면서 작업을 진행하는 방법"을 의미한다. 동기식 전송(Synchronous Transmission)은 데이터를 송신하는 곳과 데이터를 수신하는 곳에서 모두 클럭신호를 사용하여 동기화된 상태에서 0, 1과 같은 각각의 비트들을 일정한 속도로 전송하는 방식을 의미한다. 비동기식 전송(Asynchronous Transmission)은 데이터를 전송하기 위하여 한 순간에 하나의 비트씩 데이터를 전송하는데 데이터를 전송할 때 클럭신호를 사용하여 동기를 맞추는 것이 아니라 데이터의 시작 부분과 끝 부분에 각각 시작 비트와 종료 비트라고 불리우는 특별한 정보를 사용하여 동기를 맞추면서 0, 1과 같은 각각의 비트들을 일정한 속도로 전송하는 방식을 의미한다.[116]

115) RS-232C는 컴퓨터들과 관련 장치들 간에 비교적 느린 속도의 직렬 데이터 통신을 하기 위한 물리적 연결과 프로토콜에 관해 기술하고 있는 오래된 표준으로 컴퓨터가 모뎀과 같은 다른 직렬장치들과 데이터를 주고받기 위해 사용하는 인터페이스이며 데이터의 안정성을 최대로 유지할 수 있는 최대 신호전송거리는 15m 정도이다. RS-422는 기존 규격(RS-232)을 대체하기 위해 설계된 것으로 더 빠른 속도를 제공하면서도 전기적인 간섭에 더욱 강해졌기 때문에 신호를 보다 먼 거리까지 송신할 수 있는데 최대 신호 전송거리는 1,200m, 멀티포인트(Multi Point) 접속을 지원하며 동시에 개발한 RS-423도 있는데 이것은 점 대 점(Point-to-Point) 방식을 지원하므로 많이 사용되지 않는다. RS-485는 멀티포인트 통신회선을 위한 표준으로 RS-422와 비슷하지만 낮은 임피던스 구동기와 수신기를 사용함으로써 RS-422보다 회선 당 노드 수를 더 많이 허용하고 부하가 적어서 한 선에 많은 선을 연결할 수 있으며 최대 신호 전송거리는 1,200m이다(주일엽, 기계경비개론, 2010, p. 58, 내용 재구성).

116) 컴퓨터용어대사전편찬위원회, 컴퓨터용어대사전, 정보문화사, 1996, p. 39, 764.

제2절 정보통신설비

1. 정보통신시스템

정보통신시스템은 컴퓨터시스템(Computer System), 통신제어장치(Communication Control Unit), 모뎀(Modem), 전송선로(Communication Line), 터미널(Terminal)로 구성된다. 컴퓨터시스템(Computer System)을 제외한 정보통신시스템 구성요소를 구체적으로 살펴보면 다음과 같다[그림 3-3 참조].

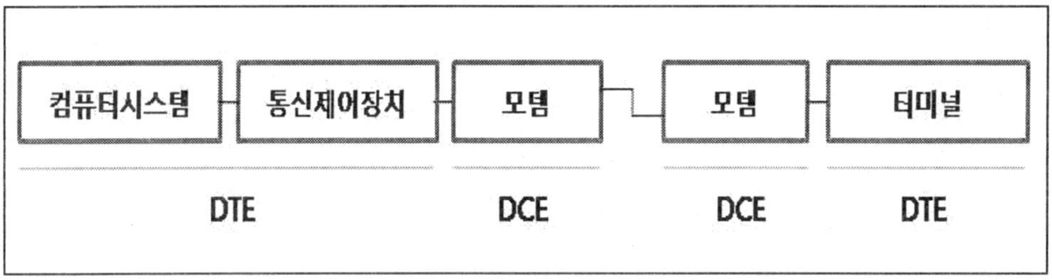

[그림 3-3] 정보통신시스템의 구성

통신제어장치(Communication Control Unit, CCU)는 전송회선을 통하여 전송되는 정보를 제어하는 기능을 담당한다. 터미널(Terminal)이나 컴퓨터시스템(Computer System)을 전송회선과 연결하고, 전송신호의 에러를 제어하며, 문자(Text)의 조립과 분해를 담당한다.

전송선로(Communication Line)는 데이터를 전송하는 선로로서 통신회선이라고 지칭하기도 한다. 유선선로는 전화선, 동축케이블, 광케이블 등이 있으며, 무선선로는 마이크로웨이브(Micro Wave), 위성통신 등이 있다.

모뎀(Modem)은 데이터 신호 변환 장치(Data Communication Equipment, DCE)로서 전송회선의 양쪽 끝에 설치하며 변복조기라고 지칭하기도 한다. 모뎀(Modem)은 터미널(Terminal)이나 컴퓨터시스템(Computer System)에서 송신하는 디지털 신호(Digital Signal)를 아날로그 신호(Analog Signal)로 변조하여 아날로그 신호를 전송할 수 있는 전송선로로 전송하며 전송선로를 통해 수신된 아날로그 신호(Analog Signal)를 디지털 신호(Digital Signal)로 복조하여 터미널(Terminal)이나 컴퓨터시스템(Computer System)으로 전달하는 기능을 담당한다.

터미널(Terminal)은 단말기라고도 하는데 컴퓨터시스템과 신호를 교환할 수 있는 기기로서 일정 거리에 이격된 종단부에 설치한다. 컴퓨터시스템(Computer System)은 터미널(Terminal)과 정보를 교환하거나 처리하고 이를 기억장치에 기록하며 정보통신을 하는데 필요한 운영체제(Operating System, OS)나 통신제어프로그램(Communication Control Program), 응용프로그램(Application Program) 등을 저장한다. 터미널(Terminal)이나 컴퓨터시스템(Computer System)을 데이터 터미널 장비(Data Terminal Equipment, DTE)라고 한다.

2. 정보통신망

(1) 전송선로

전송선로는 유선통신 전송선로와 무선통신 전송선로로 구분할 수 있다. 유선통신은 동축케이블(Coaxial Cable), 꼬임쌍 전선(Twisted Pair Cable), 광케이블(Fiber Optics) 등이 있으며, 무선통신 전송선로는 RF 무선통신(Radio Frequency, RF), 마이크로웨이브(Microwave, M/W), 위성통신(Satellite Telecommunication) 등이 있다. 자세한 내용은 제6장 CCTV 시스템 기획설계[제1절 CCTV 시스템, 2. CCTV 시스템 세부이론 (3) 전송부]에서 기술하였다.

(2) 인터넷

인터넷(Internet)은 다수의 통신망이 연결되는 광역통신망을 의미하는 인터네트워크(Internetwork)의 준말로써 전자메일(Mail), 월드와이드웹(WWW), 원격접속(Telnet), 파일전송(FTP), 정보검색(Gopher), 뉴스그룹(News Groups) 등 다양한 서비스를 제공할 수 있다. 인터넷은 1969년 미국 국방부 산하 고등연구계획국(Advanced Research Project Agency) 주도로 UCLA, UCSB 등 4개 대학 연구기관이 참여하여 구축한 패킷 전송기반의 네트워크인 ARPANET(Advanced Reseach Project Agency Network) 시스템이

시초라고 할 수 있다. 연구용이었던 ARPANET에 대한 수요가 증가하자 1983년 군사용 네트워크인 MILNET(Military Network)이 분리되었으며 패킷교환 통신규약(프로토콜, Protocol)인 TCP/IP가 인터넷의 표준 프로토콜이 되었다[표 3-5 참조]. 우리나라의 경우는 1982년 한국전자기술연구소의 컴퓨터와 서울대 컴퓨터공학과 컴퓨터 간 전화망으로 SDN(System Development Network)을 구축하여 통신한 것이 인터넷의 시작이다. 1986년 한국데이터통신(데이콤)의 PC통신 서비스 '천리안'에 이어 1994년 한국통신(KT)에서 코네트(KORNET)를 통해 월드와이드웹(WWW) 중심의 인터넷 상용 서비스를 시작하였다.

[표 3-5] 인터넷 관련 주요 역사

구 분	주 요 내 용
1969년	미국 국방부 고등연구계획국(DARPA), ARPANET 구축
1975년	패킷교환 통신규약 TCP/IP 개발
1983년	ARPANET에서 군사용 네트워크인 MILNET 분리
1989년	미국, 인터넷 상용 서비스 시작
1991년	유럽입자물리연구소(CERN), 월드와이드웹(WWW) 개발
1993년	웹브라우저 모자이크 개발
1994년	웹브라우저 넷스케이프 개발
1995년	웹브라우저 익스플로러 개발

인터넷(Internet)에 대한 기술적 개념은 IP 주소(Internet Protocol Address), URL(Uniform Resource Locator), 게이트웨이(Gateway) 등이 있다.

IP 주소(Internet Protocol Address)는 인터넷에 접속되는 컴퓨터, 스마트폰 등 정보기기에 부여되는 고유한 식별주소이다(보기: 123.123.123.123). IP 주소는 IPv4(IP version 4), IPv6(IP version 6) 등이 있는데 IPv4의 IP 개수는 2^{32}개(약 42억개), IPv6 IP 개수는 2^{128}개(약 3.4×10^{38}개)가 된다. 또한, 숫자로 표현되어 사람들이 이해하기 어려운

IP 주소를 사람들이 쉽게 이해하고 입력할 수 있는 도메인(Domain, 보기: www.google.com)으로 변경하는 서비스를 DNS(Data Name System)라고 한다.

URL(Uniform Resource Locator)은 구글(www.google.com)과 같은 도메인(Domain)이나 앞서 설명한 IP 주소를 포함하여 인터넷 상에 있는 정보자원의 종류와 위치를 나타내는 규칙이다. 일반적인 URL의 구성은 프로토콜(보기: http://), 컴퓨터 등 정보기기의 위치(보기: www.google.com), 파일 디렉토리(보기: 123/123), 정보자원 이름(보기: 기계경비기획설계.hwp) 등으로 표현되며, 프로토콜, 정보기기의 위치, 파일 디렉토리, 정보자원 이름은 각각 '/'(보기: http://www.google.com/123/123/기계경비기획설계.hwp)으로 구분한다.

게이트웨이(Gateway)는 패킷교환 통신규약(프로토콜, Protocol)인 TCP/IP를 이용하는 인터넷의 특성에서 나온 개념이다. 서로 다른 통신규약(Protocol, 프로토콜)을 가진 컴퓨터 간에 통신을 하기 위해서는 각각의 통신규약을 변환할 필요가 있는데 이를 구현하는 것이 게이트웨이(Gateway)이다. 게이트웨이는 일반적으로 하드웨어(Hardware)의 형태로 구성되는데 게이트웨이의 대표적인 것이 라우터(Router)이다. 라우터는 정보가 원하는 목적지로 반드시 전달되도록 하고, 정보의 전달경로를 적절히 분산시킴으로써 인터넷의 과부하를 예방한다.

(3) 통신회선

기계경비 기획설계에서 검토할 수 있는 통신회선은 전용회선과 공용회선(공중회선)으로 구분한다. 전용회선은 기계경비 서비스 제공업체와 고객시설(경비대상)간 전용으로 사용하는 통신회선을 의미하는데 24시간 고객시설(경비대상)을 감시하여 즉각적인 변화에 대응할 수 있는 계획을 수립할 필요가 있는 경우에 사용하며 금융기관, 고가물품 및 중요물품 보관장소, 위험물품 보관장소 등이 주요 사용처가 된다. 공용회선은 전용회선과는 달리, 유선전화, 무선전화, 유선데이터통신, 무선데이터통신 등 공용으로 사용하는 통신회선을 의미하는데 전용회선을 사용하는 고객시설(경비대상)보다는 상대적으로 위협이 적은 고객시설에 사용된다. 기계경비 기획설계에 있어서 전용회선, 공용회선 등 통신회선의 주요특징을 살펴보면 [표 3-6]과 같다.

[표 3-6] 통신회선의 주요특징

구 분	전용회선	공용회선
단선 문제	관제센터에서 고객시설에 대하여 1일 24시간 상황을 감시하므로 단선이 될 경우에는 관제센터에서 실시간으로 확인하고 대응할 수 있다.	관제센터에서 고객시설에 대하여 필요시에만 상황을 감지하므로 단선을 확인하기 어렵고 신호전송 지연, 신호전송 에러 등 기계경비 서비스 제공의 질이 낮을 수 있다.
설치 제한	전용회선이 설치되어 있지 않거나 설치가 곤란한 지역에서는 기계경비 서비스 제공이 어렵다.	유선·무선 전화, 데이터 통신망이 설치된 모든 지역에 대하여 기계경비 서비스 제공이 가능하다.
비용 산정	전용회선 설치 및 운용 비용에 따른 기계경비 서비스 비용 산정에 부담이 된다.	공용회선 설치 및 운용 비용은 고객이 부담하므로 기계경비 서비스 비용 산정에 부담이 적다.
관제 부담	전용회선 설치에 따른 관제센터의 관련시설이 복잡하게 되며 실시간 신호 접수로 관제업무에 대한 부담이 크다.	공용회선 특성 상 관제센터에 접수되는 신호의 양이 적이 관제업무에 대한 부담이 상대적으루 적다.

(4) 정보통신망의 형태

정보통신망의 형태에는 단말기기와 노드 간의 연결 형태에 따라 성형(Star Type), 트리형(Tree Type), 링형(Ring Type), 버스형(Bus Type), 망형(Mesh Type) 등으로 구분할 수 있다[그림 3-4 참조].

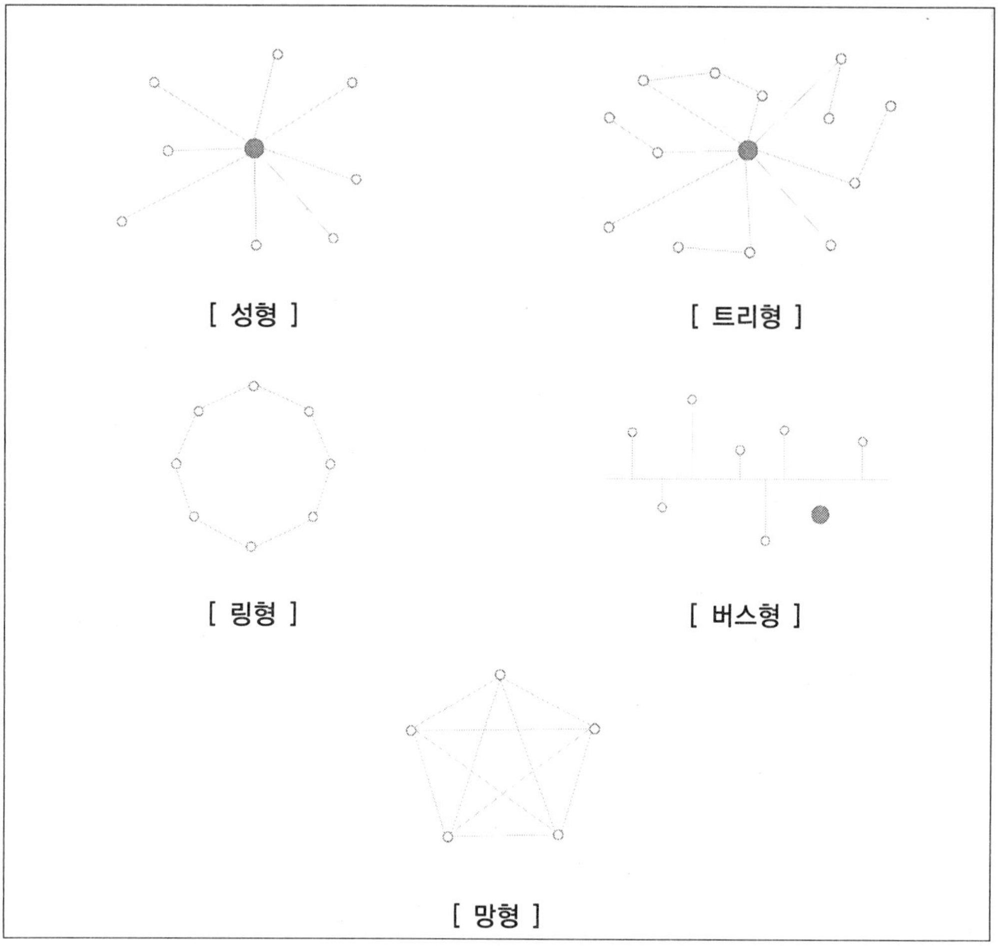

[그림 3-4] 정보통신망의 형태

성형(Star Type)은 중앙에 컴퓨터나 교환기가 위치하고 주변에 분산되어 있는 단말기기들이 연결하는 방식이다. 성형(Star)은 일반적으로 온라인(On-line) 시스템에 많이 사용하며, 중앙 집중식으로 통신망 구성이 간편하여 구축 비용이 저렴하고 고장의 인지와 복구가 용이하나 중앙에 위치한 컴퓨터나 교환기가 고장이 발생할 경우에는 정보통신망 전체에 영향을 미칠 수 있다는 단점이 있다.

트리형(Tree Type)은 성형(Star Type)과 유사하나 일정 지역의 단말기기까지는 중앙의 컴퓨터나 교환기에 직접 연결되지만 일정 범위를 넘어서는 단말기기는 일정 지역에 설치된 단말기기에 추가로 연결하는 방식이다. 트리형(Tree Type)은 신호를 하위 단말기기에 분배하는 단방향 전송에 적합하며, 성형(Star)에 비해 통신 회선을 절약할 수 있고 일정 지역에 설치된 단말기기를 컴퓨터로 대체할 경우에는 분산처리시스템으로 사용할 수 있다.

링형(Ring Type)은 컴퓨터와 단말기기의 연결을 서로 이웃하는 기기끼리만 연결하는 방식이다. 원형(Ring Type)은 양 방향으로 전송이 가능하고, 전송선로에 장애가 발생할 경우에 관리(발견 및 복구)가 용이하며, 우회 기능을 통한 신호 전달이 가능하도록 구성하여야 하는데 일반적으로 근거리 통신망(LAN)에 주로 사용한다.

버스형(Bus Type)은 1개의 전송선로에 다수의 컴퓨터와 단말기기를 연결하는 방식이다. 버스형(Bus Type)은 전송선로가 1개이므로 컴퓨터와 단말기기의 설치, 추가, 제거 등 구성이 용이하며 1개의 단말기기가 접속되는 노드의 고장은 그 노드에만 영향을 주고 다른 단말기기가 접속되는 다른 노드는 문제가 발생하지 않는다.

망형(Mesh Type)은 모든 컴퓨터와 단말기기를 서로 연결하는 방식이다. 망형(Mesh Type)은 전송선로에 장애가 발생할 경우에 우회전송이 용이하며, 전송회선 설치비용이 낮고 교환비용이 높을 경우에 사용하는데 공중전화망(Public Switched Telephone Network, PSTN)이나 공중데이터통신망(Public Switched Data Network, PSDN) 등 공용통신망에 주로 사용한다.

제3절 정보통신법규

1. 전기통신사업법

(1) 전기통신사업

① 통신사업

전기통신사업은 기간통신사업, 별정통신사업 및 부가통신사업으로 구분하는데 기간통신사업은 전기통신회선설비를 설치하고, 그 전기통신회선설비를 이용하여 기간통신역무를 제공하는 사업을 의미하고, 별정통신사업은 기간통신사업자의 전기통신회선설비 등을 이용하여 기간통신역무를 제공하거나 대통령령[117]으로 정하는 구내(構內)에 전기통신설비를 설치하거나 그 전기통신설비를 이용하여 그 구내에서 전기통신역무를 제공하는 사업을 의미하며, 부가통신사업은 부가통신역무를 제공하는 사업을 의미한다.[118]

② 기간통신사업

기간통신사업의 허가기준은 다음과 같다.[119]

1. 기간통신사업을 경영하려는 자는 방송통신위원회의 허가를 받아야 한다.
2. 방송통신위원회의 기간통신사업 허가 시 심의기준
   가. 기간통신역무 제공계획의 이행에 필요한 재정적 능력

---

117) 전기통신사업법 시행령(대통령령 제23642호, 2012.2.28) 제8조(구내의 범위)에 따르면 대통령령으로 정하는 구내(構內)란 1. 하나의 건축물, 2. 하나의 부지(1명이 소유하거나 2명 이상이 공유한 경우로 한정한다)와 그 부지 안의 건축물, 3. 1명이 점유한 둘 이상의 건축물과 그 부지(건축물 상호 간의 직선거리가 500미터 이내인 경우로 한정한다), 4. 그 밖에 제1호부터 제3호까지의 건축물 또는 부지와 인접한 건축물 또는 부지로서 방송통신위원회가 고시한 구역을 말한다.

118) 전기통신사업법(법률 제10656호, 2011.5.19) 제5조(전기통신사업의 구분 등).

119) 전기통신사업법(법률 제10656호, 2011.5.19) 제6조(기간통신사업의 허가 등).

나. 기간통신역무 제공계획의 이행에 필요한 기술적 능력
다. 이용자 보호계획의 적정성
라. 그 밖에 기간통신역무의 안정적 제공에 필요한 능력에 관한 사항으로서 대통령령[120]으로 정하는 사항

3. 방송통신위원회는 심사 사항별 세부 심사기준과 허가의 시기 및 허가신청 요령을 정하여 고시한다.
4. 방송통신위원회는 기간통신사업을 허가하는 경우에는 공정경쟁 촉진, 이용자 보호, 서비스 품질 개선, 정보통신자원의 효율적 활용 등에 필요한 조건을 붙일 수 있다. 이 경우 그 조건을 관보와 인터넷 홈페이지에 공고하여야 한다.
5. 허가는 법인만 받을 수 있다.
6. 허가의 절차나 그 밖에 필요한 사항은 대통령령으로 정한다.

기간통신사업의 허가를 받을 수 없는 결격사유는 다음과 같다.[121]

1. 국가 또는 지방자치단체
2. 외국정부 또는 외국법인
3. 외국정부 또는 외국인이 제8조제1항에 따른 주식소유 제한을 초과하여 주식을 소유하고 있는 법인

③ 별정통신사업

별정통신사업의 등록기준은 다음과 같다.[122]

1. 별정통신사업을 경영하려는 자는 다음의 사항을 갖추어 방송통신위원회에 등록하여야 한다.

가. 재정 및 기술적 능력
나. 이용자 보호계획
다. 그 밖에 사업계획서 등 대통령령으로 정하는 사항

---

120) 전기통신사업법 시행령(대통령령 제23642호, 2012.2.28) 제9조(허가신청 등)에 따르면 대통령령으로 정하는 사항이란 1. 전기통신설비의 고도화를 위한 투자계획의 적정성에 관한 사항, 2. 기간통신역무 제공계획의 안정성 및 전문성에 관한 사항, 3. 제1호 또는 제2호와 유사한 사항으로서 방송통신위원회가 정하여 고시하는 사항.
121) 전기통신사업법(법률 제10656호, 2011.5.19) 제7조(허가의 결격사유).
122) 전기통신사업법(법률 제10656호, 2011.5.19) 제21조(별정통신사업의 등록).

2. 방송통신위원회는 별정통신사업의 등록을 받는 경우에는 공정경쟁 촉진, 이용자 보호, 서비스 품질 개선, 정보통신자원의 효율적 활용 등에 필요한 조건을 붙일 수 있다.
3. 별정통신사업의 등록은 법인만 할 수 있다.
4. 별정통신사업을 등록한 자(이하 "별정통신사업자")는 등록한 날부터 1년 이내에 사업을 시작하여야 한다.
5. 등록의 요건, 절차, 그 밖에 필요한 사항은 대통령령으로 정한다.

별정통신사업의 신고기준은 다음과 같다.[123)]

1. 부가통신사업을 경영하려는 자는 대통령령으로 정하는 요건 및 절차에 따라 방송통신위원회에 신고하여야 한다(자본금 등이 대통령령으로 정하는 기준에 해당하는 소규모 부가통신사업의 경우에는 부가통신사업을 신고한 것으로 간주).
2. 특수한 유형의 부가통신사업을 경영하려는 자는 다음의 사항을 갖추어 방송통신위원회에 등록하여야 한다.
   가. 「정보통신망 이용촉진 및 정보보호 등에 관한 법률」 제42조, 제42조의2, 제42조의3, 제45조 및 「저작권법」 제104조의 이행을 위한 기술적 조치 실시 계획
   나. 업무수행에 필요한 인력 및 물적 시설
   다. 재무건전성
   라. 그 밖에 사업계획서 등 대통령령으로 정하는 사항
3. 방송통신위원회는 특수한 유형의 부가통신사업의 등록을 받는 경우에는 기술적 조치 실시 계획을 이행하기 위하여 필요한 조건을 붙일 수 있다.
4. 기간통신사업자가 부가통신사업을 경영하려는 경우에는 부가통신사업을 신고한 것으로 본다.
5. 부가통신사업을 신고한 자 및 특수한 유형의 부가통신사업을 등록한 자는 신고 또는 등록한 날부터 1년 이내에 사업을 시작하여야 한다.
6. 부가통신사업 신고 및 특수한 유형의 부가통신사업 등록의 요건, 절차, 그 밖에 필요한 사항은 대통령령으로 정한다.

---
123) 전기통신사업법(법률 제10656호, 2011.5.19) 제22조(부가통신사업의 신고 등).

(2) 전기통신사업자의 금지행위

전기통신사업자는 공정한 경쟁 또는 이용자의 이익을 해치거나 해칠 우려가 있는 다음의 행위(이하 "금지행위")를 하거나 다른 전기통신사업자 또는 제3자로 하여금 금지행위를 하도록 할 수 없다.[124)]

1. 설비 등의 제공·공동활용·공동이용·상호접속·공동사용·도매제공 또는 정보의 제공 등에 관하여 불합리하거나 차별적인 조건 또는 제한을 부당하게 부과하는 행위
2. 설비 등의 제공·공동활용·공동이용·상호접속·공동사용·도매제공 또는 정보의 제공 등에 관하여 협정 체결을 부당하게 거부하거나 체결된 협정을 정당한 사유 없이 이행하지 않는 행위
3. 설비 등의 제공·공동활용·공동이용·상호접속·공동사용·도매제공 또는 정보의 제공 등으로 알게 된 다른 전기통신사업자의 정보 등을 자신의 영업활동에 부당하게 유용하는 행위
4. 비용이나 수익을 부당하게 분류하여 전기통신서비스의 이용요금이나 설비등의 제공·공동활용·공동이용·상호접속·공동사용·도매제공 또는 정보의 제공 등의 대가 등을 산정하는 행위
5. 이용약관과 다르게 전기통신서비스를 제공하거나 전기통신이용자의 이익을 현저히 해치는 방식으로 전기통신서비스를 제공하는 행위
   바. 설비 등의 제공·공동활용·공동이용·상호접속·공동사용·도매제공 또는 정보 제공의 대가를 공급비용에 비하여 부당하게 높게 결정·유지하는 행위
6. 「전파법」에 따라 할당받은 주파수를 사용하는 전기통신역무를 이용하여 디지털콘텐츠를 제공하기 위한 거래에서 적정한 수익배분을 거부하거나 제한하는 행위
7. 금지행위의 유형 및 기준에 관하여 필요한 사항은 대통령령으로 정한다.[125)]

---

124) 전기통신사업법(법률 제10656호, 2011.5.19) 제50조(금지행위).

125) 전기통신사업법 시행령(대통령령 제23642호, 2012.2.28) 금지행위의 유형 및 기준에 관하여 대통령령으로 정한 사항은 1. 불합리하거나 차별적인 조건 또는 제한을 부당하게 부과하는 행위, 2. 협정 체결을 부당하게 거부하는 행위 등, 3. 정보 등을 부당하게 유용하는 행위, 4. 이용요금 등을 부당하게 산정하는 행위, 5. 이용자의 이익을 해치는 전기통신서비스의 제공 행위, 6. 부당하게 높은 이용대가를 결정·유지하는 행위, 7. 적정한 수익배분을 거부하거나 제한하는 행위 등이 있다.

(3) 전기통신설비

기간통신사업자의 전기통신설비 설치의 신고 및 승인은 다음과 같은 절차에 따른다.[126)]

1. 중요한 전기통신설비를 설치 또는 변경하려는 기간통신사업자는 중요 전기통신설비의 설치신고서 또는 변경신고서에 다음 각 호의 서류를 첨부하여 방송통신위원회에 제출하여야 한다.
   가. 전기통신설비의 설치 또는 변경 명세서(통신망 구성도를 포함)
   나. 전기통신설비의 보안 대책
2. 중요한 전기통신설비를 설치하거나 변경하려는 기간통신사업자는 전기통신설비 설치승인신청서에 다음의 서류를 첨부하여 방송통신위원회에 제출하여야 한다.
   가. 사업계획서
   나. 전기통신설비의 보안 대책
   다. 해당 전기통신설비의 국내외 규격 등 기술 동향
   라. 해당 전기통신설비의 국내외 연구개발 현황
   마. 협정서(국내외 다른 사업자와 공동으로 설치하거나 사용하려는 경우만 해당)
3. 방송통신위원회는 중요한 전기통신설비를 설치하거나 변경하려는 기간통신사업자의 신청을 받은 경우에는 다음의 사항을 심사하고 15일 이내에 그 승인 여부를 신청인에게 알려야 한다.
   가. 사업계획의 타당성
   나. 전기통신설비 보안 대책의 적정성
   다. 국내외 기술기준과의 적합성
   라. 협정서의 적법성

---

126) 전기통신사업법 시행령(대통령령 제23642호, 2012.2.28) 제51조의2(전기통신설비 설치의 신고 및 승인)

(4) 중요통신

① 중요통신

중요한 전기통신설비를 설치 또는 변경하려는 기간통신사업자는 중요 전기통신설비의 설치신고서 또는 변경신고서에 다음 각 호의 서류를 첨부하여 방송통신위원회에 제출하여야 한다.[127)]

1. 국가 기능의 효율적 수행에 필요한 중요 통신은 다음의 통신으로 한다.
   가. 국가안보, 군사, 치안, 민방위경보 전달 및 전파 관리에 관한 업무용 통신
   나. 그 밖에 국가업무를 원활하게 수행하기 위하여 방송통신위원회가 고시하는 통신
2. 정부는 중요 통신을 확보하기 위하여 중요 통신의 구축·관리에 필요한 경비를 보조할 수 있다.

② 중요통신

중요한 전기통신설비를 설치하려는 자는 해당 설비의 설치공사 시작일 21일 전까지 다음의 사항을 적은 자가전기통신설비 설치신고서에 자가전기통신설비 설치공사의 설계도서(設計圖書)를 첨부하여 방송통신위원회에 제출하여야 한다.[128)]

1. 신고인
2. 사업의 종류
3. 설치의 목적
4. 전기통신 방식
5. 설비의 설치 장소
6. 설비의 개요
7. 설비의 운용일 또는 운용예정일

---

127) 전기통신사업법 시행령(대통령령 제23642호, 2012.2.28) 제64조(중요 통신).
128) 전기통신사업법(법률 제10656호, 2011.5.19) 제51조의6(자가전기통신설비의 신고) 제①항.

(5) 업무의 제한 및 정지

방송통신위원회는 전시·사변·천재지변 또는 이에 준하는 국가비상사태가 발생하거나 발생할 우려가 있는 경우와 그 밖의 부득이한 사유가 있는 경우에 중요 통신을 확보하기 위하여 필요하면 대통령령으로 정하는 바에 따라 전기통신사업자에게 전기통신업무의 전부 또는 일부를 제한하거나 정지할 것을 명할 수 있다.[129)]

전기통신사업자에게 전기통신업무의 전부 또는 일부의 제한 또는 정지를 명하는 경우에는 그 제한 또는 정지의 범위와 그 정도에 따라 다음 각 호의 업무를 수행하기 위한 통화의 순으로 소통하게 할 수 있다. 이때 제한 또는 정지되는 전기통신업무는 중요 통신을 확보하기 위하여 필요한 최소한의 것이어야 한다. 전기통신사업자는 전기통신업무의 전부 또는 일부를 제한 또는 정지하였을 때에는 지체 없이 그 내용을 방송통신위원회에 보고하여야 한다.[130)]

1. 제1순위
   가. 국가안보
   나. 군사 및 치안
   다. 민방위경보 전달
   라. 전파 관리
2. 제2순위
   가. 재해 구호
   나. 전기통신, 항행 안전, 기상, 소방, 전기, 가스, 수도, 수송 및 언론
   다. 가목과 나목 외의 국가 및 지방자치단체의 업무
   라. 주한 외국 공관 및 국제연합기관의 업무
3. 제3순위
   가. 자원관리 대상업체 및 방위산업체의 업무
   나. 「공공기관의 운영에 관한 법률」에 따른 공공기관 및 의료기관의 업무
4. 제4순위: 제1순위, 제2순위, 제3순위 업무 외의 것

---

129) 전기통신사업법(법률 제10656호, 2011.5.19) 제85조(업무의 제한 및 정지).
130) 전기통신사업법 시행령(대통령령 제23642호, 2012.2.28) 제55조(업무의 제한 및 정지).

2. 정보통신공사업법

(1) 목적 및 정의

① 목적

정보통신공사업법은 전기공사업과 전기공사의 시공·기술관리 및 도급에 관한 기본적인 사항을 정함으로써 전기공사업의 건전한 발전을 도모하고 전기공사의 안전하고 적정한 시공을 확보함을 목적으로 한다.[131]

② 정의

정보통신공사법에서 규정한 정보통신설비, 정보통신공사, 정보통신공사업, 정보통신공사업자, 용역, 용역업, 용역업자, 설계, 감리, 감리원, 발주자, 도급, 하도급, 수급인, 하수급인, 정보통신기술자 등 주요 용어의 정의는 다음과 같다.[132]

1. 정보통신설비 : 유선, 무선, 광선, 그 밖의 전자적 방식으로 부호·문자·음향 또는 영상 등의 정보를 저장·제어·처리하거나 송수신하기 위한 기계·기구(器具)·선로(線路) 및 그 밖에 필요한 설비
2. 정보통신공사 : 정보통신설비의 설치 및 유지·보수에 관한 공사와 이에 따르는 부대공사(附帶工事)로서 대통령령으로 정하는 공사를 말한다.
3. 정보통신공사업 : 도급이나 그 밖에 명칭이 무엇이든 이 법을 적용받는 정보통신공사(이하 "공사")를 업(業)으로 하는 것
4. 정보통신공사업자 : 정보통신공사업(이하 "공사업")의 등록을 하고 공사업을 경영하는 자
5. 용역 : 다른 사람의 위탁을 받아 공사에 관한 조사, 설계, 감리, 사업관리 및 유지관리 등의 역무를 하는 것
6. 용역업 : 용역을 영업으로 하는 것
7. 용역업자 : 엔지니어링사업자로 신고하거나 기술사사무소의 개설자로 등록한 자로

131) 정보통신공사업법(법률 제10250호, 2010.4.12) 제1조(목적).
132) 정보통신공사업법(법률 제10250호, 2010.4.12) 제2조(정의).

서 통신 · 전자 · 정보처리 등 대통령령으로 정하는 정보통신 관련 분야의 자격을 보유하고 용역업을 경영하는 자
8. 설계 : 공사(건축물의 건축 등은 제외)에 관한 계획서, 설계도면, 시방서(示方書), 공사비명세서, 기술계산서 및 이와 관련된 서류(이하 "설계도서")를 작성하는 행위
9. 감리 : 공사(건축물의 건축 등은 제외)에 대하여 발주자의 위탁을 받은 용역업자가 설계도서 및 관련 규정의 내용대로 시공되는지를 감독하고, 품질관리 · 시공관리 및 안전관리에 대한 지도 등에 관한 발주자의 권한을 대행하는 것
10. 감리원(監理員) : 공사(건축물의 건축등은 제외한다)의 감리에 관한 기술 또는 기능을 가진 사람으로서 제8조에 따라 방송통신위원회의 인정을 받은 사람을 말한다.
11. 발주자 : 공사(용역을 포함)를 공사업자(용역업자를 포함)에게 도급하는 자(수급인(受給人)으로서 도급받은 공사를 하도급(下都給)하는 자는 제외)
12. 도급 : 원도급(原都給), 하도급, 위탁, 그 밖에 명칭이 무엇이든 공사를 완공할 것을 약정하고, 발주자가 그 일의 결과에 대하여 대가를 지급할 것을 약정하는 계약
13. 하도급 : 도급받은 공사의 일부에 대하여 수급인이 제3자와 체결하는 계약
14. 수급인 : 발주자로부터 공사를 도급받은 공사업자
15. 하수급인 : 수급인으로부터 공사를 하도급받은 공사업자
16. 정보통신기술자 : 국가기술자격법에 따라 정보통신 관련 분야의 기술자격을 취득한 사람과 정보통신설비에 관한 기술 또는 기능을 가진 사람으로서 방송통신위원회의 인정을 받은 사람

(2) 정보통신공사

① 정보통신공사의 범위

정보통신설비의 설치 및 유지 · 보수에 관한 공사와 이에 따른 부대공사는 다음 각 호와 같다.[133]

1. 전기통신관계법령 및 전파관계법령에 따른 통신설비공사
2. 「방송법」 등 방송관계법령에 따른 방송설비공사
3. 정보통신관계법령에 따라 정보통신설비를 이용하여 정보를 제어 · 저장 및 처리하

133) 정보통신공사업법 시행령(대통령령 제22772호, 2011.3.29) 제2조(공사의 범위).

는 정보설비공사
4. 수전설비를 제외한 정보통신전용 전기시설설비공사 등 그 밖의 설비공사
5. 공사의 부대공사
6. 공사의 유지·보수공사

② 정보통신공사의 종류

정보통신공사는 크게 통신설비공사, 방송설비공사, 정보설비공사, 기타설비공사 등 4가지로 구분된다. 이를 세부적으로 구분하면 통신설비공사는 통신선로설비공사, 교환설비공사, 전송설비공사, 구내통신설비공사, 이동통신설비공사, 위성통신설비공사, 고정무선통신설비공사로 구분되고, 방송설비공사는 방송국설비공사, 방송전송선로설비공사로 구분된다. 정보설비공사는 정보제어·보안설비공사, 정보망설비공사, 정보매체설비공사, 항공·항만통신설비공사, 선박통신·항해·어로설비공사, 철도통신·신호설비공사로 구분되고, 기타설비공사는 정보통신전용전기시설설비공사로 구분된다. 이 중에서 방범설비, 그리고 방재설비 중 정보통신설비는 통신설비공사의 구내통신설비공사에 해당한다[표 3-7 참조].[134]

[표 3-7] 정보통신공사의 종류

구분	공사의 종류	공사의 예시
통신설비공사	통신선로설비공사	통신구설비, 통신관로설비, 통신케이블(광섬유 및 동축케이블, 전주·지지철물·케이블방재·철탑·배관·단자함 등을 포함한다)설비 등의 공사
	교환설비공사	전자식교환(ISDN 및 전전자를 포함한다)설비, 자동식교환설비, 비동기식교환(ATM)설비, 가입자선로집중운용보전시스템설비, 집단전화교환설비, 자동호분배장치설비, 중앙과금장치설비, 신호망설비, 지능망설비, 통신처리장치설비, 사설교환(PBX·CBX)설비 등의 공사

134) 정보통신공사업법 시행령(대통령령 제22772호, 2011.3.29) [별표 1] 공사의 종류.

	전송설비 공사	전송단국(FLC · PCM · PDH · SDH · DACS · SONET · WDM)설비, 송 · 수신설비, 중계설비, 다중화설비, 분배설비, 전력선반송설비, 종합유선방송(CATV)전송설비 등의 공사
	구내통신 설비공사	구내통신선로 · 이동통신구내선로 · 방송공동수신설비, 전화설비, 방범설비, 방송설비, 방재설비중 정보통신설비, 수직 · 수평배관 및 배선설비, 주방비실설비, 층장비실설비, 장애자용음향통신설비, 키폰전화설비 등의 공사
	이동통신 설비공사	개인이동통신(PCS)설비, 휴대용이동전화(셀룰라)설비, 주파수공용통신(TRS)설비, 무선데이터통신설비, 무선호출설비, 아이엠티2000(IMT-2000)설비, 위성이동휴대전화(GMPCS)설비, 시티폰설비 등의 공사
	위성통신 설비공사	위성송·수신국설비, 위성체설비, 지상관제소설비, 발사체설비, 위성측위시스템(GPS)설비, 소형위성지구국(VSAT)설비, 위성뉴스중계(SNG)설비 등의 공사
	고정무선 통신설비 공사	무선CATV(MMDS·LMDS)설비, 방송통신융합시스템(LMCS)설비, 무선가입자망(WLL)설비, 마이크로웨이브(M/W)설비, 무선적외선설비 등의 공사
방송 설비 공사	방송국 설비공사	영상·음향설비, 송출설비, 방송관리시스템설비 등의 공사
	방송전송·선로설비공사	방송관로설비, 방송케이블(전주·철탑·배관·단자함 등을 포함한다)설비, 전송단국설비, 송·수신설비, 중계설비, 다중화설비, 분배설비, 구내전송선로설비, 위성방송수신설비 등의 공사

정보 설비 공사	정보제어·보안 설비공사	인공지능빌딩시스템(IBS)설비, 관제(항공·교통·기상·주차)설비, 원격조정·자동제어(SCADA, TM/TC, 공장자동화 등의 정보통신 설비를 포함한다)설비, 정보시스템관리설비, 방향탐지설비, 위치측정설비, 전자신호제어설비, 폐쇄회로텔레비전(CCTV)설비, 경비보안설비, 터널군관리(TGMS)설비, 수계통합자동제어설비, 수문제어설비, 홍수예경보설비, 민방공경보설비, 수도시설제어설비, 재해방지설비, 수처리(상수·하수 및 폐수 등을 포함한다)계측제어설비, 긴급구조시스템설비, 텔레메틱스(Telematics)설비 등의 공사
	정보망 설비공사	근거리통신망(이더넷LAN·ATM-LAN·기가비트LAN 등을 포함한다)설비, 부가가치통신망(VAN)설비, 광역통신망(WAN)설비, 정보시스템망관리(TMN)설비, 무선통신망설비, 전산시스템(CPU·C/S·제어장치 등을 포함한다)설비, 인터넷(인트라넷·엑스트라넷·방화벽 등을 포함한다)설비, 멀티미디어설비, 컴퓨터·통신통합(CTI)설비, 종합정보통신망(ISDN)설비, 초고속정보망(XDSL: 케이블모뎀 등을 포함한다)설비, 판매시점관리시스템(POS), 유비쿼터스설비 등의 공사
	정보매체 설비공사	화상(영상)회의시스템설비, 홈뱅킹시스템설비, 원격의료시스템설비, 원격교육시스템설비, 주문대응형비디오시스템(VOD)설비, 홈오토메이션시스템설비, 전자식전광판설비, 지리정보시스템(GIS)설비, 원격자동검침(AMR)설비, 홈네트워크(디지털홈)시스템설비, 동시통역시스템설비, 도시정보제계(UIS)설비, 공간영상정보시스템(SIIS)설비, 객실관리시스템설비 등의 공사
	항공·항만통신 설비공사	무지향표식(NDB)설비, 전방향표식(VOR)설비, 거리측정(DME)설비, 계기착륙(ILS)설비, 로란 및 레이다(ASDE·ASR·MSR)설비, 전술항행(TACAN)설비, 위성항행(CNS/ATM)설비, 위성항법시스템(GNSS)설비, 위성항법보정시스템(DGPS)설비, 항공운항정보(FIS)설비, 저고도돌풍경보장치(LLWAS), 소음측정시스템, 셀프이용안내(KIOSK)설비, 이동지역관리시스템(MAMS)설비, 종합정보통신시스템설비, 일반공중통신시스템설비, 통신자동화시스템설비, 통합경비보안시스템설비, 해안무선(VTS 및 해안지역 각종 통신시설)설비 등의 공사

	선박의 통신·항해·어로 설비공사	선박통신설비(GMDSS, 조난구조장치, MF·HF·VHF·SSB의 송수신기, 전파수신기, 위성통신기, SSAS, 선내지령장치 등), 선박항해설비(RADAR, 기상수신기, GPS, 전자해도장치, RDF, 측심기, NAVTEX, AIS, VDR, 풍속계, 선속계, 콤파스, 자동조타장치 등), 선박어로설비(어군탐지장치, 어망감시장치, 수온측정장치, 조류계 등) 등의 공사
	철도통신·신호 설비공사	역무자동화(AFC)설비, 토크백설비, 연선전화설비, 열차무선설비, 사령전화설비, 자동안내방송설비, 전자시계설비, 복합통신설비, 행선안내게시기설비, 도관전선관(HP)설비, 통신 및 신호용 트로프설비, 자동열차정지장치설비, 열차집중제어장치설비, 전자식신호제어설비, 열차내이동무선공중전화설비, 여객자동안내장치설비 등의 공사
기타 설비 공사	정보통신전용전기시설설비공사	정보통신전기공급설비, 전기부식방지설비, 전력·전철유도방지설비, 무정전전원장치(UPS)설비, 충방전·전압조정설비, 전동발전기설비, 접지설비, 서지설비, 낙뢰방지설비, 잡음·전자파(EMI·EMC·EMS 등을 포함)방지설비 등의 공사

(2) 정보통신공사업의 등록

정보통신공사업을 경영하려는 자는 대통령령으로 정하는 바에 따라 특별시장 · 광역시장 · 도지사 또는 특별자치도지사에게 등록하여야 하며, 공사업을 등록한 자는 기술능력, 자본금(개인인 경우에는 자산평가액), 그 밖에 필요한 사항등록기준에 관한 사항 등 등록기준을 3년 이내의 범위에서 대통령령으로 정하는 기간이 끝날 때마다 대통령령으로 정하는 바에 따라 시 · 도지사에게 신고하여야 한다. 또한, 다음에 해당하는 자는 정보통신공사업의 등록을 할 수 없다.[135]

1. 금치산자 또는 한정치산자
2. 파산선고를 받고 복권되지 아니한 사람

135) 정보통신공사업법(법률 제10250호, 2010.4.12) 제2조(정의) 제2호; 정보통신공사업법 시행령(대통령령 제22772호, 2011.3.29) 제2조(공사의 범위) 제1호.

3. 이 법을 위반하여 금고 이상의 실형을 선고받고 그 집행이 끝나거나(집행이 끝난 것으로 보는 경우를 포함한다) 집행이 면제된 날부터 3년이 지나지 아니한 사람 또는 그 형의 집행유예를 선고받고 그 유예기간 중에 있는 사람
4. 이 법에 따라 등록이 취소된 후 2년이 지나지 아니한 자
5. 「국가보안법」 또는 「형법」 제2편제1장 또는 제2장에 규정된 죄를 범하여 금고 이상의 실형을 선고받고 그 집행이 끝나거나(집행이 끝난 것으로 보는 경우를 포함) 그 집행이 면제된 날부터 3년이 지나지 아니한 사람 또는 그 형의 집행유예를 선고받고 그 유예기간 중에 있는 사람
6. 임원 중에 상기 각 호의 어느 하나에 해당하는 사람이 있는 법인

(3) 정보통신공사의 제한

① 정보통신공사의 제한

정보통신공사(情報通信工事)는 정보통신공사업자가 아니면 도급받거나 시공할 수 없다. 다만, 다음에 해당하면 예외로 한다.[136]

1. 방송통신위원회의 허가를 받은 기간통신사업자가 허가받은 역무를 수행하기 위하여 공사를 시공하는 경우
2. 대통령령으로 정하는 경미한 공사를 도급받거나 시공하는 경우
3. 통신구(通信溝) 설비공사 또는 도로공사에 딸려서 그와 동시에 시공되는 정보통신 지하관로(地下管路)의 설비공사를 대통령령으로 정하는 바에 따라 도급받거나 시공하는 경우

② 경미한 공사의 범위

정보통신공사업자 외의 자가 시공할 수 있는 경미한 공사의 범위는 다음와 같다.[137]

1. 간이무선국 · 아마추어국 및 실험국의 무선설비설치공사
2. 연면적 1천 제곱미터 이하의 건축물의 자가유선방송설비 · 구내방송설비 및 폐쇄회로텔레비젼의 설비공사

136) 정보통신공사업법(법률 제10250호, 2010.4.12) 제3조(공사의 제한).
137) 정보통신공사업법 시행령(대통령령 제22772호, 2011.3.29) 제4조(공사제한의 예외).

3. 건축물에 설치되는 5회선 이하의 구내통신선로 설비공사
4. 라우터 또는 허브의 증설을 수반하지 않는 5회선 이하의 근거리통신망(LAN)선로의 증설공사
5. 중소 소프트웨어사업자만 참여하는 공사[6회선 이상의 근거리통신망(LAN)선로설비공사는 제외]
   가. 서버 · 백업장비 · 주변기기 등 전산장비(이하 "전산장비")의 설치공사 및 유지보수
   나. 전산장비의 대 · 개체공사
   다. 주전산장치의 성능향상을 위한 주변기기의 설치공사
   라. 연면적 1천 제곱미터 이하의 건축물에 설치되는 공사로서 구내통신선로설비 · 방송설비 · 경비보안설비와 연계되지 않는 정보시스템 구축공사
   마. 하드웨어구입비를 제외한 전체사업비 중 소프트웨어관련비(소프트웨어개발비 · 소프트웨어유지보수비 · 데이터베이스구축비 등)의 비중이 80퍼센트 이상인 정보시스템 구축공사
6. 군 및 경찰의 긴급작전을 위한 공사로서 방송통신위원회가 관계 중앙행정기관의 장과 협의하여 정하는 공사
7. 다음 각 목의 공사로서 방송통신위원회가 정하여 고시하는 공사
   가. 정보통신설비의 단말기, 차량용 전화 등의 설치 또는 증설공사
   나. 무선통신설비의 이전 · 변경 · 증설 또는 대체 등의 공사
   다. 자기의 정보통신설비의 유지 · 보수공사
8. 방송통신위원회가 정하여 고시하는 공사

(4) 정보통신기술자의 현장배치

정보통신공사업자는 공사의 시공관리와 그 밖의 기술상의 관리를 하기 위하여 대통령령으로 정하는 바에 따라 공사 현장에 정보통신기술자 1명 이상을 배치하고, 이를 그 공사의 발주자에게 알려야 한다. 배치된 정보통신기술자는 해당 공사의 발주자의 승낙을 받지 않고는 정당한 사유 없이 그 공사 현장을 이탈할 수 없다. 발주자는 배치된 정보통신기술자가 업무수행의 능력이 현저히 부족하다고 인정되는 경우에는 수급인에게 정보통신기술자의 교체를 요청할 수 있으며 이 경우 수급인은 정당한 사유가 없으면 이에 따라야 한다.[138)]

정보통신공사의 현장에 배치하여야 하는 정보통신기술자는 해당 공사의 종류에 상응하는 정보통신기술자이어야 한다. 정보통신공사업자는 공사가 시공 중인 때에는 다음 각 호의 구분에 따라 정보통신기술자를 현장에 상주하게 하여 공사관리를 하여야 한다. 다만, 공사가 중단된 기간은 예외로 한다.[139)]

1. 도급금액이 5억원 이상의 공사: 중급기술자 이상인 정보통신기술자
2. 도급금액이 5천만원 이상 5억원 미만인 공사: 초급기술자 이상인 정보통신기술자

정보통신공사현장에 배치된 정보통신기술자는 공사에 따른 위험 및 장해가 발생하지 않도록 모든 안전조치를 강구하여야 하며, 관계법령에 따라 그 업무를 성실히 수행하여야 한다. 정보통신공사업자는 다음 각 호의 어느 하나에 해당하는 경우에는 발주자의 승낙을 얻어 1명의 정보통신기술자에게 2개의 공사를 관리하게 할 수 있다.[140)]

1. 도급금액이 1억원 미만의 공사로서 동일한 시(특별시 및 광역시를 포함)·군에서 행하여지는 동일한 종류의 공사
2. 이미 시공 중에 있는 공사의 현장에서 새로이 행하여지는 동일한 종류의 공사

3. 전파법

(1) 주파수의 할당

방송통신위원회는 다음 각 호의 어느 하나에 해당하는 사업을 하려는 자가 그 사업을 위하여 직접 사용할 수 있는 주파수를 할당할 수 있다. 이 경우 방송통신위원회는 해당 주파수할당이 기간통신사업 등에 미치는 영향을 고려하여 할당을 신청할 수 있는 자의 범위와 할당하는 주파수의 용도 및 기술방식 등 대통령령으로 정하는 사항을 공고하여야 한다.[141)]

1. 「전기통신사업법」 제5조제2항에 따른 기간통신사업

---

138) 정보통신공사업법(법률 제10250호, 2010.4.12) 제33조(정보통신기술자의 배치).

139) 정보통신공사업법 시행령(대통령령 제22772호, 2011.3.29) 제34조(정보통신기술자의 현장배치기준 등) 제①항, 제②항.

140) 정보통신공사업법 시행령(대통령령 제22772호, 2011.3.29) 제34조(정보통신기술자의 현장배치기준 등) 제③항, 제④항.

141) 전파법(법률 제11037호, 2011.8.4) 제10조(주파수 할당) 제①항.

2. 「방송법」 제2조제2호나목에 따른 종합유선방송사업이나 같은 조 제13호에 따른 전송망사업

이 때 공고된 주파수를 할당받으려는 자는 대통령령으로 정하는 바에 따라 방송통신위원회에 주파수할당을 신청하여야 한다. 방송통신위원회는 주파수할당을 하려면 주파수할당을 받을 자 및 그와 대통령령으로 정하는 특수관계에 있는 자에 의한 전파자원의 독과점을 방지하고 적정한 수준의 경쟁을 촉진하기 위하여 대통령령으로 정하는 바에 따라 조건을 붙일 수 있다. 방송통신위원회는 주파수 할당 신청이 공고된 사항에 적합하지 않거나 신청인이 결격사유에 해당하는 경우에는 그 신청서를 되돌려 보낼 수 있다. 주파수 할당방법은 가격경쟁에 의한 대가를 받고 주파수를 할당하는 방법과 전파자원 이용이 효율성, 신청자의 재정적 능력, 주파수의 특성 등을 고려하는 심사에 의한 주파수 할당 방법이 있다.[142]

(2) 무선국의 개설[143]

① 허가를 통한 무선국 개설

허가를 통한 무선국 개설은 대통령령으로 정하는 바에 따라 방송통신위원회의 허가를 받아야 하며 허가받은 사항 중 대통령령으로 정하는 사항을 변경하려는 경우에도 또한 같다. 이와 같은 규정에도 불구하고 전기통신역무를 제공받기 위한 무선국으로서 대통령령으로 정하는 무선국을 개설하려는 자가 해당 전기통신역무를 제공하는 자와 이용계약을 체결하였을 때에는 그 무선국은 방송통신위원회의 허가를 받은

142) 전파법(법률 제11037호, 2011.8.4) 제10조(주파수 할당) 제②항 ~ 제④항; 전파법(법률 제11037호, 2011.8.4) 제11조(대가에 의한 주파수 할당), 제12조(심사에 의한 주파수 할당).

143) 전파법(법률 제11037호, 2011.8.4) 제20조의2(무선국의 개설조건)에 따른 무선국의 개설조건은 다음 각 호의 개설조건을 갖추어야 한다. 무선국은 다음 각 호의 개설조건을 갖추어야 한다. 1. 통신사항이 개설목적에 적합할 것. 2. 시설자가 아닌 타인에게 그 무선설비를 제공하는 것이 아닐 것. 다만, 제48조제1항에 따라 타인에게 임대하는 무선국, 업무상 긴밀한 관계가 있는 자 간의 원활한 통신을 위하여 개설하는 무선국으로서 방송통신위원회가 인정하는 무선국 또는 제25조제2항제4호에 따른 비상통신을 행하는 무선국의 경우에는 그러하지 아니하다. 3. 개설목적·통신사항 및 통신상대방의 선정이 법령에 위반되지 아니할 것. 4. 개설목적의 달성에 필요한 최소한의 주파수 및 공중선전력을 사용할 것. 5. 무선설비는 인명·재산 및 항공의 안전에 지장을 주지 아니하는 장소에 설치할 것. 6. 이미 개설되어 있는 다른 무선국의 운용에 지장을 주지 아니할 것.

것으로 보며, 대통령령으로 정하는 바에 따라 방송통신위원회로부터 주파수 사용승인을 받은 자는 무선국을 개설할 수 있다. 주파수 사용승인을 받아 개설하는 무선국은 다음 각 호의 어느 하나에 해당하는 무선국으로 하며 국가안보상 필요할 때에는 우선적으로 승인할 수 있다.[144)]

1. 국방부장관이 관리·운용하는 무선국
2. 외국의 국가원수 등이 대한민국을 방문하는 중에 의전·경호 등의 목적으로 사용하기 위하여 외교통상부장관의 요청에 따라 개설하는 무선국
3. 주한 외국공관이 대한민국에서 해당 국가의 외교 및 영사업무를 위하여 외교통상부장관의 요청에 따라 개설하는 무선국
4. 국내에서 열리는 국제적 또는 국가적 행사를 위하여 관계 국가기관의 장의 요청에 따라 외국인이 그 행사기간 중에 개설하는 무선국
5. 아메리카합중국 군대가 관리·운용하는 무선국 중 같은 협정 제3조제2호에 따른 약정의 적용을 받는 무선국
6. 국가안전보장과 관련된 정보 및 보안업무를 관장하는 기관의 장이 그 업무를 위하여 관리·운용하는 무선국

② 신고를 통한 무선국 개설

다음에 해당하는 무선국으로서 국가 간, 지역 간 전파혼신 방지 등을 위하여 주파수 또는 공중선전력을 제한할 필요가 없다고 인정되거나 인명안전 등을 목적으로 개설하는 것이 아닌 무선국 등 대통령령으로 정하는 무선국[145)]을 개설하려는 자는 방

144) 전파법(법률 제11037호, 2011.8.4) 제19조(허가를 통한 무선국 개설 등); 전파법 시행령(대통령령 제23759호, 2012.5.1) 제24조(주파수 사용승인을 받아 개설하는 무선국).

145) 전파법 시행령(대통령령 제23759호, 2012.5.1) ① 법 제19조의2제1항제1호 및 제2호에 따라 신고하고 개설할 수 있는 무선국은 다음 각 호의 어느 하나에 해당하는 무선기기를 사용하는 무선국으로 한다. 1. 간이무선국용 무선설비 중 휴대용 무선기기. 다만, 차량·선박 등 이동체에 설치하는 경우는 제외한다. 2. 전파천문업무를 하는 수신전용 무선기기, 3. 육상국·기지국 또는 이동중계국을 설치하는 자가 해당 무선국과 통신하기 위하여 개설하는 이동국·육상이동국용 무선설비 중 휴대용 무선기기. 다만, 차량·선박 등 이동체에 설치하는 경우는 제외한다. ② 법 제19조의2제1항제3호에 따라 신고하고 개설할 수 있는 무선국은 다음 각 호의 어느 하나에 해당하는 무선국을 말한다. 1. 「전기통신사업법」 제2조제11호 본문에 따른 기간통신역무를 제공하기 위한 무선국 중 다음 각 목의 어느 하나에 해당하는 무선국, 가. 이동통신(셀룰러, 피씨에스, 아이엠티이천), 나. 휴대인터넷, 다. 위치기반서비스, 라. 무선데이터통신, 마. 서비스제공지역이 전국인 주파수공용통신 및 무선호출, 바. 그 밖에 국가간·

송통신위원회에 신고하여야 한다. 신고한 사항 중 대통령령으로 정하는 사항을 변경하려는 경우에도 또한 같다.[146] 발사하는 전파가 미약한 무선국 등으로서 대통령령으로 정하는 무선국은 방송통신위원회에 신고하지 아니하고 개설할 수 있다.[147]

1. 발사하는 전파가 미약한 무선국이나 무선설비의 설치공사를 할 필요가 없는 무선국
2. 수신전용의 무선국
3. 주파수할당을 받은 자가 전기통신역무 등을 제공하기 위하여 개설하는 무선국
4. 「방송법」 제2조제1호라목에 따른 이동멀티미디어방송을 위하여 개설하는 무선국

③ 무선국의 개설조건[148]

무선국은 다음과 같은 개설조건을 구비하여야 한다.

1. 통신사항이 개설목적에 적합할 것
2. 시설자가 아닌 타인에게 그 무선설비를 제공하는 것이 아닐 것. 다만, 타인에게 임대하는 무선국, 업무상 긴밀한 관계가 있는 자 간의 원활한 통신을 위하여 개설하는 무선국으로서 방송통신위원회가 인정하는 무선국 또는 인명의 구조, 재해의 구호, 교통통신의 확보 또는 질서유지를 위하여 하는 비상통신을 행하는 무선국의 경우에는 예외로 한다.

지역간 전파혼신 방지 등을 위하여 방송통신위원회가 무선국의 설치장소, 운영시간, 주파수 또는 공중선전력 등을 제한할 필요가 없다고 인정하여 고시하는 무선국, 2. 「방송법」 제2조 제2호나목에 따른 종합유선방송사업을 하기 위한 무선국 또는 같은 조 제13호에 따른 전송망사업을 하기 위한 무선국. ③ 법 제19조의2제1항제4호에 따라 신고하고 개설할 수 있는 무선국은 다음 각 호의 어느 하나에 해당하는 무선국을 말한다. 1. 위성방송보조국, 2. 지하·터널내에 개설하는 지상파방송보조국

146) 전파법(법률 제11037호, 2011.8.4) 제19조의2(신고를 통한 무선국 개설 등); 전파법 시행령(대통령령 제23759호, 2012.5.1) 제24조(신고하고 개설할 수 있는 무선국).

147) 전파법 시행령(대통령령 제23759호, 2012.5.1) 제25조(신고하지 아니하고 개설할 수 있는 무선국) 법 제19조의2제2항에서 “대통령령으로 정하는 무선국”이란 다음 각 호의 어느 하나에 해당하는 무선기기를 사용하는 무선국을 말한다. 1. 표준전계발생기·헤테르다인방식 주파수측정장치, 그 밖의 측정용 소형발진기, 2. 법 제58조의2제1항에 따른 적합성평가(이하 "적합성평가"라 한다)를 받은 무선기기로서 개인의 일상생활에 자유로이 사용하기 위하여 방송통신위원회가 정한 주파수를 이용하여 개설하는 생활무선국용 무선기기, 3. 제24조제1항제2호에 따른 무선기기 외의 수신전용 무선기기, 4. 적합성평가를 받은 무선기기로서 다른 무선국의 통신을 방해하지 아니하는 출력의 범위에서 특정구역 또는 건물 내 등 가까운 거리에서 사용할 목적으로 방송통신위원회가 용도 및 주파수와 공중선전력 또는 전계강도 등을 정하여 고시하는 무선기기.

148) 전파법(법률 제11037호, 2011.8.4) 제20조의2(무선국의 개설조건).

3. 개설목적·통신사항 및 통신상대방의 선정이 법령에 위반되지 않을 것
4. 개설목적의 달성에 필요한 최소한의 주파수 및 공중선전력을 사용할 것
5. 무선설비는 인명·재산 및 항공의 안전에 지장을 주지 아니하는 장소에 설치할 것
6. 이미 개설되어 있는 다른 무선국의 운용에 지장을 주지 않을 것

(3) 무선국의 분류

무선국은 고정국, 방송국, 육상국, 해안국, 항공국, 기지국, 이동국, 이동중계국, 선박국, 선상통신국, 항공기국, 육상이동국, 무선측위국, 무선항행국, 무선항행육상국, 무선항행이동국, 무선탐지육상국, 무선탐지이동국, 무선방향탐지국, 무선표지국, 비상국, 실험국, 아마추어국, 기상원조국, 표준주파수 및 시보국, 실용화시험국, 간이무선국, 비상위치지시용무선표지국, 무선조정국, 우주국, 일반지구국, 해안지구국, 선박지구국, 항공지구국, 항공기지구국, 육상지구국, 이동지구국, 기지지구국, 육상이동지구국, 비상위치지시용위성무선표지국, 전파천문국 등이 있다. 이를 구체적으로 살펴보면 다음과 같다.149)

1. 고정국 : 고정업무를 하는 무선국
2. 방송국
   가. 지상파방송국: 지상파방송업무를 하는 무선국
   나. 위성방송국: 위성방송업무를 하는 무선국
   다. 지상파방송보조국: 지상파방송보조업무를 하는 무선국
   라. 위성방송보조국: 위성방송보조업무를 하는 무선국
3. 육상국 : 이동 중의 운용을 목적으로 하지 않는 이동업무를 하는 무선국으로서 해안국·기지국·항공국 및 이동중계국에 해당하지 않는 무선국
4. 해안국 : 선박국과 통신을 하기 위하여 육상에 개설하고 이동하지 않는 무선국
5. 항공국 : 항공기국과 통신을 하기 위하여 육상에 개설하고 이동하지 않는 무선국. 다만, 선박 상 또는 지구위성 상에 개설하는 경우에는 이동하는 무선국을 포함한다.
6. 기지국 : 육상이동국과의 통신 또는 이동중계국의 중계에 의한 통신을 하기 위하여 육상에 개설하고 이동하지 않는 무선국
7. 이동국 : 이동 중 또는 특정하지 않는 지점에서 정지 중에 이동업무를 행하는 무선

149) 전파법 시행령(대통령령 제23759호, 2012.5.1) 제29조(무선국의 분류).

국으로서 선박국·육상이동국·항공기국 및 선상통신국에 해당하지 않는 무선국

8. 이동중계국 : 기지국과 육상이동국, 육상국과 이동국, 육상이동국 상호 간 및 이동국 상호 간의 통신을 중계하기 위한 다음 각 목의 무선국
   가. 육상에 개설하고 이동하지 않는 무선국
   나. 선박에 개설하는 무선국
9. 선박국 : 선박에 개설하여 해상이동업무를 하는 무선국
10. 선상통신국: 선박의 선내통신, 구명정의 구조훈련 또는 구조작업이 행하여지는 때의 선박과 그 구명정이나 구명뗏목 간의 통신, 끄는 배와 끌리는 배 또는 미는 배와 밀리는 배로 구성되는 선단 내의 통신과 밧줄연결 및 계류지시를 목적으로 하는 해상이동업무의 저전력의 이동국
11. 항공기국 : 항공기에 개설하여 항공이동업무를 하는 무선국
12. 육상이동국: 육상(하천이나 그 밖에 이에 준하는 수역을 포함한다)에서 육상이동업무를 하는 무선국
13. 무선측위국 : 무선측위를 하는 무선국으로서 무선방향탐지국·무선표지국·무선항행육상국·무선항행이동국·무선탐지육상국·무선탐지이동국 및 비상위치지시용무선국에 해당하지 않는 무선국
14. 무선항행국 : 무선항행업무를 하는 무선국
15. 무선항행육상국 : 이동하지 아니하는 무선항행국
16. 무선항행이동국 : 이동하는 무선항행국
17. 무선탐지육상국 : 무선탐지업무를 하는 이동하지 않는 무선국
18. 무선탐지이동국 : 무선탐지업무를 하는 이동하는 무선국
19. 무선방향탐지국 : 무선방향탐지업무를 하는 무선국
20. 무선표지국 : 무선표지업무를 하는 무선국
21. 비상국 : 비상통신업무만을 하는 것을 목적으로 개설하는 무선국
22. 실험국 : 과학 또는 기술의 발전을 위한 실험에 전용하는 무선국
23. 아마추어국 : 개인적인 무선기술에의 흥미에 따라 자기훈련과 기술연구에 전용하는 무선국
24. 기상원조국 : 기상원조업무를 하는 무선국
25. 표준주파수 및 시보국 : 표준주파수 및 시보업무를 하는 무선국
26. 실용화시험국 : 해당 무선통신업무를 실용에 옮길 목적으로 시험적으로 개설하는

무선국

27. 간이무선국 : 일정 지역에서 간단한 업무연락을 위하여 사용할 목적으로 방송통신위원회가 정하여 고시한 전파형식·주파수 및 공중선전력 등의 기준에 적합한 무선국
28. 비상위치지시용무선표지국 : 탐색과 구조작업을 쉽게 하기 위하여 비상위치지시용 무선표지설비만을 사용하여 전파를 발사하는 이동업무를 하는 무선국
29. 무선조정국 : 무선조정업무를 하는 무선국
30. 우주국 : 인공위성에 개설하여 위성방송업무 외의 무선통신업무를 하는 무선국
31. 일반지구국 : 육상의 특정 지점에 개설하여 우주국 또는 위성방송국과 고정업무를 하는 지구국
32. 해안지구국 : 육상의 특정 지점에 개설하여 해상이동위성업무를 하는 지구국
33. 선박지구국 : 선박에 개설하여 해상이동위성업무를 하는 이동지구국
34. 항공지구국 : 육상의 특정 지점에 개설하여 항공이동위성업무를 하는 지구국
35. 항공기지구국 : 항공기에 개설하여 항공이동위성업무를 하는 이동지구국
36. 육상지구국 : 육상의 특정 지점에 개설하여 이동위성업무를 하는 무선국으로서 해안지구국·항공지구국 및 기지지구국에 해당하지 않는 무선국
37. 이동지구국 : 이동 중 또는 특정하지 않은 지점에서 정지 중에 이동위성업무를 하는 무선국으로서 선박지구국·항공기지구국 및 육상이동지구국에 해당하지 않는 무선국
38. 기지지구국 : 육상의 특정 지점에 개설하여 육상이동위성업무를 하는 지구국
39. 육상이동지구국 : 육상에서 이동 중 또는 특정하지 않은 지점에서 정지 중에 이동위성업무를 하는 이동지구국
40. 비상위치지시용위성무선표지국 : 위성을 이용하는 비상위치지시용무선표지국
41. 전파천문국 : 전파천문업무를 하는 무선국

(4) 무선국의 업무

무선국의 업무는 고정업무, 방송업무, 이동업무, 해상이동업무, 항공이동업무, 육상이동업무, 무선측위업무, 무선항행업무, 해상무선항행업무, 항공무선항행업무, 무선탐지업무, 무선방향탐지업무, 무선표지업무, 비상통신업무, 우주무선통신업무, 아마추어업무, 기상원조업무, 표준주파수 및 시보업무, 무선조정업무, 고정위성업무, 이동위성

업무, 육상이동위성업무, 해상이동위성업무, 항공이동위성업무, 무선측위위성업무, 무선항행위성업무, 해상무선항행위성업무, 항공무선항행위성업무, 표준주파수 및 시보위성업무, 전파천문업무, 구명업무 등이 있다. 이를 구체적으로 살펴보면 다음과 같다.[150)]

1. 고정업무: 일정한 고정지점 간의 무선통신업무
2. 방송업무
   가. 지상파방송업무 : 공중이 직접 수신하도록 할 목적으로 지상의 송신설비를 이용하여 송신하는 무선통신업무
   나. 위성방송업무 : 공중이 직접 수신하도록 할 목적으로 인공위성의 송신설비를 이용하여 송신하는 무선통신업무
   다. 지상파방송보조업무 : 지상파방송의 난시청을 해소할 목적으로 지상의 송신설비를 이용하여 지상파방송신호를 중계하는 무선통신업무
   라. 위성방송보조업무 : 위성방송의 난시청을 해소할 목적으로 지상의 송신설비를 이용하여 위성방송신호를 중계하는 무선통신업무
3. 이동업무 : 이동국과 육상국 간, 이동국 상호 간 또는 이동중계국의 중계에 의한 이들 상호 간의 무선통신업무
4. 해상이동업무 : 선박국과 해안국 간, 선박국 상호 간 또는 선상통신국 상호 간의 무선통신업무
5. 항공이동업무 : 항공기국과 항공국 간 또는 항공기국 상호 간의 무선통신업무
6. 육상이동업무 : 기지국과 육상이동국 간, 육상이동국 상호 간 또는 이동중계국의 중계에 의한 이들 상호 간의 무선통신업무
7. 무선측위업무 : 무선측위를 위한 무선통신업무
8. 무선항행업무 : 무선항행을 위한 무선측위업무
9. 해상무선항행업무 : 선박을 위한 무선항행업무
10. 항공무선항행업무 : 항공기를 위한 무선항행업무
11. 무선탐지업무 : 무선항행업무 외의 무선측위업무
12. 무선방향탐지업무 : 무선방향탐지를 위한 무선측위업무
13. 무선표지업무 : 이동국에 대하여 전파를 발사하여 그 전파발사 위치에서의 방향 또는 방위를 그 이동국으로 하여금 결정하게 할 수 있도록 하기 위한 무선항행업무

---

150) 전파법 시행령(대통령령 제23759호, 2012.5.1) 제28조(업무의 분류).

14. 비상통신업무 : 지진 · 태풍 · 홍수 · 해일 · 설해 · 화재, 그 밖의 비상사태가 발생하거나 발생할 우려가 있는 경우에 인명구조 · 재해구호 · 교통통신의 확보 또는 질서유지를 위하여 하는 무선통신업무
15. 우주무선통신업무 : 우주국 · 수동위성 또는 우주 내에 있는 그 밖의 물체를 이용하여 하는 무선통신업무
16. 아마추어업무 : 금전상의 이익을 목적으로 하지 않고 개인적인 무선기술의 흥미에 따라 하는 자기훈련과 기술연구 목적의 통신업무
17. 기상원조업무 : 수상(水象)을 포함하는 기상(氣象)상의 관측과 조사를 위한 무선통신업무
18. 표준주파수 및 시보업무 : 과학 · 기술, 그 밖의 목적을 위하여 공중이 수신 가능하도록 높은 정확도를 가진 표준주파수 및 시각정보를 송신하는 무선통신업무
19. 무선조정업무 : 무선에 의한 원격조정을 하는 업무
20. 고정위성업무 : 우주국을 이용하여 특정한 고정지점의 지구국 상호 간에 하는 무선통신업무
21. 이동위성업무 : 우주국과 이동지구국 간, 우주국을 이용하는 이동지구국 상호 간, 우주국을 이용하는 특정한 고정지점의 지구국과 이동지구국 간 또는 우주국 상호 간에 하는 무선통신업무
22. 육상이동위성업무 : 육상에 설치된 이동지구국이 하는 이동위성업무
23. 해상이동위성업무 : 선박에 설치된 이동지구국이 하는 이동위성업무(구명부기국 및 비상위치지시용 무선표지국이 하는 업무를 포함한다)
24. 항공이동위성업무 : 항공기에 설치된 이동지구국이 하는 이동위성업무(구명부기국 및 비상위치지시용 무선표지국이 하는 업무를 포함)
25. 무선측위위성업무 : 우주국을 이용하여 무선측위를 하는 무선통신업무
26. 무선항행위성업무 : 무선항행을 하는 무선측위위성업무
27. 해상무선항행위성업무 : 선박에 설치된 이동지구국이 하는 무선항행위성업무
28. 항공무선항행위성업무 : 항공기에 설치된 이동지구국이 하는 무선항행위성업무
29. 표준주파수 및 시보위성업무 : 우주국을 이용하여 표준주파수 및 시각정보를 보내는 무선통신업무
30. 전파천문업무 : 전파를 이용하여 하는 천문업무
31. 구명업무 : 구명정 · 구명복, 그 밖의 구명설비에 설치되어 구명용으로만 이용하기 위한 무선통신업무

(5) 전파자원의 분배 및 할당

① 주파수의 분배

방송통신위원회는 다음 사항을 고려하여 주파수분배를 하여야 하고, 주파수 용도가 제1순위인 업무와 주파수 용도가 제2순위인 업무를 구분하여 주파수분배를 할 수 있으며, 주파수분배를 한 경우와 주파수분배를 변경한 경우에 이를 고시하여야 한다.[151)]

1. 국방・치안 및 조난구조 등 국가안보・질서유지 또는 인명안전의 필요성
2. 주파수의 이용현황 등 국내의 주파수 이용여건
3. 국제적인 주파수 사용동향
4. 전파이용 기술의 발전추세
5. 전파를 이용하는 서비스에 대한 수요

② 주파수의 할당

방송통신위원회는 기간통신사업, 전송망사업 등에 해당하는 사업을 하려는 자가 그 사업을 위하여 직접 사용할 수 있는 주파수를 할당할 수 있으며, 방송통신위원회는 해당 주파수할당이 기간통신사업 등에 미치는 영향을 고려하여 할당을 신청할 수 있는 자의 범위와 할당하는 주파수의 용도 및 기술방식 등 대통령령[152)]으로 정하는 사항을 공고하여야 한다. 공고된 주파수를 할당받으려는 자는 대통령령[153)]으로 정하

---

151) 전파법(법률 제11037호, 2011.8.4) 제9조(주파수분배).

152) 전파법 시행령(대통령령 제23759호, 2012.5.1) 제11조(주파수할당의 공고) 제11조(주파수할당의 공고) ① 방송통신위원회는 법 제10조제1항에 따라 주파수할당을 하려는 때에는 다음 각 호의 사항을 공고하여야 한다. 다만, 제3호는 법 제11조제1항 단서에 따른 대가산정 주파수할당의 경우에만 해당하고, 제6호의2 및 제6호의3은 법 제11조제1항 본문에 따른 가격경쟁 주파수할당(이하 "가격경쟁주파수할당"이라 한다)에만 해당한다. 1. 할당대상 주파수 및 대역폭, 2. 할당방법 및 시기, 3. 주파수할당 대가, 4. 주파수 이용기간, 5. 주파수용도 및 기술방식에 관한 사항, 5의2. 주파수할당을 신청할 수 있는 자의 범위, 6. 제13조제2항에 따라 붙이는 조건, 6의2. 가격경쟁주파수할당의 방법 및 절차, 6의3. 법 제11조제3항 단서에 따른 최저경쟁가격(이하 "최저경쟁가격"이라 한다), 7. 그 밖에 주파수할당에 관하여 필요한 사항, ② 제1항에 따른 공고는 주파수할당을 하는 날부터 1월전까지 하여야 한다.

153) 전파법 시행령(대통령령 제23759호, 2012.5.1) 제12조(주파수할당 신청) ① 법 제10조제2항에 따라 주파수할당을 신청하는 경우에는 다음 각 호의 서류(전자문서를 포함한다)를 제출하여야 한다. 1. 법인(설립예정법인을 포함한다. 이하 이 조, 제17조 및 제19조에서 같다)의 정

는 바에 따라 방송통신위원회에 주파수할당을 신청하여야 하고, 방송통신위원회는 주파수할당을 하려면 주파수할당을 받을 자 및 그와 대통령령으로 정하는 특수관계에 있는 자에 의한 전파자원의 독과점을 방지하고 적정한 수준의 경쟁을 촉진하기 위하여 대통령령으로 정하는 바에 따라 조건을 붙일 수 있으며, 방송통신위원회는 신청이 공고된 사항에 적합하지 아니하거나 신청인이 결격사유에 해당하는 경우에는 그 신청서를 되돌려 보낼 수 있다.[154)]

③ 주파수의 이용기간

할당받은 주파수의 이용기간은 대가에 의해 주파수를 할당하는 경우에는 20년의 범위에서, 심사에 의한 주파수 할당의 경우에는 10년의 범위에서 주파수 이용기간을 정하여 고시하며, 주파수이용권을 양수한 주파수의 이용기간은 기존 이용기간 중 남은 기간으로 한다.[155)]

관, 2. 법인의 주주명부 및 주주 등의 주식 등의 소유에 관한 서류, 3. 주파수이용계획서, 4. 법 제10조제1항에 따라 주파수할당 공고에서 정하는 서류, ② 제1항에 따른 주파수할당 신청을 받은 방송통신위원회는 「전자정부법」 제36조제1항에 따른 행정정보의 공동이용을 통하여 법인 등기사항증명서를 확인하여야 한다. ③ 제1항 및 제2항에서 규정한 사항 외에 주파수할당의 신청 절차 및 방법 등에 관하여 필요한 세부사항은 방송통신위원회가 정하여 고시한다.

154) 전파법(법률 제11037호, 2011.8.4) 제10조(주파수할당).

155) 전파법(법률 제11037호, 2011.8.4) 제15조(할당받은 주파수의 이용기간).

제4장 기계경비 설계방법

제4장 기계경비 설계방법

제1절 기계경비 표준규격

1. 표준규격

표준규격은 크게 국제규격과 국가규격으로 구분할 수 있다.[156] 국제규격은 다수의 국가가 상호 이익을 목적으로 상호 협의, 심의, 규정하여 국제적으로 적용하는 규격으로 국제표준화기구(ISO, International Organization for Standardization), 국제전기표준회의(IEC, International Electrotechnical Commission) 등이 있다. 국가규격은 개별 국가가 자국 이익을 목적으로 상호 협의, 심의, 규정하여 국내적으로 적용하는 규격으로 한국산업표준(KS, Korea Industrial Standards), 미국 표준(ANSI, American National Standards Institute), 유럽 표준(EN, European Norm), 영국 표준(BS, British Standards), 독일 표준(DIN, Deutsche Industrie Normen), 일본 표준(JIS, Japanese Industrial Standards), 중국 표준(CCC, China Compulsory Certification) 등이 있다. 이 중에서 우리나라의 표준규격인 한국산업표준(KS)에 대해 구체적으로 살펴보면 다음과 같다.

한국산업표준(KS)은 1961년 공업표준의 제정·시행에 관한 사항을 규정한 공업표준화법(법률 제732호, 1961.9.30 제정)에 따라[157] 한국산업표준협회에서 ① 한국산업표준 및 간행물의 발간·보급과 한국산업표준 실시의 촉진, ② 국제표준·외국표준, 그 밖의 각종 표준의 수집·보급, ③ 산업표준화 및 품질경영에 관한 조사·연구·개발·진흥·진단·지도 및 교육, ④ 산업표준화 및 품질경영을 촉진하는 인증·평가, ⑤ 단체표준화 활동의 지원, ⑥ 국제표준화 활동의 지원, ⑦ 그 밖에 지식경제부장관

156) 국제규격, 국가규격 외에도 사내규격, 단체규격 등이 있다.
157) 공업표준화법은 1992년 12월 8일 산업표준화법(법률 제4528호)으로 제명이 변경되었다.

이 위탁하거나 정관으로 정하는 업무 등의 업무를 담당하고 있다.158) 한국산업협회에서 규정한 한국산업표준(KS)의 부문별 기호는 [표 4-1]과 같다.159)

[표 4-1] 한국산업표준(KS)의 부문별 기호

분류기호	부문	분류기호	부문
KS A	기본	KS L	요업
KS B	기계	KS M	화학
KS C	전기전자	KS P	의료
KS D	금속	KS Q	품질경영
KS E	광산	KS R	수송기계
KS F	건설	KS S	서비스
KS G	일용품	KS T	물류
KS H	식품	KS V	조선
KS I	환경	KS W	항공우주
KS J	생물	KS X	정보
KS K	섬유		

2. 제도설계 표준규격

한국산업표준(KS)은 제반 공업 분야에서 도면이 갖추어야 하는 기본 요건, 도면의

158) 산업표준화법(법률 제11037호, 시행 2012.2.5) 제34조(협회의 업무).
159) http://www.kssn.net, 검색일: 2012. 6.16.

크기 및 양식, 도면에 사용하는 선·문자·기호·도형의 표시 방법, 치수 기입 방법 등을 규정하고 있는 제도통칙(KS A 0005) 등 다양한 제도에 관한 표준규격이 있는데 기본부문에 대한 대표적인 제도설계 표준규격은 [표 4-2]와 같다.[160)]

[표 4-2] 한국산업표준(KS)의 제도설계 표준규격

부문	표준규격
KS A 0005	제도 통칙
KS A 0106	도면의 크기 및 양식
KS A 0107	제도에 사용하는 문자
KS A 0108	제도 - 길이치수 및 각도치수의 허용한계 기입 방법
KS A 0109	제도 - 표시의 일반원칙 (선에 대한 기본 사항)
KS A 0110	제도 - 척도
KS A 0111	제도에 사용하는 투영법
KS A 0111-1	공업 제도 - 투상법-1:개요
KS A 0111-2	공업 제도 - 투상법-2:직각 투상
KS A 0111-3	공업 제도 - 투상법-3:평행 투상에 의한 3차원상 표시(액소노메트리)
KS A 0111-4	공업 제도 - 투상법-4:중심 투상
KS A 0112	제도에 있어서 도형의 표시 방법
KS A 0113	제도 - 치수의 기입방법(일반원칙, 정의, 실행방법, 특별한 지시 방법)
KS A 3007	제도 용어

160) http://www.kssn.net/StdKS/KS_list.asp, 검색일: 2012. 6.16.

3. 기계경비 표준규격

기계경비와 관련한 한국산업표준(KS)은 KS C(전기전자), KS S(서비스)로 구분되는데 KS C(전기전자)는 경보 시스템에 대한 표준규격을, KS S(서비스)는 경비서비스에 대한 표준규격을 명시하고 있다.[161)]

경보 시스템과 관련한 대표적인 KS C(전기전자) 표준규격으로는 KS C 6112:1999(경보 시스템 일반 요구 사항-제2부 : 전원 장치 시험 방법 및 실행 기준), KS C 6113:1999(경보 시스템 일반 요구 사항-제3부 : 환경 검사), KS C 6114:1999(경보 시스템 일반 요구 사항-제4부 : 관행 규약), KS C 6115:1999(침입자 경보 시스템 요구 사항-제2부 : 탐지기에 대한 일반 요구 사항), KS C 6116:1999(침입자 경보 시스템 요구 사항-제3부 : 실내용 적외선 차단 탐지기 요구 사항), KS C 6117:1999(침입자 경보 시스템 요구 사항-제4부 : 실내용 초음파 도플러 탐지기), KS C 6118:1999(침입자 경보 시스템 요구 사항-제5부 : 실내용 극초단파 도플러 탐지기), KS C 6119:1999(침입자 경보 시스템 요구 사항-제6부 : 실내용 수동 적외선 탐지기), KS C 6120:1999(침입자 경보 시스템 요구 사항- 제7부 : 실내용 수동 유리 파손 탐지기), KS C 6571-1:1997(경보 시스템 일반 요구 사항 제1부 : 일반 사항), KS C IEC 60839-1-1:2007(경보 시스템-제1-1부 : 일반 요구사항-일반), KS C IEC 60839-5-1:2007(경보 시스템-제5-1부 : 경보 전송시스템용 요구사항-시스템용 일반 요구사항), KS C IEC 60839-5-6:2007(제5-6부 : 경보 전송시스템용 요구사항-공공 스위치한 전화 네트워크를 사용한 음성 통신 시스템용 요구사항) 등이 있다[표 4-3 참조].

경비 서비스와 관련한 대표적인 KS S(서비스) 표준규격으로는 KS S 1005-1:2009(경비 서비스-제1부 : 프로세스), KS S 1005-2:2009(경비 서비스-제2부 : 기반구조) 등이 있으며[표 4-4 참조], 이 외에도 한국경비협회규격으로 SPS-KSAS 0001-1212(기계경비시스템(무인경비시스템 · 로컬경비시스템)-용어 · 심볼), SPS-KSAS 0002-1213(기계경비시스템(무인경비시스템 · 로컬경비시스템)-설치) 등이 있다[표 4-13, 부록 4, 부록 5 참조].

161) http://www.kssn.net, 검색일: 2012. 6.16.

[표 4-3] 한국산업표준(KS)의 경보 시스템 표준규격

표준규격	적용범위
KS C 6112:1999 경보 시스템 일반 요구 사항 - 제2부 : 전원 장치 시험 방법 및 실행 기준	경보 시스템의 전원 공급 장치에 대한 검사 방법과 실행 기준의 조건을 명시한다. 특정 시스 템에 대한 특정 요구 사항은 본 규격과 연관된 세부 규격에 명시한다. 전력 공급기의 형태는 전원의 사용과 경보 시스템의 요구 조건을 충족하여야 한다.
KS C 6113:1999 경보 시스템 일반 요구 사항 - 제3부 : 환경 검사	경보 시스템의 검사 대상 부품에 적용되는 환경 검사 방법에 대하여 명시한다. 이 규격은 특수한 환경 조건에서 평가를 받아야 되는 별도의 특성에 대한 다른 환경의 명시도 취급하였다. 요구 사항, 실행 기준, 검사 절차 등은 본 규정에서 총망라할 수는 없지만, 특정 경보 시스템이나 부품들에 대한 특별 규격은 제시하였다.
KS C 6114:1999 경보 시스템 일반 요구 사항 - 제4부 : 관행 규약	인명, 재산의 안전 및 보호를 위해 사용되는 수동 또는 자동 경보 시스템의 기록, 설계, 설치, 위임, 작동, 정비, 검사에 적용된다. 원거리에는 적용이 되지 않으며, KS C 6571-1 (경보 시스템의 일반 요구 사항)과 관련하여 사용된다.
KS C 6115:1999 침입자 경보 시스템 요구 사항 - 제2부 : 탐지기에 대한 일반 요구 사항	건물에 설치되어 있는 침입 경보 시스템 사용에서 탐지기에 대한 일반적인 필수 사항을 명시한다. 특정한 규격에 의해 탐지기에 대한 추가적인 필수 사항이 제시된다. 이 규격 및 특정 탐지기에 대한 기준은 검사, 설치, 작동에 있어서 최소한의 필수 사항이 요구된다. 탐지기의 작동을 향상시키기 위해서 여러 가지의 세밀한 검사 과정이 명시되어야 한다. 또한 이 규격은 작동시의 필수 사항을 비롯하여 공급 업자가 구체적으로 기술한 탐지기의 특징을 규정한다.

KS C 6116:1999 침입자 경보 시스템 요구 사항－제3부：실내용 적외선 차단 탐지기 요구 사항	건물 내에 설치된 침입자 경보 시스템에 사용되는 적외선 차단 탐지기의 구체적인 요구 사항과 실험 과정에 대해서 명시한다.
KS C 6117:1999 침입자 경보 시스템 요구 사항－제4부：실내용 초음파 도플러 탐지기	특별한 요구 사항과 건물 내에 설치된 침입자 경보 시스템 사용을 위한 초음파 도플러 탐지기에 대한 실험 절차를 제시한다. 이 규격은 IEC 규격 60839-2-2에서 명시된 것처럼 침입자 경보 시스템 사용을 위한 탐지기를 사용하기 위해서 필요한 일반 요구 사항에 대한 첨가물이다. 또한 이것은 경보 시스템을 위한 일반 요구 사항이 명시된 규격, KS C 6571-1과 연관되어 사용된다. 이 규격의 목적은 수행 능력을 만족스럽게 할 뿐 아니라 오경보 최소화를 확실하게 하는 초음파 도플러 탐지기에 관한 요구 사항을 명시하는 것이다.
KS C 6118:1999 침입자 경보 시스템 요구 사항－제5부：실내용 극초단파 도플러 탐지기	특별한 요구 사항과 빌딩 내에 설치된 침입자 경보 시스템의 사용을 위한 극초단파 도플러 탐지기에 대한 실험 절차를 제시한다. 이 규격은 IEC 규격 60839-2-2에서 명시된 것처럼 침입자 경보 시스템 사용을 위한 탐지기 사용에 필요한 일반 요구 사항에 대한 첨가물이다. 또한 이것은 경보 시스템을 위한 일반 요구 사항이 명시된 규격 KS C 6571-1과 연관되어 사용된다. 이 규격의 목적은 수행 능력을 만족스럽게 할 뿐 아니라 오경보 최소화를 확실하게 하는 극초단파 도플러 탐지기에 관한 요구 사항을 명시하는 것이다.

KS C 6119:1999 침입자 경보 시스템 요구 사항－제6부 : 실내용 수동 적외선 탐지기	특별한 요구 사항과 빌딩 내에 설치된 침입자 경보 시스템의 사용을 위한 수동 적외선 탐지기에 대한 실험 절차를 제시한다. 이 규격은 IEC 규격 60839-2-2에서 명시된 것처럼 침입자 경보 시스템 사용을 위한 탐지기를 사용하기 위해서 필요한 일반 요구 사항에 대한 첨가물이다. 또한 이것은 경보 시스템을 위한 일반 요구 사항이 명시된 IEC 규격 60839-1-1과 연관되어 사용된다. 탐지기는 하나 이상의 감지기를 포함하고, 모든 감지기는 같은 외피(하우징)에 있어야 한다. 이 규격의 목적은 수행 능력을 만족스럽게 할 뿐 아니라 오경보 최소화를 확실하게 하는 수동 적외선 탐지기에 관한 요구사항을 명시하는 것이다.
KS C 6120:1999 침입자 경보 시스템 요구 사항－제7부 : 실내용 수동 유리 파손 탐지기	빌딩 내에 설치된 침입자 경보 시스템에서 사용되는 압전 감지기를 사용한 수동 유리 파손 탐지기에 대한 구체적 요구 사항들과 실험 방법들을 제공한다. 이 규격은 IEC 60839-2-2에서 명시된 것처럼 침입자 경보 시스템 사용을 위한 탐지기를 사용하기 위해 필요한 일반 요구 사항에 대한 첨가물이다. 그리고 이것은 또한 경보 시스템을 위한 일반 요구 사항이 명시된 규격, KS C 6571-1과 연관되어 사용된다. 이 규격은 감지기에 규격 유리나 두꺼운 판유리로 덮힌 부분이 파손되는 것을 탐지하기 위하여 고안된 탐지기에 적용된다.
KS C 6571-1:1997 경보 시스템 일반 요구 사항 제1부 : 일반 사항	사람, 재산과 환경 보호를 위하여 사용되는 수동 및 자동 경보 시스템의 설계, 설치, 위탁, 작동, 유지 관리 검사 및 기록에 대한 일반 요구 사항을 명시한다. 특정 정보 장치에 대한 요구 사항은 별도의 규격에 명시되어 있으며, 그 규격은 이 규격과 연계하여 사용해야 한다. 이 규격은 원격 센터를 다루고 있지 않다. 별도로 제정된 실행 규약이 이 규약에 추가된다.

KS C IEC 60839-1-1:2007 경보 시스템－제1－1부 : 일반 요구사항－일반	인간과 재산과 환경의 보호를 위하여 고용한 수동과 자동 경보 시스템의 보고서와 설계, 설치, 주문, 동작과 유지보수 검사를 위한 일반 요구사항을 설정한다. 경보 시스템의 특정 타입을 위한 특정 요구사항은 별도 규격으로 설정하고 이 규격과 일치하여 사용한다. 이 규격은 원격 본부를 포함하지 않는다.
KS C IEC 60839-5-1:2007 경보 시스템－제5－1부 : 경보 전송시스템용 요구사항－시스템용 일반 요구사항	IEC 60839－5규격의 이 부분은 경보 전송시스템의 성능 및 신뢰성 및 안전특성에 대한 일반 요구사항을 규정한다. 경보 시스템과 경보수신센터 사이에 신호 접속을 위한 일반 요구사항을 포함한다. 특수경보 전송시스템을 위한 추가 요구사항은 IEC 60839－5규격의 부분으로 분리하여 제시한다. 이는 일반 요구사항과 일치하며 제시하는 이 특수부분 중 하나에 포함하지 않은 전송시스템 사용을 포함한다. 이 절은 기기 설치와 정보 디스플레이방법을 규정하지 않는다.
KS C IEC 60839-5-6:2007 제5－6부 : 경보 전송시스템용 요구사항－공공 스위치한 전화 네트워크를 사용한 음성 통신 시스템용 요구사항	IEC 60839－5의 이 부분은 KS C IEC 60839－5－1과 KS C IEC 60839－5－2의 설명에 추가한 공공 스위 치한 전화 네트워크를 사용한 음성통신 시스템용 요구사항을 설정한다. 경보시스템과 원격센터 사이에 신호유도한 사건을 제시하는 스위치접속을 포함한다. 정보는 여러 책임 있는 사람에 의하여 연속적으로 사전에 기록한 음성 메시지를 사용하여 전송한다.

[표 4-4] 한국산업표준(KS)의 경비 서비스 표준규격

표준규격	적용범위
KS S 1005-1:2009 경비 서비스-제1부 : 프로세스	현행 경비업법에서 규정하고 있는 경비 서비스 업무(기계경비 업무, 시설경비 업무, 호송경비 업무, 신변보호 업무, 특수경비 업무) 중에서 시설을 대상으로 한 기계경비 서비스 업무와 시설경비 서비스 업무에 한한다.
KS S 1005-2:2009 경비 서비스-제2부 : 기반구조	현행 경비업법에서 규정하고 있는 경비 서비스 업무(기계경비 업무, 시설 경비업무, 호송경비 업무, 신변보호 업무, 특수 경비 업무) 중에서 시설을 대상으로 한 기계경비 서비스 업무와 시설경비 서비스 업무에 한한다.

제 2 절 기계경비 설계단계

기계경비 설계절차는 크게 ① 위협 평가, ② 취약성 분석, ③ 예비 설계, ④ 승인 및 입찰, ⑤ 기기 설치, ⑥ 검토 및 점검 등으로 구분할 수 있다.[162)]

1. 위협 평가

위협 평가는 시스템의 결함이나 외부의 무력에 의해 시스템이 공격을 받을 경우를 고려한 것으로 내부 또는 침입 절도가 좋은 보기가 될 수 있으며 모든 시스템에 위협이 존재한다. 위협 평가는 공격에 대한 잠재적인 지식이 없기 때문에, 그리고 위협에 대한 대응책이 추측에 의해 진행되기 때문에 더욱 중요하다.

위협 평가는 공격의 잠재적인 근원을 규명하고 조사하는데 위협 분석을 통해 중요 자산에 대한 심층적인 평가를 제공하게 된다. 조사는 일반적으로 시큐리티 관련부서의 사건기록을 검토하고 직원에 대한 심층 면담을 진행하는 것을 포함한다.

위협 평가는 목표설정회의를 통해 절차가 시작된다. 회의에서는 시큐리티 담당자가 위협 분석에 대하여 다음과 같은 사항을 지원해 줄 수 있다.

1. 가장 공격을 받을 수 있는 사람은 누구인가?
2. 가장 중요한 장비는 무엇인가?
3. 가장 취약한 자산은 무엇인가?
4. 가장 취약한 자산에 대하여 관리가 필요한가?
4. 다른 취약한 자산은 없는가?
5. 다른 자산에 대한 위협은 무엇인가?

위협 평가 관련절차는 다음을 기술하는 보고서에 의해 종결된다.

1. 고객이 가장 관심을 갖는 위협
2. 고객이 가장 관심을 가져야하는 위협

162) Michael Khairallah, PHYSICAL SECURITY SYSTEMS HANDBOOK - The Design and Implementation of Electronic Security Systems, 2006, AMSTERDAM: Elsevier Inc, pp.7-23, 170-171, 내용 재구성.

3. 가장 중요한 인적 자산
4. 가장 중요한 물적 자산
5. 충분한 시큐리티 대책의 결여에 따른 노출되는 문제

2. 취약성 분석

취약성 위협에 의해 공격을 받을 가능성을 높이거나 공격이 성공적으로 진행될 수 있는 허점을 제공하는데 출입문이 충분히 시건되어 있지 않다면 절도가 발생할 수 있다는 개념이다. 취약성에 대한 대응책으로서 관리기능은 내부나 외부의 공격을 탐지하는 감지기능, 공격자의 의도를 무산시키는 저지기능, 공격을 하는데 보다 많은 시산이 소요되서나 공격을 보다 어렵게 만드는 지연기능, 공격자에게 추가적인 장애물을 제공함으로써 공격의 효과를 감소시키는 대처기능 등 4가지가 있다.

취약성 분석은 위협에 대해 감지(Detect), 저지(Deter), 지연(Delay), 그리고 대처(Respond)하기 위한 시설의 능력에 영향을 미치는 모든 보안요소에 대한 포괄적인 평가를 의미한다. 취약성 분석은 경계 내에 존재하는 중요한 자산을 규명하는데서 시작하게 되면 경계를 구성하는 자재를 어떻게 평가하고 이러한 경계가 감지된 위협으로부터의 공격을 얼마나 잘 견디도록 하는지를 결정한다.

취약성 분석은 시설의 물리적 조건을 평가하는데 경계 내의 모든 출입문을 규명하고 각각의 출입문에 대한 감시와 관리 방안을 제시하고, 설치된 조명을 강화하거나 건물이나 외곽경계의 구조물을 개선하는 것을 제안할 수도 있다. 아울러 전기, 통신, 상·하수도, 그리고 다른 필수 요소에 대한 취약성도 고려할 수 있는데, 외부전원이 중단될 경우를 대비한 예비전원의 확보 등을 제안하기도 한다.

감지(Detect), 저지(Deter), 지연(Delay), 그리고 대처(Respond)해야 하는 모든 보호대상을 검토한 후에 이러한 위협에 대응할 수 있는 고객의 능력을 평가해야 한다. 시큐리티 인력이 근무하는 장소, 그리고 위협이 발생할 경우에 대응팀에 이를 알릴 수 있는 방법과 수단에 대한 평가가 필요하다. 또한 위협 대응을 위한 인원의 가용도와 숙련도, 그리고 위협의 인지에 대한 기존 절차에 대한 고려도 병행할 수 있으며 이는 위협에 대처하기 위한 대응팀의 숙련도와 훈련요소를 결정하는 것이 목적이다.

취약성 분석은 감시 능력에 대한 평가도 실시한다. 경계 내의 모든 지역에 대한 상황을 관찰하고 관리하는 능력이 필요한데 CCTV(Closed Circuit Television) 시스템은

상황을 신속히 파악하고 대책을 수립하는데 필요한 능력을 제공할 수 있다.

통합관제센터(Command Center)가 설치되어 있다면 통합관제센터가 실시간으로 정보를 수집하고, 평가하며, 전파하는지를 평가할 수 있다. 위협 정보를 어떻게 판단하는지, 위협을 분류하는데 적용되는 절차를 평가하는데, 이를 위해서는 위협 정보를 대응팀에 전파하는 통합관제센터의 능력을 어떻게 결정할 것인지에 대한 이해가 필요하다. 이러한 검토가 종료되면 시큐리티 장비의 위치 선정의 적절성에 대한 검토가 진행된다.

취약성 분석은 현존하는 시큐리티 장치들을 상세히 기술하는 문서도 작성하는데 이들 장치들이 어떻게 적용되고, 어디에 사용되는지, 장치 상호간에 어떻게 연결되는지 등을 기록하게 된다. 고객의 자산에 대한 취약성, 관심지역에 대한 문서화가 종료되면 손실에 대한 중요성을 인식해야 한다. 자산이 손실되었을 경우에 그 파급 영향과 자산의 가치를 평가해야 한다. 또한 자산의 손실을 상계할 수 있는 시큐리티 관련투자의 가치를 결정할 수 있도록 하는데 취약성 분석에 대한 보고서는 인적 자원의 노출정도, 주요 자산의 노출정도, 손실 가능성, 손실의 파급영향, 그리고 권고사항(대응방안) 등이 포함될 수 있다.

3. 예비 설계

취약성 분석에서 도출한 정보는 기계경비시스템을 설계하는 기초가 된다. 취약성 분석을 통해 수집된 정보를 어떻게 평가하고 문서화하여 최적의 장치를 선택하고 위협에 대응할 것인지가 대단히 중요하다.

효과적인 설계는 고객의 시설에 대해 완벽하게 이해하는데서 시작된다. 대상 구조물과 그 부속물의 사용계획과 설계도를 이해하고 취약성 분석에서 기술된 사항과 연계하는 것이 필요하다. 설계는 중요한 자산의 경계를 설정하고, 자산의 위치를 표현하는데 중점을 둔어야 한다. 또한 각각의 출입문에 적절한 경보기기를 선정하고 침입자를 감지하기 위하여 자산 주변에 적절한 감지기 설치를 고려해야 한다.

출입통제시스템의 경우에도 기존에 허가받은 인원은 일과시간 중에 출입문의 통과가 허용되어야 하나 허가받지 못한 인원은 시설에 출입해서는 안 될 것이다. 설계에서는 출입문을 통한 사용자에 대한 허가가 유효하도록 장치를 할당해야 한다. 아울러 출입문에 대한 시건장치, 주로 전기정 등에 대한 기술도 필요하다. 설계는 CCTV

시스템의 선택도 포함해야 한다. 각각의 카메라 위치를 선정하는데 필요한 결정이 부수되어야 할 것이다.

기계경비시스템을 사용하는데 최적화된 시설물의 개·보수에 대해서도 기술해야 한다. 시설물의 부분적인 개·보수를 통해서도 기계경비 장치의 단가를 낮출 수 있으며 설치환경도 보다 공고히 할 수 있다. 경보의 발령과 대응에 대해서도 관심이 필요한데 적절한 경보는 대응팀이 각각의 경보를 신속히 인식하고 분류하여 대응팀의 능력을 강화할 수 있다.

설계에 대한 검토가 종료되면 이를 문서화해야 한다. 설계에 따라서 제안된 시스템의 설치비용을 산출해야 한다. 이는 출입통제시스템과 경보장치 예산을 포함하며 초기 자재 비용과 인건비도 기술하여야 하며 가설되는 전선(케이블)에 대한 비용도 포함되어야 한다. CCTV 설치, 초기 사재비와 인건비, 가실되는 전신(케이블)에 대한 사항도 마찬가지이다. 예산 평가액을 완성하기 위하여 시스템의 유지를 위한 비용을 산출하고 인력 소요에 대해서도 기술해야 하는데, 이러한 요소는 의미있는 투자 예측을 제공하기 위한 비용 분석에서 조합된다. 또한 시스템을 설치하는데 있어서 야기될 수 있는 법적 고려요소에 대해서도 기술해야 할 것이다.

예비 설계에 있어서 가장 유의해야 할 사항은 불필요한 기계경비 기획설계 자제이다. 기계경비 기획설계는 고객의 안전욕구 충족을 최우선으로 하는데 있다. 이러한 고객의 안전욕구를 충족하는데 치중하여 단순히 기계경비 관련기기를 과다하게 설치함으로써 이러한 목적을 달성하는 것은 시큐리티 담당자의 입장에서는 이해할 수 없는 일이다. 불필요한 기계경비 기획설계를 예방하기 위해서는 먼저 철저한 위협 평가, 취약성 분석이 선행되어야 한다. 기계경비 기획설계에 있어서 설계자 스스로 안전을 느낄 수 있어야 불필요한 기계경비 기획설계를 예방할 수 있다.

4. 승인 및 입찰

예비 설계가 완료되면 경영적인 관점에서 이를 구체화하여 승인을 득하여야 할 것이다. 보고를 준비하는 과정에서 제시될 수 있는 주요 검토사항은 다음과 같다.

1. 내가 왜 이것을 하기를 원하는가?
2. 내가 이것을 하지 않는다면 어떠한 일이 일어날 것인가?

3. 시스템을 설치하고 관리하는데 필요한 인원은 누구인가?
4. 언제 시작해야 할 것인가?
5. 설치하는데 얼마나 많은 시간이 소요되는가?
6. 비용은 얼마나 필요한가?

보고가 상사의 관심을 충분히 유발하지 못한다면 아무리 좋은 계획이라도 거부당할 수 있다. 따라서 보고 기법에 대한 이해와 의사 전달을 위한 효과적인 수단이 필요하다. 일반적인 보고자료는 다음과 같이 구성된다.

1. 파트 1 : 목적과 범위를 구체화하여 제시한다.
2. 파트 2 : 위협과 대응방안에 대하여 기술한다.
3. 파트 3 : 해결방안의 장점에 대하여 기술한다.
4. 파트 4 : 제안사항을 기술한다.
5. 파트 5 : 소요비용에 대하여 기술한다.

입찰 관리를 위한 고객의 관심은 크게 기계경비에 대한 정보 요구, 기계경비에 대한 가격 요구, 기계경비에 대한 제안 요구 등이 있다. 일반적으로 기계경비에 대한 제안 요구가 입찰 관리와 직접적으로 관련이 있다.

승인 및 입찰에 있어서 가장 유의해야 할 사항은 최대의 효과를 발휘할 수 있는 최적 가격 제시이다. 불완전한 기계경비 기획설계는 불필요한 기계경비 기획설계를 의미하며 이를 결국 2중, 3중의 규제를 유발할 수 있다. 완벽한 기계경비 기획설계는 불필요한 기계경비 관련기기 설치를 예방함으로써 최적 가격을 제시할 수 있도록 한다. 이는 달리 표현하면 불충분한 기계경비 기획설계는 기계경비 설치 및 서비스 비용의 증가로 귀결되며 고객의 불만을 초래하거나 장기계약에 있어서도 부정적인 영향을 미칠 수 있다. 최적 가격을 제시할 수 있는 기계경비 기획설계는 위협이나 취약성에 대응할 수 있는 적절하고 염가의 감지방안을 선택하고, 설비공사, 유지 및 보수, 경보 대응 등 운용비용이 최저가 되어야 한다.

고객 중심의 기계경비 기획설계 설명 및 관리도 필요하다. 기계경비 기획설계가 완성되면 이를 고객이 충분히 이해할 수 있도록 설명을 할 수 있어야 한다. 기계경비 기획설계가 고객의 불안, 위협, 위험에 대해 충분히 대응할 수 있다는 점을 상세하게 설명함으로써 고객이 기계경비 설치 및 활용에 대한 인지도를 높일 수 있으며 공급자와 고객이 상호 이득의 결과를 거둘 수 있다. 아울러 고객에게 제출하는 기계경비 기획설계 내용은 안전과 직결되는 사안이므로 유출되지 않도록 철저히 관리하여야 한다.

5. 기기 설치

사업자로 선정된 업체는 설치 계획을 명확히 이해하고 기기를 설치하게 되는데 기기 설치는 다음과 같은 단계별로 실시된다.

1. 1단계 : 전선(케이블) 설치
2. 2단계 : 기기 배치
3. 3단계 : 기기 설치
4. 4단계 : 완료 단계

기기 설치가 완료되면 시큐리티 담당자와 사업자는 시스템의 기능(능력)에 대한 시현을 하게 된다. 시큐리티 담당자에 의해 사용되는 시스템 관리와 기술을 위한 임무부여에 대해서는 논의되어야 하며, 지원부서에 대한 논의가 또한 필요하다. 지원부서의 설치는 모든 시스템 사용자에게 있어서 시스템의 관리를 용이하게 하고 시스템에 대한 이해의 수준을 높여 줄 수 있다. 임무 부여에 대한 정의가 끝나면 보다 나은 수행을 위하여 시스템 사용자에 대한 교육과 훈련이 실시되어야 한다.

시큐리티 담당자는 시스템 운영을 위한 시스템 매뉴얼을 작성해야 하는데 사용자 매뉴얼의 구체적인 항목은 다음과 같다.

1. 허가인원에 대한 확인
2. 출입통제 데이터의 체계화
3. 시간범위의 설정
4. 출입통제의 할당
5. 감시와 기록
6. 경보 및 상황에 대한 대응
7. 시스템 보고서 작성

8. 시스템 프로그래밍

시스템 매뉴얼에 부가해서 새로운 시스템의 도입에 따른 근로자의 임무를 재할당해야 하는데 구체적인 항목은 다음과 같다.

1. 권한을 부여하는데 필요한 절차
2. 시큐리티 권한을 해제하거나 재설정하는데 필요한 절차
3. 퇴직자에 대한 절차
4. 출입통제의 변경에 필요한 절차

6. 검토 및 점검

시큐리티 담당자는 시스템이 설치되고 가동을 시작하고 난 뒤에 정상적으로 작동하고 목표했던 사항을 이행하는지 지속적으로 확인해야 한다. 일반적으로 시스템 설치 이후 1개월 정도 시스템의 운용에 대한 주간 단위 검토를 실시해야 한다. 이에는 시스템 운용에 있어서 도출된 문제점을 규명하고 시스템의 이상에 대해 근로자들과 토의한 사항들이 포함되어야 한다. 시스템 프로그램밍과 장비 설치에 대한 변경이나 수정을 위하여 시스템 공급자와 협의할 수도 있으며, 관리부서에 시스템의 성공적인 설치에 대한 최종 보고서를 준비해야 한다. 시스템을 운영자의 수행 정도도 검토해야 한다. 시큐리티 담당자와의 면담을 통해 시스템에 대한 관심사나 의문점을 해소할 수 있다. 아울러 시스템 운영자에 대한 실질적인 응용시험도 실시해야 한다. 각각의 운영자는 그들이 받았던 교육이나 훈련에 대하여 충분히 이해하고 있는지 평가를 받아야 한다. 이 중에는 키보드로 출입문을 개폐하거나 경보신호의 의미에 대한 질문도 포함될 수 있다. 각각의 평가가 종료되면 시큐리티 담당자는 운영자에게서 발견되는 문제점의 보완을 위한 보고서를 준비해야 한다.

최종적으로 시큐리티 시스템은 처음에는 완벽하게 설치되고 모든 절차나 인원에 대한 교육 및 훈련이 충실히 이행되었더라도 시간이 경과하고 필요에 의해 시스템의 수행을 조정할 필요가 있다. 시큐리티 담당자는 주기적으로 방문하여 설치된 시스템을 점검하고 사용자의 만족도를 점검해야 한다. 시스템 설치 이후 처음 1년 동안은 분기 단위로 사용자의 만족도를 파악하고 이후에는 시스템의 유지와 개선에 대한 제안이 수반되어야 할 것이다.

제 3절 기계경비 제도설계

1. 제도설계 기본이론

(1) 도면[163)]

도면(圖面)은 물체의 모양과 크기 및 구조 등을 모든 사람이 이해할 수 있도록 정해진 규칙에 따라 선, 문자, 기호를 사용하여 제도 용지에 그린 것을 의미하고, 제도(製圖)는 선과 문자, 기호로 구성된 도면을 작성하는 작업으로 물체의 모양과 크기, 재료, 가공 방법, 구조 등을 일정한 법칙과 규격에 따라 정확, 명료, 간결하게 나타낸 것을 의미한다.

도면의 종류는 사용 목적에 따른 분류, 내용에 따른 분류, 작성 방법에 따른 분류, 성격에 따른 분류 등 크게 4가지로 분류할 수 있다. 사용 목적에 따른 분류는 계획도, 제작도, 견적도, 주문도, 승인도, 설명도 등이 있으며, 내용에 따른 분류는 스케치도, 조립도, 부분조립도, 부품도, 공정도, 상세도, 전기회로도, 배선도, 배관도 등이 있고, 작성 방법에 따른 분류는 연필도, 먹물제도, 착색도 등이 있으며, 성격에 따른 분류는 원도(Original Drawing), 트레이스도(Trace Drawing), 복사도 등이 있다[표 4-5 참조].

[표 4-5] 도면의 종류

구 분		표준규격
사용 목적	계획도	설계자가 만들고자 하는 물품의 계획을 나타낸 도면
	제작도	제작자가 실제로 제품을 만들 때 사용하는 도면
	견적도	제작자가 주문자에게 제품 견적서에 첨부되어 제품의 개요를 설명히는 도면
	주문도	주문자의 요구 내용을 제작자에게 제시하는 도면

163) 이상호, 직업탐구영역-기초제도, EBS, 2010, pp.1-3, 내용 재구성.

	승인도	제작자가 주문자의 검토와 승인을 얻을 때 사용하는 도면
	설명도	물품을 사용하는 사람에게 그 물품의 구조, 원리, 기능, 사용 방법 등을 설명하기 위한 도면
내용	스케치도	실물이나 새로 구상 중인 제품을 프리핸드(Freehand)로 그린 도면
	조립도	제품의 전체적인 조립상태를 나타내는 도면
	부분조립도	규모가 크거나 복잡한 기계를 한 장의 조립도로 그리기 어려울 때 몇 개의 부분으로 나누어 나타낸 도면
	부품도	각 부품에 대하여 가장 상세하게 나타낸 도면
	공정도	제품의 생산 과정을 공정 도시 기호로 나타내는 도면
	상세도	건축물, 구성재의 일부에 대하여 그 형태·구조 또는 조립·결합의 상세함을 나타내는 제작도
	전기회로도	전기회로의 접속 상태를 표시하는 도면
	배선도	전기기기의 크기와 설치할 위치, 전선의 종류, 굵기, 수 및 배선의 위치 등을 기호와 문자로 나타낸 도면
	배관도	관의 배치를 표시하는 도면
작성 방법	연필도	제도 용지에 연필로 그린 도면
	먹물제도	연필로 그린 도면을 바탕으로 하여 먹물로 다시 그린 도면
	착색도	구조, 재료 등의 상태를 쉽게 구별할 수 있도록 여러 가지 색으로 엷게 칠한 도면
성격	원도	제도 용지에 연필로 직접 그린 그림이나 컴퓨터로 작성한 최초의 도면
	트레이스도	원도 위에 트레이싱지를 놓고 연필 또는 드로잉 펜으로 옮겨 그린 도면
	복사도	트레이스도를 원본으로 하여 감광지에 복사한 도면

(2) 도면의 형식

도면의 형식은 일반적으로 KS A 5201(종이의 재단 치수, 현재는 폐지)에 규정된 A 열(Series) 재단 치수 가운데 A0, A1, A2 A3, A4의 크기에 따른다[표 4-6 참조].

[표 4-6] 도면의 형식

(단위: mm)

<table>
<tr><th colspan="3">구분</th><th>A0</th><th>A1</th><th>A2</th><th>A3</th><th>A4</th></tr>
<tr><td colspan="3">도면의 크기(a × b)</td><td>841×1189</td><td>594×841</td><td>420×594</td><td>297×420</td><td>210×297</td></tr>
<tr><td rowspan="3">윤곽선</td><td colspan="2">c(최소)</td><td>20</td><td>20</td><td>10</td><td>10</td><td>10</td></tr>
<tr><td rowspan="2">d
(최소)</td><td>철하지 않을 때</td><td>20</td><td>20</td><td>10</td><td>10</td><td>10</td></tr>
<tr><td>철할 때</td><td>25</td><td>25</td><td>25</td><td>25</td><td>25</td></tr>
</table>

* a - 도면의 세로길이, b - 도면의 가로길이, c - 도면의 상,하,우 여백,
  d - 도면의 좌 여백

도면은 그릴 때 중심마크, 윤곽선, 표제란을 반드시 그려야 된다. 윤곽선은 도면을 그릴 수 있는 영역을 설정하는 것으로 제도 용지의 가장자리에 생기는 손상으로 도면이 훼손되는 것을 방지하는데 도면의 크기에 따라 굵기 0.5㎜ 이상의 실선으로 그린다. 중심 마크는 도면을 마이크로 필름을 사용하여 사진 촬영을 하거나 복사 작업을 위해 필요한데 도면의 윤곽선 바깥 상하 좌우 4개소의 가운데에 중심마크를 표시한다. 표제란(Title Panel)은 도면의 오른쪽 아래에 그리는데 성명, 도명, 척도, 각법, 날짜, 도번 등을 기입한다[그림 4-1 참조].[164)]

164) 이상호, 직업탐구영역-기초제도, EBS, 2010, p. 12, 내용 재구성.

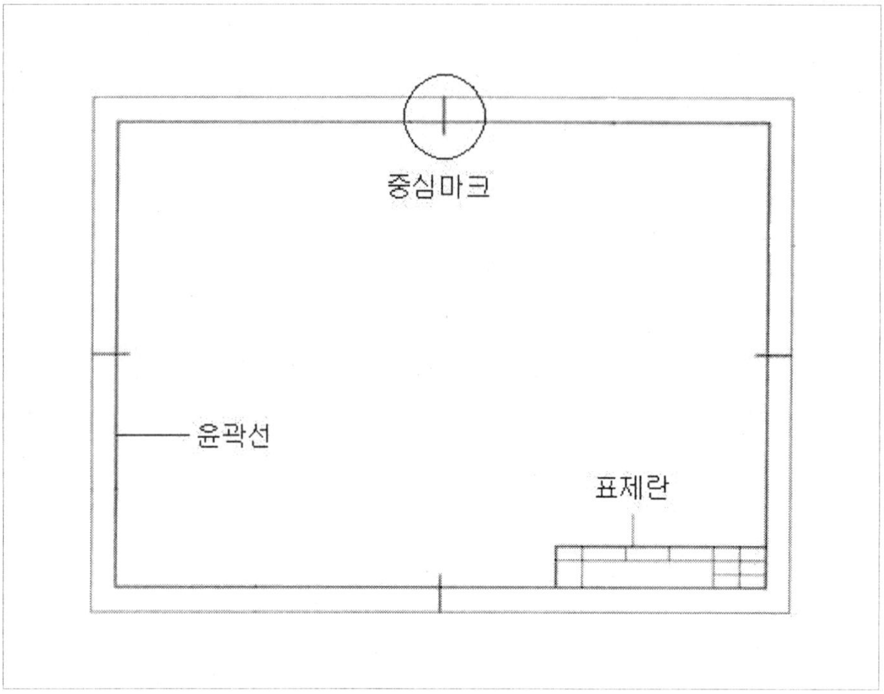

[그림 4-1] 도면의 구성

(3) 척도

척도는 물체의 실제크기와 도면에서 크기와의 비율을 의미하는데 통상적으로 1/10, 1:10 등으로 표시한다. 척도는 배척, 현척(실척), 축척으로 구분할 수 있는데 배척은 실물을 일정한 비율로 확대하는 척도이며(2:1, 5:1, 10:1, 20:1, 50:1, 100:1, 200:1, 500:1 등), 현척(실척)은 실물과 같은 비율로 그리는 척도이고(1:1), 축척은 실물을 일정한 비율로 축소하는 척도를 의미한다(1:2,1:5, 1:10, 1:20, 1:50, 1:100, 1:200, 1:500 등).

척도가 다른 도면이 한 도면 안에 그려질 때는 각각의 척도를 별도로 기입하여 주고 표제란에 반드시 기입하여야 하며, 그림의 형태가 치수에 비례하지 않을 경우에는 치수 밑에 줄을 긋거나, '비례가 아님', 또는 'N.S(Not to Scale)'이라고 표시하여야 한다. 건축 설계제도의 경우에 사용하는 척도의 종류를 [표 4-7]에 정리하였다.

[표 4-7] 척도의 종류

척도	사용구분
1/1, 1/2, 1/5, 1/10	시공도, 부분상세도
1/5, 1/10, 1/20, 1/30	부분상세도, 단면상세도
1/50, 1/100, 1/200, 1/300	평면도, 입면도, 구조도, 설비도 등
1/500, 1/600, 1/1,000, 1/2,000	배치도 또는 대형건물의 평명도 등

(4) 선의 종류

선은 대상물을 도면화하여 나타내고자 할 때 가장 많이 사용하는데 선의 모양, 성질, 굵기에 따라 그 명칭과 용도가 다르므로 이를 구분하여 사용하는 것이 중요하다 [표 4-8 참조]. 선을 긋는 순서는 외형선, 숨은선, 절단선, 중심선, 무게중심선, 치수보조선 순으로 진행한다. 선을 그을 때 유의할 점은 시작에서 끝까지 일정한 힘과 속도로 그어야 하며, 선의 끊어진 부분은 길이와 간격을 일정하게 하고, 그은 선은 중복되지 않아야 한다.

[표 4-8] 선의 종류 및 용도

선의 종류	선의 모양	용도에 의한 명칭	선의 용도
굵은 실선	━━━	외형선	대상물의 보이는 부분의 외형을 나타내는데 사용한다.
가는 실선	───	치수선	치수를 기입하는데 사용한다.
		치수보조선	치수를 기입하기 위하여 도형에서 인출하는데 사용한다.
		지시선	기술, 기호 등을 표시하기 위하여 인출하는데 사용한다.

		회전단면선	도형 내에서 해당 부분의 끊은 곳을 90° 회전하여 표시하는데 사용한다.
		중심선	도형의 중심선을 표시하는데 사용한다.
		수준면선	수면, 유면 등의 위치를 표시하는데 사용한다.
가는 파선		숨은선	대상물의 보이지 않는 부분의 모양을 표시하는데 사용한다.
굵은 파선			
가는 1점 쇄선		중심선	도형의 중심을 표시하는데 사용한다.
굵은 1점 쇄선		기준선	위치 결정의 기준이 된다는 것을 표시할 때 사용한다.
가는 2점 쇄선		피치선	반복되는 도형의 피치를 취하는 기준을 표시하는 데 사용한다.
		특수지정선	특수한 가공을 하는 부분 등 특별 요구사항을 적용할 범위를 표시하는데 사용한다.
		가상선	인접하는 부분, 참고를 표시하는데 사용한다.
		무게중심선	단면의 무게중심을 연결한 선을 표시하는 데 사용한다.
파단선		불규칙한 파형의 가는 실선	대상물의 일부를 파단한 경계, 또는 일부를 떼어낸 경계를 표시하는데 사용한다.
		지그재그선	
절단선		가는 1점 쇄선으로 방향이 변하는 부분 및 끝 부분을 굵게 표시한 것	단면도를 그릴 때 절단 위치를 대응하는 그림에 표시하는데 사용한다.
해칭		가는 실선으로 규칙적으로 줄을 사선으로 표시한 것	도형의 한정된 특정 부분을 다른 부분과 구별하는데 사용한다.

(5) 문자 및 치수

도면의 문자는 한글, 숫자, 로마자를 사용하며 도면의 이해를 돕기 위하여 문자를 써넣는 것을 주기라고 하고, 도면이 완성될 때까지 동일한 서체를 사용해야 한다. 한글은 명조체, 그래픽체, 고딕체 등을 쓰며 수직으로 쓰거나 15° 기울여 쓰는 것을 원칙으로 한다. 숫자는 아라비아 숫자를 사용하며 4자리 이상의 숫자는 3자리마다 자릿점을 찍거나 간격을 두어야 한다. 로마자의 서체는 J형 서체, B형 서체, B형 입체 중 한 가지를 사용하도록 하고 있으며 혼용해서 쓰면 안 되며, 오른쪽으로 약 15° 기울여야 한다(숫자의 경우에도 적용한다). 문자의 크기는 문자의 높이로 나타내는데 일반적으로 2.24, 3.15, 4.5, 6.3, 9.0, 12.5, 18㎜ 크기를 주로 사용하며, 문자의 선 굵기는 문자 높이의 1/9로 한다.

치수는 중앙 윗부분에, 치수선에 평행하게, 도면의 좌에서 우측으로, 아래에서 위로 읽을 수 있도록 기입하며, 단위는 밀리미터(㎜) 사용하나 기호는 붙이지 않는다. 지름 기호ø , 반지름 기호 R, 정사각형 기호 □는 치수 앞에 쓰며, 각도는 일반적으로 '도'로 표시하지만 경우에 따라서는 분, 초도 사용할 수 있으며 도, 분, 초의 기호는 각각 °, ′, ″를 기입한다. 치수선은 도면에 방해가 되지 않게 0.2㎜ 이하의 가는 실선으로 긋고 외형선과 구분이 되어야 하며, 이웃하는 선과 평행하게 긋고, 치수보조선과 만나는 부위는 2~3㎜ 정도 연장하여 긋는다. 치수보조선은 치수선과 직각되게 긋고 굵기는 같으며, 간격이 좁아 나타낼 수 없을 경우에는 치수보조선을 연장하거나 인출선을 긋고 각도(60°)를 주어 치수를 기입한다. 화살표는 선의 굵기와 그 크기가 조화를 이루어야 하며, 길이는 2.5~3㎜ 정도로 하며 크기도 길이와 너비의 3:1 비로 한다.

(6) 도면 기호

도면 제도에 있어서 대표적인 기호는 재료 구조에 대한 기호, 창에 대한 기호, 문에 대한 기호, 전기에 대한 기호 등이 있다. 각각에 대한 기호를 [표 4-9], [표 4-10], [표 4-11], [표 4-12]에 정리하였다.

도면 기호를 사용하여 전기관련 배선도를 그리는 절차는 다음과 같다.

1. 대상건물의 평면도를 설계목적에 맞는 척도로 그린다.

2. 대상건물의 출입구, 창, 문 등을 그린다.
3. 전기장치 설치와 배치를 고려하여 전등, 콘센트, 개폐기 등의 기호를 기입한다.
4. 배선의 가닥 수, 종류, 굵기를 기입한다.
5. 전등의 용량이나 기타 고려해야 할 사항을 기입한다.

[표 4-9] 재료 구조에 대한 기호

구 분	축척 1/100 또는 1/200	축척 1/20 또는 1/50
벽 일반	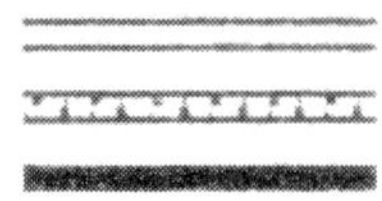	
철골 철근 콘크리트 기둥 및 콘크리트벽		
철근 콘크리트 기둥 및 장막벽		
철골 기둥 및 장막벽	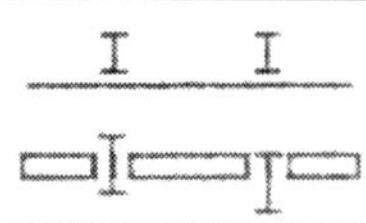	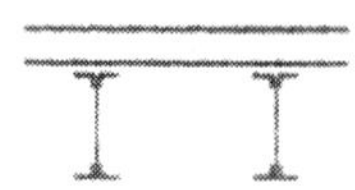
블록벽		 축척 1/20 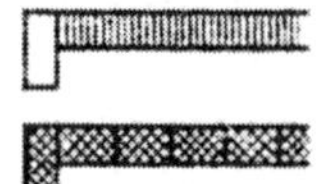 축척 1/50
벽돌벽	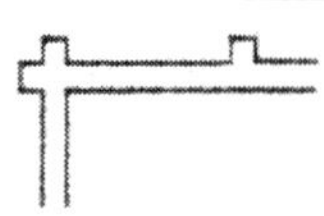	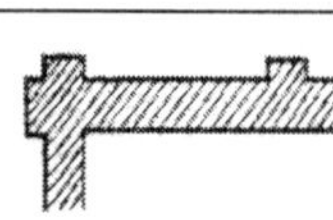

[표 4-10] 창에 대한 기호

구 분	기 호	비 고
창 일반		
여닫이 창	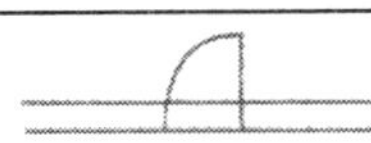	외여닫이 창
	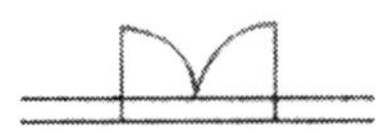	쌍여닫이 창
미닫이 창	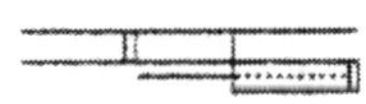	외미닫이 창
	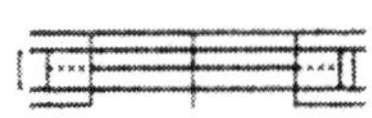	쌍미닫이 창
미서기 창	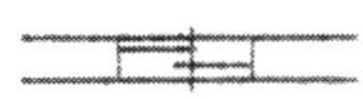	두짝미서기 창
	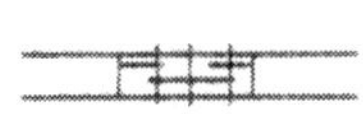	네짝미서기 창
붙박이 창		
망사 창		
회전 창	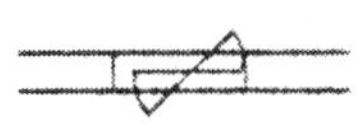	
계단 표시	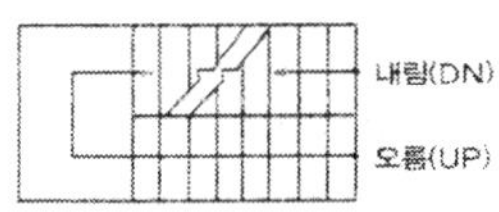	

[표 4-11] 문에 대한 기호

구 분	기 호	비 고
출입구 일반	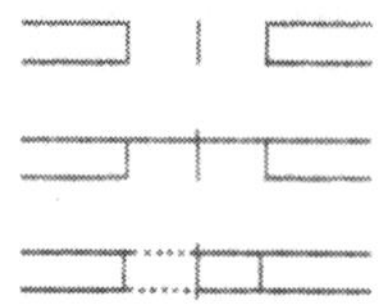	일반 바닥 차가 있을 경우 문턱이 있을 경우
여닫이 문	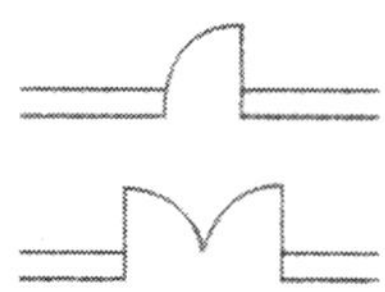	외여닫이 문 쌍여닫이 문
미닫이 문	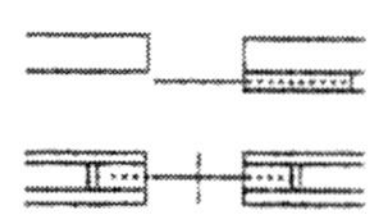	외미닫이 문 쌍미닫이 문
미서기 문	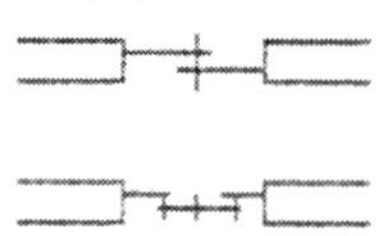	두짝 미서기 문 네짝 미서기 문
붙박이 문		
주름 문	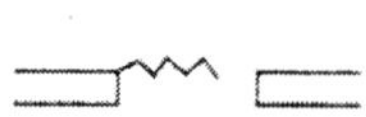	
회전 문		

[표 4-12] 전기에 대한 기호

명 칭	기 호	명 칭	기 호
백열등	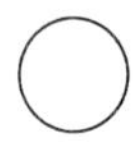	누전 차단기	
비상용 백열등		누전 경보기	
천장형 형광등	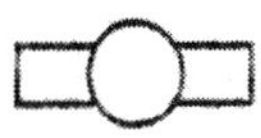	전력량계	
비상용 형광등		텔레비전 안테나	T
콘센트		차임	
비상 콘센트	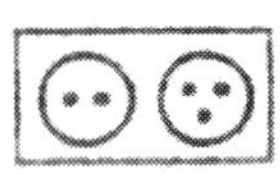	스피커	
전열기		경보 벨	
환기팬 (선풍기 포함)		천장 은폐 배선	
룸 에어콘		노출 배선	
소형 변압기		지중 매설 배선	
개폐기		바닥 은폐 배선	
배선용 차단기	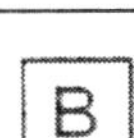	바닥면 노출 배선	

2. 기계경비 심볼[165)]

(1) 적용범위

한국경비협회규격 SPS-KSAS 0001-1212(기계경비시스템(무인경비시스템, 로컬경비시스템) - 용어, 심볼)는 무인 기계경비시스템과 로컬 기계경비시스템의 설계에 필요한 필요한 기기 및 경계표시에 관한 도면에 사용하는 심볼을 규정하고 이를 준수할 것을 권고하고 있으며, 그 이외의 심볼은 전기용 기호(KS C 0102)나 평면 표시기호(KS F 1501)를 사용한다.

심볼의 도안원리는 다음과 같다.

1. 주장치는 정사각형으로 한다.
2. 주변기기는 정사각형 안에 원을 넣고 문자를 넣는다.
3. 감지기는 원에 문자를 넣는다.
4. 영상 감지 장치는 직사각형에 문자를 넣는다.
5. 영상감시 장치는 모양을 참조한다.

심볼의 제도설계는 다음의 사항을 준수할 것을 권고하고 있다.

1. 심볼의 크기를 바꾸는 것은 자유지만, 가능한 한 닮은 모양으로 해야 한다. 단, 선의 굵기를 바꾸어 용도를 구별하는 등의 응용을 해도 된다.
2. 필요한 경우에는 심볼에 번호 등을 덧붙이거나 별도로 대조표를 붙여 그 구별을 명시해도 된다.
3. 심볼은 기능이 유사한 다른 것에 준용할 수 있으나, 이 경우에는 부호, 기타 적정한 방법에 의해 그 성능을 분명히 할 필요가 있다.
4. 심볼에 문자를 넣을 경우는 [표 4-13]의 보기를 따른다.
5. 이 규격에서 정하지 않은 것, 또는 이 규격에서 불충분한 것에 대해서는 다른 심볼과의 조합, 문자나 기호의 병기 등에 의해 나타낼 것을 권장한다.
6. 같은 내용에 대하여 2개 이상의 심볼이 정해져 있을 경우, 동일 도면에는 동일 계

---

165) 한국경비협회, SPS-KSAS 0001-1212(기계경비시스템(무인경비시스템, 로컬경비시스템) - 용어, 심볼), 내용 재구성.

열의 심볼을 사용하여야 한다.

7. 모델별 구분이 필요 없는 경우에는 주 기호의 사용을 권장한다.

[표 4-13] 심볼 표기방법

구 분	심볼기호	비 고
주장치	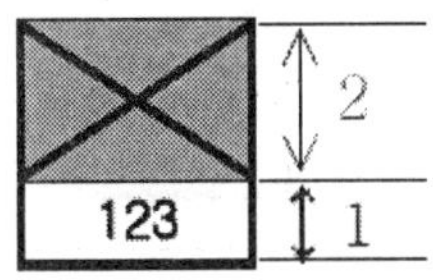	심볼은 정사각형이며 위, 아래 칸의 크기는 위 2, 아래 1의 비율로 한다.
전원장치	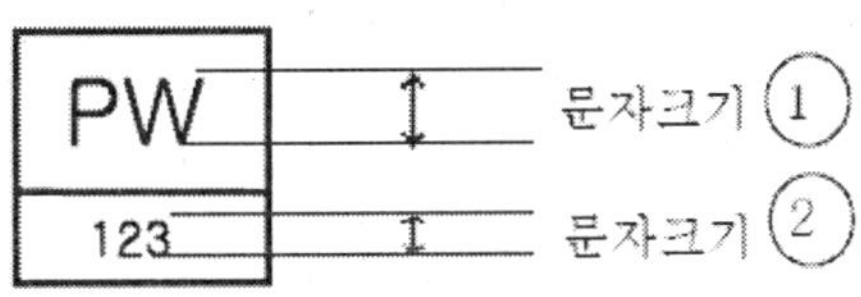	①의 문자 크기는 위 칸의 2:1 비율로 한다. ②의 문자 크기는 아래 칸의 2:1 비율로 한다.
음향감지기	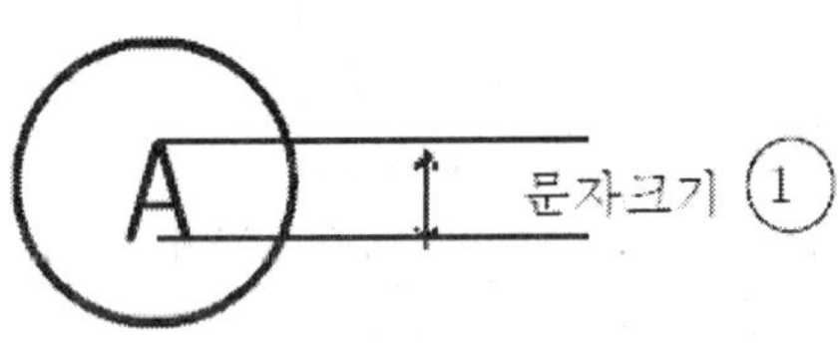	①의 문자 크기는 전체 공간의 5:2 비율로 한다.

(2) 심볼

한국경비협회규격 SPS-KSAS 0001-1212(기계경비시스템(무인경비시스템, 로컬경비시스템) - 용어, 심볼)에서 규정하고 있는 심볼을 [표 4-14]에 정리하였다.

[표 4-14] 기계경비 심볼

구 분	주기호	세부기호	비 고
주장치			모델명: 123 주장치
로컬주장치			모델명: 123 로컬주장치
전원장치		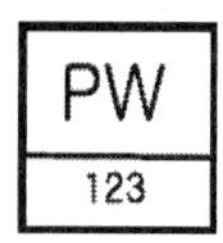	모델명: 123 전원장치
출입관리기	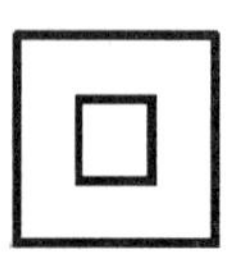		조작방식: 버튼
		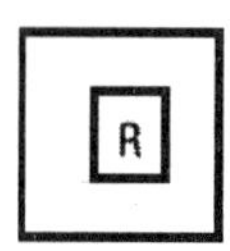	조작방식: RF용
			조작방식: MS용
		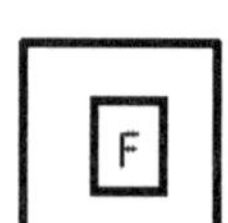	조작방식: 지문용
존확장기		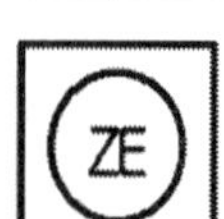	

프린터기		PT	
화재이보기		FR	
음성통보장치		SP	
사이렌		S	
부저		B	
통신단자함		MDF	
통신단자함 (중간)		IDF	
분전반		PW	

시큐리티카드			

경보등			
자석감지기	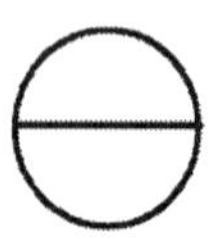	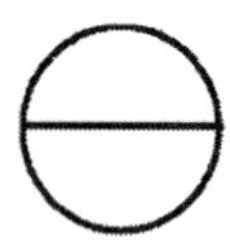	C접점
		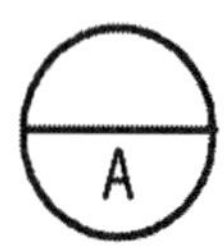	A접점
		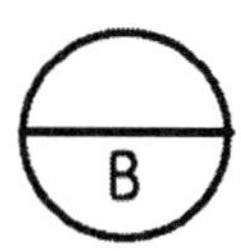	B접점
			형식: 무선

열선감지기			입체형
		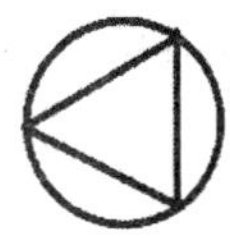	면형
			무선입체형
			무선면형
적외선감지기		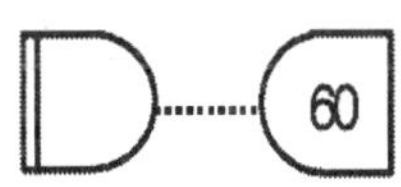	거리: 옥내 60m 용
		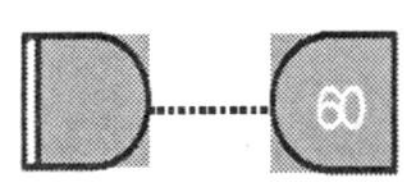	거리: 옥외 60m 용
비상스위치	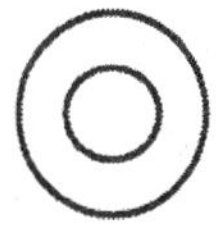		형식: 유선
		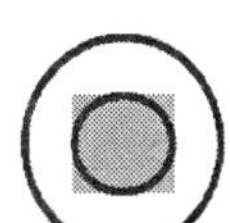	형식: 유선발판형
			형식: 무선

금고감지기			
셔터감지기	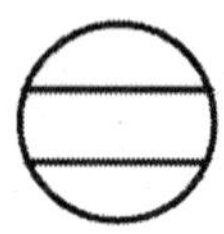	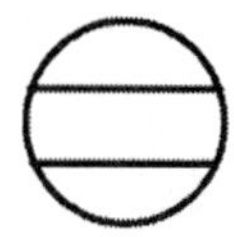	형식: 자석식
		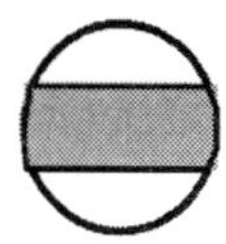	형식: 적외선식
유리감지기		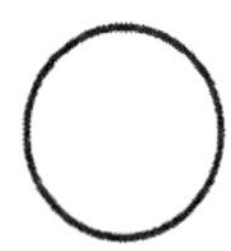	형식: 고정형
			형식: 개방형
벽충격감지기		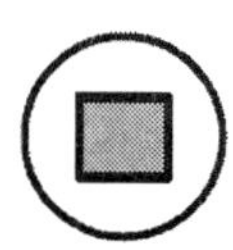	
CD충격감지기			
음향감지기			

화재감지기			
장력감지기			
가스감지기		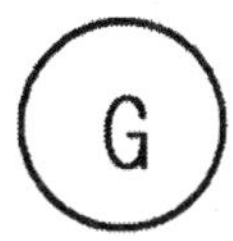	
누수감지기			
카메라		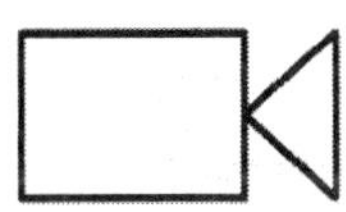	
카메라 + 하우징		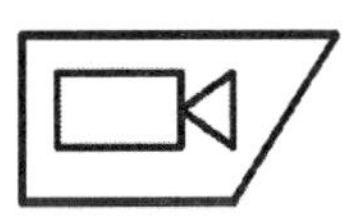	
카메라 일체형 (카메라+하우징+ 지지대)		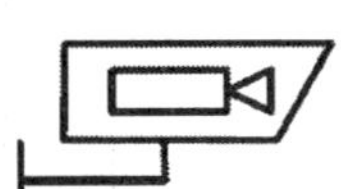	

줌일체형 카메라			

<table>
<tr><td>돔카메라</td><td></td><td>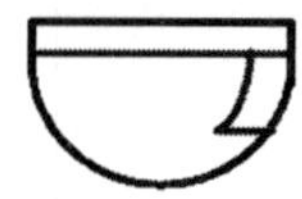</td><td></td></tr>
<tr><td>회전형 돔카메라</td><td></td><td>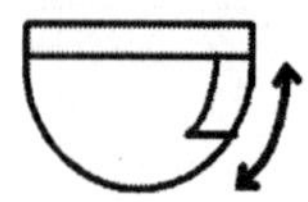</td><td></td></tr>
<tr><td>수상기</td><td></td><td>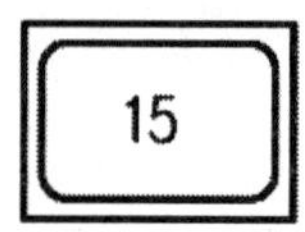</td><td>크기: 15 inch</td></tr>
<tr><td>순차표시기</td><td></td><td>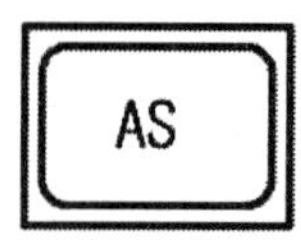</td><td></td></tr>
<tr><td rowspan="2">분할기</td><td rowspan="2">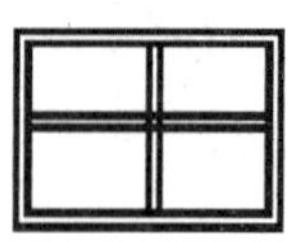</td><td>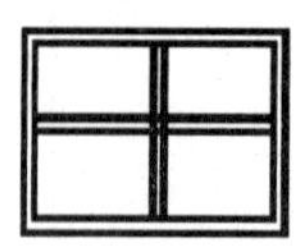</td><td>모델명: 4 분할기</td></tr>
<tr><td>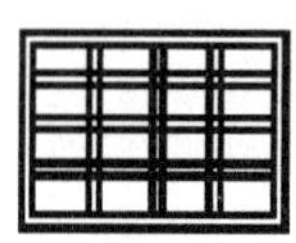</td><td>모델명: 16 분할기</td></tr>
<tr><td>녹화기
(VTR /VCR)</td><td></td><td></td><td></td></tr>
<tr><td>녹화기
(DVR)</td><td></td><td></td><td></td></tr>
<tr><td>문자시간표시기</td><td></td><td>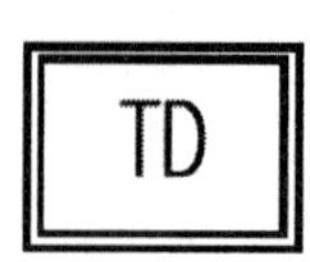</td><td></td></tr>
</table>

영상분배기			
전기정		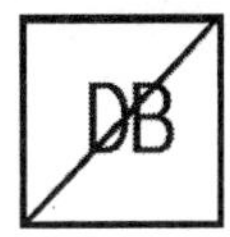	

퇴실버튼			

(3) 기계경비 도면작성 절차

기계경비 도면작성은 앞서의 도면 기호를 사용한 전기관련 배선도를 그리는 절차와 유사하다. 기계경비 도면작성의 구체적인 절차는 다음과 같다.[166)]

1. 대상건물의 평면도를 설계목적에 맞는 척도로 그린다.
2. 대상건물의 출입문, 창문, 내부문 등을 그린다.
3. 대상건물에 위치한 자산이나 물건의 위치 및 상황을 파악하여 기입한다.
4. 대상건물에 대한 위협을 구체적으로 분석한다.
5. 위협을 규제할 수 있는 감지기를 선택하고 설치위치를 표시한다.
6. 주장치(Controller, 컨트롤러)의 종류를 선택하고 설치위치를 표시한다.
7. 배선(회로)을 결정하여 기재한다. 필요시 다수의 루프(Loop)를 구성한다.
8. 도면의 표제에 구체적인 사항을 기입한다(고객명, 도번, 척도, 각법, 작성자, 작성 일자 등).

166) 기계경비 도면작성 절차는 기존 선행연구를 검토하여 작성하였다.

제5장 기계경비시스템 기획설계

제5장 기계경비시스템 기획설계

제 1 절 기계경비업무

1. 기계경비업무

(1) 기계경비업무

① 경비업

기계경비업무는 시설경비업무, 호송경비업무, 신변보호업무, 특수경비업무 등과 함께 경비업의 하위 분야로서 경비업에 대한 정의는 다음과 같다.[167]

1. "경비업"이라 함은 다음에 해당하는 업무(이하 "경비업무")의 전부 또는 일부를 도급받아 행하는 영업을 말한다.
   가. 시설경비업무 : 경비를 필요로 하는 시설 및 장소(이하 "경비대상시설")에서의 도난·화재 그 밖의 혼잡 등으로 인한 위험발생을 방지하는 업무
   나. 호송경비업무 : 운반 중에 있는 현금·유가증권·귀금속·상품 그 밖의 물건에 대하여 도난·화재 등 위험발생을 방지하는 업무
   다. 신변보호업무 : 사람의 생명이나 신체에 대한 위해의 발생을 방지하고 그 신변을 보호하는 업무
   라. 기계경비업무 : 경비대상시설에 설치한 기기에 의하여 감지·송신된 정보를 그 경비대상시설외의 장소에 설치한 관제시설의 기기로 수신하여 도난·화재

167) 경비업법(법률 제9579호, 2009.4.1) 제2조(정의).

등 위험발생을 방지하는 업무

마. 특수경비업무 : 공항(항공기를 포함) 등 국가중요시설의 경비 및 도난·화재 그 밖의 위험발생을 방지하는 업무

② 경비업의 허가조건

경비업의 허가에 대한 조건은 다음과 같다.[168]

1. 경비업을 영위하고자 하는 법인은 도급받아 행하고자 하는 경비업무를 특정하여 그 법인의 주사무소의 소재지를 관할하는 지방경찰청장의 허가를 받아야 한다. 도급받아 행하고자 하는 경비업무를 변경하는 경우에도 또한 같다.
2. 허가를 받고자 하는 법인은 대통령령이 정하는 경비인력·자본금·시설 및 장비를 갖추어야 한다.
3. 경비업의 허가를 받은 법인은 다음에 해당하는 때에는 지방경찰청장에게 신고하여야 한다.
   가. 영업을 폐업하거나 휴업한 때
   나. 법인의 명칭이나 대표자·임원을 변경한 때
   다. 법인의 주사무소나 출장소를 신설·이전 또는 폐지한 때
   라. 기계경비업무의 수행을 위한 관제시설을 신설·이전 또는 폐지한 때
   마. 특수경비업무를 개시하거나 종료한 때
   바. 그 밖에 대통령령이 정하는 중요사항을 변경한 때
4. 허가 또는 신고의 절차, 신고의 기한 등 허가 및 신고에 관하여 필요한 사항은 대통령령으로 정한다.

(2) 경비업자

경비업을 운영함에 있어서 경비업자의 의무사항은 다음과 같다.[169]

1. 경비업자는 경비대상시설의 소유자 또는 관리자(이하 "시설주")의 관리권의 범위 안에서 경비업무를 수행하여야 하며, 다른 사람의 자유와 권리를 침해하거나 그의 정당한 활동에 간섭할 수 없다.

---

168) 경비업법(법률 제9579호, 2009.4.1) 제4조(경비업의 허가).
169) 경비업법(법률 제9579호, 2009.4.1) 제7조(경비업자의 의무).

2. 경비업자는 경비업무를 성실하게 수행하여야 하고, 도급을 의뢰받은 경비업무가 위법 또는 부당한 것일 때에는 이를 거부하여야 한다.
3. 경비업자는 불공정한 계약으로 경비원의 권익을 침해하거나 경비업의 건전한 육성과 발전을 해치는 행위를 할 수 없다.
4. 경비업자의 임·직원이거나 임·직원이었던 자는 다른 법률에 특별한 규정이 있는 경우를 제외하고는 그 직무상 알게 된 비밀을 누설하거나 다른 사람에게 제공하여 이용하도록 하는 등 부당한 목적을 위하여 사용할 수 없다.
5. 경비업자는 허가받은 경비업무외의 업무에 경비원을 종사하게 할 수 없다.
6. 특수경비업무를 수행하는 경비업자(이하 "특수경비업자")는 특수경비업무의 개시신고를 하는 때에는 국가중요시설에 대한 특수경비업무의 수행이 중단되는 경우 시설주의 동의를 얻어 다른 특수경비업자중에서 경비업무를 대행할 자(이하 "경비대행업자")를 지정하여 허가관청에 신고하여야 한다. 경비대행업자의 지정을 변경하는 경우에도 또한 같다.
7. 특수경비업자는 국가중요시설에 대한 특수경비업무를 중단하게 되는 경우에는 미리 이를 경비대행업자에게 통보하여야 하며, 경비대행업자는 통보받은 즉시 그 경비업무를 인수하여야 한다.
8. 특수경비업자는 이 법에 의한 경비업과 경비장비의 제조·설비·판매업, 네트워크를 활용한 정보산업, 시설물 유지관리업 및 경비원 교육업 등 대통령령이 정하는 경비관련업외의 영업을 할 수 없다.

(3) 경비지도사

① 정의

경비지도사, 경비원 그리고 일반경비원, 특수경비원에 대한 정의는 구체적으로 다음과 같다.[170)]

1. 경비지도사 : 경비원을 지도·감독 및 교육하는 자를 말하며 일반경비지도사와 기계경비지도사로 구분
2. 경비원 : 경비업의 허가를 받은 법인(이하 "경비업자")이 채용한 고용인으로서 다

170) 경비업법(법률 제9579호, 2009.4.1) 제2조(정의).

음에 해당하는 자

가. 일반경비원 : 시설경비업무, 호송경비업무, 신변보호업무, 기계경비업무의 경비업무를 수행하는 자

나. 특수경비원 : 특수경비업무를 수행하는 자

② 임무

경비지도사는 일반경비지도사와 기계경비지도사로 구분하는데 구체적인 내용은 다음과 같다.[171)]

1. 일반경비지도사 : 시설경비업무, 호송경비업무, 신변보호업무, 특수경비업무에 종사하는 경비원을 지도·감독 및 교육하는 경비지도사
2. 기계경비지도사 : 기계경비업무에 종사하는 경비원을 지도·감독 및 교육하는 경비지도사

경비업자의 경비지도사 선임에 대한 구체적인 내용은 다음과 같다.[172)]

1. 경비업자는 대통령령이 정하는 바에 따라 경비지도사를 선임하여야 한다.
2. 선임된 경비지도사의 직무는 다음과 같다.
   가. 경비원의 지도·감독·교육에 관한 계획의 수립·실시 및 그 기록의 유지
   나. 경비현장에 배치된 경비원에 대한 순회점검 및 감독
   다. 경찰기관 및 소방기관과의 연락방법에 대한 지도
   라. 그 밖에 대통령령이 정하는 직무
3. 선임된 경비지도사는 직무를 대통령령이 정하는 바에 따라 성실하게 수행하여야 한다.[173)]

---

171) 경비업법 시행령(대통령령 제23759호, 2012.5.1) 제10조(경비지도사의 구분).

172) 경비업법(법률 제9579호, 2009.4.1) 제12조(경비지도사의 선임 등).

173) 경비업법 시행령(대통령령 제23759호, 2012.5.1) 제17조(경비지도사의 직무 및 준수사항) ① 법 제12조제2항제4호에서 "그밖에 대통령령이 정하는 직무"라 함은 다음 각호의 직무를 말한다. 1. 기계경비업무를 위한 기계장치의 운용·감독(기계경비지도사의 경우에 한한다), 2. 오경보방지 등을 위한 기기관리의 감독(기계경비지도사의 경우에 한한다), ② 경비지도사는 법 제12조제3항에 따라 같은 조 제2항제1호·제2호의 직무 및 제1항 각 호의 직무를 월 1회 이상 수행하여야 한다. ③ 경비지도사는 법 제12조제2항제1호에 따라 경비원에 대한 교육을 실시하고, 행정안전부령으로 정하는 경비원 직무교육 실시대장에 그 내용을 기록하여 2년간 보존하여야 한다.

(4) 기계경비업무

① 대응체제

기계경비업무를 수행하는 경비업자(이하 "기계경비업자")는 경비대상시설에 관한 경보를 수신한 때에는 신속하게 그 사실을 확인하는 등 필요한 대응조치를 취하여야 하며, 이를 위한 대응체제를 갖추어야 한다. 이를 위하여 관제시설 등에서 경보를 수신한 때에는 경보를 수신한 때부터 늦어도 25분 이내에는 도착시킬 수 있는 대응체제를 갖추어야 한다.[174]

② 오경보

기계경비업자는 경비계약을 체결하는 때에는 오경보를 막기 위하여 계약상대방에게 기기사용요령 및 기계경비운영체계 등에 관하여 설명하여야 하며, 각종 기기가 오작동되지 않도록 관리하여야 한다. 또한, 기계경비업자는 대응조치 등 업무의 원활한 운영과 개선을 위하여 대통령령이 정하는 바에 따라 관련 서류를 작성 · 비치하여야 한다. 출장소별로 다음 각 호의 사항을 기재한 서류를 갖추어 두어야 하며 당해 경보를 수신한 날부터 1년간 이를 보관하여야 한다.[175]

③ 출동차량

기계경비업자이 출동차량이 도색 및 표지를 경찰차량 및 군차량과 명확히 구별될 수 있는 것으로 정하여야 하며, 출동차량의 도색 및 표지를 정한 때에는 도색 및 표지를 확인할 수 있는 사진을 주된 사무소를 관할하는 지방경찰청장에게 제출하여야 한다.[176]

---

174) 경비업법(법률 제9579호, 2009.4.1) 제8조(대응체제); 경비업법 시행령(대통령령 제23759호, 2012.5.1) 제7조(기계경비업자의 대응체제).
175) 경비업법(법률 제9579호, 2009.4.1) 제9조(오경보의 방지 등); 경비업법 시행령(대통령령 제23759호, 2012.5.1) 제9조(기계경비업자의 관리서류).
176) 경비업법 시행규칙(행정안전부령 제297호, 2012.5.31) 제22조(출동차량의 도색 등).

2. 소방시설업무

(1) 소방시설업

① 정의

소방시설공사법에서 사용하는 소방시설업, 소방시설업자, 감리원, 소방기술자 등 주요 용어에 대한 정의는 다음과 같다.[177)]

1. 소방시설업
   가. 소방시설설계업 : 소방시설공사에 기본이 되는 공사계획, 설계도면, 설계 설명서, 기술계산서 및 이와 관련된 서류(이하 "설계도서")를 작성(이하 "설계")하는 영업
   나. 소방시설공사업 : 설계도서에 따라 소방시설을 신설, 증설, 개설, 이전 및 정비(이하 "시공")하는 영업
   다. 소방공사감리업 : 소방시설공사에 관한 발주자의 권한을 대행하여 소방시설공사가 설계도서와 관계 법령에 따라 적법하게 시공되는지를 확인하고, 품질·시공 관리에 대한 기술지도를 하는(이하 "감리") 영업
2. 소방시설업자 : 소방시설업을 경영하기 위하여 제4조에 따라 소방시설업을 등록한 자
3. 감리원 : 소방공사감리업자에 소속된 소방기술자로서 해당 소방시설공사를 감리하는 사람
4. 소방기술자 : 소방기술 경력 등을 인정받은 사람과 다음에 해당하는 사람으로서 소방시설업과 소방시설관리업의 기술인력으로 등록된 사람
   가. 소방시설관리사
   나. 소방기술사, 소방설비기사, 소방설비산업기사, 위험물기능장, 위험물산업기사, 위험물기능사

177) 소방시설공사법(법률 제11036호, 2012.5.31) 제2조(정의), 제4조(소방시설업의 등록).

② 특정소방대상물의 소방시설

특정소방대상물의 소방시설을 설계·시공하거나 감리하려는 자에 대한 등록기준을 규정하고 있는데 구체적인 내용은 다음과 같다.[178)]

1. 특정소방대상물의 소방시설을 설계·시공하거나 감리하려는 자는 업종별로 대통령령으로 정하는 자본금(개인인 경우에는 자산 평가액) 및 기술인력을 갖추어 특별시장·광역시장·도지사 또는 특별자치도지사(이하 "시·도지사")에게 소방시설업을 등록하여야 한다.
2. 소방시설업의 업종별 영업범위는 대통령령으로 정한다.
3. 소방시설업의 등록신청과 등록증·등록수첩의 발급·재발급 신청, 그 밖에 소방시설업 등록에 필요한 사항은 행정안전부령으로 정한다.
4. 공기업, 준정부기관, 지방공사 및 지방공단이 다음의 요건을 모두 갖춘 경우에는 시·도지사에게 등록을 하지 않고 자체 기술인력을 활용하여 설계·감리를 할 수 있다. 이 경우 대통령령으로 정하는 기술인력을 보유하여야 한다.
   가. 주택의 건설·공급을 목적으로 설립되었을 것
   나. 설계·감리 업무를 주요 업무로 규정하고 있을 것

(2) 소방시설공사

① 소방시설공사의 설계

소방시설공사의 설계는 다음과 같은 기준에 의한다.[179)]

1. 소방시설설계업을 등록한 자(이하 "설계업자")는 이 법이나 이 법에 따른 명령과 화재안전기준에 맞게 소방시설을 설계하여야 한다. 다만, 중앙 소방기술 심의위원회의 심의를 거쳐 소방시설의 구조와 원리 등에서 그 공법이 특수한 설계로 인정된 경우는 제외한다.
2. 대통령령으로 정하는 특정소방대상물(신축한 것만 해당)은 그 용도, 위치, 구조, 수용 인원, 가연물(可燃物)의 종류 및 양 등을 고려하여 설계(이하 "성능위주설계")

178) 소방시설공사법(법률 제11036호, 2012.5.31) 제4조(소방시설업의 등록).
179) 소방시설공사법(법률 제11036호, 2012.5.31) 제11조(설계).

하여야 한다.

3. 성능위주설계를 할 수 있는 자의 자격, 기술인력 및 자격에 따른 설계의 범위와 그 밖에 필요한 사항은 대통령령으로 정한다.
4. 성능위주설계의 방법과 그 밖에 필요한 사항은 소방방재청장이 정하여 고시한다.

② 소방시설공사의 시공

소방시설공사의 시공은 다음과 같은 기준에 의한다.[180)]

1. 소방시설공사업을 등록한 자(이하 "공사업자")는 이 법이나 이 법에 따른 명령과 화재안전기준에 맞게 시공하여야 한다.
2. 공사업자는 소방시설공사의 책임시공 및 기술관리를 위하여 대통령령으로 정하는 바에 따라 소속 소방기술자를 공사 현장에 배치하여야 한다.

③ 소방시설공사의 착공신고

소방시설공사의 착공신고는 다음과 같은 기준에 의한다.[181)]

1. 공사업자는 대통령령으로 정하는 소방시설공사를 하려면 행정안전부령으로 정하는 바에 따라 그 공사의 내용, 시공 장소, 그 밖에 필요한 사항을 소방본부장이나 소방서장에게 신고하여야 한다.
2. 공사업자가 신고한 사항 가운데 행정안전부령으로 정하는 중요한 사항을 변경하였을 때에는 행정안전부령으로 정하는 바에 따라 변경신고를 하여야 한다. 이 경우 중요한 사항에 해당하지 않는 변경 사항은 공사감리 결과보고서에 포함하여 소방본부장이나 소방서장에게 보고하여야 한다.

④ 소방시설공사의 완공검사

소방시설공사의 완공검사는 다음과 같은 기준에 의한다.[182)]

1. 공사업자는 소방시설공사를 완공하면 소방본부장 또는 소방서장의 완공검사를 받아야 한다. 다만, 공사감리자가 지정되어 있는 경우에는 공사감리 결과보고서로 완공검사를 갈음하되, 대통령령으로 정하는 특정소방대상물의 경우에는 소방본부

---

180) 소방시설공사법(법률 제11036호, 2012.5.31) 제12조(시공).
181) 소방시설공사법(법률 제11036호, 2012.5.31) 제13조(착공신고).
182) 소방시설공사법(법률 제11036호, 2012.5.31) 제14조(완공검사).

장이나 소방서장이 소방시설공사가 공사감리 결과보고서대로 완공되었는지를 현장에서 확인할 수 있다.

2. 공사업자가 소방대상물 일부분의 소방시설공사를 마친 경우로서 전체 시설이 준공되기 전에 부분적으로 사용할 필요가 있는 경우에는 그 일부분에 대하여 소방본부장이나 소방서장에게 완공검사(이하 "부분완공검사")를 신청할 수 있다. 이 경우 소방본부장이나 소방서장은 그 일부분의 공사가 완공되었는지를 확인하여야 한다.
3. 소방본부장이나 소방서장은 완공검사나 부분완공검사를 하였을 때에는 완공검사증명서나 부분완공검사증명서를 발급하여야 한다.
4. 완공검사 및 부분완공검사의 신청과 검사증명서의 발급, 그 밖에 완공검사 및 부분완공검사에 필요한 사항은 행정안전부령으로 정한다.

⑤ 소방시설공사의 감리

소방시설공사의 감리는 다음과 같은 기준에 의한다.[183]

1. 소방공사감리업을 등록한 자(이하 "감리업자")는 소방공사를 감리할 때 다음의 업무를 수행하여야 한다.
   가. 소방시설등의 설치계획표의 적법성 검토
   나. 소방시설등 설계도서의 적합성(적법성과 기술상의 합리성) 검토
   다. 소방시설등 설계 변경 사항의 적합성 검토
   라. 소방용기계·기구 등의 위치·규격 및 사용 자재의 적합성 검토
   마. 공사업자가 한 소방시설등의 시공이 설계도서와 화재안전기준에 맞는지에 대한 지도·감독
   바. 완공된 소방시설등의 성능시험
   사. 공사업자가 작성한 시공 상세 도면의 적합성 검토
   아. 피난시설 및 방화시설의 적법성 검토
   자. 실내장식물의 불연화(不燃化)와 방염 물품의 적법성 검토
2. 용도와 구조에서 특별히 안전성과 보안성이 요구되는 소방대상물로서 대통령령으로 정하는 장소에서 시공되는 소방시설물에 대한 감리는 감리업자가 아닌 자도

183) 소방시설공사법(법률 제11036호, 2012.5.31) 제16조(감리).

할 수 있다.

3. 감리의 종류, 방법 및 대상은 대통령령으로 정한다[표 5-1 참조].

[표 5-1] 소방공사 감리의 종류, 방법 및 대상[184]

종류	대상	방법
상주공사감리	1. 연면적 3만제곱미터 이상의 특정소방대상물(아파트는 제외)에 대한 소방시설의 공사. 다만, 자동화재탐지설비·옥내소화전설비·옥외소화전설비 또는 소화용수시설만 설치되는 공사는 제외한다. 2. 지하층을 포함한 층수가 16층 이상으로서 500세대 이상인 아파트에 대한 소방시설의 공사	1. 감리업자가 지정하는 감리원(이하 "책임감리원")은 행정안전부령으로 정하는 기간 동안 공사 현장에 상주하여 법 제16조제1항 각 호에 따른 업무를 수행하고 감리일지에 기록해야 한다. 다만, 법 제16조제1항제9호에 따른 업무는 행정안전부령으로 정하는 기간 동안 공사가 이루어지는 경우만 해당한다. 2. 책임감리원이 행정안전부령으로 정하는 기간 중 부득이한 사유로 1일 이상 현장을 이탈하는 경우에는 감리일지 등에 기록하여 발주청 또는 발주자의 확인을 받아야 한다. 이 경우 감리업자는 책임감리원의 업무를 대행할 사람을 감리현장에 배치하여 감리업무에 지장이 없도록 해야 한다. 3. 감리업자는 책임감리원이 행정안전부령으로 정하는 기간 중 법에 따른 교육이나 「민방위기본법」 또는 「향토예비군 설치법」에 따른 교육을 받는 경우나 「근로기준법」에 따른 유급휴가로 현장을 이탈하게 되는 경우에는 감리업무에 지장이 없도록 책임감리원의 업무를 대행할 사람을 감리현장에 배치해야 한다. 이 경우 책임감리원은 새로 배치되는 업무대행자에게 업무 인수·인계 등의 필요한 조치를 해야 한다.

184) 소방시설공사법 시행령(대통령령 제23571호, 2012.1.31) 제9조(소방공사감리의 종류와 방법 및 대상), 별표 3.

일반 공사 감리	상주 공사감리에 해당하지 않는 소방시설의 공사	1. 책임감리원은 공사 현장을 방문하여 법 제16조제1항 각 호에 따른 업무를 수행한다. 다만, 법 제16조제1항제9호에 따른 업무는 행정안전부령으로 정하는 기간 동안 공사가 이루어지는 경우만 해당한다. 2. 책임감리원은 행정안전부령으로 정하는 기간 중에는 주 1회 이상 공사 현장을 방문하여 제1호의 업무를 수행하고 감리일지에 기록해야 한다. 3. 감리업자는 책임감리원이 부득이한 사유로 14일 이내의 범위에서 제2호의 업무를 수행할 수 없는 경우에는 업무대행자를 지정하여 그 업무를 수행하게 해야 한다. 4. 제3호에 따라 지정된 업무대행자는 주 2회 이상 공사 현장을 방문하여 제1호의 업무를 수행하며, 그 업무수행 내용을 책임감리원에게 통보하고 감리일지에 기록해야 한다.

⑥ 소방시설공사의 착공신고

소방시설공사의 착공신고 대상이란 다음에 해당하는 소방시설공사를 말하는데 자동화재탐지설비, 비상경보설비 등도 이에 해당한다.[185]

1. 신축, 증축, 개축, 재축(再築), 대수선(大修繕) 또는 구조변경·용도변경되는 특정소방대상물(「위험물 안전관리법」 제2조제1항제6호에 따른 제조소 등은 제외)에 다음에 해당하는 설비를 신설하는 공사
   가. 옥내소화전설비, 옥외소화전설비, 스프링클러설비, 간이스프링클러설비, 물분무소화설비·포소화설비·이산화탄소소화설비·할로겐화합물소화설비·청정소화약제소화설비 및 분말소화설비(이하 "물분무등소화설비"), 연결송수관설비, 연결살수설비, 제연설비(소방용 외의 용도와 겸용되는 제연설비를 기계설비공사업자가 공사하는 경우는 제외), 소화용수설비(소화용수설비를 기계설비

185) 소방시설공사법 시행령(대통령령 제23571호, 2012.1.31) 제4조(소방시설공사의 착공신고 대상).

공사업자 또는 상·하수도설비공사업자가 공사하는 경우는 제외) 또는 연소방지설비

나. 자동화재탐지설비, 비상경보설비, 비상방송설비(소방용 외의 용도와 겸용되는 비상방송설비를 정보통신공사업자가 공사하는 경우는 제외), 비상콘센트설비(비상콘센트설비를 전기공사업자가 공사하는 경우는 제외) 또는 무선통신보조설비(소방용 외의 용도와 겸용되는 무선통신보조설비를 정보통신공사업자가 공사하는 경우는 제외)

2. 증축, 개축, 재축, 대수선 또는 구조변경·용도변경되는 특정소방대상물에 다음에 해당하는 설비 또는 구역 등을 증설하는 공사

가. 옥내·옥외소화전설비

나. 스프링클러설비·간이스프링클러설비 또는 물분무등소화설비의 방호구역, 자동화재탐지설비의 경계구역, 제연설비의 제연구역(소방용 외의 용도와 겸용되는 제연설비를 기계설비공사업자가 공사하는 경우는 제외), 연결살수설비의 살수구역, 연결송수관설비의 송수구역, 비상콘센트설비의 전용회로, 연소방지설비의 살수구역

3. 특정소방대상물에 설치된 소방시설 등을 구성하는 다음에 해당하는 것의 전부 또는 일부를 교체하거나 보수하는 공사. 다만, 고장 또는 파손 등으로 인하여 작동시킬 수 없는 소방시설을 긴급히 교체하거나 보수하여야 하는 경우에는 신고하지 않을 수 있다.

가. 수신반(受信盤)

나. 소화펌프

다. 동력(감시)제어반

⑦ 현장확인 대상 특정소방대상물

완공검사를 위한 현장확인 대상 특정소방대상물의 범위는 특정소방대상물 중 다음의 대상물을 말한다.[186]

1. 청소년시설, 노유자(老幼者)시설, 문화집회 및 운동시설, 판매시설, 숙박시설, 창고시설, 지하상가, 다중이용업소

186) 소방시설공사법 시행령(대통령령 제23571호, 2012.1.31) 제5조(완공검사를 위한 현장확인 대상 특정소방대상물의 범위).

2. 가스계(이산화탄소·할로겐화합물·청정소화약제)소화설비(호스릴소화설비는 제외)가 설치되는 것
3. 연면적 1만제곱미터 이상이거나 11층 이상인 특정소방대상물(아파트는 제외)
4. 가연성가스를 제조·저장 또는 취급하는 시설 중 지상에 노출된 가연성가스탱크의 저장용량 합계가 1천톤 이상인 시설

⑧ 공사감리자 지정대상 특정소방대상물

공사감리자 지정대상 특정소방대상물의 범위는 다음에 해당하는 특정소방대상물을 말한다.[187]

1. 연면적 1천제곱미터 이상의 특정소방대상물. 다만, 다음에 해당하는 특정소방대상물은 제외한다.
   가. 비상경보설비를 설치하는 특정소방대상물
   나. 증축, 개축, 재축, 대수선 또는 구조변경·용도변경으로 인하여 다음의 어느 하나에 해당하는 소방시설을 추가로 설치하는 특정소방대상물
      1) 소화설비: 수동식소화기·자동식소화기 또는 간이소화용구
      2) 단독경보형감지기
      3) 비상방송설비
      4) 누전경보기
      5) 자동화재속보설비
      6) 가스누설경보기
      7) 피난설비 : 미끄럼대, 피난사다리, 구조대, 완강기, 피난교, 피난밧줄, 공기안전매트, 방열복, 공기호흡기, 인공소생기, 유도등, 유도표지, 비상조명등 또는 휴대용비상조명등
2. 자동화재탐지설비, 옥내소화전설비, 스프링클러설비, 물분무등소화설비(호스릴소화설비는 제외) 또는 제연설비를 설치하여야 하는 특정소방대상물. 다만, 지하구(地下溝)는 제외한다.
3. 길이가 1천미터 이상인 지하구. 다만, 제1호 각 목에 해당하는 소방시설을 설치하는 것은 제외한다.

187) 소방시설공사법 시행령(대통령령 제23571호, 2012.1.31) 제10조(공사감리자 지정대상 특정소방대상물의 범위).

제 2 절 기계경비시스템 기획설계

1. 기계경비시스템

(1) 기계경비시스템

기계경비시스템(Electronic Security System)은 사람의 생명과 재산, 시설물, 정보 등 중요한 자산을 보호하기 위하여 감지기 등 다양한 기계장치를 이용하여 감시하고 이상이 발생할 경우 사람 및 기계장치의 상호 협력에 의해 조치되는 시스템을 의미한다. 기계경비시스템은 상주하는 사람에 의해 운영되는 로컬(Local) 기계경비시스템과 원격지의 관제시설에 의해 운영되는 무인 기계경비시스템으로 구분한다.[188)]

로컬(Local) 기계경비시스템은 소수의 경비원으로 적합한 감지기와 감지된 장소의 영상을 볼 수 있는 CCTV 시스템을 이용하여 자체의 중앙관리센터에서 감시, 관리하고, 외부 침입자에 의해 침입신호가 중앙관리센터에 수신되면 상주 경비원이 출동, 대처하는 시스템으로써 일반적으로 학교, 공장, 공항, 항만 등 대규모 시설에서 주로 사용되고, 그 구성은 감지장치, 경보장치, 주장치(Controller, 컨트롤러), 확인장치, 통제장치(관제시설),현장요원 등으로 구분할 수 있다.[189)]

무인 기계경비시스템은 각종 감지기 및 컨트롤러를 설치한 다수의 감시 장소에 경비원을 배치하지 않고, 감시 장소에서 발생된 이상신호가 관제시설에 수신되면, 관제시설에서는 출동차량으로 지령하고 출동차량이 출동하여 대처하는 시스템을 의미한다. 경비시설물을 무인화로 운영하며 모든 발생 상황에 대한 내용은 통신회선을 통해 관제시설로 송신하여 관리하고 방범, 화재, 가스, 비상 등의 서비스를 제공하는 시스템으로써 일반적으로 경비원이 상주하지 않는 주택, 사무실, 상점, 공장 등 시설물을 대상으로 하며 경우에 따라서는 관공서 등도 포함될 수 있고, 그 구성은 감지장치, CCTV, 주장치(Controller, 컨트롤러), 통신장치, 경보장치, 통제장치(관제장치), 출동요원 등으로 구분할 수 있다.[190)]

---

188) 주일엽, 기계경비개론, 도서출판 진영사, 2012, p. 64, 내용 재구성.
189) 안창훈 · 이강열 · 최주호, 시큐리티시스템 개론, 인포더, 2004, p. 48; 주일엽, 기계경비개론, 도서출판 진영사, 2012, pp.66-67, 내용 재구성.

(2) 감지기[191]

감지기(센서, Sensor)는 기본적으로 시각, 후각, 청각, 미각, 촉각 등 인간의 오감(五感)에 해당하는 기능을 선택적 또는 복합적으로 수행하고, 감지한 신호나 자극을 인간의 두뇌에 해당하는 마이크로프로세서(Micro Processor), 또는 컴퓨터에 전달하여 이를 판단하게 하는 기기이다. 인간의 시각을 대신하는 감지기는 광(光) 감지기, 후각을 대신하는 감지기는 가스 감지기, 온도 감지기, 청각을 대신하는 감지기는 소리 감지기, 압력 감지기, 미각을 대신하는 감지기는 화학 감지기, 촉각을 감지하는 감지기는 압력 감지기, 온도 감지기, 습도 감지기 등이 있다. 감지기가 감지하는 물리량은 시각, 후각, 청각, 미각, 촉각 외에도 힘, 자기, 변위, 진동, 속도, 회전, 유량, 유속, 성분, 가시광선, 적외선, 초음파, 전파, 방사선 등 매우 다양하다.[192]

감지기는 가정, 방범, 화재, 시설, 안전, 교통, 의학, 환경 등 우리의 일상생활 및 산업현장에서 광범위하게 이용되고 있다. 감지기는 응용분야, 송신방법, 감지원리, 작용형식, 감지구역 등에 따라 분류할 수 있다. 응용분야에 의한 분류는 침입 또는 이동을 감지하는 방범용 감지기, 화재 등 사고를 감지하는 방재용 감지기가 있으며, 송신방법에 의한 분류는 감지신호를 유선으로 전달하는 유선 감지기, 감지신호를 유선으로 전달하는 무선 감지기가 있다. 감지원리에 의한 분류는 빛의 성질을 이용하는 광학적 감지기, 자기장, 자력을 이용하는 전자적 감지기, 힘과 운동의 관계를 이용하는 역학적 감지기, 열 변화와 열 이동을 이용하는 열학적 감지기, 물질의 변화를 이용하는 화학적 감지기가 있다. 작용형식에 의한 분류는 스스로 신호를 출력하는 능동형 감지기, 외부자극에 의해 신호를 출력하는 수동형 감지기가 있고, 감지구역에 의한 분류는 일정 지점을 감지하는 점경계 감지기, 일정 면을 감지하는 면경계 감지기, 일정 공간을 감지하는 입체경계 감지기가 있다.[193]

---

190) 안창훈 · 이강열 · 최주호, 시큐리티시스템 개론, 인포더, 2004, p. 49; 주일엽, 기계경비개론, 도서출판 진영사, 2012, pp.66-67, 내용 재구성; 기계경비시스템에 대한 주요용어는 [부록 4] 기계경비시스템 주요용어를 참조할 것.

191) 기계경비지도사 2차 시험과목인 '기계경비 기획 및 설계'의 출제기준 중에서 감지기의 기획 및 설계에 대하여 규정하고 있는데 크게 감지기의 기능 및 유형, 감지기의 기능화와 집적화 등을 명시하고 있는 점을 감안하여 이에 대해 정리하였다.

192) 주일엽, 기계경비개론, 도서출판 진영사, 2012, pp.71-72, 내용 재구성.

193) 이강열, 기계경비개론, 백산출판사, 2008, pp.148-151, 내용 재구성; 주일엽, 기계경비개론, 도서출판 진영사, 2012, pp.73-74, 내용 재구성.

감지기가 이용하는 물리효과로는 광전효과(光電效果), 열전효과(熱電效果), 초전효과(招電效果), 압전효과(壓電效果), 도플러효과(Doppler 效果), 홀효과(Hall 效果), 자기저항효과(磁氣抵抗效果) 등이 있다. 광전효과는 빛이 반도체에 조사(照射)되면, 조사된 부분과 조사되지 않은 부분 사이에 전위차(기전력)가 발생하는 현상을 의미한다. 반도체 내부에는 자유전자들이 많이 존재하는데 빛을 조사하면 빛 에너지가 전달되어 속도가 커진 자유전자가 반도체 외부로 방출된다. 열전효과는 열이 전달된 부분과 전달되지 않은 부분 사이에 전위차(기전력)가 발생하는 현상을 의미한다. 대표적인 열전효과로는 두 개의 다른 도체로 개방회로를 만들고 각각의 접속점에 저온, 고온의 다른 온도를 유지하면 회로 내에 전위차가 발생하는 제벡(Seedback) 효과, 두 개의 다른 도체로 폐쇄회로를 만들고 전류를 흐리면 각각의 접속점에 온도차가 발생하는 펠티에(Peltier) 효과가 있다. 초전효과는 결정의 온도가 상승하면 결정내의 전하배치가 변하고 분극이 발생하여 전위차(기전력)가 발생하는 현상을 의미한다. 압전효과는 어떤 종류의 결정판에 일정한 방향에서 압력을 가하면 결정판의 양면에 외력에 비례하는 양전하와 음전하가 발생하여 전위차(기전력)가 발생하는 현상을 의미한다. 대표적인 압전효과로는 수정 결정판의 양면에 압력을 가하면 다른 양면에 전위차(기전력)가 발생하는 피에조(Piezo) 효과가 있다. 도플러효과(Doppler Effect)는 소리, 전파 등 파동의 파동 발생원과 관찰자의 상대 속도에 따라 진동수와 파장에 차이가 나는 현상을 의미한다. 홀효과(Hall Effect)는 자기장 속의 도체에 대하여 자기장의 직각방향으로 전류를 흐르는 경우 각각의 자기장과 전류에 직각방향으로 전기장이 발생하는 현상을 의미한다. 자기저항효과는 도체에 자기장을 가할 경우 전기저항이 증가하고 그 증가하는 전기저항은 자기장 세기의 제곱에 비례하는 현상을 의미한다.

감지기가 갖추어야 하는 조건은 다음과 같다. 첫째, 기상조건이나 주변환경에 영향을 받지 않고 설치된 장소에서 이상상황을 반드시 감지해야 하는 신뢰성을 갖추어야 한다. 둘째, 전문가뿐만 아니라 일반인도 쉽게 다룰 수 있도록 복잡하지 않고 취급이 간편해야 한다. 셋째, 기계경비에 사용되는 감지기는 주로 범죄예방이나 안전을 목적으로 설치되므로 일반적으로 보이지 않도록 설치하고 보일 경우에는 미관을 해치지 않도록 디자인이 되어야 한다. 넷째, 장기간 성능을 유지할 수 있어야 하며 내구성을 갖추어야 한다. 다섯째, 시스템 구축에 있어서 경제적으로 부담을 주지 않을 정도의 가격을 유지해야 한다.

감지기의 집적화·기능화도 중요한데 감지기의 집적화는 일반적으로 반도체 집저

회로 기술을 도입하여 영차원인 점의 감지로부터 1차원, 2차원, 2차원의 검출로 그 감지 공간을 확대하는 것을 의미하며 감지기의 저비용화, 소형화, 신뢰성 향상을 가능하게 한다. 이를 구체적으로 살펴보면 '동일한 감지기의 동일면 상 다수 배치'와 '감지기 부가회로의 일체화'로 구분되는데 '동일한 감지기의 동일면 상 다수 배치'는 다수의 센서를 일렬로 배치한 것을 일차원 감지기, 매트릭스 상에 배치한 것을 이차원 감지기라고 한다. '감지기 부가회로의 일체화'는 증폭회로, 연산회로, 온도보상회로 등 종래의 감지기의 후단에 부착되던 것을 감지기와 일체화하여 1개의 집합체로 구성하는 것을 의미한다. 감지기의 기능화는 감지기가 단순하거나 단일기능이 아닌 보다 복잡한 또는 복잡화된 기능을 동시에 가지는 검출장치가 되는 것을 의미한다. 이외에도 감지기 고유의 기능뿐만 아니라 신호처리 등 다른 기능도 보유한다는 의미도 내포하고 있다.[194)]

2. 기계경비시스템 규제방법

(1) 기본조건

1. 규제대상의 방호력, 위치, 용도, 환경, 운용, 감지기의 설치조건, 그리고 사회적으로 파급될 영향력 등을 고려하여 규제방법 및 규제정도를 결정해야 한다.
2. 사용자의 안전을 담보할 수 있도록 경비대상물이 반드시 규제될 수 있도록 하고 최저의 비용으로 최대의 효과를 거둘 수 있도록 해야 한다.
3. 기계경비 기획설계 과정상의 실수로 인한 잘못이나 피해 발생 시 면책을 위한 과잉경비가 되지 않아야 한다.
4. 기계경비시스템 설치 이후 유지·관리 등 운용비용이 최소가 되도록 한다.
5. 위협도, 업종, 면적 등을 고려하여 시스템을 결정하고, 입지조건에 따라 차등 규제한다.

194) 안창훈, 기계경비시스템 기획 및 설계, 도서출판 육서당, 1999, pp.117-118; 정기룡, 기계경비시스템 기획 및 설계, 도서출판 정훈사, 1997, p. 78.

(2) 규제종류

① 외곽규제

1. 옥외의 담장, 펜스, 대문 등에 감지기를 설치하여 침입을 규제한다.
2. 외곽규제는 특약사항이 없는 한 일반적으로 면책사항이다(건물 외부에 보호자산이 있을 경우에는 건물 내부로 이동토록 사용자에게 조언 및 조정한다).
3. 외곽에 감지기를 설치하므로 식물, 동물, 바람, 강우 등의 외부환경에 따른 오경보가 발생할 수 있으므로 충분히 대비한다.
4. 적외선 감지기, 마이크로웨이브 감지기, 콤비네이션 감지기, 광케이블 감지기, 셔터 감지기 등을 사용할 수 있다.

② 외부규제

1. 건물의 창, 문, 셔터, 지붕, 벽 등에 감지기를 설치하여 침입을 규제한다.
2. 주요 출입문에 대한 규제는 필수이다.
3. 규제를 강화할 필요가 있는 금융기관, 귀금속점 등은 전 지역을 규제한다.
4. 자석 감지기, 유리 감지기, 적외선 감지기, 충격 감지기, 셔터 감지기 등을 사용할 수 있다.

③ 내부규제

1. 건물 내부의 공간이나 창, 문 등에 감지기를 설치하여 침입을 규제한다.
2. 침입 여부를 가장 정확하게 파악할 수 있는 규제방법이다.
3. 보호자산을 중심으로 규제하고 점진적으로 규제범위를 확대한다.
4. 자석 감지기, 열선 감지기, 셔터 감지기, 적외선 감지기, 초음파 감지기 등을 사용할 수 있다.

④ 자산규제

1. 보호자산에 직접 감지기를 설치하여 침입을 규제한다.
2. 금고 감지기, 충격 감지기, 진동 감지기 등을 사용할 수 있다.

(3) 장소규제

① 건물외부

1. 대상건물의 외부구조를 우선적으로 확인한다.
2. 대상건물의 주변환경을 확인한다(주택가, 유흥가, 우범지대 등).
   * 최근까지 발생한 주변지역의 범죄현황을 파악하고 대상건물에 대한 침입 또는 위협 사례를 고려한다.
3. 대상건물의 입지상태를 확인한다(기계경비 서비스 제공을 위한 출동거리, 출동시간을 고려하고, 경찰서 및 소방서의 위치도 고려한다).
4. 대상건물 주변에 위치한 인접건물의 거리, 높이, 용도, 접근통로 등을 확인한다.
5. 대상건물 주변에 위치한 수목, 전주, 담장 등을 확인한다.
6. 침입 등 상황 발생 시 외부인이 인지할 수 있도록 하는 비상등의 설치위치를 고려한다.

② 출입문

1. 출입문을 통한 침입이 가장 많으므로 우선적으로 규제한다.
2. 건물외부와 접한 출입문은 자석감지기로 규제하고, 자석감지기 설치가 어려울 경우에는 적외선 감지기나 열선 감지기를 사용하여 규제한다.
3. 출입문이 노후 되었거나 부실할 경우에는 가입자(고객)에게 개선을 요청한다.
4. 건물외부와 접하지 않은 출입문은 자산의 위치 등을 고려하여 종합적인 검토와 판단 하에 선별적으로 규제한다.

③ 창문

1. 창문의 경우도 출입문과 유사한 방법으로 침입을 많이 하므로 우선적으로 규제한다.
2. 건물외부와 접한 창문은 자석감지기로 규제하고, 자석감지기 설치가 불가할 경우에는 적외선 감지기나 열선 감지기로 규제한다.
3. 고정창은 내부에 유리 감지기로 규제한다.
4. 외부에서 침입하기 어려운 높은 위치의 창문은 별도로 규제하지 않을 수도 있다

(내부에 설치한 열선 감지기로 대신하나, 사다리, 파이프, 전신주 등을 이용한 침입 가능성이 있을 경우에는 규제한다).

④ 환기구

1. 환기구는 출입문이나 창문에 비해 침입 가능성이 낮으나 통상적으로 직경이 30cm 이상일 경우에는 환기구를 뜯어내고 침입할 수 있으므로 자석 감지기로 규제한다.
2. 환기구의 이용이 상대적으로 많은 대형 음식점, 공장, 유통업체 등에 대해서는 많은 주의가 필요하다.

⑤ 셔터

1. 고가물품을 취급하는 귀금속점, 전자상가, 명품점 등에 대해서는 셔터의 절단이나 파손을 통한 침입 가능성이 상대적으로 높다.
2. 미관 등을 고려하여 강도가 낮은 재질의 셔터를 사용하는 경우도 있으므로 이에 대해 충분히 검토한다.
3. 자석식, 적외선식 셔터 감지기를 사용하여 규제한다.

⑥ 건물내부

1. 지붕이나 천장을 통해 침입하는 경우가 있으므로 이를 우선적으로 고려한다.
2. 건물 내부에는 열선 감지기를 사용하여 주로 규제하고, 부수적으로 적외선 감지기, 초음파 감지기 등을 사용하여 규제할 수 있다.
3. 지붕 등 건물 외부에는 외곽침입감지기를 사용하여 규제할 수 있다(내부 규제가 충분할 경우에는 규제하지 않아도 무방하다).
4. 건물 외벽은 충격 감지기, 진동 감지기 등으로 규제한다.

⑦ 금고

1. 금고는 금고 감지기, 진동 감지기 등으로 규제한다.
2. 금고에 부착하는 감지기는 전면부 외에 침입자가 접할 수 있는 모든 면에 부착하고 벽면은 충격 감지기 등으로 규제한다.
3. 진동 감지기는 금고가 클 경우에는 추가로 부착하여야 한다.
4. 고객(가입자)이 금고를 보유하지 않을 경우에는 금고를 구입하도록 요청하고, 금

고는 바닥에 고정시킨다.

5. 금고에 대한 직접적인 규제 외에도 실내에 열선 감지기로 규제한다.

3. 기계경비시스템 설치관리

(1) 주장치

주장치는 주제어기, 컨트롤러(Controller)라고도 하며 경비대상시설 내에 설치된다. 사용자나 관제센터에서는 주장치를 통해 경비대상시설의 기계경비시스템을 관리할 수 있다. 주장치는 감시부, 제어부, 전원부, 표시부, 출력부, 경보부, 통신부, 조작부 등으로 구성된다[그림 5-1 참조][195]

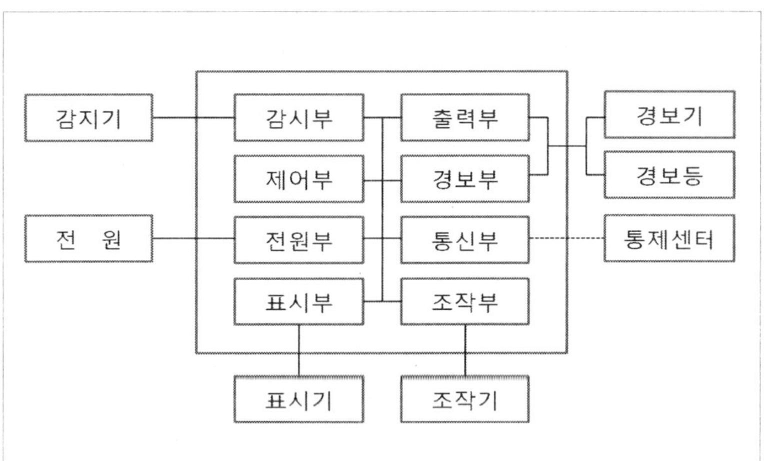

[그림 5-1] 주장치의 구성

감시부는 경비대상시설 내에 설치되어 있는 방범용 감지기, 방재용 감지기, 설비 감지기 등 각종 감지기와 통보기에서 보내오는 감지신호를 감지한다. 제어부는 사람의 두뇌와 같은 장치로서 감지 루프(LOOP) 감시 및 제어, 통신회선을 통한 신호전송

195) 주일엽, 기계경비개론, 도서출판 진영사, 2012, pp.75-76, 내용 재구성; 신상엽, 기계경비론, 백산출판사, 2008, p. 70; 주장치, 감지기 등 기계경비시스템 설치에 대한 구체적인 규정은 [부록 5] 기계경비시스템(무인·로컬 경비시스템)-설치를 참조할 것.

이상의 표시기능을 가지는데 감시부의 감지신호를 분석하여 전원부, 표시부, 조작부, 출력부, 경보부, 통신부 등을 제어한다. 전원부는 교류전원(AC)을 입력받아 직류(DC)로 출력시켜 유전원 감지기 또는 주변기기에 전원을 공급하고 예고 없는 정전 시에도 내장된 축전지로 연속적인 전원을 공급하는 장치이다. 표시부는 주장치 및 경비대상시설의 상태를 나타내며, 조작부는 경비대상시설의 사용자가 기기를 세트(Set), 해제(Open) 등 조작하거나 출동요원(대처요원)이 시스템을 관리하는데 사용된다. 출력부는 경비대상시설 내에 이상이 발생하였을 경우에 경보를 발생하며, 경보부는 경보등, 경보기 등을 의미한다. 통신부는 제어부에서 분석한 감지신호를 유선 및 무선 전송선로를 이용하여 원격지의 통제센터에 송신하고 통제센터의 지시신호를 수신하는 역할을 수행한다. 통신장치는 송신기에서 수신기로 감지신호를 신뢰성 있게 전송할 수 있도록 설계되어야 하며 기계경비시스템의 세부 규격과 전송선로의 성능에 부합되어야 한다. 전송선로 중단 등 통신이상이 발생하면 통제센터에 경보 또는 고장상태가 표시되어야 한다.

주장치의 구조는 불연성 또는 단연성의 외부함으로 보호되게 하고, 충전부는 외함부에서 사람이 손대지 못하도록 충분히 보호한다. 주전원스위치는 주장치 내부에 설치하며, 주전원 회로 및 전원출력회로에는 휴즈 등의 보호장치를 설치한다. 주전원의 작동상태를 감시할 수 있는 기능을 주장치의 전방에 설치하며, 외부함이 금속일 경우는 접지단자를 설치한다. 축전지를 부착하는 외면에 종류 및 극성을 표시한다. 설치시 방향성을 가지고 있는 기기는 명확하게 표시하고, 설치시 방향성을 가지고 있는 기기는 명확하게 표시한다.[196)]

주장치의 경우는 그 설치위치가 불량하거나 사용자의 운용이 불편하거나 불필요하게 최종루프에 구성해서는 안 되는데 주장치의 기획설계를 위한 기준은 다음과 같다.

1. 주장치는 경비대상 지역 내 출입구에서 5m 이내에 설치한다. 주장치를 출입구 인근에 설치하지 않게 되면 최종루프에 결선되는 감지기가 많아지고 지연시간이 길어지므로 침입사고 발생 시 이상신호 발생을 지연시킬 수 있기 때문이다.
2. 주장치 주변은 주장치의 발열을 고려하여 100mm 이상의 통풍 공간을 둔다.
3. 주장치를 설치하는 벽면은 주장치의 중량을 충분히 수용할 수 있는 경량벽이어야 한다.
4. 주장치는 실내공간에 설치하는 기기인 점을 고려하여 주변에 습기나 열기가 많은 곳에 설치하지 않도록 한다.

---

196) 정태황, 기계경비시스템 표준화 방안에 관한 연구, 경찰청, 2012, p. 49.

5. 복도나 통로에 설치할 경우에는 사람의 통행이나 물건의 운반에 지장을 초래하지 않도록 한다.
6. 먼지, 쓰레기 등이 많은 주변환경이 지저분한 장소, 직사광선이 투사되는 장소는 설치하지 않도록 한다.
7. 일상적인 점검이 용이한 곳에 설치한다.
8. 기계적인 진동이 없거나 낮은 곳에 설치한다.
9. 관리자가 아닌 불특정 다수의 인원이 접근하지 못하도록 가능한 한 보이지 않는 곳에 설치한다.
10. 전계나 자계가 센 곳에는 설치하지 않도록 한다.

(2) 자석 감지기[197)]

자석 감지기는 문, 창문 등이 열리는 상황을 감지하는 기능을 하는 수동형 감지기로서 침입 또는 도난 방지용으로 사용하지 않는다. 자석 감지기는 자석부(영구자석)와 센서부(리드스위치, Reed Switch)로 구성되는데 자석부는 문이나 창에 설치하고, 센서부는 문틀이나 창틀에 설치하는데 평상시에는 자석부에 의해 센서부의 접점이 붙어 있다가 개방 시에는 자석부의 이탈로 인하여 센서부의 접점이 떨어져 개방 사실을 감지하게 된다[그림 5-2 참조].

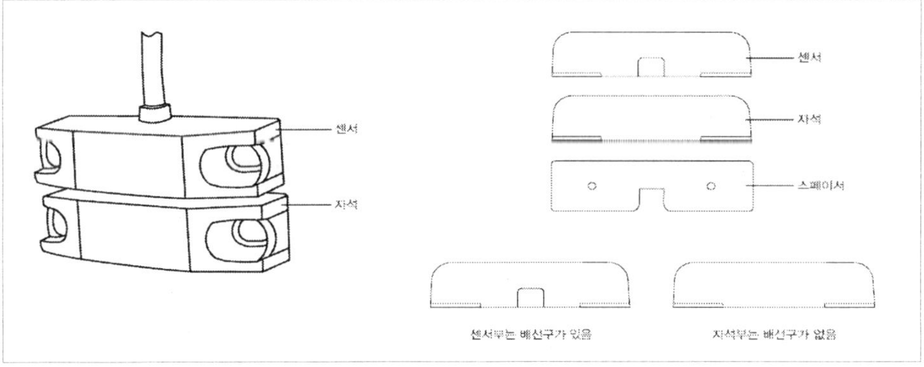

[그림 5-2] 자석감지기의 각부명칭[예시][198)]

197) 본 서에서는 자석 감지기, 열신 감지기, 적외신 감지기 등 주요 감지기의 각부명칭, 설치조건, 설치방법 등에 대하여 기술하면서 CCTV, DVR 등 우리나라의 기계경비 기기산업을 대표하는 삼성테크윈의 주요제품을 예시하였다. 따라서 타 업체에서 생산하는 유사 감지기 각부명칭, 설치조건, 설치방법 등에 동일하게 적용할 수 없다. 이는 제6장 CCTV 시스템 기획설계에서 기술한 DVR의 주요기능[표 6-3]에서도 마찬가지이다.

자석감지기의 설치조건은 다음과 같다[예시].[199]

1. 침입 또는 도난 방지용이 아닌 문, 창문 등이 열리는 상황을 감지하는 기능으로 한정하여 사용한다.
2. 접점용량은 저용량이므로 자석감지기를 통해 벨, 부저, 램프 등을 동작하지 않는다.
3. 자석감지기에 연결되는 수신반 또는 부하들 간의 배선거리가 긴 경우 선간 분포 용량으로 인하여 서지전류에 의한 제품파손 가능성이 있으므로 250m 이내에서 사용한다.
4. 사용자 임의로 감지기를 분해하지 않는다.
5. 비가 오는 장소나 습기가 많은 장소에 설치하지 않도록 주의하고 젖은 장소에 두고 동작하지 않는다.
6. 설치 시 센서부 내부의 유리관(리드스위치)이 손상될 수 있으므로 무리한 힘을 가하지 않는다.

자석 감지기의 설치방법은 다음과 같다[예시].[200]

1. 자석 감지기의 자석부와 센서부에 나사구멍이 있는 경우에는 자석부는 움직이는 문에 나사를 이용하여 부착하고, 센서부는 문틀에 나사를 이용하여 부착한다. 자석 감지기의 자석부와 센서부에 나사구멍이 없는 경우에는 자석부와 센서부의 커버를 열고, 드릴로 구멍을 내고 나사를 이용하여 고정시키는데 이 때 구멍은 나사 크기보다 0.5mm 정도 작게 내도록 한다.
2. 문이나 창문이 25~30mm 이상 열릴 때 동작이 되도록 조절한다.
3. 자석부와 센서부는 평행하게 설치하여야 하며 수직방향으로 설치하지 않도록 한다.
4. 자성체(철문)에 따라 거리가 최대 50%까지 감소될 수 있으므로 이 경우에는 '스페이서'(Spacer)를 이용하여 동작거리를 조절하여야 한다. 스페이서는 사용할 스페이서를 홈에 맞춰 겹치고 맨 위에 자석부나 센서부를 부착한 후에 길이가 알맞은 나사를 사용하여 고정하도록 한다.
5. 적용배선은 단선일 경우에는 0.65 ~ 0.9mm, 연선일 경우에는 0.5 ~ 0.75mm를 설치한다.

---

198) 삼성테크윈, 자석센서 SIM-0001/0002 사용설명서, 2010, p. 2.
199) 삼성테크윈, 자석센서 SIM-0001/0002 사용설명서, 2010, p. 2.
200) 삼성테크윈, 자석센서 SIM-0001/0002 사용설명서, 2010, pp.3-5.

6. 나사 체결 시, 전선 연결 시는 수동드라이버를 사용하고, 전선을 연결한 후에 커버를 덮는다.

(3) 열선 감지기

열선 감지기(Passive Infrared Radiation Sensor)는 실내의 벽 또는 천정에 설치하며 7~14㎛ 파장대의 원적외선을 선택적으로 인지하여 외부인의 침입 여부를 감지하는 수동형 감지기이다. 실내의 경우는 적은 설치 대수에도 불구하고 소기의 목적을 달성할 수 있고 비용을 절감할 수 있기 때문에 열선감지기에 의한 규제를 기본으로 하며, 실외의 경우는 용도에 따라 실외용 열선감지기를 설치하기도 한다[그림 5-3 참조].

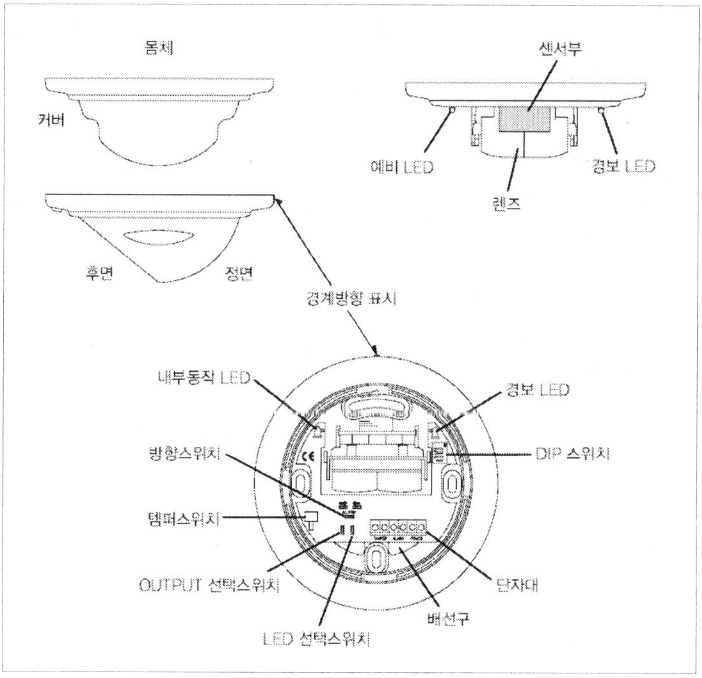

[그림 5-3] 열선감지기(천정)의 각부명칭[예시][201]

열선 감지기의 설치조건은 다음과 같다[예시].

201) 삼성테크윈, 방향성 열선 감지기 SIP-1201DD 사용설명서, 2010, p. 2.

1. 감시구역에 사각지대가 생기지 않도록 설치한다. 직사광선이 커턴, 블라인드, 셔터 등을 통해 열선감지기로 반사되거나 창문을 통해 열선감지기로 투사되지 않도록 주의한다.
2. 침입경로가 감지구역과 직각이 되도록 열선감지기의 방향을 선정한다.
3. 수영장, 주방, 보일러 등 습기가 많거나 고온이 발생하는 시설에서의 설치는 자제한다.
4. 천정 설치를 기본으로 하고 높이가 3.5m 이상이 되는 천정의 경우에는 벽 또는 기둥에 설치한다.
5. 외부에서 유입되는 바람이나 실내의 난방, 냉방에 따른 공기의 흐름, 그리고 수증기가 열선감지기에 직접 접촉되지 않도록 한다.
6. 감지기의 설치 높이는 3.5m 이하로 하며 점검이 용이한 높이로 한다.

열선 감지기의 설치방법(천정)은 다음과 같다[예시].[202]

1. 커버를 왼쪽으로 돌려 몸체로부터 분리한다.
2. 나사를 조여 부착하고 배선을 연결한다.
3. 렌즈를 가볍게 움직여 경계거리를 설정한다.
4. 커버를 오른쪽으로 돌려 덮는다.
5. 일반 벽면 사용 시에는 콘크리트 드릴로 천공하고 앵커를 삽입한 후에 설치한다.

(4) 적외선 감지기

적외선 감지기(Active Infrared Detector)는 발광 다이오드를 내장한 투광기에서 투광되는 근적외선(0.78 ~ 1.5㎛)을 포토 다이오드(또는 포토 트랜지스터)를 내장한 수광기가 감지하는 것으로 실내, 실외 모두 사용하는 능동형 감지기로서 침입자가 투광기와 수광기 사이를 통과하여 적외선의 주파수 변동이나 수신이 중단되면 경보신호를 발생한다[그림 5-4 참조].

202) 삼성테크윈, 방향성 열선 감지기 SIF-1201DD 사용설명서, 2010, p. 3.

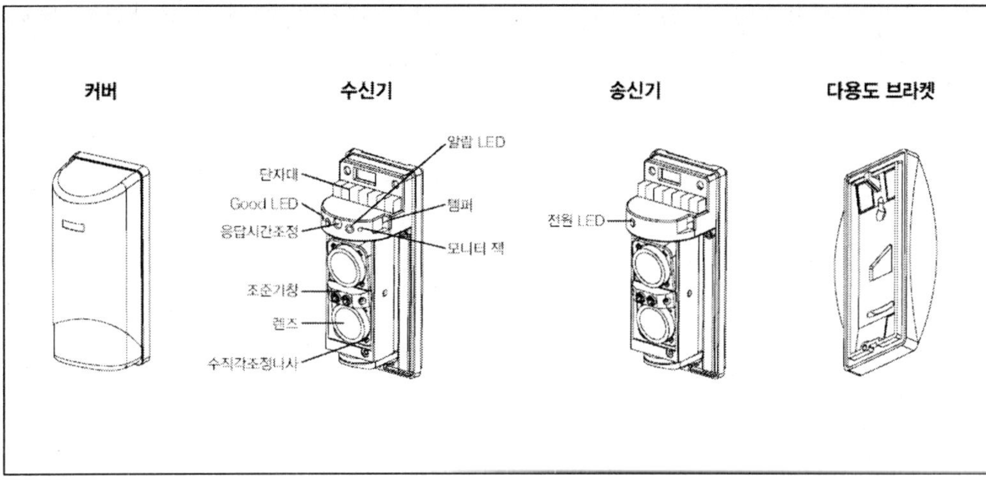

[그림 5-4] 적외선 감지기의 각부명칭[예시][203)]

적외선 감지기의 설치조건은 다음과 같다[예시].[204)]

1. 투광기, 수광기에 태양광이나 헤드라이트 등 강력한 빛이 직접 닿는 장소에는 설치하지 않는다.
2. 불안정하고 흔들리기 쉬운 장소에는 설치하지 않는다.
3. 계절적인 요인, 즉 수목 또는 덤불 등으로 적외선 광이 차단되는 장소에는 설치하지 않는다.
4. 더러운 물이나 바닷물이 계속적으로 튀는 장소에는 설치하지 않는다.

적외선 감지기의 설치방법은 다음과 같다[예시].[205)]

1. 벽면 부착
   가. 나사를 풀어 감지기 커버를 벗긴다.
   나. 브라켓 날개를 조립한다.
   다. 위 부분을 먼저 걸고 아래 부분을 나중에 장착한다.

---

203) 삼성테크윈, 적외선 센서 SIA-0010I, SIA-1212W, SIA-0010/0030/0060 사용설명서, 2010, p. 2.
204) 삼성테크윈, 방향성 열선 감지기 SIP-1201DD 사용설명서, 2010, p. 3.
205) 삼성테크윈, 방향성 열선 감지기 SIP-1201DD 사용설명서, 2010, pp.3-5.

라. 감지기 뒤쪽 부분의 얇은 배선 유입 사출물을 제거한 후 고무 배선구를 통해 배선을 당긴다.

마. 배선 완료 후 광축을 조정하고 커버를 씌운다.

2. 폴 부착

가. 폴의 입선구멍에서 배선을 빼내고 U자형 폴 브라켓을 대고 부착판을 고정한다.

나. 감지기 본체를 부착하고 단자에 배선한다.

다. 커버를 씌운다.

3. 광축 조정

가. 수신기와 송신기의 전원을 연결한다.

나. 조준기 창을 들여다보고 조준기의 거울 중앙에 상대방 감지기가 보이도록 조정한다. 보다 정확한 광축 조정을 위해서 반사경부의 수동 좌우 조정과 수직 조정 나사로 조정한다.

다. 모니터 출력에 의한 수광레벨을 확인한다. 테스트기를 이용하여 직류 전압을 측정하여 보다 정확하고 섬세한 광축 조정을 할 수 있다.

라. 테스트기의 출력 전압을 확인하고 커버를 덮는다(3.0V 이상이면 광축이 양호한 것이며, 2.9V 이하이면 광축을 재조정한다).

4. 응답속도 조정

가. 응답시간 조정볼륨을 좌우로 조정하여 응답시간을 조정한다. 왼쪽 방향으로 돌릴수록 응답 속도가 빨라지며, 오른쪽으로 돌릴수록 느려진다.

나. 응답 속도는 전력 질주는 50m/sec, 빠른 보행은 100m/sec, 일반 보행은 250m/sec, 느린 보행은 350m/sec, 휀스나 장애물 월장은 500m/sec로 조정한다.

제 3 절 자동화재탐지설비 기획설계

1. 경보설비

경보설비는 화재발생 사실을 통보하는 기계·기구 또는 설비로서 소방시설에 속하는데 소방시설은 소화설비, 경보설비, 피난설비, 소화용수설비, 소화활동설비 등이 있다. 경보설비는 비상벨설비 및 자동식사이렌설비, 단독경보형감지기, 비상방송설비, 누전경보기, 자동화재탐지설비 및 시각경보기, 자동화재속보설비, 가스누설경보기, 통합감시시설자동화재설비가 있다. 이를 구체적으로 살펴보면 다음과 같다.[206]

1. 소화설비 : 물, 그 밖의 소화약제를 사용하여 소화하는 기계·기구 또는 설비
   가. 소화기구
      1) 소화기
      2) 자동소화장치
         가) 주방용자동소화장치
         나) 캐비넷형자동소화장치
         다) 소공간자동소화장치: 가스식자동소화장치, 분말식자동소화장치 및 고체에어로졸식자동소화장치
         라) 자동확산소화장치
      3) 간이소화용구: 에어로졸식소화용구, 투척용소화용구 및 소화약제 외의 것을 이용한 간이소화용구
   나. 옥내소화전설비(호스릴옥내소화전설비를 포함)
   다. 스프링클러설비·간이스프링클러설비(캐비넷형 간이스프링클러설비를 포함한다) 및 화재조기진압용스프링클러설비
   라. 물분무등소화설비
      1) 물 분무 소화설비
      2) 미분무소화설비

206) 소방시설 설치·유지 및 안전관리에 관한 법률 시행령(대통령령 제23759호, 2012.5.1) [별표 1] 소방시설.

3) 포소화설비

4) 이산화탄소소화설비

5) 할로겐화합물소화설비

6) 청정소화약제소화설비

7) 분말소화설비

마. 강화액소화설비

바. 옥외소화전설비

2. 경보설비 : 화재발생 사실을 통보하는 기계 · 기구 또는 설비

가. 비상벨설비 및 자동식사이렌설비(이하 "비상경보설비")

나. 단독경보형감지기

다. 비상방송설비

라. 누전경보기

마. 자동화재탐지설비 및 시각경보기

바. 자동화재속보설비

사. 가스누설경보기

아. 통합감시시설

3. 피난설비 : 화재가 발생할 경우 피난하기 위하여 사용하는 기구 또는 설비

가. 미끄럼대 · 피난사다리 · 구조대 · 완강기 · 피난교 · 피난밧줄 · 공기안전매트 · 다수인 피난장비, 그 밖의 피난기구(이하 "피난기구")

나. 방열복 · 공기호흡기 및 인공소생기(이하 "인명구조기구")

다. 피난유도선, 유도등 및 유도표지

라. 비상조명등 및 휴대용비상조명등

4. 소화용수설비 : 화재를 진압하는데 필요한 물을 공급하거나 저장하는 설비

가. 상수도소화용수설비

나. 소화수조 · 저수조 그 밖의 소화용수설비

5. 소화활동설비 : 화재를 진압하거나 인명구조활동을 위하여 사용하는 설비

가. 제연설비

나. 연결송수관설비

다. 연결살수설비

라. 비상콘센트설비

마. 무선통신보조설비

바. 연소방지설비

2. 자동화재탐지설비

자동화재탐지설비는 수신기, 중계기, 감지기, 발신기, 그리고 시각경보장로 구성된다. 이를 구체적으로 살펴보면 다음과 같다[그림 5-5 참조].[207]

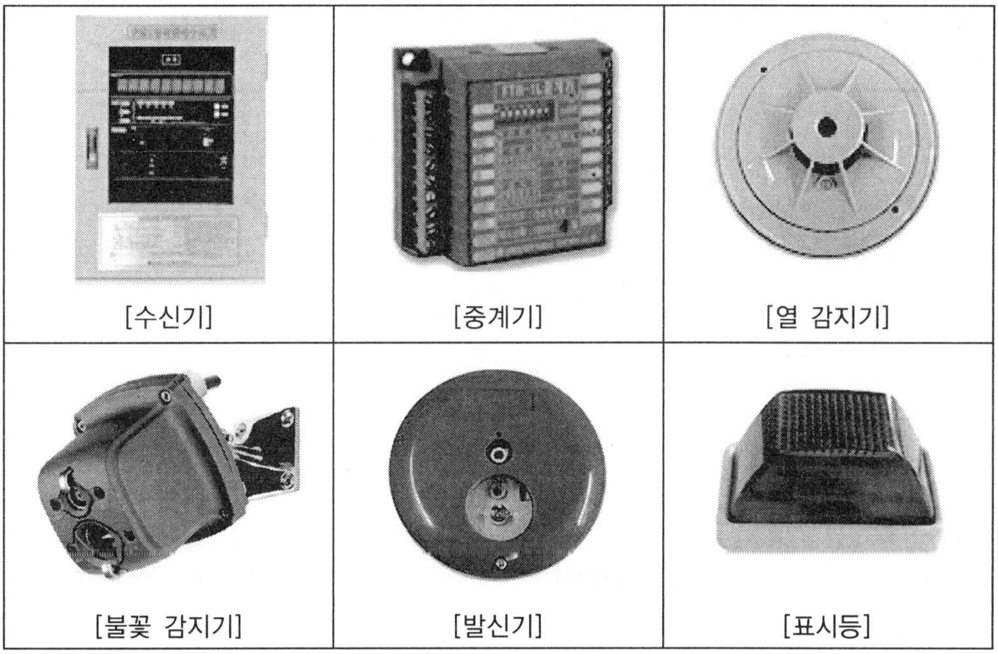

[그림 5-5] 자동화재탐지설비

수신기는 감지기나 발신기에서 발하는 화재신호를 직접 수신하거나 중계기를 통하여 수신하여 화재의 발생을 표시 및 경보하여 주는 장치를 말하는데, 각 경계구역별로 배치된 감지기, 발신기, 중계기에 의해 보내어진 감지신호 또는 화재신호를 수신

207) 자동화재탐지설비의 화재안전기준(NFSC 203, 소방방재청고시 제2012-91호, 2012.2.15) 제3조 2-6항; 소방방재청, 자동화재탐지설비의 화재안전기준(NFSC 203) 해설서, 새롬출판사, 2007, pp.4-7.

하여 기록, 표시에 의해 화재가 발생한 구역(경계구역과 일치)을 판별하게 하고 관계자에게 경보를 발신하기 위해 설치된 장치이다. 수신기는 수신방식에 따라 P형, R형과 M형으로 구분되며, P형은 성능에 따라서 1급과 2급으로 나누어진다. 그리고 가스누설신호를 받는 수신기를 G형 수신기라고 하며 이와 P형 수신기와 결합된 것은 GP형 수신기, R형과 결합된 수신기를 GR수신기라고 부른다.

중계기는 감지기·발신기 또는 전기적접점 등의 작동에 따른 신호를 받아 이를 수신기의 제어반에 전송하는 장치를 말하는데, 감지기 또는 발신기에서 보낸 화재신호, 감지기에서 보낸 화재정보신호 또는 감지기에서 가스누설신호를 받아서 그것을 수신기 또는 소화설비 제어반 등에 발신하는 것을 말한다.

감지기는 화재 시 발생하는 열, 연기, 불꽃 또는 연소생성물을 자동적으로 감지하여 수신기에 발신하는 장치를 말하는데, 화재에 의해 발생하는 물리적·화학적 현상을 감지하여 정하여진 레벨에 따라 화재로 판단한다. 감지기는 감지대상, 감지방식 등에 따라 여러 가지로 분류할 수 있는데 크게 열 감지기, 연기 감지기 및 불꽃 감지기로 구분할 수 있다. 열 감지기는 다시 감지방식에 따라 차동식, 정온식, 보상식으로 나눌 수 있으며, 감지범위에 따라 스포트형(Spot)과 분포형으로, 감지소자에 따라 공기챔버식, 바이메탈식, 반도체식, 공기관식, 열전대식, 열반도체식 등으로 나눌 수 있다. 연기 감지기는 감지방식에 따라 이온화식(Ion)과 광전식으로 나눌 수 있으며, 광전식 감지기는 감지범위에 따라 스포츠형(Spot), 분리형, 공기흡입형으로, 작동방식에 따라 산란광식과 감광식으로 구분할 수 있다. 불꽃감지기는 감지방식에 따라 적외선식, 자외선식으로 나눌 수 있으며, 설치장소에 따라 옥내형과 옥외형으로 구분할 수 있다.

발신기는 화재발생 신호를 수신기에 수동으로 발신하는 장치를 말하는데, P형, M형, T형이 있으며, 국내에서 생산되는 P형 발신기는 화재를 발견한 사람이 합성수지로 되어 있는 보호판을 파괴하고 누름스위치를 눌러서 수신기에 화재 신호를 보내는 것으로 수신기와 전화연락이 가능한 1급과 불가능한 2급으로 구분된다.

시각경보장치는 자동화재탐지설비에서 발하는 화재신호를 시각경보기에 전달하여 청각장애인에게 점멸형태의 시각경보를 하는 것을 말하는데, 청각장애인이 접근 가능한 장소 및 주변 소음으로 경종 등으로 화재경보가 불가능한 장소에 설치하여 화재 시 소방대상물의 관계자 및 거주자에게 안전한 장소로 피난을 통보하는 장치이다.

3. 자동화재탐지설비 설치관리

(1) 수신기[208)]

자동화재탐지설비의 수신기는 다음 각 호의 기준에 적합한 것으로 설치하여야 한다.

1. 해당 특정소방대상물의 경계구역을 각각 표시할 수 있는 회선수 이상의 수신기를 설치할 것
2. 4층 이상의 특정소방대상물에는 발신기와 전화통화가 가능한 수신기를 설치할 것
3. 해당 특정소방대상물에 가스누설탐지설비가 설치된 경우에는 가스누설탐지설비로부터 가스누설신호를 수신하여 가스누설경보를 할 수 있는 수신기를 설치할 것(가스누설탐지설비의 수신부를 별도로 설치한 경우에는 제외)

자동화재탐지설비의 수신기는 특정소방대상물 또는 그 부분이 지하층·무창층 등으로서 환기가 잘되지 않거나 실내면적이 40㎡ 미만인 장소, 감지기의 부착면과 실내바닥과의 거리가 2.3m 이하인 장소로서 일시적으로 발생한 열·연기 또는 먼지 등으로 인하여 감지기가 화재신호를 발신할 우려가 있는 때에는 축적기능 등이 있는 것(축적형감지기가 설치된 장소에는 감지기회로의 감시전류를 단속적으로 차단시켜 화재를 판단하는 방식외의 것을 말한다)으로 설치하여야 한다.

수신기는 다음 각 호의 기준에 따라 설치하여야 한다.

1. 수위실 등 상시 사람이 근무하는 장소에 설치할 것. 다만, 사람이 상시 근무하는 장소가 없는 경우에는 관계인이 쉽게 접근할 수 있고 관리가 용이한 장소에 설치할 수 있다.
2. 수신기가 설치된 장소에는 경계구역 일람도를 비치할 것. 다만, 모든 수신기와 연결되어 각 수신기의 상황을 감시하고 제어할 수 있는 수신기(이하 "주수신기")를 설치하는 경우에는 주수신기를 제외한 기타 수신기는 예외로 한다.
3. 수신기의 음향기구는 그 음량 및 음색이 다른 기기의 소음 등과 명확히 구별될

208) 자동화재탐지설비의 화재안전기준(NFSC 203, 소방방재청고시 제2012-91호, 2012.2.15) 제5조(수신기).

수 있는 것으로 할 것

4. 수신기는 감지기·중계기 또는 발신기가 작동하는 경계구역을 표시할 수 있는 것으로 할 것
5. 화재·가스 전기등에 대한 종합방재반을 설치한 경우에는 해당 조작반에 수신기의 작동과 연동하여 감지기·중계기 또는 발신기가 작동하는 경계구역을 표시할 수 있는 것으로 할 것
6. 하나의 경계구역은 하나의 표시등 또는 하나의 문자로 표시되도록 할 것
7. 수신기의 조작 스위치는 바닥으로부터의 높이가 0.8m 이상 1.5m 이하인 장소에 설치할 것[그림 5-6 참조]
8. 하나의 특정소방대상물에 2 이상의 수신기를 설치하는 경우에는 수신기를 상호간 연동하여 화재발생 상황을 각 수신기마다 확인할 수 있도록 할 것

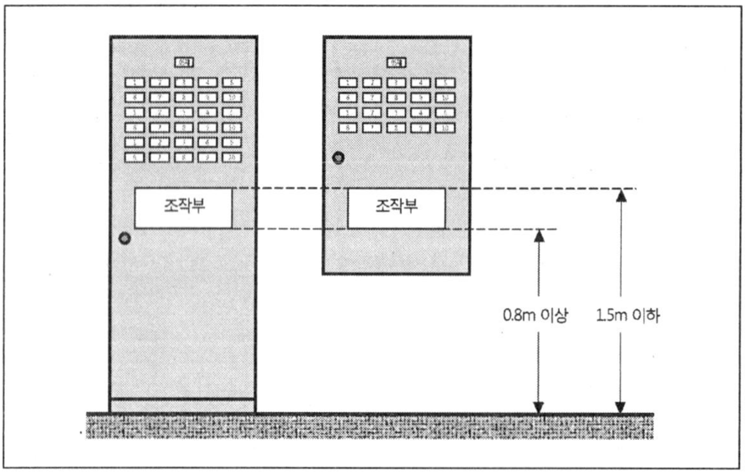

[그림 5-6] 수신기의 조작스위치 높이 예시[209)]

(2) 중계기[210)]

자동화재탐지설비의 중계기는 다음 각 호의 기준에 따라 설치하여야 한다.

---

209) 소방방재청, 자동화재탐지설비의 화재안전기준(NFSC 203) 해설서, 새롬출판사, 2007, p. 24.

210) 자동화재탐지설비의 화재안전기준(NFSC 203, 소방방재청고시 제2012-91호, 2012.2.15) 제6조(중계기).

1. 수신기에서 직접 감지기회로의 도통시험을 행하지 않는 것에 있어서는 수신기와 감지기 사이에 설치할 것
2. 조작 및 점검에 편리하고 화재 및 침수 등의 재해로 인한 피해를 받을 우려가 없는 장소에 설치할 것
3. 수신기에 따라 감시되지 않는 배선을 통하여 전력을 공급받는 것에 있어서는 전원입력 측의 배선에 과전류 차단기를 설치하고 해당 전원의 정전이 즉시 수신기에 표시되는 것으로 하며, 상용전원 및 예비전원의 시험을 할 수 있도록 할 것

(3) 감지기[211)]

자동화재탐지설비의 감지기는 부착높이에 따라 감지기를 설치하여야 한다. 다만, 지하층 · 무창층 등으로서 환기가 잘되지 않거나 실내면적이 40㎡ 미만인 장소, 감지기의 부착면과 실내바닥과의 거리가 2.3m 이하인 곳으로서 일시적으로 발생한 열 · 연기 또는 먼지 등으로 인하여 화재신호를 발신할 우려가 있는 장소(제5조제2항 본문에 따른 수신기를 설치한 장소를 제외)에는 다음 각 호에서 정한 감지기중 적응성 있는 감지기를 설치하여야 한다[표 5-2 참조].

지하구에 설치하는 감지기는 먼지 · 습기 등의 영향을 받지 않고 발화지점을 확인할 수 있는 감지기를 설치하여야 한다.

1. 불꽃감지기
2. 정온식감지선형감지기
3. 분포형감지기
4. 복합형감지기
5. 광전식분리형감지기
6. 아날로그방식의 감지기
7. 다신호방식의 감지기
8. 축적방식의 감지기

211) 자동화재탐지설비의 화재안전기준(NFSC 203, 소방방재청고시 제2012-91호, 2012.2.15) 제7조(감지기).

[표 5-2] 부착높이에 따른 감지기 설치기준

부착높이	감지기의 종류
4m 미만	차동식 (스포트형, 분포형) 보상식 스포트형 정온식 (스포트형, 감지선형) 이온화식 또는 광전식 (스포트형, 분리형, 공기흡입형)
4m 이상 8m 미만	차동식 (스포트형, 분포형) 보상식 스포트형 정온식 (스포트형, 감지선형) 특종 또는 1종 이온화식 1종 또는 2종 광전식 (스포트형, 분리형, 공기흡입형) 1종 또는 2종 열복합형 연기 복합형 열연기 복합형 불꽃 감지기
8m 이상 15m 미만	차동식 분포형 이온화식 1종 또는 2종 광전식(스포트형, 분리형, 공기흡입형) 1종 또는 2종 연기복합형 불꽃 감지기
15m 이상 20m 미만	이온화식 1종 광전식(스포트형, 분리형, 공기흡입형) 1종 연기복합형 불꽃 감지기
20m 이상	불꽃 감지기 광전식(분리형, 공기흡입형) 중 아날로그방식
비고) 1. 감지기별 부착높이 등에 대하여 별도로 형식승인 받은 경우에는 그 성능 인정범위 내에서 사용할 수 있다. 2. 부착높이 20m 이상에 설치되는 광전식 중 아날로그방식의 감지기는 공칭감지농도 하한값이 감광율 5%/m 미만인 것으로 한다.	

다음의 장소에는 연기감지기를 설치하여야 한다. 다만, 교차회로방식에 따른 감지기가 설치된 장소 또는 제1항 단서에 따른 감지기가 설치된 장소에는 예외로 한다.

1. 계단 · 경사로 및 에스컬레이터 경사로(15m 미만의 것을 제외)
2. 복도(30m 미만의 것을 제외)
3. 엘리베이터권상기실 · 린넨슈트 · 파이프 피트 및 덕트 기타 이와 유사한 장소
4. 천장 또는 반자의 높이가 15m 이상 20m 미만의 장소

감지기는 다음 각 호의 기준에 따라 설치하여야 한다. 다만, 교차회로방식에 사용되는 감지기, 급속한 연소 확대가 우려되는 장소에 사용되는 감지기 및 축적기능이 있는 수신기에 연결하여 사용하는 감지기는 축적기능이 없는 것으로 설치하여야 한다.

1. 감지기(차동식분포형의 것을 제외)는 실내로의 공기유입구로부터 1.5m 이상 떨어진 위치에 설치할 것
2. 감지기는 천장 또는 반자의 옥내에 면하는 부분에 설치할 것
3. 보상식스포트형감지기는 정온점이 감지기 주위의 평상시 최고온도보다 20℃ 이상 높은 것으로 설치할 것
4. 정온식감지기는 주방·보일러실 등으로서 다량의 화기를 취급하는 장소에 설치하되, 공칭작동온도가 최고주위온도보다 20℃ 이상 높은 것으로 설치할 것
5. 차동식스포트형·보상식스포트형 및 정온식스포트형 감지기는 그 부착 높이 및 특정소방대상물에 따라 다음 표에 따른 바닥면적마다 1개 이상을 설치할 것[표 5-3 참조]

[표 5-3] 소방대상물 높이/면적 당 감지기 설치기준

(단위 ㎡)

부착높이 및 소방대상물의 구분		감지기의 종류						
		차동식 스포트형		보상식 스포트형		정온식 스포트형		
		1종	2종	1종	2종	특종	1종	2종
4m 미만	주요구조부를 내화구조로 한 소방대상물 또는 그 부분	90	70	90	70	70	60	20
	기타 구조의 소방대상물 또는 그 부분	50	40	50	40	40	30	15
4m 이상 8m 미만	주요구조부를 내화구조로 한 소방대상물 또는 그 부분	45	35	45	35	35	30	
	기타 구조의 소방대상물 또는 그 부분	30	25	30	25	25	15	

6. 스포트형감지기는 45° 이상 경사되지 않도록 부착할 것
7. 공기관식 차동식분포형감지기는 다음의 기준에 따를 것
   가. 공기관의 노출부분은 감지구역마다 20m 이상이 되도록 할 것
   나. 공기관과 감지구역의 각 변과의 수평거리는 1.5m 이하가 되도록 하고, 공기관 상호간의 거리는 6m(주요 구조부를 내화구조로 한 특정소방대상물 또는 그 부분에 있어서는 9m) 이하가 되도록 할 것
   다. 공기관은 도중에서 분기하지 않도록 할 것
   라. 하나의 검출부분에 접속하는 공기관의 길이는 100m 이하로 할 것
   마. 검출부는 5° 이상 경사되지 않도록 부착할 것
   바. 검출부는 바닥으로부터 0.8m 이상 1.5m 이하의 위치에 설치할 것
8. 열전대식 차동식분포형감지기는 다음의 기준에 따를 것
   가. 열전대부는 감지구역의 바닥면적 18㎡(주요구조부가 내화구조로 된 특정소방대상물에 있어서는 22㎡)마다 1개 이상으로 할 것. 다만, 바닥면적이 72㎡(주요구조부가 내화구조로 된 특정소방대상물에 있어서는 88㎡) 이하인 특정소방대상물에 있어서는 4개 이상으로 하여야 한다.
   나. 하나의 검출부에 접속하는 열전대부는 20개 이하로 할 것. 다만, 각각의 열전대부에 대한 작동여부를 검출부에서 표시할 수 있는 것(주소형)은 형식승인 받은 성능인정범위내의 수량으로 설치할 수 있다.
9. 열반도체식 차동식분포형감지기는 다음의 기준에 따를 것
   가. 감지부는 그 부착높이 및 특정소방대상물에 따라 다음 표에 따른 바닥면적마다 1개 이상으로 할 것. 다만, 바닥면적이 면적의 2배 이하인 경우에는 2개(부착높이가 8m 미만이고, 바닥면적이 다음 표에 따른 면적 이하인 경우에는 1개) 이상으로 하여야 한다[표 5-4 참조].

[표 5-4] 열반도체식 차동식분포형감지기 설치기준

(단위 ㎡)

부착높이 및 소방대상물의 구분		감지기의 종류	
		1종	2종
8m 미만	주요구조부가 내화구조로 된 소방대상물 또는 그 구분	65	36
	기타 구조의 소방대상물 또는 그 부분	40	23
8m 미만 15m 미만	주요구조부가 내화구조로 된 소방대상물 또는 그 부분	50	36
	기타 구조의 소방대상물 또는 그 부분	30	23

나. 하나의 검출기에 접속하는 감지부는 2개 이상 15개 이하가 되도록 할 것. 다만, 각각의 감지부에 대한 작동여부를 검출기에서 표시할 수 있는 것(주소형)은 형식승인 받은 성능인정범위내의 수량으로 설치할 수 있다.

10. 연기감지기는 다음의 기준에 따라 설치할 것

가. 감지기의 부착높이에 따라 바닥면적마다 1개 이상으로 할 것[표 5-5 참조]

[표 5-5] 연기감지기 설치기준

(단위 ㎡)

부착높이	감지기의 종류	
	1종 및 2종	3종
4m 미만	150	50
4m 이상 20m 미만	75	

나. 감지기는 복도 및 통로에 있어서는 보행거리 30m(3종에 있어서는 20m)마다, 계단 및 경사로에 있어서는 수직거리 15m(3종에 있어서는 10m)마다 1개 이상으로 할 것

다. 천장 또는 반자가 낮은 실내 또는 좁은 실내에 있어서는 출입구의 가까운 부분에 설치할 것

라. 천장 또는 반자부근에 배기구가 있는 경우에는 그 부근에 설치할 것

마. 감지기는 벽 또는 보로부터 0.6m 이상 떨어진 곳에 설치할 것[그림 5-7 참조]

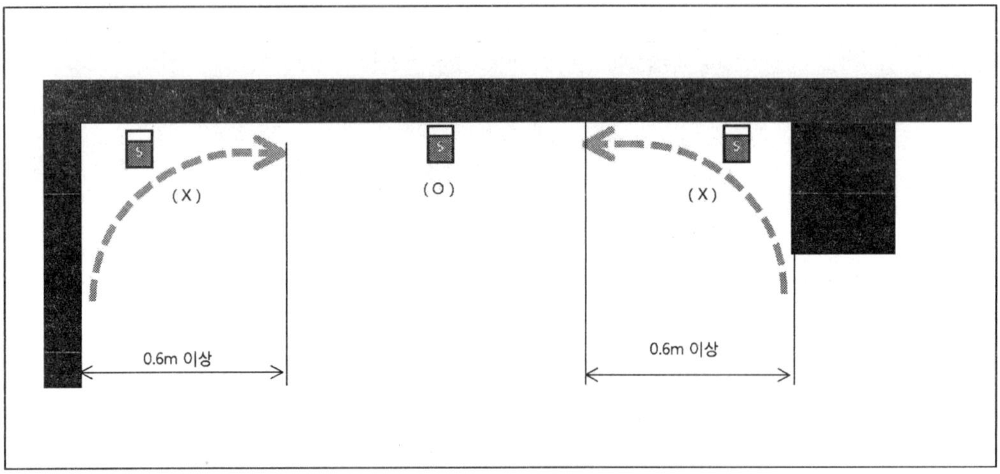

[그림 5-7] 벽/보에서의 감지기 설치 위치[212]

11. 열복합형감지기의 설치에 관하여는 제3호 및 제9호를, 연기복합형감지기의 설치에 관하여는 제10호를, 열연기복합형감지기의 설치에 관하여는 제5호 및 제10호 나목 또는 마목을 준용하여 설치할 것
12. 정온식감지선형감지기는 다음의 기준에 따라 설치할 것
  가. 보조선이나 고정금구를 사용하여 감지선이 늘어지지 않도록 설치할 것
  나. 단자부와 마감 고정금구와의 설치간격은 10㎝ 이내로 설치할 것
  다. 감지선형 감지기의 굴곡반경은 5㎝ 이상으로 할 것
  라. 감지기와 감지구역의 각부분과의 수평거리가 내화구조의 경우 1종 4.5m 이하, 2종 3m 이하로 할 것. 기타 구조의 경우 1종 3m 이하, 2종 1m 이하로 할 것
  마. 케이블트레이에 감지기를 설치하는 경우에는 케이블트레이 받침대에 마감금구를 사용하여 설치할 것

212) 소방방재청, 자동화재탐지설비의 화재안전기준(NFSC 203) 해설서, 새롬출판사, 2007, p. 50.

바. 지하구나 창고의 천장 등에 지지물이 적당하지 않는 장소에서는 보조선을 설치하고 그 보조선에 설치할 것
사. 분전반 내부에 설치하는 경우 접착제를 이용하여 돌기를 바닥에 고정시키고 그 곳에 감지기를 설치할 것
아. 그 밖의 설치방법은 형식승인 내용에 따르며 형식승인 사항이 아닌 것은 제조사의 시방(示方)에 따라 설치할 것

13. 불꽃감지기는 다음의 기준에 따라 설치할 것
가. 공칭감시거리 및 공칭시야각은 형식승인 내용에 따를 것
나. 감지기는 공칭감시거리와 공칭시야각을 기준으로 감시구역이 모두 포용될 수 있도록 설치할 것
다. 감지기는 화재감지를 유효하게 감지할 수 있는 모서리 또는 벽 등에 설치할 것
라. 감지기를 천장에 설치하는 경우에는 감지기는 바닥을 향하여 설치할 것
마. 수분이 많이 발생할 우려가 있는 장소에는 방수형으로 설치할 것
바. 그 밖의 설치기준은 형식승인 내용에 따르며 형식승인 사항이 아닌 것은 제조사의 시방에 따라 설치할 것

14. 아날로그방식의 감지기는 공칭감지온도범위 및 공칭감지농도범위에 적합한 장소에, 다신호방식의 감지기는 화재신호를 발신하는 감도에 적합한 장소에 설치할 것. 다만, 이 기준에서 정하지 않는 설치방법에 대하여는 형식승인 사항이나 제조사의 시방에 따라 설치할 수 있다.

15. 광전식분리형감지기는 다음의 기준에 따라 설치할 것
가. 감지기의 수광면은 햇빛을 직접 받지 않도록 설치할 것
나. 광축(송광면과 수광면의 중심을 연결한 선)은 나란한 벽으로부터 0.6m 이상 이격하여 설치할 것
다. 감지기의 송광부와 수광부는 설치된 뒷벽으로부터 1m이내 위치에 설치할 것
라. 광축의 높이는 천장 등(천장의 실내에 면한 부분 또는 상층의 바닥하부면) 높이의 80 % 이상일 것
마. 감지기의 광축의 길이는 공칭감시거리 범위이내 일 것
바. 그 밖의 설치기준은 형식승인 내용에 따르며 형식승인 사항이 아닌 것은 제조사의 시방에 따라 설치할 것

다음의 장소에는 각각 광전식분리형감지기 또는 불꽃감지기를 설치하거나 광전식공기흡입형감지기를 설치할 수 있다.

1. 화학공장 · 격납고 · 제련소 등 : 광전식분리형감지기 또는 불꽃감지기. 이 경우 각 감지기의 공칭감시거리 및 공칭시야각등 감지기의 성능을 고려하여야 한다.
2. 전산실 또는 반도체 공장 등 : 광전식공기흡입형감지기. 이 경우 설치장소 · 감지면적 및 공기흡입관의 이격거리 등은 형식승인 내용에 따르며 형식승인 사항이 아닌 것은 제조사의 시방에 따라 설치하여야 한다.

감지기를 설치하지 않아도 무방한 장소는 다음과 같다.

1. 천장 또는 반자의 높이가 20m 이상인 장소. 다만, 제1항 단서 각호의 감지기로서 부착높이에 따라 적응성이 있는 장소는 제외한다.
2. 헛간 등 외부와 기류가 통하는 장소로서 감지기에 따라 화재발생을 유효하게 감지할 수 없는 장소
3. 부식성가스가 체류하고 있는 장소
4. 고온도 및 저온도로서 감지기의 기능이 정지되기 쉽거나 감지기의 유지관리가 어려운 장소
5. 목욕실 · 욕조나 샤워시설이 있는 화장실 · 기타 이와 유사한 장소
6. 파이프덕트 등 그 밖의 이와 비슷한 것으로서 2개 층마다 방화구획된 것이나 수평단면적이 5㎡ 이하인 것
7. 먼지 · 가루 또는 수증기가 다량으로 체류하는 장소 또는 주방 등 평시에 연기가 발생하는 장소(연기감지기에 한정)
8. 실내의 용적이 20㎥ 이하인 장소
9. 프레스공장 · 주조공장 등 화재발생의 위험이 적은 장소로서 감지기의 유지관리가 어려운 장소

일시적으로 발생한 열 · 연기 또는 먼지 등으로 인하여 화재신호를 발신할 우려가 있는 장소에는 [표 5-6] 및 [표 5-7]에 따라 그 장소에 적응성 있는 감지기를 설치할 수 있으며, 연기감지기를 설치할 수 없는 장소에는 [표 5-6]을 적용하여 설치할 수 있다. 층수가 30층 이상의 특정소방대상물에 설치하는 감지기는 아날로그방식의 감지기로서 감지기의 작동 및 설치위치를 수신기에서 확인할 수 있는 것으로 설치하여야 한다.

[표 5-6] 설치장소별 감지기 적응성(1)

설치장소		적응열감지기									불꽃감지기	비고
환경상태	적응장소	차동식스포트형		차동식분포형		보상식스포트형		정온식		열아날로그식		
		1종	2종	1종	2종	1종	2종	특종	1종			
먼지 또는 미분 등이 다량으로 체류하는 장소	쓰레기장, 하역장, 도장실, 섬유·목재·석재 등 가공공장	○	○	○	○	○	○	○	○	○	○	1. 불꽃감지기에 따라 감시가 곤란한 장소는 적응성이 있는 열감지기를 설치할 것. 2. 차동식분푸형감지기를 설치하는 경우에는 검출부에 먼지, 미분 등이 침입하지 않도록 조치할 것. 3. 차동식스포트형감지기 또는 보상식스포트형감지기를 설치하는 경우에는 검출부에 먼지, 미분 등이 침입하지 않도록 조치할 것. 4. 정온식감지기를 설치하는 경우에는 특종으로 설치할 것. 5. 섬유, 목재가공 공장 등 화재확대가 급속하게 진행될 우려가 있는 장소에 설치하는 경우 정온식감지기는 특종으로 설치할 것. 공칭작동 온도75℃이하, 열아날로그식스포트형 감지기는 화재표시 설정은 80℃이하가 되도록 할 것.
수증기가 다량으로 머무는 장소	증기세정실, 탕비실, 소독실 등	×	×	×	○	×	○	○	○	○	○	1. 차동식분포형감지기 또는 보상식스포트형감지기는 급격한 온도변화가 없는 장소에 한하여 사용할 것. 2. 차동식분포형감지기를 설치하는 경우에는 검출부에 수증기가 침입하지 않도록 조치할 것. 3. 보상식스포트형감지기, 정온식감지기 또는 열아날로그식감지기를 설치하는 경우에는 방수형으로 설치할 것. 4. 불꽃감지기를 설치할 경우 방수형으로 할 것

설치장소		적응열감지기									불꽃감지기	비고
환경상태	적응장소	차동식스포트형		차동식분포형		보상식스포트형		정온식		열아날로그식		
		1종	2종	1종	2종	1종	2종	특종	1종			
부식성가스가 발생할 우려가 있는 장소	도금공장, 축전지실, 오수처리장 등	×	×	○	○	○	○	○	○	○	○	1. 차동식분포형감지기를 설치하는 경우에는 감지부가 피복되어 있고 검출부가 부식성가스에 영향을 받지 않는것 또는 검출부에 부식성가스가 침입하지 않도록 조치할 것. 2. 보상식스포트형감지기, 정온식감지기 또는 열아날로그식스포트형감지기를 설치하는 경우에는 부식성가스의 성상에 반응하지 않는 내산형 또는 내알칼리형으로 설치할 것 3. 정온식감지기를 설치하는 경우에는 특종으로 설치할 것
주방, 기타 평상시에 연기가 체류하는 장소	주방, 조리실, 용접작업장 등	×	×	×	×	×	×	○	○	○	○	1. 주방, 조리실 등 습도가 많은 장소에는 방수형 감지기를 설치할 것. 2. 불꽃감지기는 UV/IR형을 설치할 것
현저하게 고온으로 되는 장소	건조실, 살균실, 보일러실, 주조실, 영사실, 스튜디오	×	×	×	×	×	×	○	○	○	×	
배기가스가 다량으로 체류하는 장소	주차장, 차고, 화물취급소 차로, 자가발전실, 트럭터미널, 엔진시험실	○	○	○	○	○	○	×	×	○	○	1. 불꽃감지기에 따라 감시가 곤란한 장소는 적응성이 있는 열감지기를 설치할 것. 2. 열아날로그식스포트형감지기는 화재표시 설정이 60℃ 이하가 바람직하다.

설치장소		적응열감지기									불꽃감지기	비고
환경상태	적응장소	차동식스포트형		차동식분포형		보상식스포트형		정온식		열아날로그식		
		1종	2종	1종	2종	1종	2종	특종	1종			
연기가 다량으로 유입할 우려가 있는 장소	음식물배급실, 주방전실, 주방내 식품저장실, 음식물운반용엘리베이터, 주방주변의 복도 및 통로, 식당 등	○	○	○	○	○	○	○	○	○	×	1. 고체연료 등 가연물이 수납되어 있는 음식물배급실, 주방전실에 설치하는 정온식감지기는 특종으로 설치할 것 2. 주방주변의 복도 및 통로, 식당 등에는 정온식감지기를 설치하지 말 것 3. 제1호 및 제2호의 장소에 열아날로그식스포트형감지기를 설치하는 경우에는 화재표시 설정을 60℃ 이하로 할 것.
물방울이 발생하는 장소	스레트 또는 철판으로 설치한 지붕 창고·공장, 패키지형냉각기 전용수납실, 밀폐된 지하창고, 냉동실 주변 등	×	×	○	○	○	○	○	○	○	○	1. 보상식스포트형감지기, 정온식감지기 또는 열아날로그식 스포트형감지기를 설치하는 경우에는 방수형으로 설치할 것. 2. 보상식스포트형감지기는 급격한 온도변화가 없는 장소에 한하여 설치할 것. 3. 불꽃감지기를 설치하는 경우에는 방수형으로 설치할 것
불을 사용하는 설비로서 불꽃이 노출되는 장소	유리공장, 용선로가 있는 장소, 용접실, 주방, 작업장, 주방, 주조실 등	×	×	×	×	×	×	○	○	○	×	

주) 1. "○"는 당해 설치장소에 적응하는 것을 표시, "×"는 당해 설치장소에 적응하지 않는 것을 표시
2. 차동식스포트형, 차동식분포형 및 보상식스포트형 1종은 감도가 예민하기 때문에 비화재보 발생은 2종에 비해 불리한 조건이라는 것을 유의할 것
3. 차동식분포형 3종 및 정온식 2종은 소화설비와 연동하는 경우에 한해서 사용 할 것.
4. 다신호식감지기는 그 감지기가 가지고 있는 종별, 공칭작동온도별로 따르지 말고 상기 표에 따른 적응성이 있는 감지기로 할 것

[표 5-7] 설치장소별 감지기 적응성(2)

설치장소		적응열감지기					적응연기감지기						
환경상태	적응장소	차동식스포트형	차동식분포형	보상식스포트형	정온식	열아날로그식	이온화식스포트형	광전식스포트형	이온아날로그식스포트형	광전아날로그식스포트형	광전식분리형	광전아날로그식분리형	불꽃감지기
1. 흡연에 의해 연기가 체류하며 환기가 되지 않는 장소	회의실, 응접실, 휴게실, 노래연습실, 오락실, 다방, 음식점, 대합실, 카바레 등의 객실, 집회장, 연회장 등	○	○	○				◎		◎	○	○	
2. 취침시설로 사용하는 장소	호텔 객실, 여관, 수면실 등						◎	◎	◎	◎	○	○	
3. 연기이외의 미분이 떠다니는 장소	복도, 통로 등						◎	◎	◎	◎	○	○	○
4. 바람에 영향을 받기쉬운장소	로비, 교회, 관람장, 옥탑에 있는 기계실		○					◎		◎	○	○	○
5. 연기가 멀리 이동해서 감지기에 도달하는 장소	계단, 경사로							○		○	○	○	
6. 훈소화재의 우려가 있는 장소	전화기기실, 통신기기실, 전산실, 기계제어실							○		○	○	○	
7. 넓은 공간으로 천장이 높아 열 및 연기가 확산하는 장소	체육관, 항공기 격 납고, 높은 천장의 창고·공장, 관람석 상부 등 감지기 부착 높이가 8m 이상의 장소		○								○	○	○

주) 1. "○"는 당해 설치장소에 적응하는 것을 표시
2. "◎" 당해 설치장소에 연감지기를 설치하는 경우에는 당해 감지회로에 축적기능을 갖는 것을 표시
3. 차동식스포트형, 차동식분포형, 보상식스포트형 및 연기식(당해 감지기회로에 축적 기능을 갖지않는 것)1종은 감도가 예민하기 때문에 비화재보 발생은 2종에 비해 불리한 조건이라는 것을 유의하여 따를 것
4. 차동식분포형 3종 및 정온식 2종은 소화설비와 연동하는 경우에 한해서 사용 할 것
5. 광전식분리형감지기는 평상시 연기가 발생하는 장소 또는 공간이 협소한 경우에는 적응성이 없음
6. 넓은 공간으로 천장이 높아 열 및 연기가 확산하는 장소로서 차동식분포형 또는 광전식분리형 2종을 설치하는 경우에는 제조사의 사양에 따를 것
7. 다신호식감지기는 그 감지기가 가지고 있는 종별, 공칭작동온도별로 따르고 표에 따른 적응성이 있는 감지기로 할 것
8. 축적형감지기 또는 축적형중계기 혹은 축적형수신기를 설치하는 경우에는 제7조에 따를 것.

(4) 음향장치 및 시각경보장치213)

자동화재탐지설비의 음향장치는 다음의 기준에 따라 설치하여야 한다.

1. 주음향장치는 수신기의 내부 또는 그 직근에 설치할 것[그림 5-8 참조]

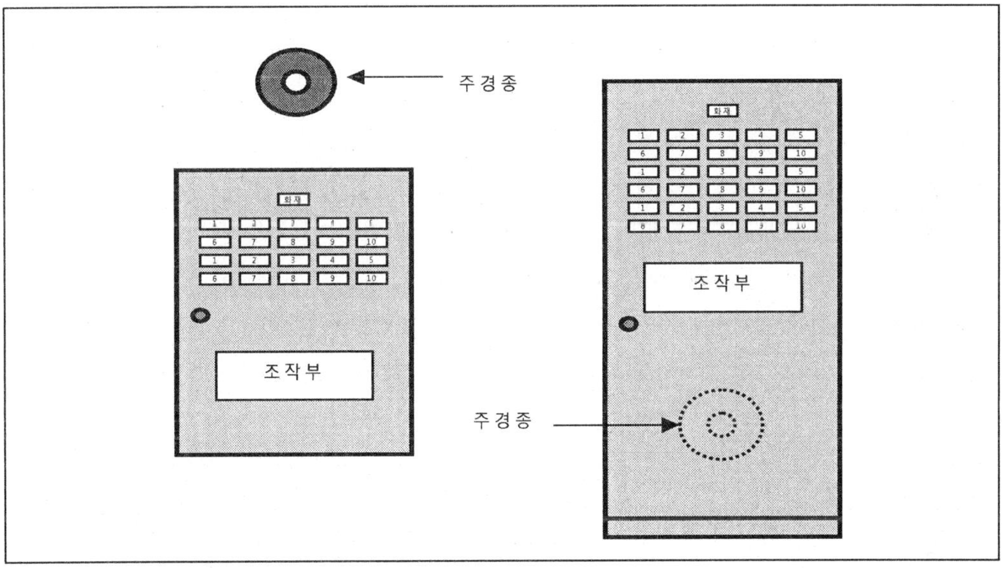

[그림 5-8] 음향장치 설치 예시214)

2. 층수가 5층 이상으로서 연면적이 3,000㎡를 초과하는 특정소방대상물은 다음 각목에 따라 경보를 발할 수 있도록 하여야 한다.
   가. 2층 이상의 층에서 발화한 때에는 발화층 및 그 직상층에 경보를 발할 것
   나. 1층에서 발화한 때에는 발화층·그 직상층 및 지하층에 경보를 발할 것
   다. 지하층에서 발화한 때에는 발화층·그 직상층 및 기타의 지하층에 경보를 발할 것

2의2. 제2호에도 불구하고 층수가 30층 이상의 특정소방대상물은 다음 각목에 따라

---

213) 자동화재탐지설비의 화재안전기준(NFSC 203, 소방방재청고시 제2012-91호, 2012.2.15) 제8조(음향장치 및 시각경보장치).

214) 소방방재청, 자동화재탐지설비의 화재안전기준(NFSC 203) 해설서, 새롬출판사, 2007, p. 75.

경보를 발할 수 있도록 하여야 한다.

가. 2층 이상의 층에서 발화한 때에는 발화층 및 그 직상 4개층에 경보를 발할 것

나. 1층에서 발화한 때에는 발화층 · 그 직상 4개층 및 지하층에 경보를 발할 것

다. 지하층에서 발화한 때에는 발화층 · 그 직상층 및 기타의 지하층에 경보를 발할 것

3. 지구음향장치는 특정소방대상물의 층마다 설치하되, 해당 특정소방대상물의 각 부분으로부터 하나의 음향장치까지의 수평거리가 25m 이하가 되도록 하고, 해당층의 각부분에 유효하게 경보를 발할 수 있도록 설치할 것. 다만, 비상방송설비의 화재안전기준(NFSC202)에 적합한 방송설비를 자동화재탐지설비의 감지기와 연동하여 작동하도록 설치한 경우에는 지구음향장치를 설치하지 않을 수 있다.
4. 음향장치는 다음의 기준에 따른 구조 및 성능의 것으로 하여야 한다.

가. 정격전압의 80% 전압에서 음향을 발할 수 있는 것으로 할 것

나. 음량은 부착된 음향장치의 중심으로부터 1m 떨어진 위치에서 90dB 이상이 되는 것으로 할 것

다. 감지기 및 발신기의 작동과 연동하여 작동할 수 있는 것으로 할 것

5. 제3호에도 불구하고 제3호의 기준을 초과하는 경우로서 기둥 또는 벽이 설치되지 않은 대형공간의 경우 지구음향장치는 설치 대상 장소의 가장 가까운 장소의 벽 또는 기둥 등에 설치 할 것

자동화재탐지설비의 시각경보장치는 성능시험업무를 위탁받은 기관에서 검증받은 것으로서 다음의 기준에 따라 설치하여야 한다.

1. 복도 · 통로 · 청각장애인용 객실 및 공용으로 사용하는 거실(로비, 회의실, 강의실, 식당, 휴게실 등)에 설치하며, 각 부분으로부터 유효하게 경보를 발할 수 있는 위치에 설치할 것
2. 공연장 · 집회장 · 관람장 또는 이와 유사한 장소에 설치하는 경우에는 시선이 집중되는 무대부 부분 등에 설치할 것
3. 설치높이는 바닥으로부터 2m 이상 2.5m 이하의 장소에 설치할 것 다만, 천장의 높이가 2 m 이하인 경우에는 천장으로부터 0.15 m 이내의 장소에 설치하여야 한다[그림 5-9 참조].

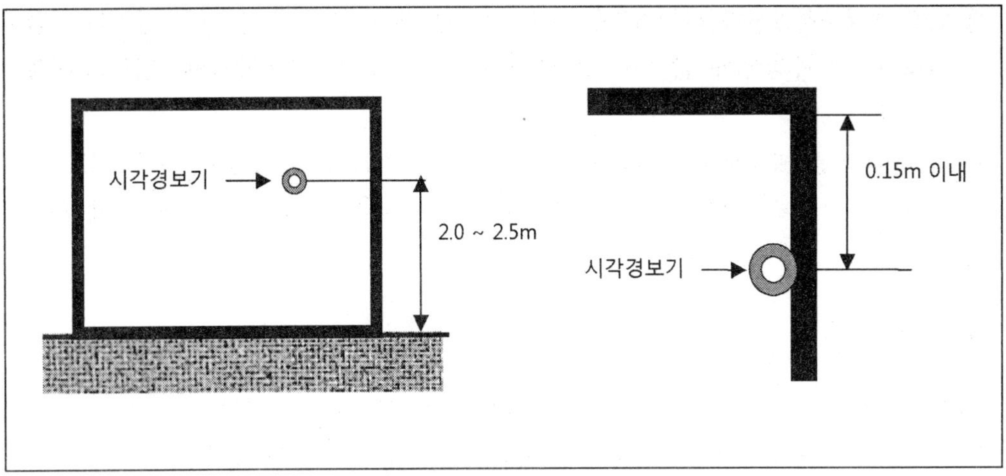

[그림 5-9] 시각경보장치 설치 예시[215)]

4. 시각경보장치의 광원은 전용의 축전지설비에 의하여 점등되도록 할 것. 다만, 시각경보기에 작동전원을 공급할 수 있도록 형식승인을 얻은 수신기를 설치 한 경우에는 예외로 한다.
5. 하나의 특정소방대상물에 2 이상의 수신기가 설치된 경우 어느 수신기에서도 지구음향장치 및 시각경보장치를 작동할 수 있도록 할 것

(5) 발신기[216)]

자동화재탐지설비의 발신기는 다음 각 호의 기준에 따라 설치하여야 한다. 다만, 지하구의 경우에는 발신기를 설치하지 않을 수 있다.

1. 조작이 쉬운 장소에 설치하고, 스위치는 바닥으로부터 0.8m 이상 1.5m 이하의 높이에 설치할 것.
2. 특정소방대상물의 층마다 설치하되, 해당 특정소방대상물의 각 부분으로부터 하나의 발신기까지의 수평거리가 25m 이하가 되도록 할 것. 다만, 복도 또는 별도로 구획된 실로서 보행거리가 40m 이상일 경우에는 추가로 설치하여야 한다.

---

215) 소방방재청, 자동화재탐지설비의 화재안전기준(NFSC 203) 해설서, 새롬출판사, 2007, p. 80.

216) 자동화재탐지설비의 화재안전기준(NFSC 203, 소방방재청고시 제2012-91호, 2012.2.15) 제9조(발신기).

3. 제2호에도 불구하고 제2호의 기준을 초과하는 경우로서 기둥 또는 벽이 설치되지 않은 대형공간의 경우 발신기는 설치 대상 장소의 가장 가까운 장소의 벽 또는 기둥 등에 설치 할 것
4. 발신기의 위치를 표시하는 표시등은 함의 상부에 설치하되, 그 불빛은 부착 면으로부터 15° 이상의 범위 안에서 부착지점으로부터 10m 이내의 어느 곳에서도 쉽게 식별할 수 있는 적색등으로 하여야 한다.

(6) 전원[217)]

자동화재탐지설비의 상용전원은 다음의 기준에 따라 설치하여야 한다.

1. 전원은 전기가 정상적으로 공급되는 축전지 또는 교류전압의 옥내 간선으로 하고, 전원까지의 배선은 전용으로 할 것
2. 개폐기에는 "자동화재탐지설비용"이라고 표시한 표지를 할 것

자동화재탐지설비에는 그 설비에 대한 감시상태를 60분간 지속한 후 유효하게 10분 이상, 층수가 30층 이상은 30분 이상 경보할 수 있는 축전지설비(수신기에 내장하는 경우를 포함)를 설치하여야 한다. 다만, 상용전원이 축전지설비인 경우에는 예외로 한다.

(7) 배선[218)]

배선은「전기사업법」제67조[219)]에 따른 기술기준에서 정한 것 외에 다음의 기준에 따라 설치하여야 한다.

1. 전원회로의 배선은 옥내소화전설비의 화재안전기준(NFSC102)에 따른 내화배선에 따르고, 그 밖의 배선(감지기 상호간 또는 감지기로부터 수신기에 이르는 감지기회로의 배선은 제외)은 옥내소화전설비의 화재안전기준(NFSC102)에 따른 내화배선 또는 내열배선에 따라 설치할 것

---

217) 자동화재탐지설비의 화재안전기준(NFSC 203, 소방방재청고시 제2012-91호, 2012.2.15) 제10조(전원).

218) 자동화재탐지설비의 화재안전기준(NFSC 203, 소방방재청고시 제2012-91호, 2012.2.15) 제11조(배선).

219) 전기사업법(법률 제10253호, 2010.4.12) 제67조(기술기준) 지식경제부장관은 전기설비의 안전관리를 위하여 필요한 기술기준(이하 "기술기준"이라 한다)을 정하여 고시하여야 한다. 이를 변경하는 경우에도 또한 같다.

2. 감지기 상호간 또는 감지기로부터 수신기에 이르는 감지기회로의 배선은 다음의 기준에 따라 설치할 것. 다만, 감지기 상호간의 배선은 600V비닐절연전선으로 설치할 수 있다.
   가. 아날로그식, 다신호식 감지기나 R형수신기용으로 사용되는 것은 전자파 방해를 방지하기 위하여 쉴드선 등을 사용할 것. 다만 전자파 방해를 받지 않는 방식의 경우에는 예외로 한다.
   나. 가목외의 일반배선을 사용할 때는 옥내소화전설비의 화재안전기준(NFSC 102)에 따른 내화배선 또는 내열배선으로 사용 할 것
3. 감지기회로의 도통시험을 위한 종단저항은 다음의 기준에 따를 것
   가. 점검 및 관리가 쉬운 장소에 설치할 것
   나. 전용함을 설치하는 경우 그 설치 높이는 바닥으로부터 1.5m 이내로 할 것
   다. 감지기 회로의 끝부분에 설치하며, 종단감지기에 설치할 경우에는 구별이 쉽도록 해당감지기의 기판 등에 별도의 표시를 할 것
4. 감지기 사이의 회로의 배선은 송배전식으로 할 것
5. 전원회로의 전로와 대지 사이 및 배선 상호간의 절연저항은「전기사업법」제67조에 따른 기술기준이 정하는 바에 의하고, 감지기회로 및 부속회로의 전로와 대지 사이 및 배선 상호간의 절연저항은 1경계구역마다 직류 250V의 절연저항측정기를 사용하여 측정한 절연저항이 0.1MΩ 이상이 되도록 할 것
6. 자동화재탐지설비의 배선은 다른 전선과 별도의 관·덕트(절연효력이 있는 것으로 구획한 때에는 그 구획된 부분은 별개의 덕트로 본다)·몰드 또는 풀박스 등에 설치할 것. 다만, 60V 미만의 약 전류회로에 사용하는 전선으로서 각각의 전압이 같을 때에는 예외로 한다.
7. P형 수신기 및 G형, P형 수신기의 감지기 회로의 배선에 있어서 하나의 공통선에 접속할 수 있는 경계구역은 7개 이하로 할 것
8. 자동화재탐지설비의 감지기회로의 전로저항은 50Ω 이하가 되도록 하여야 하며, 수신기의 각 회로별 종단에 설치되는 감지기에 접속되는 배선의 전압은 감지기 정격전압의 80% 이상이어야 할 것

제6장 CCTV 시스템 기획설계

제6장 CCTV 시스템 기획설계

제 1 절 CCTV 시스템

1. CCTV 시스템의 개념

(1) CCTV 시스템의 의의

CCTV는 Closed Circuit Television의 약자로서 우리말로는 '폐쇄회로 텔레비전'이라고 한다[그림 6-1 참조]. CCTV는 방범, 산업, 교육, 병원 등 특정 목적을 위해 촬영한 영상정보를 특정 인물에게 전송하는 텔레비전 시스템이라고 할 수 있으며, CCTV의 상대적인 개념으로 영상정보를 불특정 다수에게 전송하는 개방회로 텔레비전(Open Circuit Television)이 있다.[220)]

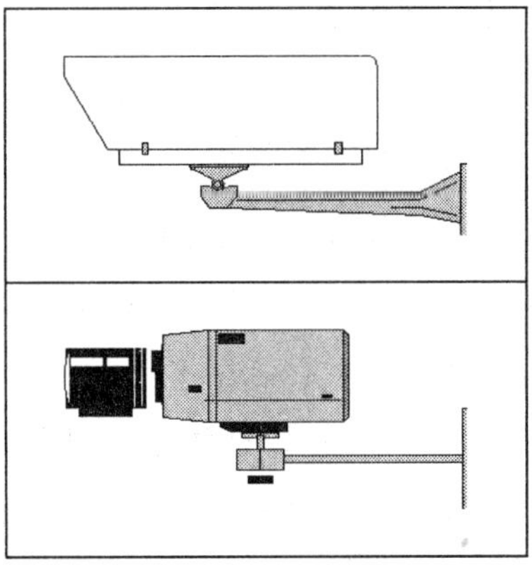

[그림 6-1] CCTV

개인정보보호법 시행령 제3조(영상정보처리기기의 범위)에서 정의하고 있는 CCTV의 법률적 개념, 즉 영상정보처리기기의 범위로는 폐쇄회로 텔레비전과 네트워크 카메라로 구분되는데 폐쇄회로 텔레비전은 "일정한 공간에 지속적으로 설치된 카메라를 통하여 영상 등을 촬영하거나 촬영한 영상정보를 유무선 폐쇄회로 등의 전송로를 통하여 특정 장소에 전송하는 장치, 그리고 앞에서 정의한 장치에서 촬영되거나 전송된 영상정보

220) 주일엽, 기계경비개론, 도서출판 진영사, 2012, pp.153, 내용 재구성.

를 녹화·기록할 수 있도록 하는 장치"를 의미하며, 네트워크 카메라는 "일정한 공간에 지속적으로 설치된 기기로 촬영한 영상정보를 그 기기를 설치·관리하는 자가 유무선 인터넷을 통하여 어느 곳에서나 수집·저장 등의 처리를 할 수 있도록 하는 장치"를 말하는데,[221] 기술적으로는 폐쇄회로 텔레비전의 개념에 네트워크 카메라가 포함될 수 있다.

(2) CCTV 시스템의 구성요소

CCTV 시스템은 통상적으로 CCTV 시스템이라고 부르는데, CCTV 시스템의 3대 기본요소로 사물을 촬영하여 전기신호로 변환하는 촬상부(撮像部), 전기신호를 유선 또는 무선으로 원격지로 전송하는 전송부(傳送部), 전송된 전기신호를 영상으로 재생하여 표시하는 수상부(受像部)가 있다. 이외에 3대 기본요소를 제어하는 제어부(制御部), 영상을 기록 및 재생하는 재생부(再生部) 등을 포함하여 CCTV 시스템의 5대 기본요소라고 한다.[222]

2. CCTV 시스템 세부이론

(1) 촬상부

① 카메라[223]

CCTV 카메라는 돔 카메라(Dome Camera), 박스 카메라(Box Camera), 회전형 카메라(PTZ Camera), 적외선 카메라(IR Camera), 소형 카메라 등이 있다[그림 6-2 참조].

돔 카메라는 방수가 되지 않기 때문에 매장 내, 복도, 엘리베이터 등에서 실내용으로 사용하며 주로 천정에 부착되어 사용하고 천정에 불가피하게 부착이 안 될 경우에는 벽부형 브라켓(Bracket)을 이용해서 벽면에 부착하기도 한다. 고정렌즈를 사용할 경우에는 최대한 넓게 보는데 목적을 두며, 가변렌즈를 사용할 경우에는 고정렌즈에

221) 개인정보 보호법 시행령(대통령령 제23169호, 2011.9.29) 제3조(영상정보처리기기의 범위).
222) 주일엽, 기계경비개론, 도서출판 진영사, 2012, pp.153-154, 내용 재구성; CCTV 시스템에 대한 주요용어는 [부록 6] CCTV 시스템 주요용어를 참조할 것.
223) 주일엽, 기계경비개론, 도서출판 진영사, 2012, pp.156-157, 내용 재구성.

비해 2배 정도 확대할 수 있다.

박스 카메라는 하우징(Housing)을 부착하는 카메라로서 지하주차장, 놀이터, 외곽경계 등 광범위하게 사용된다. 렌즈는 주로 가변렌즈를 사용하며 감시영역에 따라서 렌즈 사양을 결정한다.

회전형(PTZ) 카메라는 상하좌우 회전과 렌즈 줌을 자동으로 조절할 수 있는 고급 카메라이다. 적외선 카메라는 야간에 조명이 없거나 미약한 지역에서 적외선 LED(Light Emitting Diode)를 이용하여 주간에는 칼라영상을 보여주고 야간에는 흑백영상을 볼 수 있도록 한다.

소형 카메라로는 핀홀 카메라(Pin-Hole Camera)와 불릿 카메라(Bullet Camera)가 있다. 핀홀 카메라는 주로 카메라의 위치를 노출시키지 않을 목적으로 사용되는데 바늘구멍만한 구멍만 뚫려있어도 그 구멍을 통해 감시할 수 있다. 불릿 카메라는 크기가 작고 생김새가 총알과 비슷한데 노출되는 구멍의 크기가 핀홀 카메라보다는 크지만 브라켓 등을 달아서 사용할 수 있으므로 설치가 용이하다는 장점이 있다.

[그림 6-2] CCTV 카메라의 종류

② 촬상소자[224]

촬상소자는 인체 중 눈의 망막에 해당되는 부분이며, CCTV 카메라 중 중요한 부분 중의 하나이다. 일반적으로 피사체에 반사된 빛을 받아서 전기적 에너지로 전환시키는 역할을 담당한다. 최초의 촬상소자는 진공관을 이용한 촬상관(Image Pickup Tub)이 사용되었으나 최근에는 CCD(Charge Coupled Device), CMOS(Complementary Metal Semiconductor), Foveon(포비온) 등 반도체를 이용한 고체촬상소자(Solid State Image Sensor)를 많이 사용한다. 고체촬상소자는 화소마다 포토 다이오드(Photo Diode)라는 일종의 광(光)센서가 배치되어 있으며 광센서가 빛을 받으면 전기에너지 형태의 신호를 발생시킨다[그림 6-3 참조][225]

CCD는 Charge Coupled Device(전하결합소자)의 약칭이다. 내부 회로 설계상 CCD는 화소에서 받아들인 신호를 모아서 읽어낸 뒤 마지막에 증폭시키는 과정을 거치기 때문에 상대적으로 구조가 단순하다. 따라서 빛을 받아들이는 화소의 면적이 크고 고감도이다. 고체촬상소자 개발 초기에는 CCD 방식이 감도가 좋고 화질이 더 좋았기 때문에 많이 사용되었으나 소비전력이 많고, 신호전송 도중 잡신호의 영향을 받기 쉬우며 DSLR(디지털 일반 반사식, Digital Single-Lens Reflex, Digital SLR) 카메라에 사용되는 고체촬상소자와 같이 크기가 커지면 신호 읽기에 시간이 걸려 요즘에는 소형 디지털카메라에 주로 사용된다.

CMOS(Complementary Metal Semiconductor)는 각 화소 내에 신호 증폭회로를 설치해 직접 증폭된 신호를 읽어내므로 전송속도가 빠르고 신호 전송 도중 잡신호의 영향도 CCD에 비해 덜 받는다. 대신 신호 증폭의 불균형을 해소하는 회로가 필요하고, 화소의 면적이 작아지는 것은 단점이다. 그래도 신호를 읽는 방법을 다채널화하거나 부분 읽기를 할 수 있어 고속촬영에 유리하다. 소비전력과 발열이 작은 것이 큰 장점이며 이로 인해 카메라 뒷면 모니터를 보면서 촬영하는 라이브 뷰(Live View) 기능에 적합하다. 대부분의 DSLR 카메라가 사용하는 고체촬상소자 방식이다.

포비온(Foveon)은 포토 다이오드(Photo Diode)의 소재인 실리콘 결정이 푸른빛은 비교적 표면에서, 붉은빛은 약간 깊은 부분에서 흡수한다는 점에 착안해 만들어졌다. 따라서 한 화소에서 빨강, 녹색, 파랑의 모든 신호를 끌어낼 수 있다. 촬영 대상이

---

224) 주일엽, 기계경비개론, 도서출판 진영사, 2012, pp.157-160, 내용 재구성.
225) 중앙일보, DSLR카메라 용어, 2009.12.17, p. E18, 내용 재구성.

원색에 가까워도 해상력이 떨어지지 않으며 존재하지 않는 거짓색이 나타나지 않는다는 특징이 있다.

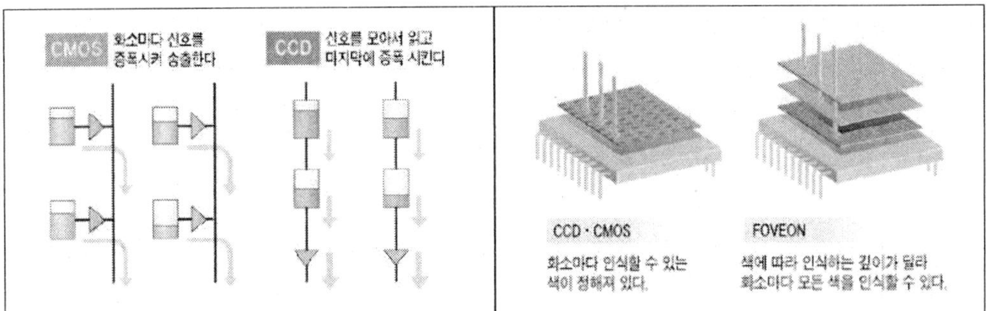

[CMOS와 CCD의 신호증폭 원리] [CCD, CMOS, FOVEON 화소 인식]

[그림 6-3] CCD, CMOS, FOVEON의 원리

③ 렌즈(Lenz)[226)]

CCTV 카메라의 렌즈는 피사체에서 반사되는 빛을 모아서 촬상소자에 영상을 제공하는 기능을 담당하는데 이는 인간의 눈에 있는 수정체가 안구 뒤에 위치한 망막 위에 초점을 맞추는 것과 유사하다. 인간의 눈과 같이 카메라 렌즈는 피사체의 영상이 촬상소자에 비치게 한다.

CCTV 시스템에 사용하는 렌즈는 고정초점 렌즈(Fixed Focal Lens), 줌 렌즈(Zoom Lens), 가변초점 렌즈(Vari-Focal Lens), 파노라마 렌즈(Panoramic Lens), 핀홀 렌즈(Pin-Hole Lens), 특수 렌즈(Special Lens) 등이 있다[그림 6-4 참조].

고정초점 렌즈는 특정지점에 초점이 고정되어 있는 렌즈로서 수동으로 초점을 고정하고 조리개로 수동 또는 자동으로 조정할 수 있다. 고정초점 렌즈는 화각에 따라서 협각(Narrow Angle), 일반(Normal Angle), 광각(Wide Angle) 렌즈로 구분할 수 있다. 또한, 고정초점 렌즈 중에서 원근감이나 시각 등이 인간의 시각과 비슷한 렌즈를 표준 렌즈(Normal Lens)라고 하며 초점거리는 50mm이며, 초점거리가 50mm 초과이면 협각렌즈, 초점거리가 50mm 미만이면 광각렌즈가 된다.

줌 렌즈는 고정초점 렌즈와는 달리 초점거리를 조절할 수 있다. 따라서 근거리부터 원거리에 이르기까지 피사체를 촬영할 수 있다. 줌 렌즈의 초점은 수동 또는 자동

---

226) 주일엽, 기계경비개론, 도서출판 진영사, 2012, pp.160-162, 내용 재구성.

으로 조정할 수 있으며 촬상소자의 크기에 따라 초점거리는 일반적으로 10.5 ~ 105mm 정도이고 화각은 협각일 경우 2.0 ~ 4.8도, 광각일 경우 18.6 ~ 45.5도 정도이다.

가변초점 렌즈는 고정초점 렌즈가 사용되는 장소에서 기능을 확대하기 위하여 사용되는 가변형 초점거리 렌즈를 의미하는데 줌 렌즈보다 소형이고 저렴하다. 다초점 렌즈는 줌 렌즈와 마찬가지로 수동 또는 자동으로 초점거리를 조정할 수 있으며 초점거리는 일반적으로 3 ~ 50mm 정도이고 화각은 5 ~ 90도 정도이다.

파노라마 렌즈는 소위 360도 방향 전체를 볼 수 있는 기능을 가진 렌즈로서 어안(魚眼) 렌즈라고도 한다. 과거에는 여러 개의 카메라와 렌즈를 사용하여 360도를 볼 수 있었으나 현재는 그 기능이 대폭 향상되었다. 일반적으로 파노라마 렌즈는 수평으로 360도, 수직으로 90도의 화각을 가진다.

핀홀 렌즈는 CCTV 카메라를 은밀한 장소에 설치하여 감시할 필요성이 있을 때 사용하는데 초소형 핀홀 렌즈는 저가 카메라에 사용되고 있다. 특수 렌즈는 특수한 목적을 수행하기 위한 렌즈로서 카메라의 광축에 수직한 현장을 촬영하기 위한 직각 렌즈, 유연하고 단단한 광섬유를 이용한 가변형 광섬유 렌즈, 3개 방향을 동시에 촬영할 수 있는 3중 분기 렌즈, 프리즘을 부착하여 비밀촬영이 가능한 프리즘 렌즈 등 다양한 종류가 있다.

[고정초점 렌즈]

[줌 렌즈]

[가변초점 렌즈]

[파노라마 렌즈]

[핀홀 렌즈]

[특수 렌즈]

[그림 6-4] CCTV 렌즈의 종류

카메라에 렌즈를 장착할 때 렌즈의 대안부의 기준면과 촬상소자면과의 거리를 정확히 하는 후초점거리를 맞춤으로써 명확한 상을 얻도록 하는데 이를 마운트(Mount)라고 한다. 마운트는 C 마운트(C Mount)와 CS 마운트(CS Mount) 등 2종으로 규격화되어 있는데 촬상관 카메라에 적합한 C 마운트는 촬상소자 면과 렌즈 앞면과의 거리가 17.5mm, 고체촬상소자에 적합한 CS 마운트는 촬상소자면과 렌즈 앞면과의 거리가 12.5mm이다.[227)]

(2) 사진 이론[228)]

① 조리개

렌즈를 투과하는 빛의 양은 조리개 구멍에 의해 제어된다. 조리개 값은 빛이 통과할 수 있는 양을 표시하며, f/2.8, f/16 등으로 표현되기 때문에 'f값'(f넘버)라고도 한다. f/1 조리개 값은 조리개의 최대 직경으로 나타내는데 조리개의 크기가 반일 때에는 f/2라고 하고, 1/4 크기일 때는 f/4라고 하므로 f넘버는 분수 크기의 분모가 된다. f넘버가 클수록 조리개의 크기는 작아지고 통과할 수 있는 빛의 양도 적어진다. f/2가 f/1 직경의 반이지만 구멍의 총 영역은 풀 사이즈 영역의 1/4 크기(1/2 X 1/2 = 1/4)밖에 되지 않으므로 통과하는 빛의 양은 풀 사이즈 구멍의 양에 비해 1/4이다. f넘버가 배로 커지면 빛의 양은 1/4로 줄어든다.

② 셔터

셔터는 빛이 이미징 센서를 비출 수 있는 시간의 양을 제어한다. 빛의 양을 제어하는 조리개와 함께 공동으로 셔터 스피드는 이미지 센서가 받아들이는 빛의 양을 제어하는 작업을 한다. 조리개를 동일하게 설정했을 때 셔터 스피드를 1/2 낮추어 사용하면 셔터 스피드가 1 일 때와 비교하여 빛의 양이 반으로 줄어든다. 그리고 셔터 스피드가 1/4 이면 빛의 양은 1/4가 된다. 조리개와 달리 셔터 스피드 간의 차이는 광량의 차이와 바로 일치한다. 셔터 스피드는 분모로 표시되는데 "500"의 경우는 1/500초를 의미한다. 셔터가 열려있는 동안만 센서가 이미지를 기록할 수 있기 때문에 움직이는 피사체를 멈추게(빠른 셔터 스피드)하거나 흐릿하게(느린 셔터 스피드) 만들 수 있다.

227) 신상엽, 기계경비론, 백산출판사, 2008, p. 272.
228) Canon, Digital SLR Cameras, 2012, p. 38, 118, 122, 123; 기타 수집자료, 내용 재구성.

③ 노출

조리개와 셔터 스피드에 의하여 결정되는 대로 촬상소자에서 받아들여지는 빛의 양을 말한다. ISO 감도 또한 노출의 한 요소로써 노출 요인의 한 부분으로서 포함된다. "적정 노출"은 사람의 눈으로 보았을 때와 거의 동일한 색상과 밝기를 가진 이미지를 말하며, 셔터 스피드와 조리개 그리고 ISO 감도의 올바른 조합으로 구현된다. 이미지가 너무 밝게 보이면 노출 과다이며, 이미지가 너무 어두워 보이면 노출 부족이다. 적정한 밝기를 얻으려면 카메라의 셔터 스피드와 조리개 그리고 ISO 감도를 조절한다.

④ 초점

사진이 가장 선명하게 보이는 지점을 초점이라고 한다. 초점은 하나의 점(면)에서만 이루어지고 다른 물체는 피사계 심도 안에서 초점이 맞는 것처럼 나타난다. 초점거리(f)는 mm로 표현하는데 렌즈의 이론적 중앙에서부터 촬상소자까지의 거리로써, 초점거리가 50mm보다 길면 망원렌즈이고, 짧으면 광각렌즈이다. 렌즈의 초점거리(f), 구경(D)을 기준으로 렌즈의 밝기를 표현하는 F값을 구하는 공식은 [식 6-1]에 따른다.

$$F = \frac{f}{D} \qquad \text{[식 6-1]}$$

피사체에서부터 렌즈까지의 거리(a), 렌즈에서부터 결상위치까지의 거리(b), 렌즈의 초점거리(f) 간의 관계를 나타내는 공식은 [식 6-2]에 따르며 a=∞ 이면 b=f 가 되고, 배율(m)은 b/a가 된다.

$$\frac{1}{a} + \frac{1}{b} = \frac{1}{f} \qquad \text{[식 6-2]}$$

렌즈 포맷(Format)은 일반적으로 1″, 2/3″, 1/1.8″, 1/2″, 1/2.7″, 1/3″, 1/4″ 등이 있으며 이를 기준으로 고유의 포맷 높이(FH), 포맷 너비(FW)를 가진다.[229] 피사체와 렌즈

229) 렌즈의 포맷 높이(FH), 포맷 너비(FW)를 촬상소자의 촬상면적을 표현하는 높이(FH), 너비(FW)로 표현하기도 한다.

간의 거리(L), 피사체의 높이(SH), 렌즈의 포맷 높이(FH)를 고려한 렌즈의 초점거리(f)는 [식 6-3]에 따른다(단위는 mm로 통일하여 계산). 피사체의 높이(SH), 렌즈의 포맷 높이(FH) 대신에 피사체의 너비(SW), 렌즈의 포맷 너비(FW)를 이용하여 렌즈의 초점거리(f)를 구할 수도 있다[그림 6-5 참조].

$$f = \frac{L \times FH}{SH} \qquad [식\ 6\text{-}3]$$

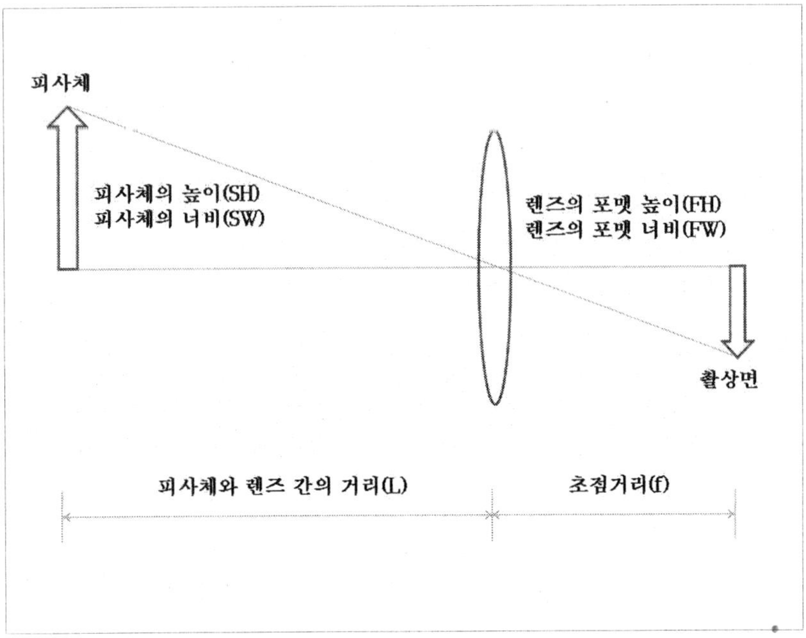

[그림 6-5] CCTV 카메라의 초점거리

⑤ 심도

초점을 기준으로 하여 물체가 초점이 맞게 보이는 앞쪽과 뒤쪽의 범위이다. 피사계 심도는 조리개가 클수록(작은 f값), 렌즈 초점거리가 길수록, 그리고 카메라와 피사체간의 거리가 가까울수록 얕아진다. 피사계 심도가 좁으면(작은 f값) 전경과 배경이 보다 흐리게 되며, 피사계 심도가 넓으면(높은 f값) 피사체와 배경 모두 선명하게 나타난다.

⑥ 화각

화각은 피사체를 포함한 영상을 촬영할 수 있는 범위의 각도를 말한다. 화각은 초점거리(f)와 렌즈의 포맷 높이(FH) 또는 포맷 너비(FW)에 의해 결정되는데, 일반적으로 초점거리(f)가 짧을수록 화각이 넓어지고 길수록 화각이 작아진다. 초점거리(f)와 렌즈의 포맷 높이(FH), 포맷 너비(FW)에 따른 화각(수직), 화각(수평)을 구하는 공식은 [식 6-4], [식 6-5]와 같다[그림 6-6 참조].

$$W_{수직화각} = 2\,Tan^{-1}\frac{FH}{2f}\ (\text{도}) \qquad [식\ 6\text{-}4]$$

$$W_{수평화각} = 2\,Tan^{-1}\frac{FW}{2f}\ (\text{도}) \qquad [식\ 6\text{-}5]$$

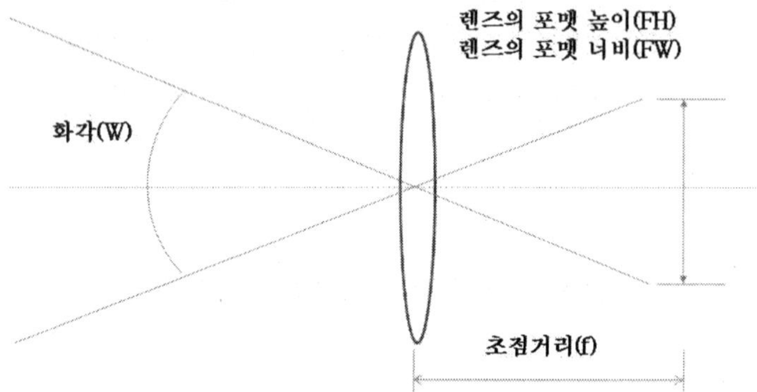

[그림 6-6] CCTV 카메라의 화각

(3) 전송부

① 유선통신[230)]

유선통신은 동축케이블(Coaxial Cable), 꼬임쌍 전선(Twisted Pair Cable), 광케이블(Fiber Optics) 등이 있는데 광케이블은 다른 유선통신에 비해 장거리 영상신호 전송이 가능하며, 컴퓨터 네트워크를 구성하는 근거리 통신망(LAN), 광역 통신망(WAN), 인터넷(Internet) 등은 디지털 영상신호를 원거리 장소에 용이하게 전송할 수 있다[그림 6-7 참조].

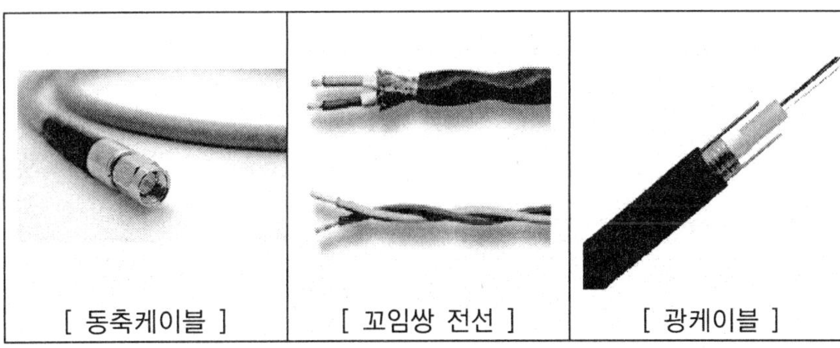

[그림 6-7] 유선통신

동축케이블(Coaxial Cable)은 아날로그 신호(Analog Signal), 디지털 신호(Digital Signal) 등 신호의 종류에 구분 없이 광범위하게 사용되는 전송선로이다. 동축케이블(Coaxial Cable)은 음성 신호, 영상 신호 전송에 모두 사용할 수 있으며 주로 장거리 전화나 케이블TV(CATV)에 사용되고 근거리통신망(LAN)이나 기기 간의 단거리 접속에도 사용된다. 동축케이블의 특성임피던스는 50Ω, 75Ω 2가지로 카메라와 모니터의 특성임피던스에 유연하게 대응할 수 있으므로 카메라와 모니터에 접속하기 용이하고 영상신호를 손실 없이 전송할 수 있다는 장점이 있는데 이중 절연으로 400m 이내에서 영상신호 증폭 없이 양질의 영상신호를 전송할 수 있다. 동축케이블 규격으로는 3C-V, 5C-2V, 7C-2V, 10C-2V 등이 있으며 그 표시 의미는 [표 6-1]과 같다.

230) 주일엽, 기계경비개론, 도서출판 진영사, 2012, pp.168-171, 내용 재구성.

[표 6-1] 동축케이블의 표시[231)]

표시위치	기호 및 숫자	의 미
처음 숫자	3, 5, 7, 10	외부도체의 내경(mm)
첫 번째 기호	C D	특성 임피던스가 75Ω 특성 임피던스가 50Ω
두 번째 기호	2	절연체 종류 (폴리에칠렌 충실형)
끝 기호	V W	1중 외부도체 + PVC 외피 2중 외부도체 + PVC 외피

꼬임쌍 전선(Twisted Pair Cable)은 종이 또는 폴리에틸렌으로 피복된 1개 쌍 또는 여러 쌍의 구리선을 하나로 묶은 것으로서 동축케이블(Coaxial Cable)과 마찬가지로 아날로그 신호(Analog Signal), 디지털 신호(Digital Signal) 등 신호의 종류에 구분없이 광범위하게 사용되는 전송선로이다. 과거에는 전송거리, 대역폭 등에 있어서 다른 전송선로에 비해 많은 단점으로 인하여 동축케이블에 비해 CCTV 시스템의 영상신호 전송에 있어서 덜 이용되었으나 기술의 발달로 각광을 받고 있는데 동축케이블에 비해 상대적으로 원거리 전송이 가능하고, 선로의 가격이 저렴하며, 많은 지역에서 꼬임쌍 전선이 가설되어 있고, 송신기와 수신기가 저렴하며, 전기잡음에 강하기 때문이다. 꼬임쌍 전선은 1,000m 이내에서 영상신호 증폭 없이 양질의 영상신호를 전송할 수 있는데 CCTV 시스템에 맞도록 4쌍의 꼬임쌍 전선으로 구성된 것을 Cat5라고 한다.

광케이블(Fiber Optics)을 이용한 통신인, 즉 광통신은 다른 유선선로에 비해 여러 가지 중요한 장점이 있는데 장거리 전송이 가능하고, 기상이나 전자기기의 간섭에 대해 동축케이블이나 꼬임쌍 전선에 비해 상대적으로 강하며, 광대역 전송이 가능하고, 충격에 강하며, 보안성이 뛰어나다는 점이다. 반면에 광통신은 다른 유선선로에 비해 설치 및 관리에 상당한기술이 필요하다는 단점이 있다.

컴퓨터 네트워크를 구성하는 근거리 통신망(LAN), 광역 통신망(WAN), 인터넷

231) 이강열, 기계경비개론, 도서출판 진영사, 2010, p. 339.

(Internet) 등의 통신선로는 디지털 영상신호 위주의 CCTV 시스템의 영상신호 전송에 있어서 많은 기여를 하고 있다. 이들 통신선로는 구성, 형태 등 물리적 개념의 통신선로 구분은 아니며 유선뿐만 아니라 무선으로도 구성할 수 있는데 도처에 산재한 많은 컴퓨터와 컴퓨터 간의 정보통신망은 영상신호 전송에 대단히 유용하다. 전 세계에 걸쳐 구축된 컴퓨터 통신망은 디지털 영상신호, 소리신호, 그리고 명령신호의 자유로운 전송을 가능하게 한다. 그러나 디지털 영상신호를 전송할 경우에는 무선인터넷을 이용하면 어떤 장소에도 손쉽게 영상신호와 명령신호를 송신할 수 있으나 상대적으로 보안에 취약하다는 단점이 있다.

② 무선통신[232)]

무선통신은 RF 무선통신(Radio Frequency, RF), 마이크로웨이브(Microwave, M/W), 위성통신(Satellite Telecommunication) 등이 있다. 카메라에서 모니터로 아날로그 영상신호를 무선으로 실시간으로 전송할 경우에는 전파를 이용하는 것이 경제적이고 효율적이다[그림 6-8 참조].

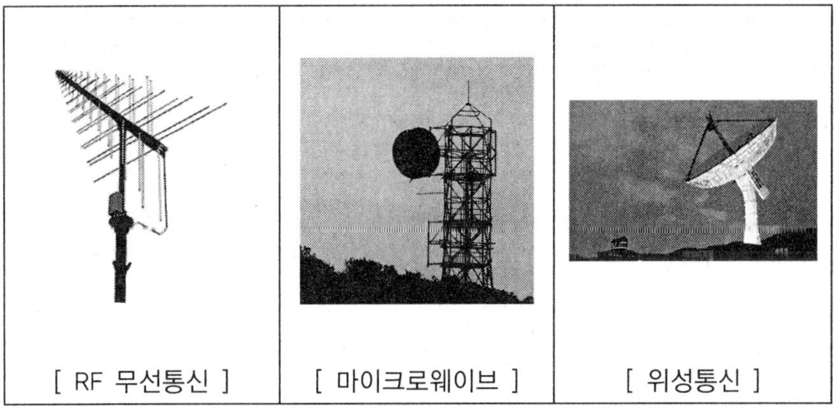

[그림 6-8] 무선통신

RF 무선통신(Radio Frequency, RF)은 VHF 또는 UHF 대역 전파를 이용한다. RF 무선전송은 한 지점에서 다른 지점으로 영상신호를 전달할 때 물체에 대한 투과성이 높

232) 주일엽, 기계경비개론, 도서출판 진영사, 2012, pp.171-173, 내용 재구성.

고, 굴절성이 높아 가시성을 요구하지 않은 장점이 있는 반면에 보안성이 약하고 대역폭이 상대적으로 좁아 영상신호의 품질이 저하될 수 있다.

마이크로웨이브(Microwave, M/W)는 CCTV 영상신호 전송을 위해 1 ~ 75GHz 주파수 대역을 이용한다. 빛에 근접하는 주파수를 가진 마이크로웨이브는 직진성, 반사성이 뛰어나 영상신호를 송·수신하는데 반사판과 도파관을 사용하며 장거리 전송이 가능하나, 자연현상에 의한 신호 손실과 마이크로웨이브 반사가 어려운 가시성이 없는 곳에서는 통신이 어렵다.

영상신호의 마이크로웨이브 전송은 통신위성을 이용할 수도 있다. 마이크로웨이브를 송신할 수 있는 위성안테나가 통신위성으로 영상신호를 전송하면 통신위성이 영상신호를 증폭한 후에 다시 영상신호를 필요로 하는 다른 장소에서 마이크로웨이브를 수신할 수 있는 위성안테나로 영상신호를 송신하는 방식이다.

(4) 수상부

① 모니터[233)]

CCTV 시스템의 촬상부에서 촬영한 영상신호는 전송부를 거쳐 수상부에 수신되어 모니터에서 재생된다. 모니터는 색상의 구현 정도에 따라 흑백 모니터와 컬러 모니터로 구분할 수 있으며, 화면비율에 따라 표준화면과 고화질화면으로 구분할 수 있고, 구조 및 재질에 따라 CRT(Cathode Ray Tube, 음극선관), LCD(Liquid Crystal Display, 액정 디스플레이),PDP(Plasma Display Panel, 플라즈마 디스플레이) 및 LED(Light Emitting Diode, 발광 다이오드 디스플레이) 등으로 구분한다[그림 6-9 참조].

흑백 모니터는 CRT 형태로 주로 생산되었는데 1990년대까지 CCTV 시스템에서 가장 많이 사용되었으며 현재에도 일부 사용되고 있다. CCTV 시스템에서 가장 선호되는 흑백 모니터는 9inch 모니터로 약 1m 거리에서 떨어진 좌석에 앉은 사람이 최적의 상태로 시청할 수 있기 때문이며, 2개 이상의 흑백 모니터를 연결하여 사용하기도 한다. 컬러 모니터는 3 ~ 27inch까지 다양한 크기로 생산되어 광범위하게 사용되고 있으며 모니터 크기나 시청거리는 흑백 모니터와 유사하다. 컬러 모니터는 빨강(Red), 초록(Green), 파랑(Blue) 등 빛의 3원색(RGB)를 이용하여 다양한 색을 구현한

233) 주일엽, 기계경비개론, 도서출판 진영사, 2012, pp.175-177, 내용 재구성.

다. 컬러 모니터는 CRT, LCD, PDP(Plasma Display Panel, 플라즈마 디스플레이), LED에서 모두 가능하다.

CRT는 음극선관을 이용하는 것으로 저렴한 가격을 기반으로 광범위하게 사용되고 있으며, LCD는 액정을 이용하는 것으로 다양한 크기의 화면을 구현하고 부피가 작아 사용자가 지속적으로 늘고 있고, PDP는 높은 해상도, 뛰어난 밝기, 넓은 화면, 고화질 영상 등의 우수한 품질로 가지고 있어 CCTV 시스템의 모니터로 각광을 받고 있으나 상대적으로 높은 가격이 단점으로 작용하고 있으며, LED는 반도체의 일종인 발광 다이오드를 이용하는 디스플레이로서 보편화되고 있는 추세이다. 일반적으로 LCD, PDP, LED 등으로 구성된 모니터는 외관으로는 구분하기 어렵다.

[CRT] [LCD] [PDP]

[그림 6-9] 모니터

모니터의 화면비율은 일반 TV의 표준 화면비율인 4:3(수평X수직)이 가장 많이 사용되고 있으며 고화질 HDTV(High Definition Television, 고화질 TV)의 화면비율인 16:9(수평×수직)는 최근 들어 수요가 증가하고 있다. 표준 화면비율(4:3)은 과거부터 현재까지 장기간 동안 CRT와 LCD의 화면비율로서 이용되어 왔다. 반면에 고화질 화면비율(16:9)은 와이드 스크린 디스플레이(Wide-Screen Display) 용도로 개발되었다. 고화질 화면비율(16:9)은 CCTV 모니터 분야에는 공항 활주로, 항공기 계류장, 군중운집장소 등 화각이 넓은 지역에서의 활용도가 높다. 고화질 HDTV는 표준 화면비율(4:3)에 비해 수평 비율이 상대적으로 크고 높은 해상도를 갖고 있으므로 최소, 최대 시청 거리가 표준 화면비율과 다르게 된다. 일반 TV의 주사선 수가 525~625선이라면 HDTV는 2배 이상 많은 1,050~1,250으로 보다 선명한 화질을 보장한다.

② 압축이론[234)]

CCTV 카메라가 촬영한 영상신호를 그대로 전송하거나 저장할 경우 통신선로의 과부하, 전송시간의 지연, 저장공간의 부족 등의 문제가 발생할 수 있다. 디지털 데이터로 생산된 영상신호는 다양한 압축기술을 이용하여 전송하거나 저장할 필요가 있는데 이러한 기술을 영상압축(Video Signal Compression)이라고 한다. 디지털 데이터 압축기술은 무손실(Lossless Compression) 압축과 손실(Lossy Compression) 압축으로 나눌 수 있다.

무손실 압축의 의미는 카메라에서 촬영된 영상신호의 모든 화소가 데이터의 손실 없이 압축되어 통신선로를 통하여 모니터에 완전하게 전송되고 복원되는 것을 의미하는데 무손실 압축은 100%에 달하는 복원율을 감안할 때 압축비율이 상대적으로 낮아 고품질의 영상신호가 필요한 경우에 사용한다. 손실 압축은 극히 일부 데이터의 손실을 허용하는 대신 고비율의 압축을 진행하므로 대부분의 압축기술은 손실 압축을 이용한다(영상신호의 손실 여부는 일반인의 눈으로는 확인하기 어렵다).

영상신호 압축기술은 크게 JPEG(Joint Picture Experts Group), M-JPEG(Moving-Joint Picture Experts Group), MPEG-1 · MPEG-2 · MPEG-4(Moving Picture Experts Group), JPEG 2000, Wavelet, H.263, H.264 등이 있다. M-JPEG, MPEG-2, MPEG-4, Wavelet, H.264 등이 CCTV 영상신호 압축에 이용될 수 있다.

③ 전송방식

영상신호의 전송방식은 NTSC(National Television System Committee), PAL(Phase Alternation by Line System), SECAM(System, Electronique Avec Memoire) 등 3가지가 있는데 아날로그 TV(Analog TV), 디지털 TV(Digital TV)에 따라 개념의 차이가 있다.

아날로그 TV(Analog TV)를 위한 영상신호 전송방식을 살펴보면 다음과 같다.[235)]

NTSC 방식은 미국의 NTSC가 흑백 TV, 컬러 TV 전송규격을 제정하기 위하여 개발한 것으로 컬러 TV에서는 휘도신호와 색신호로 컬러 영상을 구현하고 흑백 TV에서

234) 주일엽, 기계경비개론, 도서출판 진영사, 2012, pp.173-174, 내용 재구성; Herman Kruegle, CCTV Surveillance - Analog and Digital Video Practices and Technology, Burlington: Elsevier Butterworth-Heinemann, 2007, pp.217-225; 내용 재구성.

235) 주일엽, 기계경비개론, 도서출판 진영사, 2012, p. 175, 내용 재구성.

는 휘도신호만으로 흑백 영상을 구현하는데, NTSC 방식의 주사선수는 525개, 필드주파수는 60 field/sec이며 우리나라를 비롯하여 미국, 캐나다, 일본, 대만, 멕시코, 필리핀 등이 운용하고 있다. PAL 방식은 독일에서 개발한 것으로 NTSC의 결함인 장거리 전송 시 색상 일그러짐 현상을 경감시킨다는 장점이 있는데 PAL 방식의 주사선수는 625개, 필드주파수는 50 field/sec이며 독일, 영국, 중국, 브라질, 북한 등이 운용하고 있다. SECAM 방식은 프랑스에서 개발한 것으로 SECAM 방식의 주사선수는 625개, 필드주파수는 50 field/sec이며 프랑스, 러시아, 구 동구권에서 사용하고 있다.

디지털 TV(Digital TV)를 위한 영상신호 전송방식은 기존의 아날로그 TV를 위한 영상신호 전송방식으로서 미국식인 ATSC(Advanced Television System Committee) 방식과 유럽식인 DVB(Digital Video Broadcasting) 방식으로 구분할 수 있다.

ATSC(Advanced Television System Committee) 방식은 비디오(영상), 오디오(소리) 신호의 압축 및 전송 기술에 대한 표준으로 비디오 신호는 MPEG-2로, 오디오 신호는 AC-3로 압축하고 전송기술은 VSB(Vestigial Side Band)을 이용하는데, 대용량 정보전송과 고화질이 가능하고 개인용컴퓨터(PC)와 호환성이 높으며 기존의 NTSC 방식과 주파수 대역(6MHz)이 동일해 호환이 용이한 방식이나, 전파방해가 상대적으로 많은 도심지나 산악지역 등에서 수신율이 낮아진다는 단점이 있다. DVB(Digital Video Broadcasting) 방식은 비디오(영상), 오디오(소리) 신호의 압축 기술에 대한 표준을 MPEG-2를 기본으로 하며, DVB-S(Satellite, 위성), DVB-C(Cable, 케이블), DVB-T(Terrestrial, 지상파) 등으로 구분할 수 있는데, 특히 DVB-T(Terrestrial, 지상파) 방식은 ATSC 방식에 비해 TV화면에 영상이 겹쳐서 나타나는 '고스트' 현상이 현저하게 줄어들어 난시청 지역이 적고 이동수신이 용이한 장점이 있으나 화질이 다소 나쁘고 채널 대역폭이 7, 8MHz로 국내(한국) 적용에 어려움이 많다는 단점이 있다. 디지털 TV는 기존 아날로그 방식 대신에 디지털방식에 의해 방송되는 고화질 고음질을 구현하므로 화질이 기존방식보다 5배 이상 선명하고 음질은 CD수준이다. 디지털 TV는 아날로그 TV에 비해 잡음과 화면겹침 현상을 줄여주고 전송과정에서 발생하는 신호 오류를 자동적으로 교정할 수 있으며, 신호를 압축해 보내기 때문에 아날로그 방송보다 훨씬 많은 양의 정보를 전송할 수 있으므로 다양한 데이터 방송 서비스가 가능하다.

④ 녹화장치[236)]

CCTV 카메라가 촬영하여 전송한 영상신호는 모니터에서 화면으로 구현되고 난 후에 모니터 화면에서 즉시 영구적으로 사라지게 된다. CCTV 영상신호는 실시간 활용도 중요하지만 사건이나 사고 발생 이후 확인 차원에서 영상신호를 재생할 필요가 있으며 일정기간 동안의 영상자료 보관은 반드시 필요하다. 영상신호의 기록을 위한 대표적인 녹화장치로는 VCR(Video Cassette Recorder), DVR(Digital Video Recorder)이 있다.

VCR(Video Cassette Recorder)은 표준 VHS 카세트 형식을 주로 사용하는데 이것보다 작은 8mm 소니(Sony) 형식은 휴대용으로 많이 사용되고 있다. 고화질 영상을 기록하기 위하여 Super VHS와 Hi-8 형식도 사용된다. CCTV 시스템에서 VCR을 포함한 대부분의 기기는 연중 지속적으로 작동되어야 하는데 VCR은 카세트(Cassette)의 녹화시간 제한에 따른 수시 교환 등의 단점이 있다. 이를 보완하기 위하여 1990년대 후반부터 VCR 제조사들은 타임랩스(Time-Laps) VCR을 개발하여 시판하고 있는데 일반 VCR이 1초당 30프레임(frame), 60필드(field)를 녹화하는데 비해 타임랩스 VCR은 전체 필드를 녹화하지 않고 일부 필드만 녹화하고 카세트 기록속도를 1/3 ~ 1/6로 줄여서 녹화시간을 3 ~ 6배 연장하는 방법을 사용한다. 일반 VCR이 6시간 정도 밖에 녹화하지 못하는데 비해 타임랩스(Time-Laps) VCR은 최대 720시간까지 녹화가 가능하다.

DVR(Digital Video Recorder)은 영상신호를 디지털 정보로 변환하여 압축기술을 이용하여 압축, 저장하는 녹화장치이다. 기존에 카세트를 VCR은 DVR의 출현으로 그 이용이 급감하고 있는데 영상기술 발전으로 인하여 디지털 신호를 이용하는 CCTV 카메라, IP 카메라, 그리고 기타 주변기기들이 DVR의 사용을 필수적으로 수반하기 때문이다. DVR은 고화질의 영상신호를 장기간 녹화할 수 있고, 여러 대의 CCTV 영상신호를 녹화 및 관리하는 다채널 기능이 있으며, VCR과는 달리 카세트를 교환하는 수고가 필요가 없으며, 영상을 여러 번 반복하여 재생하더라도 저장매체가 손상되지 않으며, 언제든지 영상을 용이하게 검색하고 편집할 수 있는 등 다양한 장점이 있다 [표 6-2, 표 6-3 참조].

236) 주일엽, 기계경비개론, 도서출판 진영사, 2012, pp.178-179, 내용 재구성.

[표 6-2] VCR과 DVR의 장점 및 단점 비교[237)]

구 분	VCR	DVR
신호처리	아날로그	디지털
전송매체	동축케이블, 광케이블	인터넷, 공용회선, 전용회선
저장매체	카세트	HDD, DAT, DVD, CD
검색방식	순차검색 (장시간)	즉시검색 (단시간)
재생화질	저화질	고화질
화면분할	별도 기기 사용	자체 분할기능 내장
움직임 감시기능	별도 기기 사용	자체 감시기능 내장
팬틸트/줌 제어	별도 기기 사용	자체 제어기능 내장
원거리 감시	불가	가능
저장매체 관리	카세트 교체 및 보관	반영구적 사용
확장성	불가	가능
영상전송	불가	가능

[표 6-3] DVR 주요기능[예시][238)]

구 분	DVR
실시간 녹화	고해상도의 영상을 전 채널 30fps씩 실시간 저장이 가능하여 깨끗하고 선명한 영상을 보관시 유리
오디오 레코딩	최대 16채널의 오디오 녹화가 가능하여, 영상과 함께 음성의 재생 및 백업이 가능
웹 뷰어 지원	DVR 내에 웹서버를 내장하여 인터넷 환경에서 언제, 어디서나 웹뷰어를 통해 실시간 감시가 가능

237) 안창훈 · 이강열 · 최주호, 시큐리티시스템 개론, 인포더, 2004, p. 138, 내용 재구성.
238) 삼성테크윈, 고성능 프리미엄 DVR 시리즈(VR-3200/1680/1660/1645/960/945) 카탈로그, 2009.

긴급 녹화 기능	일반 녹화와 이벤트 녹화 또는 스케쥴 녹화와 이벤트 녹화를 동시에 설정할 수 있어 최적의 대응이 가능하고, 긴급 녹화 기능이 있어 긴급상황 발생 시 중요한 영상데이터 확보 가능
고성능 DVR 파일 시스템	하드 디스크의 움직임을 최소화하여 최적의 디스크 상태를 유지하며, 발열이 적어 장기간 안정적인 사용이 가능
최적의 네트워크 모니터링	네트워크의 트래픽 환경에 따라 해상도, 화질 및 프레임 레이트를 다양하게 선택할 수 있어 실시간 모니터링이 가능
CMS(Centralized Management Software) 지원	네트워크에 연결된 DVR 및 네트워크 제품을 통합 운영할 수 있는 CMS 소프트웨어로 강력한 원격제어 및 원격 모니터링 시스템 실현
실시간 모니터링	2대의 모니터에서 동시에 최대 128대 카메라까지 모니터링 할 수 있으며, 1, 4, 9, 13, 16, 25, 36, 64개의 분할 화면 디스플레이가 가능
이벤트/알람 기능	List, Map, Beeper, Live Image, Tree mode 등의 업그레이드된 이벤트 및 알람 기능으로 긴급상황 확인
맵 뷰어 지원	화면의 지도 이미지에 카메라, 센서 등을 표시하여 영상 감시현장을 그래픽으로 쉽게 관리할 수 있으며, 이벤트 발생시 아이콘을 클릭하면 라이브 영상 및 녹화된 영상을 바로 확인
편의 기능	영상을 직접 확인하며 보다 빠르게 저장된 영상을 찾을 수 있고(썸네일 검색), 지정된 날짜와 시간을 입력하는 것만으로 쉽게 영상을 검색할 수 있으며(캘린더 검색), 사용자가 원하는 재생 포인트를 등록하면 원하는 때에 등록 포인트부터 영상을 재생(북마크 기능)
멀티 모니터 및 HD급 해상도 출력 지원	DVD Writer를 기본 장착하여 고용량, 고화질의 녹화 데이터 백업을 지원하고, USB 단자를 이용한 데이터 백업이 가능하며, HD급 고해상도 영상 구현 가능.
ATM/POS 연동	텍스트 입력을 처리하여 모니터에 표시할 수 있으며, 그 데이터를 저장하거나 재생 및 검색할 수 있어 금융권이나 유통매장의 ATM/POS 시스템과의 연동이 용이.

(5) 주변 기기

① 하우징(Housing)[239]

CCTV 카메라는 비교적 환경이 양호한 실내에서의 설치 외에 온도, 가스, 습기, 먼지, 직사광선, 강우, 염분, 화학물, 쓰레기 등 열악한 환경과 고의적인 손괴가 발생하기 쉬운 실외에서의 설치도 고려해야 한다. 하우징(Housing)은 CCTV 카메라를 안전하게 보호하고 필요에 따라서는 보이지 않도록 위장하는 기능을 한다. 하우징은 표준형, 위장형, 부착형 등 다양한 형태가 있다[그림 6-10 참조].

이 외에도 하우징은 저온으로부터 카메라를 보호하기 위한 히터를 장착하거나 하우징 앞 물기나 먼지를 제거할 수 있도록 와이퍼를 장착하는 경우도 있다. 그리고 제철소 용광로에 설치되는 카메라를 보호하기 위하여 수냉식 또는 공냉식으로 카메라를 냉각시키고 내열 유리를 장착하기도 하며, 화학공장이나 폭발성 가스, 증기가 존재하는 장소에서 카메라를 보호하기 위하여 방폭설비를 장착하는 방폭형 하우징을 운용하기도 한다.[240]

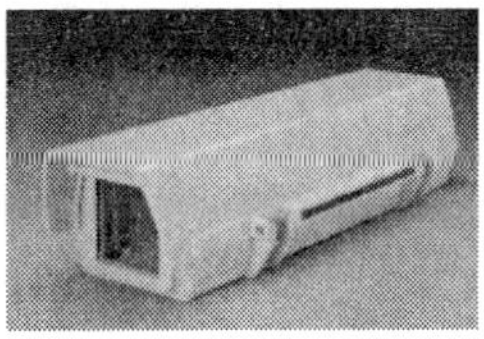

[표준형]

[위장형]

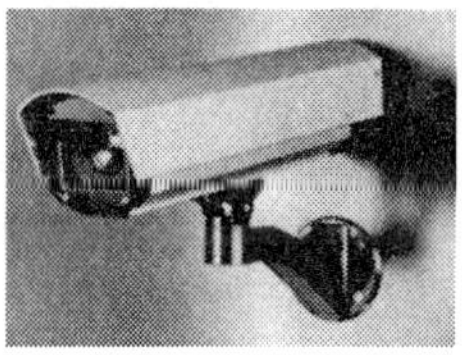

[부착형]

[그림 6-10] 하우징 설치사례[241]

239) 주일엽, 기계경비개론, 도서출판 진영사, 2012, pp.163-164, 내용 재구성.
240) 정태황, 기계경비개론, 백산출판사, 2007, pp.197-198.
241) Herman Kruegle, CCTV Surveillance - Analog and Digital Video Practices and Technology, Burlington: Elsevier Butterworth-Heinemann, 2007, p. 43.

② 브라켓(Bracket)[242)]

CCTV 카메라는 벽면, 천정, 기둥 등 다양한 장소에 설치할 수 있어야 하는데 카메라 자체로서는 어렵다. 따라서 이러한 장소에 카메라를 지지하여 설치가 가능하도록 하는 기기가 브라켓(Bracket)이다. 브라켓은 설치 장소 및 용도에 따라 천정형, 기둥형, 벽부형 등 다양한 종류가 있다[그림 6-11 참조].

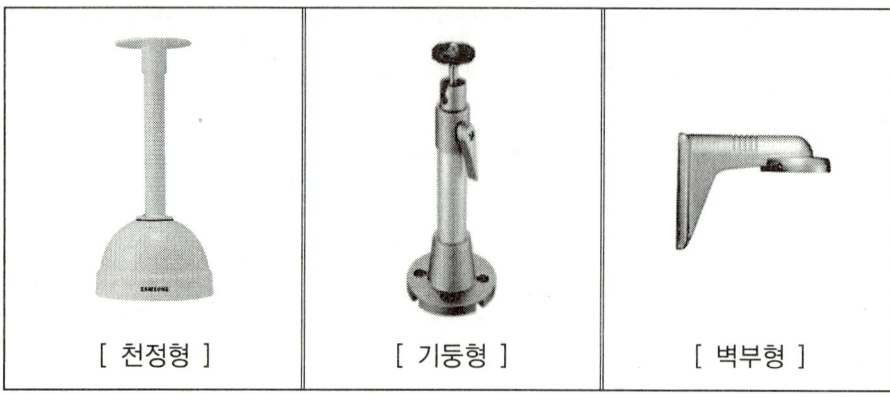

[그림 6-11] 브라켓

③ 팬틸트(Pan/Tilt)[243)]

CCTV 시스템의 촬영 범위를 확대하기 위하여 카메라의 위치를 원격에서 조정할 필요가 있다. 팬틸트(Pan/Tilt)는 카메라를 지지하고 사용자가 보내는 전기적 신호를 카메라 방향 조정 수신기(Signal Receiver/Driver)가 카메라를 상하좌우로 구동하여 보다 넓은 범위의 촬영을 가능하게 하는 기기이다. 팬틸트는 실외용, 실내용, 고속줌형 등 카메라의 무게, 렌즈의 성능, 하우징의 크기 등을 고려해야 한다[그림 6-12 참조].

팬틸트에 장착하는 카메라의 렌즈는 주로 줌 렌즈를 사용하는데 팬틸트와 줌 렌즈의 조합은 최고로 넓은 촬영범위를 보장한다. 그러나 팬틸트와 줌 렌즈의 조합은 특정지역을 촬영할 때 순간적으로 사각지대가 발생할 수 있으므로 주의해야 한다.

---

242) 주일엽, 기계경비개론, 도서출판 진영사, 2012, p. 164, 내용 재구성.
243) 주일엽, 기계경비개론, 도서출판 진영사, 2012, pp.164-165, 내용 재구성.

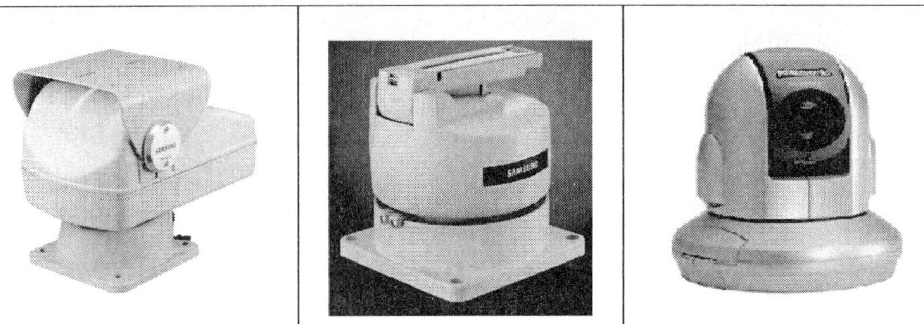

[실외용] [실내용] [고속줌형]

[그림 6-12] 팬틸트

④ 컨트롤러(Controller)[244]

컨트롤러(Controller)는 CCTV 시스템의 수상부에 위치한 사람이 원격지에 소재한 돔 카메라, 줌 카메라, 수신기의 동작을 제어하는 기기이다. 1대의 컨트롤러로 수백 대의 카메라를 제어할 수 있고, 조이스틱(Joystick), 키 버튼(Key Button) 등을 이용하여 손쉽게 원격제어가 가능하다[그림 6-13 참조].

[그림 6-13] 컨트롤러

(6) 조명장치[245]

조명장치는 백열등(Incandescent Lamp), 형광등(Fluorescent Lamp), 수은등(Mercury-Vapor

244) 주일엽, 기계경비개론, 도서출판 진영사, 2012, pp.164-165, 내용 재구성.
245) 주일엽, 기계경비개론, 도서출판 진영사, 2012, pp.185-189, 내용 재구성.

Lamp), 메탈할라이드등(Metal-Halide Lamp), 나트륨등(Sodium-Vapor Light), 석영등(Quartz Lamp), 할로겐등(Halogen Lamp) 등이 있다[표 6-4 참조].

[표 6-4] 조명장치

구 분	주 요 내 용
백열등 (Incandescent Lamp)	가정에서 많이 사용하는 램프로써 스위치를 켜면 바로 점등이 된다. 가격이 저렴한데 비해 에너지 효율이 낮다.
형광등 (Fluorescent Lamp)	가정, 사무실, 학교 등에서 많이 사용하는 램프로써 형광등은 와트(W) 당 62 루멘(lm)의 광속으로 효율적이다. 램프 내에 수은 증기가 들어 있어 온도 변화에 민감하므로 온도가 낮은 옥외에서는 잘 사용하지 않으며 전파간섭의 원인이 되기도 한다.
수은등 (Mercury-Vapor Lamp)	일반적으로 보안등으로 많이 사용되며 백열등에 비해 수명이 길다. 수은등은 스위치를 켜면 완전 점등 시까지 시간이 걸리나 전력이 50% 강하되어도 작동이 가능하다.
메탈할라이드등 (Metal-Halide Lamp)	고압 수은등의 발광판 내에 할로겐 화합물을 봉입한 것으로 수은등과 마찬가지로 전력 강하에도 작동할 수 있고 수명도 길다. 전력이 20초 이상 강하될 경우에는 램프가 꺼질 수 있다.
나트륨등 (Sodium-Vapor Light)	부드러운 황색 빛을 방사하며 수은등보다 효율적이다. 나트륨등은 황색 빛이 백색 빛에 비해 안개에 대한 투과율이 높기 때문에 안개가 많은 지역이나 매연이 많은 도로, 교량 등에 사용한다.
석영등 (Quartz Lamp)	매우 밝은 백색 빛을 방사하는데 백열등과 마찬가지로 점등 속도가 빠르다. 석영등은 1,500 ~ 2,000 와트(W)의 고전력을 소모하며 외곽침입 감지펜스나 방호벽 등에 사용할 수 있다.
할로겐등 (Halogen Lamp)	램프 내부에 크세논(Xenon) 가스를 주입하며 강한 백색 빛을 방사한다. 할로겐등은 주로 차량의 전조등에 많이 사용되는데 수명이 길어 선호도가 높다.

제 2 절 CCTV 시스템 기획설계

1. CCTV 시스템 착안사항

(1) 기본검토

CCTV 시스템을 위한 기본적인 검토사항은 설치목적, 설치장소, 상주인원, 설치비용, 설치환경, 공개여부 등이 있다.

1. 설치목적 : CCTV 시스템의 설치목적은 무엇인가?
2. 설치장소 : CCTV 시스템의 설치장소는 어디인가?
3. 상주인원 : CCTV 시스템의 모니터 상주인원은 있는가?
4. 설치비용 : CCTV 시스템의 설치 및 관리 비용은 얼마인가?
5. 설치환경 : CCTV 시스템의 설치환경은 어떠한가?
6. 공개여부 : CCTV 시스템의 설치를 외부에 공개 또는 비공개하는가?

(2) 운영조건

CCTV 시스템의 운영조건은 조명수준, 조명형태, 조명강도, 주변환경 등이 있다.

1. 조명수준 : CCTV 시스템을 운용하기 위한 최소 조명 수준
2. 조명형태 : 자연조명 또는 인공조명
3. 조명강도 : 최대 조명강도, 표면반사 수치
4. 주변환경 : 온도, 습도, 진동, 대기, 먼지, 바람 등

(3) 설치조건

CCTV 시스템의 설치조건은 설치영역, 음영상태, 비품배치, 배선경로, 건물구조, 차량위치, 상황센터, 카메라 위치, 전원공급, 순찰노선 등이 있다.

1. 설치영역 : CCTV 시스템이 운용될 수 있는 넓은 구역
2. 음영상태 : 건물, 수목 등에서 비치는 그림자 등 고려

3. 비품배치 : 가구, 상품 등의 배치 상태 및 향후 변경 사항
4. 배선경로 : 가능한 배선 경로
5. 건물구조 : 침입자가 숨을 수 있는 외부 구조
6. 차량위치 : 시야를 가릴 수 있는 차량 주차 또는 이동 경로
7. 상황센터 : 상시 감시할 수 있는 모니터실의 위치
8. 카메라 위치 : 가시성, 상하좌우 범위, 경사지 등 고려
9. 전원공급 : 무중단 전원 공급
10. 순찰노선 : 순찰노선과 CCTV 시스템과의 조화

(4) 입찰정보

CCTV 시스템의 공급자는 입찰을 위해 기본적으로 준비해야 하는 사항은 회사현황, 설치계획, 장비현황, 입찰가격, 작동방법 등이 있다.
1. 회사현황 : 연혁, 조직, 재무, 제품 등
2. 설치계획 : CCTV 시스템 적용범위, 사각지대 등
3. 장비현황 : CCTV 시스템을 구성하는 카메라, 모니터 등 장비 현황 및 명세
4. 입찰가격 : CCTV 시스템을 구성하기 위한 비용 산출
5. 작동방법 : CCTV 시스템의 가능, 불가능한 기능 명시, 기기 조작법 등

(5) 계약실시

CCTV 시스템의 사용자는 공급자의 입찰정보에 대하여 설치방안, 성능비교, 내부협의, 착안사항 등을 검토한 후에 계약을 실시하여야 한다.
1. 설치방안 : 직접 구매 또는 대여
2. 성능비교 : 2개 이상 업체가 참여하는 입찰을 통한 성능비교
   * 시큐리티 담당자 및 회사 경영자 참여
3. 내부협의 : 경영자, 시큐리티 및 재무 담당자 참여하에 진행
4. 착안사항 : 납품실적 고려, 단순한 시스템, 선로 구성

(6) 장비설치

CCTV 시스템의 설치는 설치업체, 설치인원, 설치요건, 시험운용 등을 고려하여야

한다.

1. 설치업체 : 시스템 판매를 제안한 업체에서 실시
2. 설치인원 : 하청업체 소속직원이 아닌 원청업체 소속직원이 실시
3. 설치요건 : 평면도, 입면도, 선로 노선, 장비 지원, 작업일정 등
4. 시험운용 : 최초 설치했을 때, 그리고 정기적으로 완전한 시험 운용
   * CCTV 시스템의 동기화
   * 렌즈의 초점, 밝기 등 기본사항 확인
   * 모니터 화면의 명암, 고스트, 해상도 등 평가
   * 운용요원을 대상으로 하는 모의훈련 실시

(7) 유지관리

CCTV 시스템이 설치된 이후에는 정상적인 성능 유지를 위하여 정기적, 비정기적 유지관리를 실시하고, 필요시에는 기기 교체, 신규 도입 등도 검토하여야 한다.

1. 보증사항 : CCTV 시스템에 제공되는 보증사항 등
2. 지원사항 : 서비스 계약 및 비용, 교체비용, 예비기기 등
3. 긴급조치 : A/S 소요시간 등

2. CCTV 시스템 장치선택[246)]

(1) 카메라

카메라의 선택은 먼저 실내 또는 실외 사용 여부를 판단해야 한다. 일반적으로 실내용일 경우에는 외부인의 손괴행위를 방지할 수 있는 Dome형 카메라 또는 일체형 카메라(All-in-one Camera)를 주로 사용하고 전원은 12V DC 또는 24V AC를 사용하며, 실외용일 경우에는 주간용 일반카메라, 주간/야간용 일반카메라, 야간용 적외선 카메라(Night Vision / In Built Infra-Red)를 주로 사용하고 전원은 110V / 220V AC를 사용한다.

---

246) CBC(EUROPE) Ltd, An installation pocket guide to closed circuit television systems, 2010, pp.48-56, 내용 재구성.

① 착안사항

1. 카메라 형태
2. 전력 소비
3. 전력 공급 및 전압 제한
4. 렌즈의 크기 및 형태
5. 최소 반사광
6. 최대 해상도
7. 작동 온도
8. 대역폭
9. 전송선로
10. 조명 수준

② 주의사항

1. 카메라를 진동이 없는 단단한 표면에 설치한다.
2. 계절에 따른 직사광선의 변화를 고려한다.
3. 카메라가 보호될 수 있는 장소에 설치한다.
4. 카메라에 맞는 전원장치, 케이블, 그리고 연결장치(컨넥터)를 사용한다.
5. 피사체를 정확히 촬영할 수 있도록 고객과 함께 카메라의 위치를 선정하고, 조정하며, 시간을 설정한다.
6. 카메라를 창문, 문에 근접해서 또는 강한 광원이 있는 곳에 설치해서는 안된다.
7. 실외용 카메라의 경우에도 많은 비를 맞을 수 있는 곳에는 설치하지 않는다(반드시 하우징을 설치한다).

(2) 케이블

케이블의 선택은 일반적으로 꼬임쌍 전선(CCTV 시스템에서는 Cat5 케이블)이나 동축케이블을 사용한다. 꼬임쌍 전선의 경우는 일반적으로 설치거리가 최대 1,000m 이내일 경우에 사용하며, 동축케이블의 경우에는 설치거리가 최대 400m 이내일 경우에 사용한다.

① 착안사항

1. 사용된 케이블의 형태
2. 접속 시스템
3. 계획된 다양한 경로 상에서의 전송 손실

② 주의사항

1. 케이블의 최대전송거리를 고려하여 규격품을 사용한다.
2. 케이블이 안전하게 설치되어야 한다.
3. 케이블을 과도하게 늘이거나 구부려서는 안된다.

(3) 모니터 및 녹화장치

모니터의 선택은 피사체의 크기, 운용자의 위치 등 다양한 상황을 고려하여 선택해야 하는데 일반적으로 LCD, PDP, LED 모니터를 사용하며, 화면크기는 14인치, 17인치, 19인치, 21인치, 그리고 그 이상의 화면크기를 가진 모니터를 선택하기도 한다. 모니터에서 영상의 크기는 이상상황 감시(Monitor)는 모니터 크기의 5% 이상, 이상상황 발견(Detect)은 모니터 크기의 10% 이상, 이상상황 인지(Recognize)는 모니터 크기의 50% 이상, 이상행동 확인(Identify)은 모니터 크기의 120% 이상 되어야 한다(최종단계인 이상행동 확인을 위해서는 확대된 사람의 영상이 얼굴부터 무릎 정도는 되어야 한다). 녹화장치(DVR)의 선택은 카메라의 설치댓수에 따라 결정해야 하는데 4채널, 8채널, 16채널, 그리고 그 이상의 채널 성능을 가진 DVR을 선택하기도 한다.

① 착안사항

1. 해상도
2. 전력 소비
4. 전압 제한
4. 비디오 출력 필요요건
5. 명암, 대비 등 화질요소

② 주의사항

1. 모니터 및 녹화장치(DVR)에 있어서 규격품의 전원장치 및 전원코드를 사용한다.
2. 모니터에 영상입력을 연결할 때는 카메라의 연결에 대한 주의(확인)가 필요하다.
3. 녹화장치(DVR)의 기록, 화질 등 프로그래밍에 대한 주의(확인)가 필요하다.
4. 비디오 웹 서버(Video Web Server)와 같은 외부 장치나 컨트롤 시스템에 의한 원격조정 입출력(I/O)을 사용한다.
5. 녹화장치(DVR)를 선택할 경우에는 알맞은 채널 수의 선정 등 시스템의 확장을 고려해야 한다.
7. 운용자가 무리없이 많은 화면을 볼 수 있도록 모니터에 맞는 밝기(Brightness)와 대비(Contrast)를 설정해야 한다.
8. 고객이 모니터 및 녹화장치의 조작을 능숙하게 할 수 있도록 항상 관심을 가진다.

(4) 조명[247]

조명은 설치장소에 따라 백열등, 형광등, 수은등, 메탈할라이드등, 나트륨등, 석영등, 할로겐 등을 선택할 수 있으며, 그 형태도 투광(Floodlight), 프레넬 렌즈(Fresnel Lens), 서치라이트(Searchlight) 등을 사용할 수 있다.[248] 최적의 조명 상태를 유지하기 위하여 기술적인 유지가 필요한데 유지는 손상된 장치의 수리뿐만 아니라 예방적 유지도 요구된다. 조명 수준은 시간이 경과될수록 감소하는데 노후되고 오염된 조명은 50% 이하로 밝기가 줄어든다.

① 착안사항

1. 램프 형태

247) 주일엽, 기계경비개론, 도서출판 진영사, 2012, pp.189-192, 내용 재구성.

248) 투광(Floodlight)은 특정 지역에 좁은 폭의 빔을 매우 밝게 집중적으로 조사(照射)하는 것으로 내부에서 외부로 조사하는데 효율적이다. 프레넬 렌즈(Fresnel Lens)는 길고 수평의 빔을 조사하는데 등대 불빛이 좋은 사례로써 기계경비에서는 침입자에 대하여 집중할 수 있으며 경계 내부에는 조사하지 않는다. 서치라이트(Searchlight)는 좁게 초점을 맞추는 백색등으로 경계 외부는 물론 내부에서도 사용할 수 있으며 서치라이트는 상점, 레스토랑의 개점행사나 공연 등 주요행사에서 사용할 수도 있다. 가로등(Street Lamp)은 주요한 방범등의 하나이며 주차장, 차량 진입로에 설치하거나 경계에 따라 설치할 수도 있다.

2. 전력 소비
3. 전압
4. 수명
5. 램프 하우징의 형태

② 주의사항

1. 전체적으로 균형된 조명이 사용되어야 한다. 이는 피사체에 음영이 생기지 않아 양호한 영상을 촬영할 수 있게 한다.
2. CCTV 카메라는 조명이 직접 조사되지 않도록 조명 아래에 설치되어야 한다. CCTV 카메라와 조명이 같은 방향을 향하도록 설치하는 것도 고려할 수 있다.
3. CCTV 카메라의 특성에 맞는 조명의 스펙트럼 일치도 고려해야 한다. 옥외에 CCTV 카메라를 설치할 때 카메라 렌즈와 조명의 스펙트럼 일치는 대단히 중요하다.
4. 배선은 반드시 규정된 전선을 사용해야 하며 손상, 손괴, 기상조건 등에 의한 손실을 최소화하기 위해 지하 설치도 고려해야 한다.
5. 일부 조명이 중단되어도 전반적인 경계지역 조명이 가능하도록 배선한다.
6. 관리자가 수동으로 조명스위치를 켜는 것 외에도 어둠, 적외선 감지기, 동작 감지기에 의해 자동으로 조명 스위치가 켜지도록 한다.

3. CCTV 시스템 시공관리[249)]

(1) 시공

① 설치장소

CCTV 시스템은 일반적으로 높은 장소, 도로 상, 위험한 곳 등 사람이 접근하기 힘든 장소에 설치하는 경우가 많다. 따라서 작업인원이 CCTV 시스템을 설치하기 위해서는 제반 안전사항을 강구할 필요가 있다. 이에 대해서는 교통법규, 건축법규 등 관

249) 정기룡, 기계경비시스템 기획 및 설계, 정훈사, 1997, pp.145-153; 안창훈, 기계경비시스템 기획 및 설계, 1999, pp.67-75; 기타 수집자료, 내용 재구성.

련법규에서 규제하고 있을 뿐만 아니라 설치작업과 관련하여 안전법규도 준수해야 할 것이다. 일반적으로 높은 장소에서의 작업은 추락사고를 예방할 수 있도록 하고, 도로 상에서의 작업은 안내표지판 설치 외에 교통규제 등의 조치도 필요할 경우가 있다. 또한, 전기작업의 경우에는 CCTV 시스템에 맞는 규격전선 사용, 배선 정리, 사용전압 확인, 나선작업 자제, 퓨즈 설치, 고압주의 표시 등을 실시하고 작업인원이 작업진행 중에 감전 등 안전사고를 당하지 않도록 유의해야 한다.

② 전선작업

CCTV 시스템은 촬상부와 수상부를 연결하는 전송부, 즉 전선(케이블)에 대한 이해가 필요하다. 전선에 과다한 외력이 가해지지 않도록 해야 하고 수직방향으로 설치할 경우에는 자체무게를 보정하기 위한 보조물(Ladder, 래더)을 1m 간격으로 설치해야 하며 전선을 지나치게 꺾거나 구부려서는 안 된다. 전선 연결(접속) 작업을 위해서는 외부작업의 경우에는 납땜을 사용하지 않고 압착단자, 래핑(Lapping) 단자 등을 사용하여 연결하고, 부득이하게 납땜을 사용할 경우에는 발전기, 가스버너 등을 이용하여 납땜을 위한 적정온도를 유지할 수 있도록 해야 한다. 또한, 연결 이후에는 외관의 이상 유무를 점검하고 가볍게 당겨서 완전 여부를 확인하고 압착, 납땜 등으로 인한 전선 조각이나 납 찌꺼기가 남아 있는지도 확인해야 한다.

③ 연락장치

CCTV 시스템의 설치를 위한 작업환경 상 전파신호 미약 등 휴대전화를 사용할 수 없는 지역에서 휴대성이 용이하고 다수의 작업인원이 동시에 사용할 수 있는 무선기기(무전기)를 사용할 필요가 있다. 무선기기는 생활형 무전기, 업무용 무전기, TRS(주파수 공용통신) 등이 있는데 생활용무전기는 448.7500MHz ~ 449.2625MHz 대의 동일 주파수 범위를 사용하고 있어서 불특정 다수가 채널만 맞추면 사용할 수 있는 무전기이며, 업무용 무전기는 제조회사별로 사용주파수 범위 내에서 조금씩 차이가 있는데 사용 주파수 범위대는 VHF 138~174MHZ, VHF 216~223MHz, UHF400~470MHz 등으로 구분된다. TRS(주파수 공용통신)는 우리나라의 경우 800MHz 대의 주파수 대역을 사용하고 있으며, 이 외에도 380MHz 대의 주파수 대역도 확보하고 있는데 기지국 근처에서 전화처럼 사용할 수 있으며 차량용, 고정국용이 있고 경찰청, 물류회사, 택시회사 등 넓은 지역의 이동업무용으로 사용할 수 있다.

(2) 보호설비

① 접지(어스)

CCTV 시스템의 경우는 높은 전류와 전압을 사용하므로 누전으로 인한 작업인원의 감전이나 CCTV 시스템에 대한 손상을 예방하기 위한 접지가 필요하다. 접지는 전기기기를 도체를 통하여 대지와 전기적으로 접속하는 것으로써 구체적으로 (1) 누전 시 감전 및 화재사고 예방, (2) 이상전압의 억제, (3) 정전기 장해 방지, 통신 장해 방지, (5) 천둥번개로 인한 재해 방지, (6) 보호 계전기류의 확실한 동작 등의 효과가 있다. 접지공사는 용지의 형상, 면적, 건조물 등의 제약 등을 고려하여 적합한 접지저항치를 확보할 수 있도록 해야 한다. 이외에도 전선로와 대지 간의 절연이 비정상적으로 저하하여 접지(어스) 또는 전도물질에 의해 양자가 연결되어 배선이나 전기기기의 외부에 과도한 전압이 나타나거나 전류가 흐는 상태인 지락(地絡)도 있는데 이를 예방하기 위하여 CCTV 시스템의 구성 기기에 관하여 접지(어스) 회로는 1점으로 공통화할 필요가 있다.

② 피뢰기

피뢰기는 높이 20m 넘는 건축물의 경우에는 낙뢰 등 발생한 충격성 과전압의 서지를 대지에 방전시킴으로써 전기시설의 절연을 보호함과 동시에 계통의 정상상태를 교란하지 않고 원상으로 복귀시키기 위한 장치이다. 피뢰기는 이상전압의 내습으로 피뢰 단자전압이 어느 일정값 이상이 되면 즉시 방전해서 전압상승을 억제하여 기기를 보호하고 이상전압이 소멸하여 피뢰기 단자전압이 일정값 이하가 되면 즉시 방전을 정지해서 원래 상태로 돌아가게 한다. 높은 곳에 설치하는 CCTV 시스템은 주변에 피뢰기가 설치되어 있지 않은 경우에는 반드시 피뢰기 설치를 고려해야 한다.

③ 방폭 및 내진

CCTV 시스템이 설치된 장소에 가연성, 폭발성 가스나 액체가 있는 경우에는 누전, 스파크, 열기 등에 의한 폭발이 발생할 수 있으므로 이를 예방하기 위한 조치가 필요하다. 또한, CCTV 시스템은 일반적으로 진동이 없는 단단한 표면에 설치하여야 하며, 모니터 등 촬상부를 설치한 장소에는 모니터 등의 자체무게, 진동, 충격에 인한 붕괴나 추락 등을 예방하기 위하여 고정방안을 강구해야 한다.

(3) 유지관리

① 일상관리

CCTV 시스템은 수상부를 제외한 촬상부, 전송부는 일반적으로 열악한 환경에 설치되어 있으므로 일상적인 점검이 필요하다. 일상적인 점검은 CCTV 카메라를 보호하는 하우징(유리)에 대한 청소 및 방수상태 점검, CCTV 카메라의 렌즈, 조리개, 초점, 심도 및 연결부위의 점검, 장시간 사용하는 모니터 등의 명도, 채도, 대비 조정 및 청소, 녹화장치(DVR)의 성능 및 기록 상태 점검 및 청소, 그리고 전원케이블, 전송선로, 연결부위 등에 대한 점검을 실시해야 한다.

② 정기관리

일상보수는 일반적으로 사용자가 실시하나 수준 높은 점검 및 보수는 상대적으로 취약할 수 있다. 따라서 CCTV 시스템 설치업체에서 주관하는 정기보수가 필요한데 일반적으로 연 1회 이상 실시한다. 정기보수에서는 일상보수에서 실시하는 사항 외에 노후 기기 및 부품의 공장 입고를 통한 수리나 교환, 각 부의 점검 및 조정, 특성점검 등이 필요하다.

③ 필요기기

CCTV 시스템에 대한 일상점검 및 정기점검을 위해서는 보수 운용에 필요한 전문기기가 필요하다. CCTV 시스템 점검을 위한 전문기기로는 각 부의 파형을 관측하기 위한 오실로스코프(Osciloscope), 고전압을 측정하기 위한 전자전압계, 간단한 전압, 전류, 저항을 측정하기 위한 테스터(Tester), 수상부(모니터)의 기능을 대신할 수 있는 휴대용 모니터, 촬상부(카메라)의 조정을 위한 테스트 차트, 그리고 작업인원 간 기술정보 교환을 위한 연락장치 등이 필요하다.

제 3 절 CCTV 시스템 가이드라인

CCTV 시스템은 설계 및 설치를 위한 기술적인 면도 중요하지만 개인정보 보호, 사생활 침해 등에 대한 일반인들의 관심이 높아지고 국가 차원의 법적 관리도 강화되고 있다. 본 절에서는 공공기관 CCTV 관리 가이드라인, CCTV 개인영상 정보보호 가이드라인, 택시 내 CCTV 설치관련 개인정보보호 가이드라인 등에 대해 구체적으로 알아보도록 한다.[250)]

1. 공공기관 CCTV 관리 가이드라인[251)]

(1) 총칙

① 목적[252)]

공공기관 CCTV 관리 가이드라인은 공익 목적의 CCTV 설치 · 운영 및 개인화상정보 보호에 대하여 공공기관이 준수해야 할 의무사항을 중심으로 업무담당자가 쉽게 이해할 수 있도록 그 기준을 제시하는데 있다.

② 정의[253)]

1. 공공기관 : 국가행정기관 · 지방자치단체 그 밖의 공공단체 중 대통령령이 정하는

---

250) 개인안전, 안전관리, 건축건설, 기타분야 등 기계경비 참고법규는 제7장에서 기술하였다.

251) 행정안전부, 공공기관 CCTV 관리 가이드라인, 2009.9; '공공기관 CCTV 관리 가이드라인'의 상위법규로는 '개인정보 보호법(법률 제10465호, 2011.3.29)' 등이 있으며 제7장 기계경비 참고법규에 기술하였다; 국가행정기관과 지방자치단체 등 공공기관이 설치한 폐쇄회로 텔레비전(CCTV) 중 상당수가 법규를 어긴 채 설치·운영된 것과 관련하여 '공권력에 의한 인권침해'라고 지적받은 사례가 있는데 행정안전부가 2008년 2월 14개 기관에 설치된 1만 2,778대의 CCTV를 점검한 결과, 8,177대(64%)는 안내판이나 홈페이지 등을 통해 설치 사실을 알리지 않은 것으로 밝혀졌으며, 관공서·민원실 등 171곳에선 민원인들의 음성까지 녹음한 것으로 드러났다(경향신문, 2008.3.28, 14면).

252) 행정안전부, 공공기관 CCTV 관리 가이드라인, 2009.9, 제1조(목적).

253) 행정안전부, 공공기관 CCTV 관리 가이드라인, 2009.9, 제2조(정의).

기관

2. 개인정보 : 생존하는 개인에 관한 정보로서 당해 정보에 포함되어 있는 성명 · 주민등록번호 및 화상 등의 사항에 의하여 당해 개인을 식별할 수 있는 정보(당해 정보만으로는 특정개인을 식별할 수 없더라도 다른 정보와 용이하게 결합하여 식별할 수 있는 것을 포함)
3. 처리 : 컴퓨터 · 폐쇄회로 텔레비전 등 정보의 처리 또는 송 · 수신 기능을 가진 장치(이하 "컴퓨터 등")를 사용하여 정보의 입력 · 저장 · 편집 · 검색 · 삭제 및 출력 기타 이와 유사한 행위를 하는 것(다만, 문장만을 작성하는 등의 단순업무처리를 위한 행위로서 대통령령이 정하는 행위를 하는 것을 제외)
4. 개인정보파일 : 컴퓨터 등에 의하여 처리할 수 있도록 체계적으로 구성된 개인정보의 집합물로서 자기테이프 · 자기디스크 등 전자적인 매체에 기록된 것
5. 처리정보 : 개인정보파일에 기록되어 있는 개인정보
6. 폐쇄회로 텔레비전 : 정지 또는 이동하는 사물의 순간적 영상 및 이에 따르는 음성 · 음향 등을 특정인이 수신할 수 있는 장치(이하 "CCTV")
7. 보유 : 개인정보파일을 작성 또는 취득하거나 유지 · 관리하는 것(개인정보의 처리를 다른 기관 · 단체등에 위탁하는 경우를 포함하되, 다른 기관 · 단체 등으로부터 위탁받은 경우를 제외)
8. 보유기관 : 개인정보파일을 보유하는 기관
9. 정보주체 : 처리정보에 의하여 식별되는 자로서 당해 정보의 주체가 되는 자
10. CCTV 통합관리 : 기관 내 또는 기관 간에 CCTV의 효율적 관리 및 정보연계 등을 위해 용도별 · 지역별 CCTV를 물리적 · 관리적으로 통합하여 모니터링 등을 수행하는 것
11. 네트워크 카메라 : 영상자료 전송 시 폐쇄적인 유 · 무선망을 사용하지 않고 정보통신망을 통하여 영상정보 전송 등의 처리를 하는 장치

③ 적용범위[254)]

1. 공공기관이 범죄예방 · 증거확보 · 시설안전 · 화재예방 · 교통정보제공 · 법규위반단속 등 공익을 위하여 필요한 경우에 설치 · 운영하는 CCTV와 이로써 수집 · 처리되

---

254) 행정안전부, 공공기관 CCTV 관리 가이드라인, 2009.9, 제3조(적용범위).

는 화상정보의 보호(다른 법령에 특별한 규정이 있는 경우는 제외)

2. 공공기관이 설치·운영하는 CCTV로서 모조카메라를 부착한 경우에는 CCTV 운영기관이 가이드라인의 적용 여부를 판단

④ 화상정보 보호원칙[255)]

1. CCTV의 설치목적에 부합하는 필요최소한의 범위 안에서 화상정보를 수집
2. CCTV의 설치목적을 정보주체가 명확히 인식할 수 있도록 하고, 화상정보를 그 목적 이외의 용도로는 활용 불가
3. 화상정보의 정확성 및 최신성을 확보하여 이를 안전하게 관리
4. 화상정보의 취급에 관한 일반사항을 공개하고, 화상정보에 대한 정보주체의 권리를 보장

(2) CCTV의 설치시 준수사항

① 책임자[256)]

1. CCTV에 수집된 개인화상정보에 대한 안전한 관리를 위해 총괄책임자와 운영책임자를 지정
2. 총괄책임자와 운영책임자는 각 기관 자체적으로 지정하여 관리하는 것을 원칙으로 하되, 별도의 규정이 없을 경우 CCTV 총괄책임자로 개인정보관리책임관(CPO;Chief Privacy Officer)을 지정하고 CCTV 운영책임자로 분야별책임관(CCTV 설치·운영부서장의 장)을 지정
3. 총괄책임자는 CCTV 설치·운영, CCTV 관련 민원의 접수 및 처리, 화상정보의 수집·처리에 따른 개인정보보호 업무를 총괄하며 운영책임자는 CCTV 설치·운영과 관련한 실질적인 업무를 수행

---

255) 행정안전부, 공공기관 CCTV 관리 가이드라인, 2009.9, 제4조(화상정보의 보호원칙).
256) 행정안전부, 공공기관 CCTV 관리 가이드라인, 2009.9, 제6조(총괄·운영 책임의 지정).

② 의견수렴[257)]

1. 일반인의 자유로운 출입이 제한되는 시설(군사시설, 국가중요시설, 보안목표시설은 제외) 또는 장소 안에 CCTV를 설치하는 경우 해당 시설을 이용하는 공무원 또는 임직원 등의 대표로 구성되는 위원회의 심의를 거치는 방법
2. 군사시설, 국가중요시설, 보안목표시설에 CCTV를 설치하는 경우 개인정보보호에 관하여 해당 시설의 관리자·보안책임자 또는 관련 전문가의 의견을 듣는 방법
3. 기타 시설 또는 장소에 CCTV를 설치하는 경우 행정예고의 실시 또는 공청회의 개최, 설명회·설문조사·여론조사 등의 실시

③ 안내판의 설치[258)]

1. CCTV를 설치할 경우 정보주체가 이를 쉽게 인식할 수 있도록 설치목적 및 장소, 촬영범위 및 시간, 관리책임자 및 연락처 등을 기재한 안내판을 설치하는 등 필요한 조치를 강구
2. 안내판은 촬영범위 내에서 정보주체가 알아보기 쉬운 장소에 누구라도 용이하게 판독할 수 있게 설치(CCTV를 설치한 장소마다 안내판을 설치)
3. 건물 안에 다수의 CCTV를 설치하는 경우에는 출입구 등 잘 보이는 곳에 해당 시설 또는 장소 전체가 CCTV 설치지역임을 표시하는 안내판을 설치
4. 원거리 촬영, 과속·신호위반 단속 또는 교통흐름 조사 등의 목적으로 CCTV를 설치하는 경우로서 개인정보침해의 위험이 적은 경우, 산불감시용 폐쇄회로 텔레비전 등 장소적 특성으로 인하여 안내판을 설치하는 것이 불가능하거나 안내판을 설치하더라도 정보주체가 이를 쉽게 알아볼 수 없는 경우는 인터넷 홈페이지에 설치목적 및 장소, 촬영범위 및 시간, 관리책임자 및 연락처 등의 사항을 게재하여 안내판 설치를 갈음
5. 군사시설, 국가중요시설, 보안목표시설 등에 해당하는 시설에 설치하는 CCTV는 안내판의 설치를 생략 가능

---

257) 행정안전부, 공공기관 CCTV 관리 가이드라인, 2009.9, 제7조(사전의견 수렴).
258) 행정안전부, 공공기관 CCTV 관리 가이드라인, 2009.9, 제9조(안내판의 설치).

(3) 화상정보 취급시 준수사항

① 제한사항[259]

1. CCTV에 의하여 화상정보를 수집하는 경우에는 그 설치목적 범위를 넘어 카메라를 임의로 조작하거나 다른 곳을 비추는 것이 불가
2. CCTV에 의하여 화상정보를 수집하는 경우에는 녹음기능 사용 불가

② 처리의 제한[260]

1. 보유기관의 장은 개인정보파일의 보유목적 외의 목적으로 처리정보 이용 또는 제공 불가(다른 법률에 따른 경우는 제외)
2. 보유기관의 장은 보유목적에 따라 처리정보를 이용하게 하거나 제공하는 경우에도 업무수행에 필요한 최소한의 범위로 그 이용 또는 제공을 제한
3. 예외사항
   가. 정보주체의 동의가 있거나 정보주체에게 제공하는 경우
   나. 처리정보를 보유목적 외의 목적으로 이용하게 하거나 제공하지 않으면 다른 법률에서 정하는 소관 업무를 수행할 수 없는 경우
   다. 조약 기타 국제협정의 이행을 위하여 외국정부 또는 국제기구에 제공하는 경우
   라. 통계작성 및 학술연구 등의 목적을 위한 경우로서 특정개인을 식별할 수 없는 형태로 제공하는 경우
   마. 정보주체 또는 그 법정대리인이 의사표시를 할 수 없는 상태에 있거나 주소불명 등으로 동의를 할 수 없는 경우로서 정보주체외의 자에게 이용하게 하거나 제공하는 것이 명백히 정보주체에게 이익이 된다고 인정되는 경우
   바. 범죄의 수사와 공소의 제기 및 유지에 필요한 경우
   사. 법원의 재판업무수행을 위하여 필요한 경우

259) 행정안전부, 공공기관 CCTV 관리 가이드라인, 2009.9, 제10조(수집의 제한).
260) 행정안전부, 공공기관 CCTV 관리 가이드라인, 2009.9, 제11조(처리의 제한).

③ 설치 및 관리의 위탁[261)]

1. 개인정보보호에 필요한 전문 장비 및 기술을 갖추고, 수탁 받은 업무를 수행하는 데 필요한 전문 인력을 갖춘 경우에는 다른 공공기관이나 전문기관에 CCTV의 설치 및 관리에 관한 사무의 위탁이 가능
2. 위탁대상이 되는 사무의 범위, 개인정보에 대한 접근제한 등 개인정보보호에 필요한 사항을 세부적으로 정한 후 이를 위탁계약서 등 관련 서류에 분명하게 기록
3. 사무를 위탁한 경우에는 안내판에 수탁기관의 명칭, 담당자 및 연락처를 게재

④ 보호조치[262)]

1. 화상정보를 처리하거나 화상정보파일을 정보통신망에 의하여 송·수신하는 경우 화상정보가 분실·도난·누출·변조 또는 훼손되지 않도록 안전성 확보에 필요한 조치를 강구
2. 화상정보의 처리에 관한 사무를 다른 공공기관 또는 관련 전문기관에 위탁 가능하나, 화상정보가 분실·도난·유출·변조 또는 훼손되지 않도록 안전성 확보
3. 개인정보의 처리에 관한 사무를 위탁하고자 하는 경우에는 관보 또는 인터넷 홈페이지 등을 통하여 미리 그 사실을 공개
4. CCTV에 의하여 수집·처리되는 화상정보로의 접근권한을 총괄책임자 및 운영책임자 등 지정된 최소한의 인원으로 제한
5. 공공기관의 장은 네트워크 카메라를 설치하여 영상정보를 수집·전송하는 경우 네트워크 카메라 IP에 대한 관리 및 접근통제, 네트워크를 통한 영상정보 전송 시 암호화 등의 보호조치를 강구

⑤ 열람근거[263)]

1. 정보주체는 공공기관의 장에 대하여 화상정보의 존재확인 및 열람·삭제 요청 가능
2. 공공기관의 장은 정보주체의 요청에 대하여 지체 없이 필요한 조치를 이행
3. 예외사항 (10일 이내에 거부사유 및 불복방법을 정보주체에게 통지)

---

261) 행정안전부, 공공기관 CCTV 관리 가이드라인, 2009.9, 제13조(CCTV 설치 및 관리의 위탁).
262) 행정안전부, 공공기관 CCTV 관리 가이드라인, 2009.9, 제14조(보호조치 등).
263) 행정안전부, 공공기관 CCTV 관리 가이드라인, 2009.9, 제15조(열람 등의 요청).

가. 범죄수사 · 공소유지 · 재판수행에 중대한 지장을 초래하는 경우
나. 특정 정보주체의 화상정보만을 삭제하는 것이 기술적으로 현저히 곤란한 경우
다. 타인의 사생활권이 침해될 우려가 큰 경우
라. 기타 열람 등의 요청을 거절할 만한 정당한 공익적 사유가 존재하는 경우

⑥ 보유삭제[264)]

1. CCTV에 의하여 수집된 화상정보는 규정에 명시한 보유기간이 만료한 즉시 삭제
2. 해당기관의 특성에 따라 보유목적의 달성을 위한 최소한의 기간을 산정하기 곤란한 때에는 보유기간을 화상정보 수집 후 30일 이내로 설정

(4) CCTV 통합관리시 준수사항

① 의견수렴[265)]

1. CCTV를 통합관리 하고자 하는 경우 CCTV 설치를 위한 사전의견 수렴 절차와 동일하게 관련 전문가 및 이해관계인의 의견수렴을 실시
2. CCTV의 통합관리가 이루어진 후에 새로이 CCTV를 설치하려는 경우 통합관리 사실을 CCTV 설치를 위한 사전의견 수렴 시 공지

② 운영협의회[266)]

1. 운영협의회의 업무
   가. 안전한 통합관리를 위한 내부 규정 마련
   나. 통합관리되는 CCTV의 모니터링 수행인력 선발시 자격 심의
   다. 정기적인 보안점검 및 내부감사 실시
   라. 화상정보의 보유목적 이외 이용 · 제공시 심의
   마. 그 밖에 CCTV 통합관리에 필요한 사항
2. 운영협의회의 구성

264) 행정안전부, 공공기관 CCTV 관리 가이드라인, 2009.9, 제16조(보유 및 삭제).
265) 행정안전부, 공공기관 CCTV 관리 가이드라인, 2009.9, 제18조(사전의견 수렴).
266) 행정안전부, 공공기관 CCTV 관리 가이드라인, 2009.9, 제19조(운영협의회 구성·운영).

가. 운영협의회장 : CCTV 총괄책임자

나. 위원 : 통합관리 CCTV 설치 · 운영 부서의 장, 관계 전문가 등

* 설치와 운영의 부서가 다른 경우 해당 부서의 장 전원이 위원으로 참여

③ 보호조치[267)]

1. CCTV를 통합관리하는 경우 화상정보 취급시 준수사항(보호조치)에 따라 안전성 확보에 필요한 조치를 강구
2. 모니터링 수행인력을 선발하는 경우는 운영협의회의 심의를 거쳐야 하고, 사무의 범위, 개인정보 접근 제한 등 개인정보보호에 필요한 사항을 계약서 등 관련서류에 기록하여야 하며, 개인정보보호 등에 대한 정기적인 교육을 실시
3. 통합관리되는 CCTV에 의하여 수집 · 처리되는 화상정보의 접근권한을 설치목적 등을 고려하여 지정된 최소한의 인원으로 제한
4. 통합관리되는 CCTV에 의하여 수집 · 처리되는 화상정보에 대한 접근기록을 특별한 사유가 없는 한 3개월 이상 보유

(5) 비밀유지[268)]

화상정보를 처리하거나 처리하였던 자는 직무상 알게 된 화상정보를 누설 또는 권한 없이 처리하거나 타인의 이용에 제공하는 등 부당한 목적을 위하여 사용할 수 없다.

2. CCTV 개인영상 정보보호 가이드라인[269)]

(1) 총론

① 목적[270)]

CCTV 개인영상 정보보호 가이드라인은 영상정보처리기기의 설치 · 운영과 이에 따

267) 행정안전부, 공공기관 CCTV 관리 가이드라인, 2009.9, 제20조(통합관리시 보호조치).
268) 행정안전부, 공공기관 CCTV 관리 가이드라인, 2009.9, 제21조(비밀유지의무).
269) 한국인터넷진흥원, CCTV 개인영상 정보보호 가이드라인, 2007.9.1.
270) 한국인터넷진흥원, CCTV 개인영상 정보보호 가이드라인, 2007.9.1, 제1조(목적).

른 개인영상정보의 보호에 필요한 사항을 정함으로써 정보주체의 권리를 보호함을 목적으로 한다.

② 정의[271)]

CCTV 개인영상 정보보호 가이드라인에서 사용하는 폐쇄회로 텔레비전, 네트워크 카메라, 개인영상정보, 개인영상정보취급자, 정보주체, 처리 등 주요 용어에 대한 정의는 다음과 같다.

1. 폐쇄회로 텔레비전(CCTV) : 일정한 공간에 설치된 촬영기기로 수집한 영상정보를 폐쇄적인 유선 또는 무선 전송로를 통해 특정한 수신자에게만 전송하는 시스템
2. 네트워크 카메라 : 정지 또는 이동하는 사물의 순간적 영상을 정보통신망을 통하여 원격지에서 실시간으로 수신 혹은 저장 등의 처리를 할 수 있는 장치
3. 개인영상정보 : CCTV · 네트워크 카메라 등 영상정보를 처리하는 기기(이하 "영상정보처리기기")에 의하여 촬영 · 처리되는 영상정보 중 개인의 초상 · 행동 등 사생활과 관련된 영상으로서 해당 개인의 동일성 여부를 식별할 수 있는 정보
4. 개인영상정보취급자 : 영상정보처리기기를 설치 · 운영하거나 이를 이용하여 영상정보 관련 서비스를 제공하는 자
5. 정보주체 : 개인영상정보에 의하여 식별되는 사람으로서 해당 개인영상정보의 주체가 되는 사람
6. 처리 : 영상정보처리기기에 의하여 촬영되는 영상정보를 입력 · 저장 · 전송 · 편집 · 삭제 · 출력하거나 그 밖에 이와 유사한 행위를 하는 것

③ 보호대상[272)]

CCTV 개인영상 정보보호 가이드라인은 기업 또는 개인 등이 일반적으로 공개된 장소에 설치 · 운영하는 영상정보처리기기를 통해 촬영 · 처리되는 영상정보 중 개인영상정보를 보호대상으로 한다.

---

271) 한국인터넷진흥원, CCTV 개인영상 정보보호 가이드라인, 2007.9.1, 제2조(정의).
272) 한국인터넷진흥원, CCTV 개인영상 정보보호 가이드라인, 2007.9.1, 제3조(적용범위).

④ 정보주체에 대한 기본원칙[273)]

1. 법률의 규정 또는 당사자의 명시적인 동의 없이 특정인을 감시할 목적으로 정보주체의 개인영상정보 수집 불가
2. 영상정보처리기기를 설치·운영하는 때에는 정보주체의 초상권, 사생활의 비밀과 자유 등을 침해할 위험이 없는지를 사전에 분석·검토하여 이를 최소화할 수 있는 수단 강구

(2) 영상정보처리기기의 설치·운영

① 설치근거[274)]

1. 영상정보처리기기의 설치는 다음 목적범위 내로 제한
   가. 범죄예방 및 증거확보
   나. 시설안전 및 화재예방
   다. 출입통제
   라. 아동의 보호
2. 목욕실·화장실·탈의실 등 정보주체의 사생활이 엄격하게 보호되어야 하는 장소에는 영상정보처리기기 설치 불가

② 운영근거[275)]

1. 영상정보처리기기 운영·관리지침
   가. 설치근거 및 목적
   나. 설치대수와 위치·촬영 범위
   다. 회전·줌인기능 등 영상정보처리기기의 성능에 관한 사항
   라. 관리책임자, 담당 부서 및 접근권한자 등

---

273) 한국인터넷진흥원, CCTV 개인영상 정보보호 가이드라인, 2007.9.1, 제4조(기본원칙).
274) 한국인터넷진흥원, CCTV 개인영상 정보보호 가이드라인, 2007.9.1, 제5조(영상정보처리기기의 설치 등).
275) 한국인터넷진흥원, CCTV 개인영상 정보보호 가이드라인, 2007.9.1, 제6조(영상정보처리기기의 운영 및 관리).

마. 녹화시간, 녹화기록의 보관기간, 보관 · 관리 · 폐기방법 및 보관 장소

바. 촬영된 개인영상정보가 전송되어 실제로 모니터링이 이루어지는 장소

사. 개인영상정보를 제3자에게 제공하거나 재생할 수 있는 사유, 제3자 제공 또는 재생에 필요한 절차 및 방법

아. 안내판 등의 크기 및 부착 위치 등

자. 정보주체의 개인영상정보 열람 등에 관한 절차 및 방법

차. 기타 영상정보처리기기의 설치 · 운영 및 관리에 필요한 사항

2. 영상정보처리기기의 설치목적과 관계없는 개인영상정보의 획득을 위해 영상정보처리기기를 임의로 조작하거나 회전 · 줌인기능 등의 설정 불가
3. 영상정보처리기기의 카메라 각도에 따라 타인의 사생활을 침해할 우려가 있는 경우에는 마스킹 처리 등 필요한 조치 강구
4. 개인영상정보취급자는 영상정보처리기기를 설치 · 운영하는 때에는 녹음기능 사용 불가

③ 점검근거[276)]

1. 개인영상정보취급자는 가이드라인의 준수 여부에 대한 자체 점검 실시
2. 관련 사업자협회 등은 정보주체의 개인영상정보보호와 관련하여 영상정보처리기기의 설치 · 운영에 대한 자율점검 실시 가능
3. 관련 사업자협회 등은 점검 결과 가이드라인의 규정에 위반한 사항을 발견한 때에는 해당 개인영상정보취급자에게 개선 요청 가능
4. 개인영상정보취급자는 특별한 사유가 없는 한 관련 사업자협회 등의 자율점검 및 개선 요청에 적극 협조

276) 한국인터넷진흥원, CCTV 개인영상 정보보호 가이드라인, 2007.9.1, 제8조(영상정보처리기기의 설치 · 운영에 대한 점검).

(3) 개인영상정보의 수집 · 이용 · 제공

① 개인영상정보의 수집[277]

누구든지 다른 법률에 특별한 규정이 있는 경우를 제외하고 정보주체 또는 법정대리인의 명시적인 동의 없이 특정인을 감시할 목적으로 정보주체의 개인영상정보를 수집할 수 없다.

② 안내판의 설치[278]

1. 정보주체의 개인영상정보를 수집하는 때에는 영상정보기기가 운영 중임을 정보주체가 쉽게 알아볼 수 있도록 안내판 등을 통해 공지
2. 안내판 등은 정보주체가 영상정보처리기기의 촬영범위 내로 들어오는 경우 쉽게 눈에 띄는 장소에 설치
3. 건물 내에 다수의 영상정보처리기기를 설치하는 경우에는 설치목적 및 장소, 촬영범위 및 시간, 관리책임자 및 연락처 등이 포함된 안내판 등을 건물출입구에만 부착 가능(해당 건물 전체가 영상정보처리기기 설치지역임을 공지)

③ 개인정보의 활용

1. 영상정보처리기기의 설치목적 외의 용도로 개인영상정보를 활용하거나 타인에게 열람 · 제공 불가하나 다음에 해당할 경우에는 예외로 함[279]
   가. 정보주체의 동의를 얻은 경우
   나. 통계작성 · 언론보도 등 공공의 목적을 위해 필요한 경우로서 특정 개인을 알아볼 수 없는 형태로 제공하는 경우
   다. 정보주체의 생명 · 신체 또는 재산상의 이익을 위해 필요한 경우로서 사전에 정보주체의 동의를 얻지 못할 긴급한 사유가 있는 경우

---

277) 한국인터넷진흥원, CCTV 개인영상 정보보호 가이드라인, 2007.9.1, 제9조(개인영상정보의 수집).
278) 한국인터넷진흥원, CCTV 개인영상 정보보호 가이드라인, 2007.9.1, 제10조(안내판 등의 설치).
279) 한국인터넷진흥원, CCTV 개인영상 정보보호 가이드라인, 2007.9.1, 제11조(개인영상정보의 활용 및 제공의 제한).

라 법률에 특별한 규정이 있는 경우

2. 정보주체의 열람 청구 등에 대한 근거[280)]
   가. 정보주체는 개인영상정보취급자에게 자신과 관련된 개인영상정보의 존재확인·열람 또는 파기 등을 요청 가능
   나. 개인영상정보취급자는 열람 등의 요청에 대하여 지체 없이 필요한 조치 이행해야 하나, 다음에 해당할 때는 요청 거부 가능
      1) 개인영상정보의 보관기간이 경과하여 파기 또는 삭제한 경우
      2) 정보주체의 개인영상정보의 존재확인 또는 열람이 타인의 초상권 또는 사생활의 비밀과 자유를 침해할 우려가 큰 경우
      3) 특정한 정보주체의 개인영상정보만을 파기 또는 삭제하는 것이 기술적으로 현저히 곤란한 경우
      4) 기타 열람 등의 요청을 거절할 만한 정당한 이유가 있는 경우

(4) 개인영상정보의 관리 및 파기

① 관리책임자[281)]

1. 정보주체의 개인영상정보보호를 위하여 관리책임자를 지정
2. 관리책임자의 업무
   가. 개인영상정보의 수집·이용·제공 및 관리에 관한 업무의 총괄
   나. 소속 직원 또는 제3자에 의한 위법·부당한 침해행위에 대한 점검
   다. 정보주체로부터 제기되는 불만이나 의견의 처리 및 감독
   라. 기타 정보주체의 개인영상정보를 보호하기 위해 필요한 사항

---

280) 한국인터넷진흥원, CCTV 개인영상 정보보호 가이드라인, 2007.9.1, 제12조(정보주체의 열람 청구 등).
281) 한국인터넷진흥원, CCTV 개인영상 정보보호 가이드라인, 2007.9.1, 제13조(관리책임자의 지정).

② 보호조치[282)]

1. 개인영상정보취급자는 관제센터를 운영하는 경우 이를 출입제한구역으로 지정하고, 관리책임자 등 업무담당자 외의 출입을 엄격히 통제
2 개인영상정보취급자는 촬영·처리되는 개인영상정보에 대한 접근권한을 관리책임자 또는 지정된 최소한의 인원으로 제한
3 개인영상정보취급자는 저장된 개인영상정보의 재생을 엄격히 금지(범죄수사나 증거확보, 영상정보처리기기의 설치목적에 비추어 업무상 불가피한 경우에는 예외)
4. 개인영상정보취급자는 정보주체의 개인영상정보를 처리함에 있어서 개인영상정보가 도난·누출·변조 또는 훼손되지 않도록 안전성 확보에 필요한 기술적·관리적 조치를 강구

③ 보관 및 파기[283)]

1. 영상정보처리기기를 통해 수집된 개인영상정보는 수집 후 30일 이내에 파기 또는 삭제하여야 하나, 다음에 해당하는 경우에는 예외로 함
   가. 법령에 특별한 규정이 있는 경우
   나. 개인영상정보를 수사나 재판 자료로 제공하는 경우
   다. 기타 정당한 이유가 있는 경우
2. 정보주체의 개인영상정보를 수사나 재판 자료로 제공하는 경우에는 그 사실을 해당 정보주체에게 공지
3. 개인영상정보를 처리하거나 처리하였던 자는 직무상 알게 된 개인영상정보를 누설 또는 권한 없이 처리하거나 제3자에게 제공하는 등 부당한 목적을 위하여 사용 불가[284)]

---

282) 한국인터넷진흥원, CCTV 개인영상 정보보호 가이드라인, 2007.9.1, 제14조(개인영상정보에 대한 보호조치).
283) 한국인터넷진흥원, CCTV 개인영상 정보보호 가이드라인, 2007.9.1, 제16조(개인영상정보의 보관 및 파기).
284) 한국인터넷진흥원, CCTV 개인영상 정보보호 가이드라인, 2007.9.1, 제17조(비밀유지 의무).

3. 택시 내 CCTV 설치관련 개인정보보호 가이드라인[285)]

(1) 기본원칙[286)]

1. 법률의 규정 또는 당사자의 명시적인 동의 없이 특정인을 감시할 목적으로 영상정보처리기기를 이용한 다른 사람의 개인영상정보를 수집 불가
2. 택시 내에 영상정보처리기기를 설치·운영하는 때에는 승객 또는 운전기사의 초상권, 사생활의 비밀과 자유 등을 침해할 위험이 없는지를 사전에 분석·검토하여 이를 최소화 할 수 있는 수단을 강구
3. 택시 내 영상정보처리기기는 원칙적으로 전면이나 측면을 향하도록 하여야 하고, 범죄예방을 위해 부득이 차내를 향하게 할 때에는 승객의 사생활이 보호되도록 촬영범위를 최소화

(2) 설치근거[287)]

1. 택시 내 영상정보 처리기기의 설치·운영은 법령에서 구체적으로 허용하고 있는 경우를 제외하고, 교통사고 증거수집·범죄예방을 위한 목적으로만 허용
2. 영상정보처리기기에 의해 수집·생성된 개인정보는 법령에서 허용하고 있는 구체적인 경우를 제외하고는 제3자에게 제공하거나 본연의 목적 외에 사용 불가

(3) 설치절차[288)]

1. 택시 내에 영상정보처리기기를 설치·운영하고자 하는 때에는 미리 출입문 손잡이 부분과 앉은 위치에서 승객이 용이하게 확인할 수 있는 장소에 안내문을 부착하여 촬영되고 있음을 알려야 한다. 안내문에는 설치목적, 관리담당자 및 연락처, 열람방법 등을 포함

---

285) 행정안전부, 택시 내 CCTV 설치관련 개인정보보호 가이드라인, 2010.12; 택시내 CCTV 설치관련 개인정보보호 가이드라인 제정 이전의 경우, "블랙박스(CCTV) 설치가 증가하면서 운행 중 벌어지는 일을 낱낱이 기록해 사고 처리에 도움을 주고 범죄를 막는 등 긍정적 측면이 있는 반면, 승객의 사생활 침해 논란"도 지속된 바 있다(한국일보, 2009.1.20, A10면).
286) 행정안전부, 택시 내 CCTV 설치관련 개인정보보호 가이드라인, 2010.12, 제1조(기본원칙).
287) 행정안전부, 택시 내 CCTV 설치관련 개인정보보호 가이드라인, 2010.12, 제2조(설치목적).
288) 행정안전부, 택시 내 CCTV 설치관련 개인정보보호 가이드라인, 2010.12, 제3조(설치절차).

2. 택시회사가 운영중인 택시에 영상정보 처리기기를 설치·운영하고자 하는 경우에는 설명회 등을 통해 미리 운전기사에게 그 사항을 알리고 근로자 대표기관과 합의 또는 협의를 시행

(4) 관리방법[289)]

1. 택시 내 영상정보처리기기를 설치·운영 시 회사 또는 개인(회사 소속의 개인은 제외)은 승객 및 운전기사의 개인정보보호를 위한 운영규정(영상정보처리기기 설치·운영규정)을 작성·시행(운영규정에는 설치목적, 대수와 촬영범위, 영상정보의 보유기간, 관리책임자 및 담당부서, 개인영상정보 열람절차, 정보주체의 권리 등을 포함)
2. 택시회사가 영상정보처리기기를 설치·운영하는 경우에는 개인정보보호책임자를 지정하여야 한다. 개인정보보호책임자는 CCTV의 설치·운영을 총괄하며, 개인영상정보가 유출되지 않도록 기술적·관리적 보호조치를 강구

(5) 열람절차[290)]

1. 개인영상정보는 수집목적 달성을 위해 꼭 필요한 범위 내에서 열람하여야 하며, 관리자 또는 운영자가 임의로 열람할 수 없도록 암호화 등 기술적 보호조치와 함께 열람내역 저장, 열람대장 비치 등의 조치를 강구
2. 영상정보처리기기를 통하여 수집된 영상정보는 사고발생 등 불가피한 경우에 반드시 경찰관의 입회하에서만 열람하고 열람대장에 입회경찰관 및 열람자의 서명을 기재

(6) 관리방법[291)]

1. 승객 등 다른 사람의 대화를 녹음하거나 청취할 수 있는 기능을 영상정보처리기기에 사용 불가
2. 설치목적과 관계없는 개인영상정보의 획득을 위해 영상정보 처리기기의 각도·방향 등을 임의로 조작하거나 회전·줌인기능 등의 설정 불가

---

289) 행정안전부, 택시 내 CCTV 설치관련 개인정보보호 가이드라인, 2010.12, 제4조(관리방법).
290) 행정안전부, 택시 내 CCTV 설치관련 개인정보보호 가이드라인, 2010.12, 제5조(열람절차).
291) 행정안전부, 택시 내 CCTV 설치관련 개인정보보호 가이드라인, 2010.12, 제6조(금지사항).

제7장 기계경비 참고법규

제1절 개인안전 참고법규
제2절 안전관리 참고법규
제3절 건축건설 참고법규
제4절 기타사항 참고법규

제7장 기계경비 참고법규

제 1 절 개인안전 참고법규

1. 개인정보보호법[292)]

(1) 총칙

① 목적[293)]

개인정보보호법은 개인정보의 수집・유출・오용・남용으로부터 사생활의 비밀 등을 보호함으로써 국민의 권리와 이익을 증진하고, 나아가 개인의 존엄과 가치를 구현하기 위하여 개인정보 처리에 관한 사항을 규정함을 목적으로 한다.

② 정의[294)]

1. 개인정보 : 살아 있는 개인에 관한 정보로서 성명, 주민등록번호 및 영상 등을 통

292) '제6장 제3절 CCTV 가이드라인'에서 기술한 공공기관 CCTV 관리 가이드라인, CCTV 개인영상 정보보호 가이드라인, 택시 내 CCTV 설치관련 개인정보보호 가이드라인 등이 강제할 수 없는 권고수준인데 반해 개인정보 보호법(법률 제10465호, 2011.3.29)은 CCTV를 포함하여 개인정보 전반에 대하여 강제조항을 두고 있으므로 이에 대한 이해가 필요하다. 국내 주요 개인정보 유출사고로는 옥션(2008년 2월, 1,860만명), GS칼텍스(2009년 9월, 1,125만명), 신세계몰(2010년 3월, 330만명), 현내캐피탈(2011년 4월, 175만명), 네이트·싸이월드(2011년 7월, 3,500만명), 메이플스토리(2011년 11월, 1,320만명), EBS(2012년 4월, 400만명), KT(2012년 7월, 870만명) 등이 있다(한국경제신문, 2012년 7월 30일, A3면).

293) 개인정보 보호법(법률 제10465호, 2011.3.29) 제1조(목적).

294) 개인정보 보호법(법률 제10465호, 2011.3.29) 제2조(정의).

하여 개인을 알아볼 수 있는 정보(해당 정보만으로는 특정 개인을 알아볼 수 없더라도 다른 정보와 쉽게 결합하여 알아볼 수 있는 것을 포함)

2. 처리 : 개인정보의 수집, 생성, 기록, 저장, 보유, 가공, 편집, 검색, 출력, 정정(訂正), 복구, 이용, 제공, 공개, 파기(破棄), 그 밖에 이와 유사한 행위
3. 정보주체 : 처리되는 정보에 의하여 알아볼 수 있는 사람으로서 그 정보의 주체가 되는 사람
4. 개인정보파일 : 개인정보를 쉽게 검색할 수 있도록 일정한 규칙에 따라 체계적으로 배열하거나 구성한 개인정보의 집합물(集合物)
5. 개인정보처리자 : 업무를 목적으로 개인정보파일을 운용하기 위하여 스스로 또는 다른 사람을 통하여 개인정보를 처리하는 공공기관, 법인, 단체 및 개인 등
6. 공공기관
   가. 국회, 법원, 헌법재판소, 중앙선거관리위원회의 행정사무를 처리하는 기관, 중앙행정기관(대통령 소속 기관과 국무총리 소속 기관을 포함) 및 그 소속 기관, 지방자치단체
   나. 그 밖의 국가기관 및 공공단체 중 대통령령으로 정하는 기관[295)]
7. 영상정보처리기기 : 일정한 공간에 지속적으로 설치되어 사람 또는 사물의 영상 등을 촬영하거나 이를 유・무선망을 통하여 전송하는 장치로서 대통령령으로 정하는 장치[296)]

---

295) 개인정보 보호법 시행령(대통령령 제23169호, 2011.9.29) 제2조(공공기관의 범위) 「개인정보 보호법」 제2조제6호나목에서 "대통령령으로 정하는 기관"이란 다음 각 호의 기관을 말한다. 1. 「국가인권위원회법」 제3조에 따른 국가인권위원회, 2. 「공공기관의 운영에 관한 법률」 제4조에 따른 공공기관, 3. 「지방공기업법」에 따른 지방공사와 지방공단, 4. 특별법에 따라 설립된 특수법인, 5. 「초·중등교육법」, 「고등교육법」, 그 밖의 다른 법률에 따라 설치된 각급 학교

296) 개인정보 보호법 시행령(대통령령 제23169호, 2011.9.29) 제3조(영상정보처리기기의 범위) 법 제2조제7호에서 "대통령령으로 정하는 장치"란 다음 각 호의 장치를 말한다. 1. 폐쇄회로 텔레비전: 다음 각 목의 어느 하나에 해당하는 장치, 가. 일정한 공간에 지속적으로 설치된 카메라를 통하여 영상 등을 촬영하거나 촬영한 영상정보를 유무선 폐쇄회로 등의 전송로를 통하여 특정 장소에 전송하는 장치, 나. 가목에 따라 촬영되거나 전송된 영상정보를 녹화·기록할 수 있도록 하는 장치.

③ 개인정보 보호원칙[297)]

1. 개인정보의 처리 목적을 명확하게 하여야 하고 그 목적에 필요한 범위에서 최소한의 개인정보만을 적법하고 정당하게 수집 실시
2. 개인정보의 처리 목적에 필요한 범위에서 적합하게 개인정보를 처리하여야 하며, 그 목적 외의 용도로 활용 불가
3. 개인정보의 처리 목적에 필요한 범위에서 개인정보의 정확성, 완전성 및 최신성을 보장
4. 개인정보의 처리 방법 및 종류 등에 따라 정보주체의 권리가 침해받을 가능성과 그 위험 정도를 고려하여 개인정보를 안전하게 관리
5. 개인정보 처리방침 등 개인정보의 처리에 관한 사항을 공개하고, 열람청구권 등 정보주체의 권리를 보장
6. 정보주체의 사생활 침해를 최소화하는 방법으로 개인정보를 처리
7. 개인정보의 익명처리가 가능한 경우에는 익명에 의하여 처리될 수 있도록 조치
8. 개인정보처리자는 법령에서 규정하고 있는 책임과 의무를 준수하고 실천

(2) 개인정보의 수집

① 개인정보 수집[298)]

1. 다음의 사항을 정보주체에게 알리ㄱ 동의를 받은 경우
   가. 개인정보의 수집·이용 목적
   나. 수집하려는 개인정보의 항목
   다. 개인정보의 보유 및 이용 기간
   라. 동의를 거부할 권리가 있다는 사실 및 동의 거부에 따른 불이익이 있는 경우에는 그 불이익의 내용
2. 법률에 특별한 규정이 있거나 법령상 의무를 준수하기 위하여 불가피한 경우
3. 공공기관이 법령 등에서 정하는 소관 업무의 수행을 위하여 불가피한 경우

---

297) 개인정보 보호법(법률 제10465호, 2011.3.29) 제3조(개인정보 보호 원칙).
298) 개인정보 보호법(법률 제10465호, 2011.3.29) 제15조(개인정보의 수집·이용).

4. 정보주체와의 계약의 체결 및 이행을 위하여 불가피하게 필요한 경우
5 정보주체 또는 그 법정대리인이 의사표시를 할 수 없는 상태에 있거나 주소불명 등으로 사전 동의를 받을 수 없는 경우로서 명백히 정보주체 또는 제3자의 급박한 생명, 신체, 재산의 이익을 위하여 필요하다고 인정되는 경우
6. 개인정보처리자의 정당한 이익을 달성하기 위하여 필요한 경우로서 명백하게 정보주체의 권리보다 우선하는 경우

② 개인정보 제공[299)]

1. 개인정보 수집개인정보처리자는 개인정보를 범위를 초과하여 이용하거나 제3자에게 제공 불가
2. 예외사항 (마~자까지의 경우는 공공기관에 한정)
   가. 정보주체로부터 별도의 동의를 받은 경우
   나. 다른 법률에 특별한 규정이 있는 경우
   다. 정보주체 또는 그 법정대리인이 의사표시를 할 수 없는 상태에 있거나 주소불명 등으로 사전 동의를 받을 수 없는 경우로서 명백히 정보주체 또는 제3자의 급박한 생명, 신체, 재산의 이익을 위하여 필요하다고 인정되는 경우
   라. 통계작성 및 학술연구 등의 목적을 위하여 필요한 경우로서 특정 개인을 알아볼 수 없는 형태로 개인정보를 제공하는 경우
   마. 개인정보를 목적 외의 용도로 이용하거나 이를 제3자에게 제공하지 않으면 다른 법률에서 정하는 소관 업무를 수행할 수 없는 경우로서 보호위원회의 심의・의결을 거친 경우
   바. 조약, 그 밖의 국제협정의 이행을 위하여 외국정부 또는 국제기구에 제공하기 위하여 필요한 경우
   사. 범죄의 수사와 공소의 제기 및 유지를 위하여 필요한 경우
   아. 법원의 재판업무 수행을 위하여 필요한 경우
   자. 형(刑) 및 감호, 보호처분의 집행을 위하여 필요한 경우

---

299) 개인정보 보호법(법률 제10465호, 2011.3.29) 제18조(개인정보의 이용・제공 제한).

(3) 영상정보처리기기[300]

1. 법령에서 구체적으로 허용하고 있는 경우, 범죄의 예방 및 수사를 위하여 필요한 경우, 시설안전 및 화재 예방을 위하여 필요한 경우, 교통단속을 위하여 필요한 경우, 교통정보의 수집・분석 및 제공을 위하여 필요한 경우를 제외하고는 공개된 장소에 영상정보처리기기 설치・운영 불가
2. 누구든지 불특정 다수가 이용하는 목욕실, 화장실, 발한실(發汗室), 탈의실 등 개인의 사생활을 현저히 침해할 우려가 있는 장소의 내부를 볼 수 있도록 영상정보처리기기 설치・운영 불가(교도소, 정신보건 시설 등 법령에 근거하여 사람을 구금하거나 보호하는 시설로서 대통령령으로 정하는 시설에 대하여는 예외)[301]
3. 영상정보처리기기를 설치・운영하려는 공공기관의 장과 설치・운영하려는 자는 공청회・설명회의 개최 등 대통령령으로 정하는 절차를 거쳐 관계 전문가 및 이해관계인의 의견을 수렴[302]
4. 영상정보처리기기를 설치・운영하는 자는 정보주체가 쉽게 인식할 수 있도록 대통령령으로 정하는 바에 따라 안내판 설치 등 필요한 조치를 강구(대통령령으로 정하는 시설에 대하여는 예외)[303]

---

300) 개인정보 보호법(법률 제10465호, 2011.3.29) 제25조(영상정보처리기기의 설치・운영 제한).

301) 개인정보 보호법 시행령(대통령령 제23169호, 2011.9.29) 제22조(영상정보처리기기 설치·운영 제한의 예외) ① 법 제25조제2항 단서에서 "대통령령으로 정하는 시설"이란 다음 각 호의 시설을 말한다. 1. 「형의 집행 및 수용자의 처우에 관한 법률」 제2조제4호에 따른 교정시설, 2. 「정신보건법」 제3조제3호부터 제5호까지의 규정에 따른 정신의료기관(수용시설을 갖추고 있는 것만 해당한다), 정신질환자사회복귀시설 및 정신요양시설. ② 중앙행정기관의 장은 소관 분야의 개인정보처리자가 법 제25조제2항 단서에 따라 제1항 각 호의 시설에 영상정보처리기기를 설치·운영하는 경우 정보주체의 사생활 침해를 최소화하기 위하여 필요한 세부 사항을 개인정보 보호지침으로 정하여 그 준수를 권장할 수 있다.

302) 제23조(영상정보처리기기 설치 시 의견 수렴) ① 법 제25조제1항 각 호에 따라 영상정보처리기기를 설치·운영하려는 공공기관의 장은 다음 각 호의 어느 하나에 해당하는 절차를 거쳐 관계 전문가 및 이해관계인의 의견을 수렴하여야 한다. 1. 「행정절차법」에 따른 행정예고의 실시 또는 의견청취, 2. 해당 영상정보처리기기의 설치로 직접 영향을 받는 지역 주민 등을 대상으로 하는 설명회·설문조사 또는 여론조사, ② 법 제25조제2항 단서에 따른 시설에 영상정보처리기기를 설치·운영하려는 자는 다음 각 호의 사람으로부터 의견을 수렴하여야 한다. 1. 관계 전문가, 2. 해당 시설에 종사하는 사람, 해당 시설에 구금되어 있거나 보호받고 있는 사람 또는 그 사람의 보호자 등 이해관계인.

303) 개인정보 보호법 시행령(대통령령 제23169호, 2011.9.29) 제24조(안내판의 설치 등) ① 법 제25조제1항 각 호에 따라 영상정보처리기기를 설치·운영하는 자(이하 "영상정보처리기기운

5. 영상정보처리기기의 설치 목적과 다른 목적으로 영상정보처리기기를 임의로 조작하거나 다른 곳을 비출 수 없고, 녹음기능은 사용할 수 없음
6. 영상정보처리기기운영자는 개인정보가 분실·도난·유출·변조 또는 훼손되지 않도록 안전성 확보에 필요한 조치를 강구
7. 대통령령으로 정하는 바에 따라 영상정보처리기기 운영·관리 방침을 마련[304)]

영자"라 한다)는 영상정보처리기기가 설치·운영되고 있음을 정보주체가 쉽게 알아볼 수 있도록 법 제25조제4항 본문에 따라 다음 각 호의 사항이 포함된 안내판을 설치하여야 한다. 다만, 건물 안에 여러 개의 영상정보처리기기를 설치하는 경우에는 출입구 등 잘 보이는 곳에 해당 시설 또는 장소 전체가 영상정보처리기기 설치지역임을 표시하는 안내판을 설치할 수 있다. 1. 설치 목적 및 장소, 2. 촬영 범위 및 시간, 3. 관리책임자의 성명 및 연락처, ② 제1항에도 불구하고 영상정보처리기기운영자가 설치·운영하는 영상정보처리기기가 다음 각 호의 어느 하나에 해당하는 경우에는 안내판 설치를 갈음하여 영상정보처리기기운영자의 인터넷 홈페이지에 제1항 각 호의 사항을 게재할 수 있다. 1. 공공기관이 원거리 촬영, 과속·신호위반 단속 또는 교통흐름조사 등의 목적으로 영상정보처리기기를 설치하는 경우로서 개인정보 침해의 우려가 적은 경우, 2. 산불감시용 영상정보처리기기를 설치하는 경우 등 장소적 특성으로 인하여 안내판을 설치하는 것이 불가능하거나 안내판을 설치하더라도 정보주체가 쉽게 알아볼 수 없는 경우, ③ 제2항에 따라 인터넷 홈페이지에 제1항 각 호의 사항을 게재할 수 없으면 영상정보처리기기운영자는 다음 각 호의 어느 하나 이상의 방법으로 제1항 각 호의 사항을 공개하여야 한다. 1. 영상정보처리기기운영자의 사업장·영업소·사무소·점포 등(이하 "사업장등"이라 한다)의 보기 쉬운 장소에 게시하는 방법, 2. 관보(영상정보처리기기운영자가 공공기관인 경우만 해당한다)나 영상정보처리기기운영자의 사업장등이 있는 특별시·광역시·도 또는 특별자치도(이하 "시·도"라 한다) 이상의 지역을 주된 보급지역으로 하는 「신문 등의 진흥에 관한 법률」 제2조제1호가목·다목 및 같은 조 제2호에 따른 일반일간신문, 일반주간신문 또는 인터넷신문에 싣는 방법, ④ 법 제25조제4항 단서에 따라 공공기관의 장은 다음 각 호의 어느 하나에 해당하는 시설에 설치하는 영상정보처리기기에 대해서는 안내판을 설치하지 아니할 수 있다. 1. 「군사기지 및 군사시설 보호법」 제2조제2호에 따른 군사시설, 2. 「통합방위법」 제2조제13호에 따른 국가중요시설, 3. 「보안업무규정」 제36조에 따른 보안목표시설.

304) 개인정보 보호법 시행령(대통령령 제23169호, 2011.9.29) 제25조(영상정보처리기기 운영·관리 방침) ① 영상정보처리기기운영자는 법 제25조제7항에 따라 다음 각 호의 사항이 포함된 영상정보처리기기 운영·관리 방침을 마련하여야 한다. 1. 영상정보처리기기의 설치 근거 및 설치 목적, 2. 영상정보처리기기의 설치 대수, 설치 위치 및 촬영 범위, 3. 관리책임자, 담당 부서 및 영상정보에 대한 접근 권한이 있는 사람, 4. 영상정보의 촬영시간, 보관기간, 보관장소 및 처리방법, 5. 영상정보처리기기운영자의 영상정보 확인 방법 및 장소, 6. 정보주체의 영상정보 열람 등 요구에 대한 조치, 7. 영상정보 보호를 위한 기술적·관리적 및 물리적 조치, 8. 그 밖에 영상정보처리기기의 설치·운영 및 관리에 필요한 사항, ② 제1항에 따라 마련한 영상정보처리기기 운영·관리 방침의 공개에 관하여는 제31조제2항 및 제3항을 준용한다. 이 경우 "개인정보처리자"는 "영상정보처리기기운영자"로, "법 제30조제2항"은 "법 제25조제7항"으로, "개인정보 처리방침"은 "영상정보처리기기 관리·운영 방침"으로 본다.

8. 영상정보처리기기의 설치・운영에 관한 사무를 위탁할 수 있으나 공공기관이 영상정보처리기기 설치・운영에 관한 사무를 위탁하는 경우에는 대통령령으로 정하는 절차 및 요건을 준수[305]

(4) 개인정보 관리

① 개인정보 안전조치[306]

개인정보처리자는 개인정보가 분실・도난・유출・변조 또는 훼손되지 않도록 내부 관리계획 수립, 접속기록 보관 등 대통령령으로 정하는 바에 따라 안전성 확보에 필요한 기술적・관리적 및 물리적 조치를 하여야 한다.

② 개인정보 처리방침[307]

1. 개인정보의 처리 목적
2. 개인정보의 처리 및 보유 기간
3. 개인정보의 제3자 제공에 관한 사항(해당되는 경우에만 정한다)

---

305) 개인정보 보호법 시행령(대통령령 제23169호, 2011.9.29) 제26조(공공기관의 영상정보처리기기 설치・운영 사무의 위탁) ① 법 제25조제8항 단서에 따라 공공기관이 영상정보처리기기의 설치・운영에 관한 사무를 위탁하는 경우에는 다음 각 호의 내용이 포함된 문서로 하여야 한다. 1. 위탁하는 사무의 목적 및 범위, 2. 재위탁 제한에 관한 사항, 3. 영상정보에 대한 접근 제한 등 안전성 확보 조치에 관한 사항, 4. 영상정보의 관리 현황 점검에 관한 사항, 5. 위탁받는 자가 준수하여야 할 의무를 위반한 경우의 손해배상 등 책임에 관한 사항, ② 제1항에 따라 사무를 위탁한 경우에는 제24조제1항부터 제3항까지의 규정에 따른 안내판 등에 위탁받는 자의 명칭 및 연락처를 포함시켜야 한다.

306) 개인정보 보호법(법률 제10465호, 2011.3.29) 제29조(안전조치의무); 개인정보 보호법 시행령(대통령령 제23169호, 2011.9.29) 제30조(개인정보의 안전성 확보 조치) ① 개인정보처리자는 법 제29조에 따라 다음 각 호의 안전성 확보 조치를 하여야 한다. 1. 개인정보의 안전한 처리를 위한 내부 관리계획의 수립·시행, 2. 개인정보에 대한 접근 통제 및 접근 권한의 제한 조치, 3. 개인정보를 안전하게 저장·전송할 수 있는 암호화 기술의 적용 또는 이에 상응하는 조치, 4. 개인정보 침해사고 발생에 대응하기 위한 접속기록의 보관 및 위조·변조 방지를 위한 조치, 5. 개인정보에 대한 보안프로그램의 설치 및 갱신, 6. 개인정보의 안전한 보관을 위한 보관시설의 마련 또는 잠금장치의 설치 등 물리적 조치, ② 행정안전부장관은 개인정보처리자가 제1항에 따른 안전성 확보 조치를 하도록 시스템을 구축하는 등 필요한 지원을 할 수 있다. ③ 제1항에 따른 안전성 확보 조치에 관한 세부 기준은 행정안전부장관이 정하여 고시한다.

307) 개인정보 보호법(법률 제10465호, 2011.3.29) 제30조(개인정보 처리방침의 수립 및 공개).

4. 개인정보처리의 위탁에 관한 사항(해당되는 경우에만 정한다)
5. 정보주체의 권리·의무 및 그 행사방법에 관한 사항
6. 그 밖에 개인정보의 처리에 관하여 대통령령으로 정한 사항[308)]

③ 개인정보 유출대책[309)]

1. 개인정보처리자는 개인정보가 유출되었음을 알게 되었을 때에는 지체 없이 해당 정보주체에게 다음 사실을 통지
   가. 유출된 개인정보의 항목
   나. 유출된 시점과 그 경위
   다. 유출로 인하여 발생할 수 있는 피해를 최소화하기 위하여 정보주체가 할 수 있는 방법 등에 관한 정보
   라. 개인정보처리자의 대응조치 및 피해 구제절차
   마. 정보주체에게 피해가 발생한 경우 신고 등을 접수할 수 있는 담당부서 및 연락처
2. 개인정보처리자는 개인정보가 유출된 경우 그 피해를 최소화하기 위한 대책을 마련하고 필요한 조치를 강구
3. 개인정보처리자는 대통령령으로 정한 규모 이상의 개인정보가 유출된 경우에는 통지 및 조치 결과를 지체 없이 행정안전부장관 또는 대통령령으로 정하는 전문

---

308) 개인정보 보호법 시행령(대통령령 제23169호, 2011.9.29) 제31조(개인정보 처리방침의 내용 및 공개방법 등) ① 법 제30조제1항제6호에서 "대통령령으로 정한 사항"이란 다음 각 호의 사항을 말한다. 1. 처리하는 개인정보의 항목, 2. 개인정보의 파기에 관한 사항, 3. 제30조에 따른 개인정보의 안전성 확보 조치에 관한 사항, ② 개인정보처리자는 법 제30조제2항에 따라 수립하거나 변경한 개인정보 처리방침을 개인정보처리자의 인터넷 홈페이지에 지속적으로 게재하여야 한다. ③ 제2항에 따라 인터넷 홈페이지에 게재할 수 없는 경우에는 다음 각 호의 어느 하나 이상의 방법으로 수립하거나 변경한 개인정보 처리방침을 공개하여야 한다. 1. 개인정보처리자의 사업장등의 보기 쉬운 장소에 게시하는 방법, 2. 관보(개인정보처리자가 공공기관인 경우만 해당한다)나 개인정보처리자의 사업장등이 있는 시·도 이상의 지역을 주된 보급지역으로 하는 「신문 등의 진흥에 관한 법률」 제2조제1호가목·다목 및 같은 조 제2호에 따른 일반일간신문, 일반주간신문 또는 인터넷신문에 싣는 방법, 3. 같은 제목으로 연 2회 이상 발행하여 정보주체에게 배포하는 간행물·소식지·홍보지 또는 청구서 등에 지속적으로 싣는 방법, 4. 재화나 용역을 제공하기 위하여 개인정보처리자와 정보주체가 작성한 계약서 등에 실어 정보주체에게 발급하는 방법.

309) 개인정보 보호법(법률 제10465호, 2011.3.29) 제34조(개인정보 유출 통지 등).

기관에 신고[310)]

4. 통지의 시기, 방법 및 절차 등에 관하여 필요한 사항은 대통령령으로 정한다.[311)]

(5) 정보주체의 권리

① 개인정보 열람[312)]

1. 정보주체는 개인정보처리자가 처리하는 자신의 개인정보에 대한 열람을 해당 개인정보처리자에게 요구 가능[313)]

---

310) 개인정보 보호법 시행령(대통령령 제23169호, 2011.9.29) 제39조(개인정보 유출 신고의 범위 및 기관) ① 법 제34조제3항 전단에서 "대통령령으로 정한 규모 이상의 개인정보"란 1만명 이상의 정보주체에 관한 개인정보를 말한다. ② 법 제34조제3항 전단 및 후단에서 "대통령령으로 정하는 전문기관"이란 다음 각 호의 어느 하나에 해당하는 기관을 말한다. 1. 「국가정보화 기본법」 제14조에 따른 한국정보화진흥원(이하 "한국정보화진흥원"이라 한다), 2. 「정보통신망 이용촉진 및 정보보호 등에 관한 법률」 제52조에 따른 한국인터넷진흥원(이하 "한국인터넷진흥원"이라 한다).

311) 개인정보 보호법 시행령(대통령령 제23169호, 2011.9.29) 제40조(개인정보 유출 통지의 방법 및 절차) ① 개인정보처리자는 개인정보가 유출되었음을 알게 되었을 때에는 서면 등의 방법으로 지체 없이 법 제34조제1항 각 호의 사항을 정보주체에게 알려야 한다. 다만, 유출된 개인정보의 확산 및 추가 유출을 방지하기 위하여 접속경로의 차단, 취약점 점검·보완, 유출된 개인정보의 삭제 등 긴급한 조치가 필요한 경우에는 그 조치를 한 후 지체 없이 정보주체에게 알릴 수 있다. ② 제1항에도 불구하고 개인정보처리자는 같은 항 본문에 따라 개인정보가 유출되었음을 알게 되었을 때나 같은 항 단서에 따라 유출 사실을 알고 긴급한 조치를 한 후에도 법 제34조제1항제1호 및 제2호의 구체적인 유출 내용을 확인하지 못한 경우에는 먼저 개인정보가 유출된 사실과 유출이 확인된 사항만을 서면등의 방법으로 먼저 알리고 나중에 확인되는 사항을 추가로 알릴 수 있다. ③ 제1항과 제2항에도 불구하고 법 제34조제3항 및 이 영 제39조제1항에 따라 1만명 이상의 정보주체에 관한 개인정보가 유출된 경우에는 서면등의 방법과 함께 인터넷 홈페이지에 정보주체가 알아보기 쉽도록 법 제34조제1항 각 호의 사항을 7일 이상 게재하여야 한다. 다만, 인터넷 홈페이지를 운영하지 아니하는 개인정보처리자의 경우에는 서면등의 방법과 함께 사업장등의 보기 쉬운 장소에 법 제34조제1항 각 호의 사항을 7일 이상 게시하여야 한다.

312) 개인정보 보호법(법률 제10465호, 2011.3.29) 제35조(개인정보의 열람).

313) 개인정보 보호법 시행령(대통령령 제23169호, 2011.9.29) 제41조(개인정보의 열람절차 등) ① 정보주체는 법 제35조제1항 및 제2항에 따라 자신의 개인정보에 대한 열람을 요구하려는 경우에는 행정안전부령으로 정하는 바에 따라 다음 각 호의 사항 중 열람하려는 사항을 표시한 개인정보 열람요구서를 개인정보처리자에게 제출하여야 한다. 1. 개인정보의 항목 및 내용, 2. 개인정보의 수집·이용의 목적, 3. 개인정보 보유 및 이용 기간, 4. 개인정보의 제3자 제공 현황, 5. 개인정보 처리에 동의한 사실 및 내용, ② 정보주체가 법 제35조제2항에 따라 행정안전부장관을 통하여 자신의 개인정보에 대한 열람을 요구하려는 경우에는 제1항

2. 정보주체가 자신의 개인정보에 대한 열람을 공공기관에 요구하고자 할 때에는 공공기관에 직접 열람을 요구하거나 대통령령으로 정하는 바에 따라 행정안전부장관을 통하여 열람 요구 가능
3. 개인정보처리자는 열람을 요구받았을 때에는 대통령령으로 정하는 기간 내에 정보주체가 해당 개인정보를 열람할 수 있도록 조치
4. 열람 제한 또는 거절
   가. 법률에 따라 열람이 금지되거나 제한되는 경우
   나. 다른 사람의 생명·신체를 해할 우려가 있거나 다른 사람의 재산과 그 밖의 이익을 부당하게 침해할 우려가 있는 경우
   다. 공공기관이 다음의 어느 하나에 해당하는 업무를 수행할 때 중대한 지장을 초래하는 경우
      1) 조세의 부과·징수 또는 환급에 관한 업무
      2) 「초·중등교육법」 및 「고등교육법」에 따른 각급 학교, 「평생교육법」에 따른 평생교육시설, 그 밖의 다른 법률에 따라 설치된 고등교육기관에서의 성적 평가 또는 입학자 선발에 관한 업무
      3) 학력·기능 및 채용에 관한 시험, 자격 심사에 관한 업무
      4) 보상금·급부금 산정 등에 대하여 진행 중인 평가 또는 판단에 관한 업무
      5) 다른 법률에 따라 진행 중인 감사 및 조사에 관한 업무

② 개인정보 정정·삭제[314]

1. 개인정보를 열람한 정보주체는 개인정보처리자에게 그 개인정보의 정정 또는 삭제 요구 가능(다른 법령에서 그 개인정보가 수집 대상으로 명시되어 있는 경우에는 삭제 요구 불가)[315]

에 따른 개인정보 열람요구서를 행정안전부장관에게 제출하여야 한다. 이 경우 행정안전부장관은 지체 없이 그 개인정보 열람요구서를 해당 공공기관에 이송하여야 한다. ③ 법 제35조제3항 전단에서 "대통령령으로 정하는 기간"이란 10일을 말한다. ④ 개인정보처리자는 제1항에 따른 개인정보 열람요구서를 받은 날부터 10일 이내에 정보주체에게 해당 개인정보를 열람할 수 있도록 하는 경우와 제42조제1항에 따라 열람 요구 사항 중 일부를 열람하게 하는 경우에는 열람할 개인정보와 열람이 가능한 날짜·시간 및 장소 등(제42조제1항에 따라 열람 요구 사항 중 일부만을 열람하게 하는 경우에는 그 사유와 이의제기방법을 포함한다)을 행정안전부령으로 정하는 열람통지서로 해당 정보주체에게 알려야 한다.

314) 개인정보 보호법(법률 제10465호, 2011.3.29) 제36조(개인정보의 정정·삭제).

315) 개인정보 보호법 시행령(대통령령 제23169호, 2011.9.29) 제43조(개인정보의 정정·삭제 등)

2. 개인정보처리자는 정보주체의 요구를 받았을 때에는 개인정보의 정정 또는 삭제에 관하여 다른 법령에 특별한 절차가 규정되어 있는 경우를 제외하고는 지체 없이 그 개인정보를 조사하여 정보주체의 요구에 따라 정정·삭제 등 필요한 조치 강구 및 결과 통보
3. 개인정보처리자가 개인정보를 삭제할 때에는 복구 또는 재생되지 않도록 조치

③ 손해배상책임[316)]

1. 정보주체는 개인정보처리자가 이 법을 위반한 행위로 손해를 입으면 개인정보처리자에게 손해배상 청구 가능(개인정보처리자는 고의 또는 과실이 없음을 입증하지 않으면 면책 불가)
2. 개인정보처리자가 의무를 준수하고 상당한 주의와 감독을 게을리하지 않은 경우에는 개인정보의 분실·도난·유출·변조 또는 훼손으로 인한 손해배상책임 감경 가능

2. 아동복지법

(1) 목적[317)]

아동복지법은 아동이 건강하게 출생하여 행복하고 안전하게 자랄 수 있도록 아동의 복지를 보장하는 것을 목적으로 한다.

---

① 정보주체는 법 제36조제1항에 따라 개인정보처리자에게 그 개인정보의 정정 또는 삭제를 요구하려는 경우에 행정안전부령으로 정하는 개인정보 정정·삭제 요구서를 해당 개인정보처리자에게 제출하여야 한다. ② 다른 개인정보처리자로부터 개인정보를 제공받아 개인정보파일을 처리하는 개인정보처리자는 법 제36조제1항에 따른 개인정보의 정정 또는 삭제 요구를 받으면 그 요구에 따라 해당 개인정보를 정정·삭제하거나 그 개인정보 정정·삭제 요구서를 해당 개인정보를 제공한 기관의 장에게 지체 없이 보내고 그 처리 결과에 따라 필요한 조치를 하여야 한다. ③ 개인정보처리자는 제1항과 제2항에 따른 개인정보 정정·삭제 요구서를 받은 날부터 10일 이내에 법 제36조제2항에 따라 해당 개인정보의 정정·삭제 등의 조치를 한 경우에는 그 조치를 한 사실을, 법 제36조제1항 단서에 해당하여 삭제 요구에 따르지 아니한 경우에는 그 사실 및 이유와 이의제기방법을 행정안전부령으로 정하는 개인정보 정정·삭제 결과 통지서로 해당 정보주체에게 알려야 한다.

316) 개인정보 보호법(법률 제10465호, 2011.3.29) 제39조(손해배상책임).

317) 아동복지법(법률 제11002호, 2011.8.4) 제1조(목적).

(2) 기본이념[318)]

1. 아동은 자신 또는 부모의 성별, 연령, 종교, 사회적 신분, 재산, 장애유무, 출생지역, 인종 등에 따른 어떠한 종류의 차별도 받지 않고 자라나야 한다.
2. 아동은 완전하고 조화로운 인격발달을 위하여 안정된 가정환경에서 행복하게 자라나야 한다.
3. 아동에 관한 모든 활동에 있어서 아동의 이익이 최우선적으로 고려되어야 한다.
4. 아동은 아동의 권리보장과 복지증진을 위하여 이 법에 따른 보호와 지원을 받을 권리를 가진다.

(3) 정의[319)]

1. 아동 : 18세 미만인 사람
2. 아동복지 : 아동이 행복한 삶을 누릴 수 있는 기본적인 여건을 조성하고 조화롭게 성장·발달할 수 있도록 하기 위한 경제적·사회적·정서적 지원
3. 보호자 : 친권자, 후견인, 아동을 보호·양육·교육하거나 그러한 의무가 있는 자 또는 업무·고용 등의 관계로 사실상 아동을 보호·감독하는 자
4. 보호대상아동 : 보호자가 없거나 보호자로부터 이탈된 아동 또는 보호자가 아동을 학대하는 경우 등 그 보호자가 아동을 양육하기에 적당하지 않거나 양육할 능력이 없는 경우의 아동
5. 지원대상아동 : 아동이 조화롭고 건강하게 성장하는 데에 필요한 기초적인 조건이 갖추어지지 아니하여 사회적·경제적·정서적 지원이 필요한 아동
6. 가정위탁 : 보호대상아동의 보호를 위하여 성범죄, 가정폭력, 아동학대, 정신질환 등의 전력이 없는 보건복지부령으로 정하는 기준에 적합한 가정에 보호대상아동을 일정 기간 위탁하는 것
7. 아동학대 : 보호자를 포함한 성인이 아동의 건강 또는 복지를 해치거나 정상적 발달을 저해할 수 있는 신체적·정신적·성적 폭력이나 가혹행위를 하는 것과 아동의 보호자가 아동을 유기하거나 방임하는 것

---

318) 아동복지법(법률 제11002호, 2011.8.4) 제2조(기본이념).

319) 아동복지법(법률 제11002호, 2011.8.4) 제3조(정의).

8. 피해아동 : 아동학대로 인하여 피해를 입은 아동
9. 아동복지전담기관 : 아동보호전문기관과 가정위탁지원센터
10. 아동복지시설 : 제50조에 따라 설치된 시설[320)]
11. 아동복지시설 종사자 : 아동복지시설에서 아동의 상담·지도·치료·양육, 그 밖에 아동의 복지에 관한 업무를 담당하는 사람

(5) 폐쇄회로 텔레비전

① 폐쇄회로 텔레비전의 설치[321)]

1. 국가와 지방자치단체는 유괴 등 범죄의 위험으로부터 아동을 보호하기 위하여 필요하다고 인정하는 경우에는 다음에 해당되는 시설의 주변구역을 아동보호구역으로 지정하여 폐쇄회로 텔레비전을 설치하거나 그 밖의 필요한 조치 가능[322)]
   가. 「도시공원 및 녹지 등에 관한 법률」 제15조에 따른 도시공원
   나. 「영유아보육법」 제10조에 따른 어린이집[323)]
   다. 「초·중등교육법」 제38조 따른 초등학교 및 같은 법 제55조에 따른 특수학교
   라. 「유아교육법」 제2조에 따른 유치원
2. 아동보호구역의 지정 기준 및 절차 등에 필요한 사항은 대통령령으로 규정[324)]

---

320) 아동복지법(법률 제11002호, 2011.8.4) 제50조(아동복지시설의 설치) ① 국가 또는 지방자치단체는 아동복지시설을 설치할 수 있다. ② 국가 또는 지방자치단체 외의 자는 관할 시장·군수·구청장에게 신고하고 아동복지시설을 설치할 수 있다. ③ 아동복지시설의 시설기준 및 설치 등에 필요한 사항은 보건복지부령으로 정한다.

321) 아동복지법(법률 제11002호, 2011.8.4) 제32조(아동보호구역에서의 폐쇄회로 텔레비전 설치 등).

322) 아동복지법 시행령(대통령령 제24020호, 2012.8.3) 제30조(폐쇄회로 텔레비전의 설치 및 관리 등) ① 법 제32조제1항에 따라 특별자치도지사·시장·군수·구청장은 예산의 범위에서 제29조제4항에 따라 지정된 아동보호구역에 폐쇄회로 텔레비전을 설치하여야 한다. ② 특별자치도지사·시장·군수·구청장은 폐쇄회로 텔레비전을 고장·노후화 등의 이유로 교체·수리하거나 폐쇄회로 텔레비전의 설치 장소를 변경할 필요가 있는 경우에는 지체 없이 그에 필요한 조치를 하여야 한다. ③ 제29조제4항에 따라 지정된 아동보호구역을 관할하는 경찰서장은 아동에 대한 범죄 예방 및 수사를 위하여 해당 아동보호구역에 설치된 폐쇄회로 텔레비전의 화상정보를 적극 활용하여야 한다. 제31조(폐쇄회로 텔레비전 설치 등의 지원) 국가와 지방자치단체는 예산의 범위에서 제30조에 따른 폐쇄회로 텔레비전의 설치 및 관리 등에 드는 비용을 지원할 수 있다.

323) 어린이집의 경우, 폐쇄회로 텔레비전(CCTV) 설치가 의무사항은 아니지만 CCTV가 있는 어린이집의 인기가 높아지면서 설치를 원하는 곳이 증가하고 있다(중앙일보, 2010.2.22, 24면).

3. 아동복지법에서 정한 것 외에 폐쇄회로 텔레비전의 설치 등에 관한 사항은 「개인 정보 보호법」 준수

---

324) 아동복지법 시행령(대통령령 제24020호, 2012.8.3) 제29조(아동보호구역의 지정) ① 법 제32조제1항제1호에 따른 도시공원의 관리자(「도시공원 및 녹지 등에 관한 법률」 제20조제1항에 따라 도시공원을 위탁받아 관리하는 자 또는 같은 법 제21조제1항에 따라 도시공원을 관리하는 자를 말한다) 또는 법 제32조제1항제2호부터 제4호까지의 시설의 장은 법 제32조제1항에 따라 해당 도시공원 또는 시설을 관할하는 특별자치도지사·시장·군수·구청장에게 보건복지부령으로 정하는 바에 따라 아동보호구역 지정을 신청할 수 있다. ② 법 제32조제1항에 따라 법 제32조제1항제1호에 따른 도시공원의 관리자(「도시공원 및 녹지 등에 관한 법률」 제20조제1항에 따른 공원관리청을 말한다. 이하 이 항에서 "공원관리청"이라 한다)는 다음 각 호의 구분에 따라 아동보호구역 지정을 요청하거나 아동보호구역을 직접 지정할 수 있다. 1. 공원관리청이 특별시장·광역시장인 경우: 시장·군수·구청장에게 아동보호구역의 지정 요청, 2. 공원관리청이 특별자치도지사·시장·군수인 경우: 아동보호구역 직접 지정, ③ 특별자치도지사·시장·군수·구청장은 제1항에 따른 지정 신청을 받은 경우 또는 제2항에 따른 지정 요청을 받거나 직접 지정을 하려는 경우에는 해당 시설과 그 주변구역에 관한 다음 각 호의 사항을 조사하여야 한다. 1. 해당 시설 주변구역 내의 연간 아동범죄 발생 현황, 2. 해당 시설을 통학하거나 이용하는 아동 수, 3. 해당 시설의 주변구역이 범죄 발생 우려가 높은지 여부, ④ 특별자치도지사·시장·군수·구청장은 제3항에 따른 조사 결과 아동보호구역으로 지정하는 것이 필요하다고 인정되면 다음 각 호의 구분에 따라 아동보호구역을 지정한다. 1. 법 제32조제1항제1호의 도시공원: 도시공원의 출입문을 중심으로 반경 500미터 이내의 일정 구역, 2. 법 제32조제1항제2호부터 제4호까지의 시설: 해당 시설 부지의 외곽 경계선으로부터 반경 500미터 이내의 일정 구역, ⑤ 특별자치도지사·시장·군수·구청장은 제3항 및 제4항에 따른 조사와 아동보호구역의 지정에 관하여 관할 경찰서장과 협의하여야 하며, 관계 기관의 장에게 조사 및 아동보호구역의 지정을 위하여 필요한 자료를 요청할 수 있다. ⑥ 특별자치도지사·시장·군수·구청장은 제4항에 따라 아동보호구역을 지정한 경우에는 해당 아동보호구역을 특별자치도·시·군·구의 인터넷 홈페이지 및 게시판 등을 통하여 공고하여야 하며, 제1항에 따른 신청인에게 그 내용을 알려야 한다.

제 2 절 안전관리 참고법규

1. 보행안전 및 편의증진에 관한 법률[325)]

(1) 목적 및 정의

① 목적[326)]

보행안전 및 편의증진에 관한 법률은 보행자가 안전하고 편리하게 걸을 수 있는 쾌적한 보행환경을 조성하여 각종 위험으로부터 국민의 생명과 신체를 보호하고, 국민의 삶의 질을 향상시킴으로써 공공의 복리 증진에 이바지함을 목적으로 한다.

② 정의[327)]

보행안전 및 편의증진에 관한 법률에서 사용하는 보행자길, 보행환경 등 주요 용어에 대한 정의는 다음과 같다.

1. 보행자길 : 보행자(유모차 및 보행보조용 의자차를 포함)의 통행을 위한 장소로서 다음에 해당하는 것
   가. 「도로교통법」 제2조제10호에 따른 보도
   나. 「도로교통법」 제2조제11호에 따른 길가장자리구역
   다. 「도로교통법」 제2조제12호에 따른 횡단보도
   라. 「자연공원법」 제2조제5호에 따른 공원구역 및 「도시공원 및 녹지 등에 관한 법률」 제2조제3호에 따른 도시공원 안에서 보행자의 통행에 제공되는 장소
   마. 「항만법」 제2조제5호라목에 따른 항만친수시설 중 보행자의 통행에 제공되는

---

325) 2012년 7월 12일 제주 서귀포시 성산읍 올레길 1코스 도보여행에 나섰던 여성 1명이 숙소 인근 마을주민으로부터 살해된 사건과 관련하여 보행자길의 안전에 대한 범사회적 관심이 집중되었으며, 이후 국내 주요 보행자길에 대한 순찰 강화, CCTV 설치 등 안전조치 강화방안이 추진되었다.

326) 보행안전 및 편의증진에 관한 법률(법률 제11339호, 2012.2.22) 제1조(목적).

327) 보행안전 및 편의증진에 관한 법률(법률 제11339호, 2012.2.22) 제2조(정의).

장소

바. 지하보도, 육교, 그 밖의 도로횡단시설

사. 그 밖에 골목길 등 불특정 다수의 보행자 통로

2. 보행환경 : 보행자가 통행하면서 접하게 되는 물리적·생태적·역사적·문화적 요소와 보행자의 안전하고 쾌적한 통행에 영향을 미치는 모든 요소

(2) 보행권의 보장

① 기본원칙[328)]

국가와 지방자치단체는 보행권을 보장하기 위하여 다음과 같은 조치를 이행하여야 한다.

1. 국가와 지방자치단체는 이 법 또는 다른 법률에서 정하는 바에 따라 공공의 안전보장, 질서 유지 및 복리 증진을 저해하지 않는 범위에서 국민이 쾌적한 보행환경에서 안전하고 편리하게 보행할 권리를 최대한 보장하고 진흥
2. 국가와 지방자치단체는 모든 국민이 장애, 성별, 나이, 종교, 사회적 신분 또는 경제적·지역적 사정 등에 따라 보행과 관련된 차별을 받지 않도록 필요한 조치를 강구
3. 기본원칙

   가. 시설물의 설치, 차량의 소통 등 보행여건에 영향을 미치는 각종 제도 및 사업 등으로 인하여 보행자의 생명과 신체에 위험과 피해를 초래할 우려가 있는 때에는 해당 제도 및 사업 등에 따른 편익보다 보행자의 안전을 우선

   나. 특별한 사정이 없는 한 도로의 폭, 차량 및 보행자의 통행량 등이 유사한 지역 간에는 보행여건의 격차가 심각하게 발생하지 않도록 조치

   다. 보행정책의 수립·추진은 보행자의 안전과 목표지점에의 접근의 편리성과 함께 삶의 공간으로서의 쾌적성 및 미관성을 동시에 고려

   라. 보행권 증진 및 보행환경 개선사업을 추진하는 기관 간에 유기적 협조체제를 구축하여 안전한 보행환경이 체계적·합리적으로 조성·정비·관리될 수 있도록 조치

328) 보행안전 및 편의증진에 관한 법률(법률 제11339호, 2012.2.22) 제3조(보행권의 보장).

4. 안전한 보행환경이 적절히 조성되지 않은 경우에는 특별한 사정이 없는 한 보행자에게 불리하게 책임을 부과하거나 법률 적용·해석 불가

② 조치사항[329)]

1. 국가와 지방자치단체는 보행자가 쾌적한 보행환경에서 안전하고 편리하게 보행자길을 통행할 수 있도록 정책을 수립하고 시행
2. 국가와 지방자치단체는 노인, 임산부, 어린이, 장애를 입은 사람 등 스스로의 힘으로는 보행이 불편한 사람이 차별 없이 보행자길을 안전하고 편리하게 통행할 수 있도록 보행환경을 조성하기 위하여 노력
3. 국가와 지방자치단체는 보행권 확보 및 보행환경 개선과 관련된 사업을 하는 자에게 예산의 범위에서 그 경비의 전부 또는 일부를 보조 가능

(3) 보행환경 개선

① 실태조사[330)]

1. 특별시장·광역시장·특별자치시장·특별자치도지사·시장 또는 군수(광역시의 관할구역에 있는 군의 군수는 제외)는 보행자의 안전 확보 및 편의증진 정책을 수립·시행하기 위하여 5년의 범위에서 대통령령으로 정하는 기간마다 관할 지역의 보행자길에 대하여 실태조사를 실시
   가. 보행자길에 설치된 안전시설 및 관리 현황
   나. 보행자길에서 통행을 방해하거나 보행자의 안전을 위협하는 시설물 및 적치물(積置物) 등의 현황
   다. 영상정보처리기기, 보안등, 그 밖에 보행자를 범죄와 사고로부터 안전하게 보호하기 위한 시설의 설치 및 관리 현황
   라. 그 밖에 보행자의 안전확보 및 편의증진을 위하여 필요한 사항으로서 대통령령으로 정하는 사항

---

329) 보행안전 및 편의증진에 관한 법률(법률 제11339호, 2012.2.22) 제4조(국가와 지방자치단체의 책무).

330) 보행안전 및 편의증진에 관한 법률(법률 제11339호, 2012.2.22) 제6조(보행안전 및 편의증진 실태조사).

2. 특별시장 등은 실태조사를 위하여 필요하면 관계 행정기관, 공공기관에 관련 자료의 제출 요청 가능

② 보행환경개선사업[331]

1. 특별시장 등은 보행환경개선지구에 대하여는 대통령령으로 정하는 절차와 방법에 따라 보행환경개선사업계획을 수립하고, 이에 따라 보행환경개선사업을 시행
2. 보행환경개선사업계획
   가. 보행자길 신설, 단절된 보행자길의 연결 등 보행자길 조성
   나. 해당 구역의 전통 및 문화와 조화를 이루는 보행자길의 조성
   다. 차도와 보도의 분리, 고원식(高原式) 횡단보도(주변 도로보다 약간 높게 만든 횡단보도)의 설치, 가로등 및 보안등의 설치, 영상정보처리기기의 설치 등 보행자 안전시설의 설치와 유지·보수 및 성능 개선
   라. 보행자의 통행을 방해하거나 보행자의 안전을 위협하는 시설물 및 적치물 등의 정비
   마. 노인·임산부·어린이·장애인 등을 위한 보행편의증진시설의 설치
   바. 그 밖에 보행자의 안전과 편의증진을 위한 것으로서 행정안전부와 국토해양부의 공동부령으로 정하는 사항
3. 특별시장 등은 보행환경개선사업계획을 수립하려는 경우에는 지역 주민 및 관계 전문가의 의견을 듣고 그 계획을 확정·고시 이행(보행환경개선사업계획에 다른 행정기관의 장이 설치하거나 관리하는 도로·시설물 등이 포함되어 있는 경우에는 미리 그 행정기관의 장과 협의)
4. 특별시장 등은 계획 여건이 변경되거나 그 밖의 사유가 있는 경우에는 보행환경개선사업계획을 변경 가능

---

331) 보행안전 및 편의증진에 관한 법률(법률 제11339호, 2012.2.22) 제10조(보행환경개선사업의 시행).

(4) 안전조치

① 시설설치[332)]

1. 대상시설
   가. 차량 속도 저감시설
   나. 횡단보도, 교통섬 등 보행자의 안전을 위한 시설
   다. 횡단보도가 없는 도로에서의 보행자 횡단을 방지하기 위한 시설
   라. 보행자 우선통행을 위한 교통신호기
   마. 보행자의 이동 편의증진을 위한 대중교통정보 알림시설과 주변 지역 보행자 길 안내시설
   바. 그 밖에 보행자의 안전과 통행 편의를 높이기 위한 시설로서 행정안전부와 국토해양부의 공동부령으로 정하는 것
2. 협의대상
   가. 해당 지역을 관할하는 지방경찰청장 또는 경찰서장
   나. 해당 도로의 관리청
   다. 그 밖에 다른 법령에 따라 해당 지역을 관할하는 관계 행정기관의 장

② 보행환경 증진방안[333)]

---

332) 보행안전 및 편의증진에 관한 법률(법률 제11339호, 2012.2.22) 제15조(보행안전 및 편의증진 시설의 설치).

333) 보행안전 및 편의증진에 관한 법률(법률 제11339호, 2012.2.22) 제20조(개발사업 등의 시행시 보행환경 검토 ②항); 보행안전 및 편의증진에 관한 법률 시행규칙(행정안전부령 제312호, 2012.8.23) 제5조(보행안전 및 편의증진 시설의 설치 등) ① 법 제15조제1항제6호에서 "행정안전부와 국토해양부의 공동부령으로 정하는 것"이란 다음 각 호의 시설을 말한다. 1. 보도(步道)용 방호(防護)울타리, 2. 조명시설, 3. 장애인용 음향안내시설, 4. 「개인정보 보호법」 제2조제7호에 따른 영상정보처리기기(이하 "영상정보처리기기"라 한다), 5. 자동차 진입억제용 말뚝, 6. 점자블록, ② 법 제15조제3항에 따른 보행안전 및 편의증진 시설의 구조 및 기준은 별표 1과 같다; 제6조(보행자전용길 관리대장) ① 특별시장등은 법 제19조제2항에 따라 보행자전용길 별로 별지 제2호서식의 보행자전용길 관리대장(이하 이 조에서 "전용길관리대장"이라 한다)을 작성·보관하여야 한다. 이 경우 전용길관리대장은 전자적 처리가 불가능한 특별한 사유가 없으면 전자적 처리가 가능한 방법으로 기록하고 유지·관리하여야 한다. ② 특별시장등은 현지조사 등을 통하여 전용길관리대장의 작성·변경·정정 사유를 확인한 후에 전용길관리대장을 작성하거나 그 기록사항을 변경 또는 정정하여야 한다. 이 경우 전용

1. 안전한 보행자길의 조성[표 7-1 참조]
2. 도로에서 보행자의 안전을 확보하기 위한 시설물의 설치
3. 주거지역에서의 차마 운전속도 저감대책
4. 보행자의 통행을 위한 안내표지판의 설치
5. 노인 · 어린이 · 장애인 등을 위한 보호구역의 설치
6. 그 밖에 행정안전부와 국토해양부의 공동부령으로 정하는 사항

[표 7-1] 보행안전 및 편의증진 시설의 구조 및 기준[334)]

1. 차량 속도 저감시설

가. 고원식(高原式) 교차로 및 횡단보도

1) 차량의 속도를 낮출 필요가 있는 도로에 설치한다.
2) 교차로나 횡단보도 언덕의 경사부분과 횡단보도 부분 전체를 어두운 붉은색 아스콘으로 설치할 수 있고, 횡단보도 노면표시를 설치한다.
3) 고원식 횡단보도(주변 도로보다 약간 높게 만든 횡단보도를 말한다)를 설치하는 곳에는 배수처리를 고려해야 하며, 겨울철에 눈 등에 의하여 미끄러지는 것에 유의하여야 한다.
4) 어린이 보호구역 등 특히 과속으로 인한 사고가 우려되는 지점에서는 고원식 횡단보도 앞 길 가장자리 구역을 지그재그 형태로 표시하여 운전자의 주의를 환기시킨다.

길관리대장의 작성·변경·정정 사유를 확인할 수 있는 근거자료를 관리대장과 함께 보관하여야 한다. ③ 특별시장등은 소속 공무원 중에서 전용길관리대장의 전담 관리자와 책임자를 각각 지정하여야 한다; 제7조(보행환경 증진방안의 내용) 법 제20조제2항제6호에서 "행정안전부와 국토해양부의 공동부령으로 정하는 사항"이란 다음 각 호의 사항을 말한다. 1. 보행자의 안전을 위한 영상정보처리기기, 보안등 등 안전시설의 설치, 2. 보행자의 통행에 장애가 되는 노상적치물, 옥외광고물 등 불법시설물의 정비; 제8조(공공시설물등의 종류) 법 제23조제1항에서 "행정안전부와 국토해양부의 공동부령으로 정하는 시설물"이란 다음 각 호의 시설물을 말한다. 1. 가드레일, 2. 도로반사경, 3. 점자블록, 장애인용 음향안내시설 등의 장애인 안전시설, 4. 법 제24조에 따라 보행자길에 설치한 영상정보처리기기; 제9조(영상정보처리기기의 설치 대상구역 등) ① 법 제24조제3항에 따른 영상정보처리기기의 설치 대상구역은 보행자길(법 제16조제1항에 따라 지정된 보행자전용길을 포함한다) 중 과거에 범죄가 발생하였거나 범죄 발생의 가능성이 높은 구역으로 한다. ② 영상정보처리기기는 기존의 전신주, 벽 등을 최대한 활용하여 설치하되, 보행환경에 지장을 주지 않는 범위에서 전용 지지대를 설치할 수 있다; 제10조(보행안전통로 및 안전시설의 설치기준) 법 제25조제3항에 따른 보행안전통로 및 안전시설의 설치기준은 별표 2[본 서에서는 표 7-1]와 같다.

나. 차도 폭 좁힘
운전자가 주행속도를 낮추도록 유도하기 위하여 물리적으로 차도의 폭을 좁게 하거나 시각적으로 차도의 폭이 좁게 보이도록 할 수 있다.

다. 과속방지턱
1) 낮은 주행속도가 요구되는 일정 도로구간에서 통행차량의 과속주행을 방지하고, 생활공간이나 학교지역 등 일정 지역에서 통과차량의 진입을 억제하기 위하여 과속방지턱을 설치할 수 있다.
2) 과속방지턱을 설치하는 경우에는 설치 길이 3.6미터, 설치 높이 10센티미터의 규격을 적용하여야 한다. 다만, 폭 6미터 미만의 좁은 도로 등 설치장소의 특성에 따라 설치 길이, 높이를 다르게 할 수 있다.

2. 보행교통섬

가. 보행교통섬은 도로의 규모에 따라 직선형태 또는 굴절형태로 횡단보도의 중앙에 선택적으로 설치할 수 있다.
나. 보행교통섬의 최소폭은 1.5미터로 하여야 한다.
다. 보행교통섬의 전후에는 안전지대 노면표시 및 자동차 진입억제용 말뚝 등의 인공구조물을 설치할 수 있다.

3. 무단횡단 금지시설

가. 무단횡단 금지시설은 보행자의 무단횡단과 차량의 불법유턴 및 역주행 등으로 교통사고가 많은 구간 등에 설치할 수 있다.
나. 무단횡단 금지시설의 높이는 90센티미터를 표준으로 하며, 동일높이로 설치하여 연속적인 시선유도가 이루어지도록 한다.

4. 보행자 우선통행을 위한 교통신호기

가. 교통신호기에는 보행자가 우선통행할 수 있도록 녹색신호 변경버튼을 설치할 수 있다.

5. 대중교통정보 알림시설 등 교통안내시설

가. 보행자에게 현재의 위치, 주변의 교통수단, 600미터 이내의 주요 시설물, 1.2킬로미터 이내의 여객시설(여객자동차터미널, 철도·환승·공항·항만 시설 등), 그 밖에 관할 지방자치단체가 제공하려는 사항 등에 관한 정보를 제공하기 위한 보행자 안내표지판을 설치할 수 있다.

---

334) 보행안전 및 편의증진에 관한 법률 시행규칙(행정안전부령 제312호, 2012.8.23) [별표 1] 보행안전 및 편의증진 시설의 구조 및 기준.

나. 보행자 안내표지판은 주요 교차로와 보도구간에 설치하며, 밤에도 알아볼 수 있어야 한다.
다. 보행자 안내표지판에 포함되는 지도에는 위치 및 방향에 관한 정보가 정확하게 나타나야 한다.
라. 보행자 안내표지판에는 시각장애인을 위한 점자표기를 할 수 있다.

6. 보도용 방호울타리
가. 보도용 방호울타리는 자동차가 낮은 속도로 진행하는 구간으로서 운전자에게 보도와 차도가 분리되어 있음을 시각적으로 나타내어 사고를 예방할 수 있는 구간에 설치한다.
나. 보도용 방호울타리의 설치로 인하여 도로의 차도 폭이 좁아지는 경우에는 일방통행의 지정, 도로의 유지·관리 및 배수 등을 충분히 고려하여야 한다.

7. 보행자길 및 도로의 조명시설
가. 교통안전 및 도로이용효율의 향상, 운전자 및 보행자의 불안감 제거 및 피로 감소, 범죄 예방과 감소를 위하여 보행자길에 조명시설을 설치하여야 한다.
나. 조명시설은 적절한 노면(路面) 밝기가 유지되고, 밝기가 균일하게 분포되도록 하여야 한다.
다. 횡단보도에 조명시설을 설치할 경우에는 차량의 진행방향에서 볼 때 횡단보도 앞에 설치하고, 횡단보도 방향으로 치우치도록 함으로써 운전자의 눈부심을 최소화하고 보행자를 식별하기에 유리하도록 하여야 한다.

8. 장애인용 음향안내시설
가. 장애인의 보행편의를 도모하기 위하여 장애인용 음향안내시설을 설치할 수 있다.
나. 장애인용 음향안내시설은 장애인이 들을 수 있도록 음향기준을 고려하여야 한다.
다. 장애인용 음향안내시설이 설치된 교통신호기는 녹색신호가 켜져 있는 동안에는 계속 균일한 신호음을 내야 한다.

9. 범죄 예방을 위한 영상정보처리기기
가. 보행자 대상 범죄를 예방하기 위하여 조명시설과 함께 영상정보처리기기를 설치할 수 있다.
나. 영상정보처리기기 외에 보행자를 범죄로부터 보호하기 위하여 그 밖의 안전시설(긴급단추 등)을 설치할 수 있다.

10. 자동차 진입억제용 말뚝

가. 자동차 진입억제용 말뚝은 보행자가 안전하고 편리하게 통행하는 데 방해가 되지 않는 범위에서 설치하여야 한다.

나. 자동차 진입억제용 말뚝은 밝은 색의 반사도료(反射塗料) 등을 사용하여 쉽게 식별할 수 있도록 설치하여야 한다.

다. 자동차 진입억제용 말뚝의 높이는 보행자의 안전을 고려하여 80~100센티미터 내외로 하고, 그 지름은 10~20센티미터 내외로 하여야 한다.

라. 자동차 진입억제용 말뚝의 간격은 1.5미터 내외로 하여야 한다.

마. 자동차 진입억제용 말뚝은 보행자 등의 충격을 흡수할 수 있는 재료로 하되, 속도가 낮은 자동차의 충격에 견딜 수 있는 구조로 하여야 한다.

바. 자동차 진입억제용 말뚝의 0.3미터 앞쪽에는 시각장애인이 충돌할 우려가 있는 구조물이 있음을 알 수 있도록 점형블록을 설치하여야 한다.

11. 점자블록

가. 점자블록은 시각장애인이 주의하여야 할 위치나 안내 대상시설 등의 정확한 위치를 확인할 수 있도록 설치한다.

나. 점자블록의 색상은 노란색을 원칙으로 하되, 주변 환경 여건에 따라 노란색을 사용하는 것이 부적절한 경우에는 주변 바닥재의 색상과 뚜렷하게 구별되는 색상을 사용한다.

다. 점형블록은 횡단지점, 대기지점, 목적지점, 보행동선의 분기점 등의 위치를 표시하거나, 장애물 주위에 설치하여 위험지점을 알리거나, 선형블록이 시작·교차·굴절되는 지점에 설치하여 방향을 지시하는 용도로 설치한다.

라. 선형블록은 보행동선의 분기점, 대기지점, 횡단지점 등에 설치된 점형블록과 연결하여 목적 방향으로 일정한 거리까지 설치하여 보행방향을 지시하거나, 보도에 연속적 또는 단속적으로 설치하여 보행동선을 확보·유지하는 용도로 설치한다.

③ 영상정보처리기기[335)]

1. 특별시장·광역시장·특별자치시장·특별자치도지사·시장·군수 또는 자치구의 구청장은 범죄로부터 보행자를 안전하게 보호하기 위하여 필요하다고 인정하는

335) 보행안전 및 편의증진에 관한 법률(법률 제11339호, 2012.2.22) 제24조(보행자 안전을 위한 영상정보처리기기 등의 설치).

경우에는 보행자길에 영상정보처리기기 또는 보안등 설치 불가
2. 누구든지 설치된 영상정보처리기기 또는 보안등 파손 불가
3. 영상정보처리기기 설치의 대상구역, 시설기준 등 필요한 사항은 행정안전부와 국토해양부의 공동부령으로 규정
4. 기타 영상정보처리기기의 설치·운영, 안전조치 등은 「개인정보 보호법」준수

2. 사격 및 사격장 안전관리에 관한 법률[336)]

(1) 목적 및 정의

① 목적[337)]

사격 및 사격장 안전관리에 관한 법률은 사격과 사격장으로 인한 위험과 재해를 미리 방지하여 공공의 안전을 확보하는 것을 목적으로 한다.

② 정의[338)]

1. 사격 : 총기 또는 석궁을 사용하여 실탄 또는 화살 등을 발사하는 모든 행위
2. 사격장 : 사격을 할 수 있도록 시설을 갖춘 특정 장소
3. 사격장설치자 : 사격장의 설치허가를 받은 자

336) 2009년 11월 16일 부산 신창동 가나다라 실내 실탄사격장에서 화재가 발생하여 일본인 관광객 8명, 관광가이드 1명, 종업원 1명 등 10명이 사망한 사건은 권총 사격 시 발생한 화염이나 유탄, 파편 등에 의해 발화돼 잔류화약과 흡음재 등 가연물질에 옮겨 붙으면서 급격히 확산된 것으로 확인되었다. 사고 사격장에 설치돼 있던 CCTV는 총 8대로 많은 편이었으나 화재 신고시간인 11월 14일 오후 2시26분 직전인 오후 2시23분43초에 녹화가 멈춘 것은 화재가 서서히 발생하는 과정에서 합선 등으로 전기가 차단돼 녹화가 중단됐을 수 있다는 분석이며, 화재 현장을 결정적으로 촬영할 수 있었던 장소의 CCTV는 사고 2개월 전부터 고장이 났던 것으로 확인되어 관계기관의 부실점검 가능성이 제기되었다. 경찰은 발화지점은 격발장 1번 발사대 앞 가연물 적치장소로 결론을 내렸는데 사격장에 있던 CCTV에서 화재 이후 훼손된 15초 분량의 화면을 복원한데 따른 것이다(국민일보, 2009년 11월 16일, 8면; 한국일보, 2009년 11월 16일, 4면; 세계일보, 2009년 11월 17일, 6면; 국민일보, 2009년 12월 1일, 9면; 서울신문, 2009년 12월 1일, 6면).

337) 사격 및 사격장 안전관리에 관한 법률(법률 제11033호, 2011.8.4) 제1조(목적).

338) 사격 및 사격장 안전관리에 관한 법률(법률 제11033호, 2011.8.4) 제2조(정의).

(2) 사격장 안전관리

① 국가기관 사격장[339)]

경찰, 군, 그 밖의 국가기관(그 구성원이 법령에 따라 무기를 휴대할 수 있는 국가기관)이 설치하는 사격장 및 그 구성원이 공무상 목적으로 실시하는 사격에 대하여는 사격 및 사격장 안전관리에 관한 법률을 적용하지 않는다.

② 사격장 안전관리[340)]

사격장은 실외사격장과 실내사격장으로 구분하고, 그 종류・구조・위치・설비 및 기준은 대통령령으로 정하며, 사격장설치자는 안전사고를 방지하기 위하여 대통령령[341)]으로 정하는 바에 따라 사격장의 주요 지점에 폐쇄회로 텔레비전을 설치하여야 한다. 사격장설치자는 사격 후 잔류화약 등이 사격장 안에 남아있지 않도록 대통령령[342)]으로 정하는 바에 따라 월 1회 이상 안전점검을 실시하여야 한다.

---

339) 사격 및 사격장 안전관리에 관한 법률(법률 제11033호, 2011.8.4) 제3조(적용배제).

340) 사격 및 사격장 안전관리에 관한 법률(법률 제11033호, 2011.8.4) 제5조(사격장의 종류 등), 제10조의 2(사격장설치자의 안전점검의무).

341) 사격 및 사격장 안전관리에 관한 법률 시행령(대통령령 제24001호, 2012.7.31). 제2조(사격장의 종류와 구조·설비 기준) ①「사격 및 사격장 안전관리에 관한 법률」제5조에 따른 사격장의 종류는 별표 1의 사격장과 별표 1의 사격장 가운데 2종 이상을 같은 장소에 설치하는 종합사격장으로 한다. ② 사격장(종합사격장에 설치하는 개별사격장을 포함한다. 이하 같다)의 구조 및 설비는 종류별로 별표 1의2 및 별표 2부터 별표 15까지에서 정하는 기준에 따른다. 다만, 종합사격장의 구조 및 설비 기준은 국제사격연맹에서 정하는 기준에 따를 수 있다. ③ 클레이사격장·라이플사격장 및 권총사격장과 영리를 목적으로 설치하는 공기총사격장·석궁사격장의 설치자는 법 제5조제2항에 따라 다음 각 호의 장소에 폐쇄회로 텔레비전을 설치하여야 한다. 1. 사좌(射座), 2. 출입구, 3. 총기격납고 또는 석궁격납고, 4. 실탄저장소, 5. 그 밖에 사격장의 안전을 위하여 제4조제2항에 따른 허가관청이 지정하는 곳.

342) 사격 및 사격장 안전관리에 관한 법률 시행령(대통령령 제24001호, 2012.7.31). 제7조의2(사격장설치자의 안전점검의무) ① 권총실내사격장설치자는 법 제10조의2에 따라 사격장에 대한 안전점검을 실시하여야 한다. ② 제1항에 따른 안전점검은 다음 각 호의 사항에 대하여 실시한다. 1. 사격실 내부에 화약류 가루를 모을 수 있도록 설치된 받침에 물이 1센티미터 이상 고여 있는지 여부, 2. 사좌 및 사로(射路)의 바닥과 벽면 등에 화약류가 쌓여 있는지 여부, 3. 사격실 내부의 천장·측벽 및 바닥 등에 탄알이 튈 위험이 있는지 여부, 4. 표적과 탄알받이 사이에 탄알이 튀는 것을 방지하기 위하여 설치된 시설물의 적정 여부, 5. 조명 및 전기설비의 파손 등으로 불꽃이 튀거나 화재가 발생할 위험이 있는지 여부, 6. 소방시설 및 안전

③ 사격장 운영정지[343)]

허가관청은 사격장설치자가 다음에 해당하면 6개월 이내의 범위에서 사격장의 운영을 정지시킬 수 있다.

1. 사격장의 구조·위치·설비, 총기격납고·실탄저장소 및 석궁격납고가 기준에 맞지 않는 경우
2. 폐쇄회로 텔레비전을 설치하지 않는 경우
3. 총기격납고와 실탄저장소를 따로 설치하지 않거나 총기와 실탄을 분리보관하지 않은 경우
4. 석궁격납고를 설치하지 않은 경우
5. 실탄저장량을 초과하여 저장한 경우
6. 안전점검을 실시하지 않은 경우
7. 사격장 관리자를 두지 않은 경우
8. 사격이 끝난 후 즉시 대여한 총기나 석궁을 회수하지 않거나 총기 등 대여대장을 기록하지 않은 경우
9. 사격이 제한되는 사람에게 사격을 하게 한 경우
10. 사격으로 인한 사고 발생이나 보관 중인 총기 또는 석궁의 도난·분실을 신고하지 않거나 거짓으로 신고한 경우
11. 검사나 질문을 거부·방해 또는 기피한 경우
12. 정기점검을 거부·방해 또는 기피한 경우
13. 사격장 사용제한이나 사격 중지 명령을 위반한 경우

시설이 정상적으로 작동하는지 여부, 7. 폐쇄회로 텔레비전이 정상적으로 작동하는지 여부, 8. 사격실 내부에 불필요한 물건이나 쓰레기가 방치되어 있는지 여부, 9. 그 밖에 화재 또는 안전사고 발생 요인의 유무 및 시설물의 적정 여부, ③ 사격장설치자가 제1항에 따른 안전점검을 실시하였을 때에는 그 결과를 행정안전부령으로 정하는 사격장 안전점검 실시대장에 기록하고, 이를 1년간 보관하여야 한다.

343) 사격 및 사격장 안전관리에 관한 법률(법률 제11033호, 2011.8.4) 제18조(사격장 설치허가의 취소 등).

3. 자전거 이용시설의 구조 · 시설 기준에 관한 규칙

(1) 목적 및 정의

① 목적[344)]

자전거 이용시설의 구조 · 시설 기준에 관한 규칙은 「자전거 이용 활성화에 관한 법률」 제9조[345)]에 따라 자전거 이용시설의 구조와 시설에 관한 기술적 기준을 규정함을 목적으로 한다.

② 정의[346)]

1. 설계속도 : 자전거도로 설계의 기초가 되는 자전거의 속도
2. 정지시거(停止視距) : 자전거 운전자가 같은 자전거도로 위에 있는 장애물을 인지하고 안전하게 정지하기 위하여 필요한 거리로서 자전거도로 중심선 위의 1.4미터 높이에서 그 자전거도로의 중심선 위에 있는 높이 0.15미터 물체의 맨 윗부분을 볼 수 있는 거리를 그 자전거도로의 중심선에 따라 측정한 길이
3. 종단경사(縱斷傾斜) : 자전거도로의 진행방향 중심선의 길이에 대한 높이의 변화 비율
4. 편경사(偏傾斜) : 평면곡선부에서 자전거가 원심력에 저항할 수 있도록 하기 위하여 설치하는 횡단경사
5. 횡단경사(橫斷傾斜) : 자전거도로의 진행방향에 직각으로 설치하는 경사로서 자전거도로의 배수(排水)를 원활하게 하기 위하여 설치하는 경사와 평면곡선부에 설치하는 편경사
6. 제한길이 : 종단경사가 있는 자전거도로의 경우 종단경사도에 따라 연속적으로 이

---

344) 자전거 이용시설의 구조 · 시설 기준에 관한 규칙(행정안전부령 제163호, 2010.10.14) 제1조(목적).

345) 자전거이용 활성화에 관한 법률(법률 제10599호, 2011.4.14) 제9조(자전거이용시설의 구조 · 시설기준) 자전거이용시설의 구조와 시설기준은 행정안전부·국토해양부의 공동부령으로 정한다.

346) 자전거 이용시설의 구조 · 시설 기준에 관한 규칙(행정안전부령 제163호, 2010.10.14) 제2조(정의).

어지는 도로의 최대 길이

7. 시설한계 : 자전거도로 위에서 차량이나 보행자의 교통안전을 위하여 일정한 폭과 일정한 높이의 범위 내에는 장애가 될 만한 시설물을 설치하지 못하게 하는 자전거도로 위 공간 확보의 한계

(2) 자전거 주차장[347)]

1. 자전거 이용자가 안전하고 편리하게 이용할 수 있는 장소에 설치하고, 자전거 주차장 표지판을 설치하여야 하며, 통행인에게 장애가 없도록 할 것
2. 폐쇄회로 텔레비전 등 자전거 도난 예방 및 사후조치를 위한 시설을 설치하기 편리할 것
3. 야간 이용에 대비하여 충분한 조명시설을 설치할 것

4. 주차장법 시행규칙

(1) 목적[348)]

주차장법 시행규칙은 「주차장법」 및 같은 법 시행령에서 위임된 사항과 그 시행에 필요한 사항을 규정함을 목적으로 한다.

(2) 주차장 구조 · 설비기준[349)]

1~10. 〈생략〉

11. 주차대수 30대를 초과하는 규모의 자주식주차장으로서 지하식 또는 건축물식 노외주차장에는 관리사무소에서 주차장 내부 전체를 볼 수 있는 폐쇄회로 텔레비전 및 녹화장치를 포함하는 방범설비를 설치 · 관리하고 다음의 사항을 준수해야 한다.
    가. 방범설비는 주차장의 바닥면으로부터 170센티미터의 높이에 있는 사물을 알아볼 수 있도록 설치

---

347) 자전거 이용시설의 구조 · 시설 기준에 관한 규칙(행정안전부령 제163호, 2010.10.14) 제16조(자전거 주차장의 설치).

348) 주차장법 시행규칙(국토해양부령 제494호, 2012.7.2) 제1조(목적).

349) 주차장법 시행규칙(국토해양부령 제494호, 2012.7.2) 제6조(노외주차장의 구조·설비기준).

나. 폐쇄회로 텔레비전과 녹화장치의 모니터 수가 동일

다. 선명한 화질이 유지될 수 있도록 관리

라. 촬영된 자료는 컴퓨터보안시스템을 설치하여 1개월 이상 보관

12~14. 〈생략〉

5. 철도차량 안전기준에 관한 규칙[350)]

(1) 목적 및 정의

① 목적[351)]

철도차량 안전기준에 관한 규칙은 「철도안전법」 제26조의 규정[352)]에 의하여 철도차량의 구조 및 장치의 안전운행에 필요한 기준과 철도차량의 점검 · 보수 등 유지관리에 필요한 사항을 규정함을 목적으로 한다.

② 정의[353)]

1. 열차 : 선로를 운행할 목적으로 열차번호를 부여받은 철도차량
2. 고속철도차량 : 선로를 시속 200킬로미터 이상의 최고운행속도로 주행할 수 있는 철도차량
3. 일반철도차량 : 고속철도차량을 제외한 철도차량

---

350) 열차의 경우는 교통테러의 주요 대상으로 거론되는데 2004년 3월 11일 스페인 마드리드에서 발생한 통근열차 연쇄 폭탄테러, 2006년 7월 12일 인도 뭄바이에서 발생한 열차 연쇄 폭탄테러, 2007년 2월 20일 인도 하르야나주 드와나역 인근에서 발생한 열차 폭발사고, 2008년 5월 26일 스리랑카 콜롬보 인근에서 발생한 통근열차 폭탄테러, 2009년 11월 27일 러시아 모스크바 북서쪽 노브고로드주에서 발생한 급행열차 탈선사건 등이 대표적이다(세계일보, 2006년 7월 12일, 13면; 조선일보, 2007년 2월 20일, A16면; 세계일보, 2008년 5월 27일, 13면; 경찰신문, 2009년 3월 11일, 24면; 국민일보, 2009년 11월 30일, 12면).

351) 철도차량 안전기준에 관한 규칙(국토해양부령 제280호, 2010.9.3) 제1조(목적).

352) 철도안전법(법률 제11193호, 2012.1.17) 제26조(철도차량의 안전기준) ① 철도차량은 대통령령이 정하는 구조 및 장치가 국토해양부령이 정하는 안전기준에 적합하지 아니하면 이를 운행하지 못한다. ②철도운영자등은 국토해양부령이 정하는 바에 의하여 제1항의 규정에 의한 안전기준에 적합하도록 철도차량을 점검·보수하는 등 유지관리하여야 한다.

353) 철도차량 안전기준에 관한 규칙(국토해양부령 제280호, 2010.9.3) 제2조(정의).

4. 동력차 : 동력에 의하여 선로를 이동하는 것을 목적으로 제작된 기관차 및 동차(제어차 포함)
5. 객차 : 여객·수화물 및 우편물을 운송할 수 있는 구조로 제작된 철도차량
6. 화차 : 화물을 운송할 수 있는 구조로 제작된 철도차량
7. 특수차 : 특수사용을 목적으로 제작된 사고복구용차·작업차·시험차 등으로서 동력차와 객차 및 화차에 속하지 않는 철도차량
8. 전기차량 : 외부전원을 동력으로 하여 선로를 이동할 목적으로 제작된 철도차량
9. 차체(車體) :주행장치(Bogie)에 의하여 지지되며 여객 등이 탑승하거나 화물 및 운전용기기 등을 적재하는 철도차량 부분의 총칭
10. 구조체(構造體) : 차체를 구성하고 있는 차체프레임(frame)·측면구조틀·지붕구조 등 주요 구조부
11. 축중(軸重) : 철도차량이 수평상태에 있는 경우 1개의 차축(車軸)에 연결된 모든 차륜(車輪)의 윤중(輪重)을 합한 것
12. 윤중 : 철도차량이 수평상태에 있는 경우 1개의 차륜이 수직으로 궤도를 누르는 중량
13. 위험도분석 :분석대상이 가질 수 있는 위험과 사고를 식별하고 그 원인 및 영향을 분석·정량화하여 그 결과를 설계·제작 등에 반영하여 치명적인 고장 등으로 인한 위해와 손실을 최소화시킬 수 있는 과학적인 기법

(2) 화재의 감지 및 경보[354)]

1. 침대차에는 화재의 발생을 감지하고 경보하는 장치를 설치
2. 침대차 외에도 위험도분석 결과 중대한 화재위험이 있다고 인정되는 철도차량에는 화재의 발생을 감지하고 경보하는 장치를 설치
3. 화재의 발생을 감지하는 장치의 기준
   가. 화재경보의 오류 가능성을 최소화하고 화재를 조기에 감지할 것
   나. 먼지·습기·진동·실내온도·공기흐름·전자기 등의 설치 환경요건을 고려하여 설치할 것

354) 철도차량 안전기준에 관한 규칙(국토해양부령 제280호, 2010.9.3) 제11조(화재의 감지 및 경보).

4. 화재의 발생을 경보하는 장치의 기준
   가. 승무원에게 위험을 알려주는 기능을 갖출 것
   나. 화재가 발생한 철도차량을 승무원에게 알려주는 기능을 갖출 것
   다. 동력차에는 차체 내부 또는 외부에 음향경보장치나 화재경보등을 설치할 것
   라. 동력차에 설치되는 음향경보장치는 운전실에서 들을 수 있도록 철도차량의 운행중 발생하는 소음수준보다 5데시벨 이상의 음향수준을 갖출 것
   마. 둘 이상의 동력차를 편성하여 운행하는 열차에서 경보시스템이 작동되는 경우에는 운전업무종사자가 있는 동력차의 화재경보등만 작동할 것
   바. 객차에 설치되는 음향경보장치는 여객에게 위험을 알릴 정도의 음향수준을 갖출 것
   사. 객차에 화재의 발생을 경보하는 장치를 설치하는 경우에는 청각장애인을 고려한 표시장치를 갖출 것

제 3 절 건축건설 참고법규

1. 초고층 및 지하연계 복합건축물 재난관리에 관한 특별법[355)]

(1) 목적 및 정의

① 목적[356)]

초고층 및 지하연계 복합건축물 재난관리에 관한 특별법은 초고층 및 지하연계 복합건축물과 그 주변지역의 재난관리를 위하여 재난의 예방·대비·대응 및 지원 등에 필요한 사항을 정하여 재난관리체제를 확립함으로써 국민의 생명, 신체, 재산을 보호하고 공공의 안전에 이바지함을 목적으로 한다.

② 정의[357)]

1. 초고층 건축물 : 층수가 50층 이상 또는 높이가 200미터 이상인 건축물
2. 지하연계 복합건축물
   가. 층수가 11층 이상이거나 1일 수용인원이 5천명 이상인 건축물로서 지하부분이 지하역사 또는 지하도상가와 연결된 건축물
   나. 건축물 안에 문화 및 집회시설, 판매시설, 운수시설, 업무시설, 숙박시설, 위락(慰樂)시설 중 유원시설업(遊園施設業)의 시설 또는 대통령령으로 정하는 용

---

355) 2001년 9월 11일 발생한 미국 911테러, 2006년 6월 22일 미국 시카고 시어스타워 테러음모 이후 초고층 및 지하연계 복합건축물 재난관리에 대한 관심이 높아지고 있는데, 국내외 초고층빌딩의 재난안전시설로는 피난안전구역, 피난계단 내 통신설비, 경보시스템, 마감재, 엘리베이터, 비상엘리베이터 등이 있다(중앙일보, 2006년 6월 24일, 23면; 2010년 6월 22일, A13면).

356) 초고층 및 지하연계 복합건축물 재난관리에 관한 특별법(법률 제10444호, 2011.3.8) 제1조(목적).

357) 초고층 및 지하연계 복합건축물 재난관리에 관한 특별법(법률 제10444호, 2011.3.8) 제2조(정의).

도의 시설[358]이 하나 이상 있는 건축물

3. 관계지역 : 제3조에 따른 건축물 및 시설물(이하 "초고층 건축물 등")과 그 주변지역을 포함하여 재난의 예방·대비·대응 및 수습 등의 활동에 필요한 지역으로 대통령령으로 정하는 지역[359]
4. 일반건축물 등 : 관계지역 안에서 초고층 건축물 등을 제외한 건축물 또는 시설물
5. 관리주체 : 초고층 건축물 등 또는 일반건축물 등의 소유자 또는 관리자(그 건축물등의 소유자와 관리계약 등에 따라 관리책임을 진 자를 포함)
6. 관계인 : 해당 초고층 건축물등 또는 일반건축물등의 소유자·관리자 또는 점유자
7. 총괄재난관리자 : 해당 초고층 건축물등의 재난 및 안전관리 업무를 총괄하는 자
8. 유해·위험물질 : 유독물·독성가스·가연성가스·위험물 등 사람에게 유해하거나 화재 또는 폭발의 위험성이 있는 물질(그 종류 및 범위는 대통령령으로 규정).[360]

---

358) 초고층 및 지하연계 복합건축물 재난관리에 관한 특별법 시행령(대통령령 제23653호, 2012.3.9) 제2조(지하연계 복합건축물의 용도) 「초고층 및 지하연계 복합건축물 재난관리에 관한 특별법」(이하 "법"이라 한다) 제2조제2호나목에서 "대통령령으로 정하는 용도의 시설"이란 「건축법 시행령」 별표 1 제9호가목 중 종합병원과 요양병원을 말한다.

359) 초고층 및 지하연계 복합건축물 재난관리에 관한 특별법 시행령(대통령령 제23653호, 2012.3.9) 제3조(관계지역) ① 법 제2조제3호에서 "대통령령으로 정하는 지역"이란 다음 각 호의 어느 하나에 해당하는 지역을 말한다. 1. 법 제3조에 따른 건축물 및 시설물(이하 "초고층 건축물등"이라 한다)이 있는 대지(「건축법」 제2조제1항제1호에 따른 대지를 말한다. 이하 같다), 2. 초고층 건축물등이 있는 대지와 접한 대지로서 「재난 및 안전관리 기본법」 제16조에 따른 시·군·구재난안전대책본부의 본부장(이하 "시·군·구본부장"이라 한다)이 통합적 재난관리가 필요하다고 인정하여 지정·고시하는 지역. 다만, 해당 지역이 둘 이상의 지방자치단체에 걸쳐 있는 경우 시·군·구는 같은 조에 따른 시·도재난안전대책본부의 본부장(이하 "시·도본부장"이라 한다)이, 특별시·광역시·도·특별자치도(이하 "시·도"라 한다)는 같은 법 제14조에 따른 중앙재난안전대책본부의 본부장(이하 이 조에서 "중앙본부장"이라 한다)이 지정·고시한다. ② 제1항제2호에 따라 관계지역을 지정·고시하는 경우 시·군·구본부장은 시·도본부장에게, 시·도본부장은 중앙본부장에게 그 내용을 보고하여야 한다.

360) 초고층 및 지하연계 복합건축물 재난관리에 관한 특별법 시행령(대통령령 제23653호, 2012.3.9) 제4조(유해·위험물질의 종류 및 범위) 법 제2조제8호에 따른 유해·위험물질의 종류 및 범위는 다음 각 호와 같다. 1. 「유해화학물질 관리법」 제2조제3호부터 제7호까지의 규정에 따른 유독물, 관찰물질, 취급제한물질, 취급금지물질 및 사고대비물질, 2. 「위험물안전관리법 시행령」 별표 1에 따른 위험물별 지정수량 이상의 위험물, 3. 「고압가스 안전관리법」의 적용 대상인 가연성가스 및 독성가스, 4. 「산업안전보건법」 제38조에 따른 제조 등의 허가 대상 물질, 5. 「소방기본법 시행령」 별표 2에 따른 특수가연물 중 품명별 수량 이상의 가연성고체류, 석탄·목탄류 및 가연성액체류.

③ 적용대상[361)]

1. 초고층 건축물
2. 지하연계 복합건축물
3. 그 밖에 재난관리가 필요한 것으로 대통령령으로 정하는 건축물 및 시설물[362)]

(2) 계획수립

① 책무[363)]

1. 국가 및 지방자치단체는 국민의 생명·신체 및 재산을 보호하기 위하여 초고층 건축물등과 관계지역 안에서의 재난 및 안전관리에 필요한 시책을 강구
2. 관리주체는 재난예방 및 피해경감을 위하여 노력하여야 하며, 재난 및 안전관리에 관한 시책에 협조

② 사전재난영향성검토협의[364)]

1. 종합방재실 설치 및 종합재난관리체제 구축 계획

---

361) 초고층 및 지하연계 복합건축물 재난관리에 관한 특별법(법률 제10444호, 2011.3.8) 제3조(적용대상).

362) 초고층 및 지하연계 복합건축물 재난관리에 관한 특별법 시행령(대통령령 제23653호, 2012.3.9) 제3조(관계지역) ① 법 제2조제3호에서 "대통령령으로 정하는 지역"이란 다음 각 호의 어느 하나에 해당하는 지역을 말한다. 1. 법 제3조에 따른 건축물 및 시설물(이하 "초고층 건축물등"이라 한다)이 있는 대지(「건축법」 제2조제1항제1호에 따른 대지를 말한다. 이하 같다), 2. 초고층 건축물등이 있는 대지와 접한 대지로서 「재난 및 안전관리 기본법」 제16조에 따른 시·군·구재난안전대책본부의 본부장(이하 "시·군·구본부장"이라 한다)이 통합적 재난관리가 필요하다고 인정하여 지정·고시하는 지역. 다만, 해당 지역이 둘 이상의 지방자치단체에 걸쳐 있는 경우 시·군·구는 같은 조에 따른 시·도재난안전대책본부의 본부장(이하 "시·도본부장"이라 한다)이, 특별시·광역시·도·특별자치도(이하 "시·도"라 한다)는 같은 법 제14조에 따른 중앙재난안전대책본부의 본부장(이하 이 조에서 "중앙본부장"이라 한다)이 지정·고시한다. ② 제1항제2호에 따라 관계지역을 지정·고시하는 경우 시·군·구본부장은 시·도본부장에게, 시·도본부장은 중앙본부장에게 그 내용을 보고하여야 한다.

363) 초고층 및 지하연계 복합건축물 재난관리에 관한 특별법(법률 제10444호, 2011.3.8) 제4조(책무).

364) 초고층 및 지하연계 복합건축물 재난관리에 관한 특별법(법률 제10444호, 2011.3.8) 제7조(사전재난영향성검토협의내용).

2. 내진설계 및 계측설비 설치계획
3. 공간 구조 및 배치계획
4. 피난안전구역 설치 및 피난시설, 피난유도계획
5. 소방설비・방화구획, 방연・배연 및 제연계획, 발화 및 연소확대 방지계획
6. 관계지역에 영향을 주는 재난 및 안전관리 계획
7. 방범・보안, 테러대비 시설설치 및 관리계획
8. 지하공간 침수방지계획
9. 그 밖에 대통령령으로 정하는 사항[365)]

③ 재난예방 및 피해경감계획[366)]

1. 초고층 건축물등의 관리주체는 그 건축물등에 대한 재난을 예방하고 피해를 경감하기 위한 계획을 수립・시행
2. 재난예방 및 피해경감계획
   가. 재난 유형별 대응・상호응원 및 비상전파 계획
   나. 피난시설 및 피난유도계획
   다. 재난 및 테러 등 대비 교육・훈련 계획
   라. 재난 및 안전관리 조직의 구성・운영
   마. 시설물의 유지관리계획
   바. 소방시설 설치・유지 및 피난계획
   사. 전기・가스・기계・위험물 등 다른 법령에 따른 안전관리계획
   아. 건축물의 기본현황 및 이용계획
   자. 그 밖에 대통령령으로 정하는 필요한 사항[367)]

---

365) 초고층 및 지하연계 복합건축물 재난관리에 관한 특별법 시행령(대통령령 제23653호, 2012.3.9) 제11조(사전재난영향성검토협의 내용) 법 제7조제1항제9호에서 "대통령령으로 정하는 사항"이란 다음 각 호의 사항을 말한다. 1. 해일(지진해일을 포함한다) 대비·대응계획(초고층 건축물등이 해안으로부터 1킬로미터 이내에 건축되는 경우만 해당한다), 2. 건축물 대테러 설계 계획[폐쇄회로텔레비전(CCTV) 등 대테러 시설 및 장비 설치계획을 포함한다], 3. 관계지역 대지 경사 및 주변 현황, 4. 관계지역 전기, 통신, 가스 및 상하수도 시설 등의 매설 현황.

366) 초고층 및 지하연계 복합건축물 재난관리에 관한 특별법(법률 제10444호, 2011.3.8) 제9조(재난예방 및 피해경감계획의 수립・시행 등).

367) 초고층 및 지하연계 복합건축물 재난관리에 관한 특별법 시행령(대통령령 제23653호,

3. 재난예방 및 피해경감계획을 수립한 때에는 소방계획서, 비상대처계획을 작성 또는 수립한 것으로 간주
4. 재난예방 및 피해경감계획의 수립 및 시행에 필요한 사항은 대통령령으로 규정

(3) 관리체제

① 종합방재실[368]

1. 초고층 건축물 등의 관리주체는 그 건축물 등의 건축·소방·전기·가스 등 안전관리 및 방범·보안·테러 등을 포함한 통합적 재난관리를 효율적으로 시행하기 위하여 종합방재실을 설치·운영하여야 하며, 관리주체 간 종합방재실을 통합하여 운영 가능
2. 종합방재실은 「소방기본법」에 따른 종합상황실과 연계
3. 관계지역 내 관리주체는 종합방재실(일반건축물등의 방재실 등을 포함) 간 재난 및 안전정보 등을 공유할 수 있는 정보망을 구축하여야 하며, 유사시 서로 긴급연락이 가능한 경보 및 통신설비를 설치
4. 종합방재실의 설치기준 등 필요한 사항은 행정안전부령으로 규정[369]

2012.3.9) 제12조(재난예방 및 피해경감계획의 수립·시행 등) ① 초고층 건축물등의 관리주체는 법 제9조제1항에 따라 그 건축물등에 대한 재난을 예방하고 피해를 경감하기 위한 계획(이하 "재난예방 및 피해경감계획"이라 한다)을 매년 수립하여 시행하여야 한다. ② 법 제9조제2항제9호에서 "대통령령으로 정하는 필요한 사항"이란 다음 각 호의 사항을 말한다. 1. 초고층 건축물등의 층별·용도별 거주밀도 및 거주인원, 2. 법 제11조에 따른 재난 및 안전관리협의회 구성·운영계획, 3. 법 제16조에 따른 종합방재실 설치·운영계획, 4. 법 제17조에 따른 종합재난관리체제 구축·운영계획, 5. 재난예방 및 재난발생 시 안전한 대피를 위한 홍보계획, ③ 소방방재청장은 필요하다고 인정하는 경우 재난예방 및 피해경감계획의 수립·시행에 필요한 지침을 작성하여 배포할 수 있다.

368) 초고층 및 지하연계 복합건축물 재난관리에 관한 특별법(법률 제10444호, 2011.3.8) 제16조(종합방재실의 설치·운영).

369) 초고층 및 지하연계 복합건축물 재난관리에 관한 특별법 시행규칙(행정안전부령 제286호, 2012.3.9) 제7조(종합방재실의 설치기준) ① 초고층 건축물등의 관리주체는 법 제16조제1항에 따라 다음 각 호의 기준에 맞는 종합방재실을 설치·운영하여야 한다. 1. 종합방재실의 개수: 1개. 다만, 100층 이상인 초고층 건축물등[「건축법」 제2조제2항제2호에 따른 공동주택(같은 법 제11조에 따른 건축허가를 받아 주택 외의 시설과 주택을 동일 건축물로 건축하는 경우는 제외한다. 이하 "공동주택"이라 한다)은 제외한다]의 관리주체는 종합방재실이 그 기능을 상실하는 경우에 대비하여 종합방재실을 추가로 설치하거나, 관계지역 내 다른 종합방재실에 보조종합재난관리체제를 구축하여 재난관리 업무가 중단되지 아니하도록 하여야 한

② 종합재난관리체제[370]

1. 초고층 건축물등의 관리주체는 관계지역 안에서 재난의 신속한 대응 및 재난정보 공유・전파를 위한 종합재난관리체제를 종합방재실에 구축・운영
2. 종합재난관리체제의 구축
   가. 재난대응체제
      1) 재난상황 감지 및 전파체제
      2) 방재의사결정 지원 및 재난 유형별 대응체제
      3) 피난유도 및 상호응원체제
   나. 재난・테러 및 안전 정보관리체제
      1) 취약지역 안전점검 및 순찰정보 관리

다. 2. 종합방재실의 위치, 가. 1층 또는 피난층. 다만, 초고층 건축물등에 「건축법 시행령」 제35조에 따른 특별피난계단(이하 "특별피난계단"이라 한다)이 설치되어 있고, 특별피난계단 출입구로부터 5미터 이내에 종합방재실을 설치하려는 경우에는 2층 또는 지하 1층에 설치할 수 있으며, 공동주택의 경우에는 관리사무소 내에 설치할 수 있다. 나. 비상용 승강장, 피난 전용 승강장 및 특별피난계단으로 이동하기 쉬운 곳, 다. 재난정보 수집 및 제공, 방재 활동의 거점(據點) 역할을 할 수 있는 곳, 라. 소방대(消防隊)가 쉽게 도달할 수 있는 곳, 마. 화재 및 침수 등으로 인하여 피해를 입을 우려가 적은 곳, 3. 종합방재실의 구조 및 면적, 가. 다른 부분과 방화구획(防火區劃)으로 설치할 것. 다만, 다른 제어실 등의 감시를 위하여 두께 7밀리미터 이상의 망입(網入)유리(두께 16.3밀리미터 이상의 접합유리 또는 두께 28밀리미터 이상의 복층유리를 포함한다)로 된 4제곱미터 미만의 붙박이창을 설치할 수 있다. 나. 제2항에 따른 인력의 대기 및 휴식 등을 위하여 종합방재실과 방화구획된 부속실(附屬室)을 설치할 것, 다. 면적은 20제곱미터 이상으로 할 것, 라. 재난 및 안전관리, 방범 및 보안, 테러 예방을 위하여 필요한 시설·장비의 설치와 근무 인력의 재난 및 안전관리 활동, 재난 발생 시 소방대원의 지휘 활동에 지장이 없도록 설치할 것 마. 출입문에는 출입 제한 및 통제 장치를 갖출 것, 4. 종합방재실의 설비 등, 가. 조명설비(예비전원을 포함한다) 및 급수·배수 설비, 나. 상용전원(常用電源)과 예비전원의 공급을 자동 또는 수동으로 전환하는 설비, 다. 급기(給氣)·배기(排氣) 설비 및 냉방·난방 설비, 라. 전력 공급 상황 확인 시스템, 마. 공기조화·냉난방·소방·승강기 설비의 감시 및 제어시스템, 바. 자료 저장 시스템, 사. 지진계 및 풍향·풍속계, 아. 소화 장비 보관함 및 무정전(無停電) 전원공급장치, 자. 피난안전구역, 피난용 승강기 승강장 및 테러 등의 감시와 방범·보안을 위한 폐쇄회로텔레비전(CCTV), ② 초고층 건축물등의 관리주체는 종합방재실에 재난 및 안전관리에 필요한 인력을 3명 이상 상주(常住)하도록 하여야 한다. ③ 초고층 건축물등의 관리주체는 종합방재실의 기능이 항상 정상적으로 작동되도록 종합방재실의 시설 및 장비 등을 수시로 점검하고, 그 결과를 보관하여야 한다.

370) 초고층 및 지하연계 복합건축물 재난관리에 관한 특별법(법률 제10444호, 2011.3.8) 제17조(종합재난관리체제의 구축).

2) 유해 · 위험물질 반출 · 반입 관리

3) 소방 시설 · 설비 및 방화관리 정보

4) 방범 · 보안 및 테러대비 시설관리

다. 그 밖에 관리주체가 필요로 하는 사항

③ 피난안전구역371)

1. 초고층 건축물등의 관리주체는 그 건축물등에 재난발생 시 상시근무자, 거주자 및 이용자가 대피할 수 있는 피난안전구역을 설치 · 운영
2. 피난안전구역의 기능과 성능에 지장을 초래하는 폐쇄 · 차단 등의 행위 불가
3. 피난안전구역의 설치 · 운영 기준 및 규모는 대통령령으로 규정372)

---

371) 초고층 및 지하연계 복합건축물 재난관리에 관한 특별법(법률 제10444호, 2011.3.8) 제18조(피난안전구역 설치).

372) 초고층 및 지하연계 복합건축물 재난관리에 관한 특별법 시행령(대통령령 제23653호, 2012.3.9) 제14조(피난안전구역 설치기준 등) ① 초고층 건축물등의 관리주체는 법 제18조제1항에 따라 다음 각 호의 구분에 따른 피난안전구역을 설치하여야 한다. 1. 초고층 건축물: 「건축법 시행령」 제34조제3항에 따른 피난안전구역을 설치할 것, 2. 16층 이상 29층 이하인 지하연계 복합건축물: 지상층별 거주밀도가 제곱미터당 1.5명을 초과하는 층은 해당 층의 사용형태별 면적의 합의 10분의 1에 해당하는 면적을 피난안전구역으로 설치할 것, 3. 초고층 건축물등의 지하층이 법 제2조제2호나목의 용도로 사용되는 경우: 해당 지하층에 별표 2의 피난안전구역 면적 산정기준에 따라 피난안전구역을 설치하거나, 선큰[지표 아래에 있고 외기(外氣)에 개방된 공간으로서 건축물 사용자 등의 보행·휴식 및 피난 등에 제공되는 공간을 말한다. 이하 같다]을 설치할 것, ② 제1항에 따라 설치하는 피난안전구역은 「건축법 시행령」 제34조제5항에 따른 피난안전구역의 규모와 설치기준에 맞게 설치하여야 하며, 다음 각 호의 소방시설(「소방시설 설치·유지 및 안전관리에 관한 법률 시행령」 별표 1에 따른 소방시설을 말한다)을 모두 갖추어야 한다. 이 경우 소방시설은 「소방시설 설치·유지 및 안전관리에 관한 법률」 제9조제1항에 따른 화재안전기준에 맞는 것이어야 한다. 1. 소화설비 중 소화기구(소화기 및 간이소화용구만 해당한다), 옥내소화전설비 및 스프링클러설비, 2. 경보설비 중 자동화재탐지설비, 3. 피난설비 중 방열복, 공기호흡기(보조마스크를 포함한다), 인공소생기, 피난유도선(피난안전구역으로 통하는 직통계단 및 특별피난계단을 포함한다), 피난안전구역으로 피난을 유도하기 위한 유도등·유도표지, 비상조명등 및 휴대용비상조명등, 4. 소화활동설비 중 제연설비, 무선통신보조설비 ③ 선큰은 다음 각 호의 기준에 맞게 설치하여야 한다. 1. 다음 각 목의 구분에 따라 용도(「건축법 시행령」 별표 1에 따른 용도를 말한다)별로 산정한 면적을 합산한 면적 이상으로 설치할 것, 가. 문화 및 집회시설 중 공연장, 집회장 및 관람장은 해당 면적의 21퍼센트 이상, 나. 판매시설 중 소매시장은 해당 면적의 7퍼센트 이상, 다. 그 밖의 용도는 해당 면적의 3퍼센트 이상, 2. 다음 각 목의 기준에 맞게 설치할 것, 가. 지상 또는 피난층(직접 지상으로 통하는 출입구가 있는 층 및 제1항에 따른 피난안전구역을 말한다)으로 통하는 너비 1.8미터 이상의 직통계단을 설치할 것, 나. 거실(건축물

④ 유해・위험물질의 관리[373)]

1. 초고층 건축물 등의 관리주체는 그 건축물 등의 유해・위험물질 반출・반입 관리를 위한 위치정보 등 데이터베이스를 구축・운영
2. 관리주체는 유해・위험물질의 방치 등으로 재난발생이 우려될 경우에는 즉시 제거하거나 반출 명령 가능. 또한 유해・위험물질을 이용한 테러 등이 예상될 경우 차량 등에 대한 출입제한 가능
3. 관리주체가 제2항에 따른 조치를 취하였을 경우 관할지역의 시장・군수・구청장 또는 소방서장에게 신고
4. 관리주체는 지하공간에 화기를 취급하는 시설이 있을 때에는 유해・위험물질의 누출을 감지하고 자동경보를 할 수 있는 설비 등 설치
5. 유해・위험물질의 관리 등에 필요한 사항은 행정안전부령으로 규정[374)]

안에서 거주, 집무, 작업, 집회, 오락, 그 밖에 이와 유사한 목적을 위하여 사용되는 방을 말한다. 이하 같다) 바닥면적 100제곱미터마다 0.9미터 이상을 거실에 접하도록 하고, 선큰과 거실을 연결하는 출입문의 너비는 거실 바닥면적 100제곱미터마다 0.6미터로 산정한 값 이상으로 할 것, 3. 다음 각 목의 기준에 맞는 설비를 갖출 것, 가. 빗물에 의한 침수 방지를 위하여 차수판(遮水板), 집수정(集水井), 역류방지기를 설치할 것, 나. 선큰과 거실이 접하는 부분에 제연설비[드렌처(수막)설비 또는 공기조화설비와 별도로 운용하는 제연설비를 말한다]를 설치할 것. 다만, 선큰과 거실이 접하는 부분에 설치된 공기조화설비가 「소방시설 설치·유지 및 안전관리에 관한 법률」 제9조제1항에 따른 화재안전기준에 맞게 설치되어 있고, 화재발생 시 제연설비 기능으로 자동 전환되는 경우에는 제연설비를 설치하지 않을 수 있다. ④ 초고층 건축물등의 관리주체는 피난안전구역에 제1항부터 제3항까지에서 규정한 사항 외에 재난의 예방·대응 및 지원을 위하여 행정안전부령으로 정하는 설비 등을 갖추어야 한다.

373) 초고층 및 지하연계 복합건축물 재난관리에 관한 특별법(법률 제10444호, 2011.3.8) 제19조(유해・위험물질의 관리 등).

374) 초고층 및 지하연계 복합건축물 재난관리에 관한 특별법 시행규칙(행정안전부령 제286호, 2012.3.9) 제9조(유해·위험물질의 관리 등) ① 초고층 건축물등의 관리주체는 그 건축물등에 유해·위험물질이 반출·반입되었을 때에는 다음 각 호의 사항을 별지 제5호서식의 유해·위험물질 관리대장에 기록하고 관리하여야 한다. 1. 반출·반입 목적, 2. 유해·위험물질의 종류, 수량, 용도 및 구입처, 3. 유해·위험물질 운반자 및 관리책임자, 4. 유해·위험물질 운반차량 종류, ② 초고층 건축물등의 관리주체는 제1항에 따른 유해·위험물질의 반출·반입 정보에 대한 데이터베이스를 구축하고 운영하여야 한다. ③ 초고층 건축물등의 관리주체는 유해·위험물질의 효율적인 관리를 위하여 유해·위험물질 운반 차량을 위한 별도의 진입로 및 출입로를 설치하거나 진입 및 출입 시간을 통제하여야 한다.

⑤ 설계도서의 비치[375)]

초고층 건축물등의 관리주체는 종합방재실에 재난예방 및 대응을 위하여 행정안전부령으로 정하는 설계도서를 비치하여야 하며, 관계 기관이 열람을 요구할 때에는 이에 응하여야 한다.

⑥ 재난대응 및 지원체계[376)]

1. 시·도본부장과 시·군·구본부장은 초고층 건축물등(일반건축물 등을 포함)에서 재난 발생 시 피해를 줄이기 위한 예방·대비·대응·지원 및 긴급구조·화재진압·구호 등 지원체계를 구축·운영
2. 재난대응 및 지원체계의 구축·운영 등에 대하여 필요한 사항은 행정안전부령으로 규정[377)]

---

375) 초고층 및 지하연계 복합건축물 재난관리에 관한 특별법(법률 제10444호, 2011.3.8) 제20조(설계도서의 비치 등); 초고층 및 지하연계 복합건축물 재난관리에 관한 특별법 시행규칙(행정안전부령 제286호, 2012.3.9) 제10조(설계도서의 비치 등) 법 제20조에서 "행정안전부령으로 정하는 설계도서"란 다음 각 호의 설계도서를 말한다. 1. 「건축법 시행규칙」 별표 2의 설계도서[건축계획서 및 시방서(示方書)는 제외한다], 2. 「소방시설 설치·유지 및 안전관리에 관한 법률 시행규칙」 제4조제2항제2호 각 목의 설계도서.

376) 초고층 및 지하연계 복합건축물 재난관리에 관한 특별법(법률 제10444호, 2011.3.8) 제21조(재난대응 및 지원체계의 구축).

377) 초고층 및 지하연계 복합건축물 재난관리에 관한 특별법 시행규칙(행정안전부령 제286호, 2012.3.9) 제11조(재난대응 및 지원체계의 구축·운영) ① 시·도본부장과 시·군·구본부장은 법 제21조제1항에 따라 다음 각 호의 내용이 포함된 재난대응 및 지원체계를 구축·운영하여야 한다. 1. 초고층 건축물등의 재난예방 및 피해경감대책, 2. 초고층 건축물등의 총괄재난관리자·종합방재실, 소방관서, 유관기관, 법 제22조제1항에 따른 초기대응대(이하 "초기대응대"라 한다) 등과의 비상연락망체계, 3. 피난안전구역의 위치 및 비치 장비 목록 등 현황, 4. 초고층 건축물등의 건축물대장 및 제10조 각 호의 설계도서, 5. 초고층 건축물등의 층별 용도, 거주인원 및 위험요인, 6. 초기대응대의 구성·운영 현황, 7. 긴급구조·화재진압 등을 위한 소방관서와의 직통전화 구축, 8. 그 밖에 시·도본부장 및 시·군·구본부장이 필요하다고 인정하는 사항, ② 시·도본부장 또는 시·군·구본부장은 반기별 1회 이상 제1항 각 호의 현황을 점검하고, 그 변동사항을 관리하여야 한다. ③ 소방방재청장은 매년 1회 이상 제1항에 따른 재난대응 및 지원체계의 적정성 등을 점검하고, 초고층 건축물등의 관리주체 및 관련 기관 등을 지도하여야 한다.

⑦ 초기대응대[378)]

1. 초고층 건축물 등의 관리주체는 신속한 초기 대응을 위하여 초기대응대를 구성・운영
2. 초기대응대의 구성・운영, 교육・훈련 및 장비 등에 관하여 필요한 사항은 행정안전부령으로 규정[379)]

⑧ 대피 및 피난유도[380)]

1. 대표총괄재난관리자 및 총괄재난관리자는 대피명령 이전에 현장상황이 긴급하다고 판단될 때에는 상시근무자, 거주자 및 이용자에 대한 대피조치를 할 수 있고, 입점자 및 안전요원으로 하여금 피난종료 시까지 피난유도를 하도록 조치
2. 대피조치 및 피난유도를 받은 자는 즉시 이에 응할 것
3. 초고층 건축물 등의 관리주체는 그 건축물등의 상시근무자, 거주자 및 이용자가 신속한 위치정보를 파악하여 대피할 수 있도록 위치정보알림판, 피난유도 안내시설 및 영상물 등을 제공

---

378) 초고층 및 지하연계 복합건축물 재난관리에 관한 특별법(법률 제10444호, 2011.3.8) 제22조(초기대응대 구성・운영).

379) 초고층 및 지하연계 복합건축물 재난관리에 관한 특별법 시행령(대통령령 제23653호, 2012.3.9) 제12조(초기대응대의 구성·운영 등) ① 초기대응대는 해당 초고층 건축물등에 상주하는 5명 이상의 관계인으로 구성한다. 다만, 공동주택은 3명 이상의 관계인으로 구성할 수 있다. ② 초기대응대는 다음 각 호의 역할을 수행한다. 1. 재난 발생 장소 등 현황 파악, 신고 및 관계지역에 대한 전파, 2. 거주자 및 입점자 등의 대피 및 피난 유도, 3. 재난 초기 대응, 4. 구조 및 응급조치, 5. 긴급구조기관에 대한 재난정보 제공, 6. 그 밖에 재난예방 및 피해경감을 위하여 필요한 사항, ③ 총괄재난관리자는 초기대응대에 대하여 다음 각 호의 내용을 포함한 교육 및 훈련을 매년 1회 이상 하여야 한다. 이 경우 초기대응대에 대한 교육 및 훈련은 제6조제1항에 따른 교육 및 훈련과 함께 할 수 있다. 1. 재난 발생 장소 확인 방법, 2. 재난의 신고 및 관계지역 전파 등의 방법, 3. 초기 대응 및 신체 방호 방법, 4. 층별 거주자 및 입점자 등의 피난 유도 방법, 5. 응급구호 방법, 6. 소방 및 피난 시설 작동 방법, 7. 불을 사용하는 설비 및 기구 등의 열원(熱源) 차단 방법, 8. 위험물품 응급조치 방법, 9. 소방대 도착 시 현장 유도 및 정보 제공 등, 10. 안전 방호 방법, 11. 그 밖에 재난 초기 대응에 필요한 사항, ④ 초기대응대는 거주자 등의 피난 유도, 구조 및 응급조치, 불을 사용하는 설비 및 기구 등의 열원 차단 등에 필요한 장비를 갖추어야 한다.

380) 초고층 및 지하연계 복합건축물 재난관리에 관한 특별법(법률 제10444호, 2011.3.8) 제24조(대피 및 피난유도).

2. 건축물의 피난·방화구조 등의 기준에 관한 규칙

(1) 목적

건축물의 피난·방화구조 등의 기준에 관한 규칙은 「건축법」 제49조, 제50조, 제50조의2, 제51조부터 제53조까지 및 제64조에 따른 건축물의 피난·방화 등에 관한 기술적 기준을 정함을 목적으로 한다.[381]

(2) 피난용승강기 설치기준[382]

① 피난용승강장의 구조

1. 승강장의 출입구를 제외한 부분은 해당 건축물의 다른 부분과 내화구조의 바닥 및 벽으로 구획
2. 승강장은 각 층의 내부와 연결될 수 있도록 하되, 그 출입구에는 갑종방화문을 설치(방화문은 언제나 닫힌 상태를 유지할 수 있는 구조)
3. 실내에 접하는 부분(바닥 및 반자 등 실내에 면한 모든 부분)의 마감(마감을 위한 바탕 포함)은 불연재료로 설치
4. 예비전원으로 작동하는 조명설비 설치
5. 승강장의 바닥면적은 피난용승강기 1대에 대하여 6제곱미터 이상
6. 승강장의 출입구 부근에는 피난용승강기임을 알리는 표지 설치
7. 승강장의 바닥은 100분의 1 이상의 기울기로 설치하고 배수용 트렌치를 설치
8. 배연설비 설치
9. 소화활동설비(제연설비만 해당) 설치

② 피난용승강로의 구조

1. 승강로는 해당 건축물의 다른 부분과 내화구조로 구획

381) 건축물의 피난·방화구조 등의 기준에 관한 규칙(국토해양부령 제433호, 2012.1.6) 제1조(목적).
382) 건축물의 피난·방화구조 등의 기준에 관한 규칙(국토해양부령 제433호, 2012.1.6) 제30조(피난용승강기의 설치기준).

2. 각 층으로부터 피난층까지 이르는 승강로를 단일구조로 연결하여 설치
3. 승강로 상부에 배연설비 설치

③ 피난용승강기 기계실의 구조

1. 출입구 제외 부분은 해당 건축물의 다른 부분과 내화구조의 바닥 및 벽으로 구획
2. 출입구에는 갑종방화문을 설치

④ 피난용승강기 전용 예비전원

1. 정전시 피난용승강기, 기계실, 승강장 및 폐쇄회로 텔레비전 등의 설비를 작동할 수 있는 별도의 예비전원 설비 설치
2. 예비전원은 초고층 건축물의 경우에는 2시간 이상, 준초고층 건축물의 경우에는 1시간 이상 작동이 가능한 용량 구비
3. 상용전원과 예비전원의 공급을 자동 또는 수동으로 전환이 가능한 설비 구비
4. 전선관 및 배선은 고온에 견딜 수 있는 내열성 자재를 사용하고, 방수조치 실시

3. 도시 및 주거환경정비법

(1) 목적 및 정의

① 목적[383)]

도시 및 주거환경정비법은 도시기능의 회복이 필요하거나 주거환경이 불량한 지역을 계획적으로 정비하고 노후·불량건축물을 효율적으로 개량하기 위하여 필요한 사항을 규정함으로써 도시환경을 개선하고 주거생활의 질을 높이는데 이바지함을 목적으로 한다.

383) 도시 및 주거환경정비법(법률 제11293호, 2012.2.1) 제1조(목적).

② 정의[384)]

1. 정비구역 : 정비사업을 계획적으로 시행하기 위하여 지정 · 고시된 구역
2. 정비사업 : 도시 및 주거환경정비법에서 정한 절차에 따라 도시기능을 회복하기 위하여 정비구역 또는 가로구역(가로구역: 정비구역이 아닌 대통령령으로 정하는 구역을 말하며, 바목의 사업으로 한정)에서 정비기반시설을 정비하거나 주택 등 건축물을 개량하거나 건설하는 다음의 사업을 의미(다만, 다목의 경우에는 정비구역이 아닌 구역에서 시행하는 주택재건축 사업을 포함)
   가. 주거환경개선사업 : 도시저소득주민이 집단으로 거주하는 지역으로서 정비기반시설이 극히 열악하고 노후 · 불량건축물이 과도하게 밀집한 지역에서 주거환경을 개선하기 위하여 시행하는 사업
   나. 주택재개발사업 : 정비기반시설이 열악하고 노후 · 불량건축물이 밀집한 지역에서 주거환경을 개선하기 위하여 시행하는 사업
   다. 주택재건축사업 : 정비기반시설은 양호하나 노후 · 불량건축물이 밀집한 지역에서 주거환경을 개선하기 위하여 시행하는 사업
   라. 도시환경정비사업 : 상업지역 · 공업지역 등으로서 토지의 효율적 이용과 도심 또는 부도심 등 도시기능의 회복이나 상권활성화 등이 필요한 지역에서 도시환경을 개선하기 위하여 시행하는 사업
   마. 주거환경관리사업 : 단독주택 및 다세대주택 등이 밀집한 지역에서 정비기반시설과 공동이용시설의 확충을 통하여 주거환경을 보전 · 정비 · 개량하기 위하여 시행하는 사업
   바. 가로주택정비사업 : 노후 · 불량건축물이 밀집한 가로구역에서 종전의 가로를 유지하면서 소규모로 주거환경을 개선하기 위하여 시행하는 사업
3. 노후 · 불량건축물
   가. 건축물이 훼손되거나 일부가 멸실되어 붕괴 그 밖의 안전사고의 우려가 있는 건축물
   나. 다음의 요건에 해당하는 건축물로서 대통령령으로 정하는 바에 따라 특별시 · 광역시 · 도 · 특별자치도 또는 서울특별시 · 광역시 및 특별자치시를 제외한 인

384) 도시 및 주거환경정비법(법률 제11293호, 2012.2.1) 제2조(정의).

구 50만 이상 대도시의 조례로 정하는 건축물

(1) 주변 토지의 이용상황 등에 비추어 주거환경이 불량한 곳에 소재할 것

(2) 건축물을 철거하고 새로운 건축물을 건설하는 경우 그에 소요되는 비용에 비하여 효용의 현저한 증가가 예상될 것

다. 도시미관의 저해, 건축물의 기능적 결함, 부실시공 또는 노후화로 인하여 구조적 결함이 있는 건축물로서 대통령령으로 정하는 바에 따라 시·도조례로 정하는 건축물

4. 정비기반시설 : 도로·상하수도·공원·공용주차장·공동구 그 밖에 주민의 생활에 필요한 가스 등의 공급시설로서 대통령령이 정하는 시설

5. 공동이용시설 : 주민이 공동으로 사용하는 놀이터·마을회관·공동작업장 그 밖에 대통령령이 정하는 시설

6. 대지 : 정비사업에 의하여 조성된 토지

7. 주택단지 : 주택 및 부대·복리시설을 건설하거나 대지로 조성되는 일단의 토지

가. 사업계획승인을 받아 주택과 부대·복리시설을 건설한 일단의 토지

나. 가목에 따른 일단의 토지 중 도시·군계획시설인 도로나 그 밖에 이와 유사한 시설로 분리되어 각각 관리되고 있는 각각의 토지

다. 가목에 따른 일단의 토지 2 이상이 공동으로 관리되고 있는 경우 그 전체 토지

라. 분할된 토지 또는 분할되어 나가는 토지

마. 건축허가를 얻어 아파트 또는 연립주택을 건설한 일단의 토지

8. 사업시행자 : 정비사업을 시행하는 자

9. 토지 등 소유자

가. 주거환경개선사업, 주택재개발사업, 도시환경정비사업 또는 주거환경관리사업의 경우에는 정비구역안에 소재한 토지 또는 건축물의 소유자 또는 그 지상권자

나. 주택재건축사업의 경우에는 다음에 해당하는 자

(1) 정비구역안에 소재한 건축물 및 그 부속토지의 소유자

(2) 정비구역이 아닌 구역안에 소재한 대통령령이 정하는 주택 및 그 부속토지의 소유자와 부대·복리시설 및 그 부속토지의 소유자

다. 가로주택정비사업의 경우에는 가로구역에 있는 토지 또는 건축물의 소유자 또는 그 지상권자

10. 주택공사 등 : 「한국토지주택공사법」에 따라 설립된 한국토지주택공사 또는 「지방공기업법」에 따라 주택사업을 수행하기 위하여 설립된 지방공사

(2) 사업시행계획서[385)]

1. 토지이용계획(건축물배치계획을 포함)
2. 정비기반시설 및 공동이용시설의 설치계획
3. 임시수용시설을 포함한 주민이주대책
4. 세입자의 주거 및 이주 대책
5. 사업시행기간 동안의 정비구역 내 가로등 설치, 폐쇄회로 텔레비전 설치 등 범죄예방대책
6. 임대주택의 건설계획(주택재건축사업의 경우 소형주택의 건설계획)
7. 건축물의 높이 및 용적률 등에 관한 건축계획
7. 정비사업의 시행과정에서 발생하는 폐기물의 처리계획
8. 교육시설의 교육환경 보호에 관한 계획(정비구역으로부터 200미터 이내에 교육시설이 설치되어 있는 경우에 한한다)
9. 시행규정(시장·군수 또는 주택공사등이 단독으로 시행하는 정비사업에 한정)
10. 정비사업비
11. 그 밖에 사업시행을 위하여 필요한 사항

4. 주택건설기준 등에 관한 규정

(1) 목적 및 정의

① 목적[386)]

주택건설기준 등에 관한 규정은 「주택법」 제2조·제21조·제21조의2부터 제21조의4까지 및 제35조부터 제37조까지의 규정에 따라 주택의 건설기준, 부대시설·복리시

385) 도시 및 주거환경정비법(법률 제11293호, 2012.2.1) 제30조(사업시행계획서의 작성).
386) 주택건설기준 등에 관한 규정(대통령령 제23916호, 2012.6.29) 제1조(목적).

설의 범위·설치기준, 대지조성기준, 공업화주택의 인정절차 등에 관하여 위임된 사항과 그 시행에 관하여 필요한 사항을 규정함을 목적으로 한다.

② 정의[387)]

1. 주민공동시설 : 해당 공동주택의 거주자가 공동으로 관리하는 시설로서 주민운동시설, 주민교육시설, 청소년수련시설, 주민휴게시설, 도서실, 독서실, 입주자집회소, 경로당, 어린이집, 보금자리주택의 단지 내에 설치하는 사회복지시설, 원룸형 주택에 설치하는 공용취사장, 공용세탁실, 그 밖에 거주자의 취미활동이나 가정의례 또는 주민봉사활동 등에 사용할 수 있는 시설
2. 의료시설 : 의원·치과의원·한의원·조산소·보건소지소·병원(전염병원등 격리병원 제외)·한방병원 및 약국
3. 주민운동시설 : 거주자의 체육활동을 위하여 설치하는 옥외·옥내운동시설(신고체육시설업에 해당하는 시설 포함)·생활체육시설 기타 이와 유사한 시설
4. 독신자용 주택
   가. 근로자를 고용하는 자가 그 고용한 근로자중 독신생활을 영위하는 자의 거주를 위하여 건설하는 주택
   나. 국가·지방자치단체 또는 공공법인이 독신생활을 영위하는 근로자의 거주를 위하여 건설하는 주택
5. 기간도로 :「주택법 시행령」 제4조의 규정에 의한 도로
6. 진입도로 : 보행자 및 자동차의 통행이 가능한 도로로서 기간도로로부터 주택단지의 출입구에 이르는 도로
7. 시·군지역 : 「수도권정비계획법」에 의한 수도권외의 지역중 인구 20만 미만의 시지역과 군지역

(2) 안전관리

① 주거환경[388)]

1. 주택과 주택외의 시설(주민공동시설 제외)을 동일건축물에 복합하여 건설하는 경

387) 주택건설기준 등에 관한 규정(대통령령 제23916호, 2012.6.29) 제2조(정의).
388) 주택건설기준 등에 관한 규정(대통령령 제23916호, 2012.6.29) 제12조(주택과의 복합건축).

우에는 주택의 출입구·계단 및 승강기 등을 주택외의 시설과 분리된 구조로 하여 사생활보호·방범 및 방화등 주거의 안전과 소음·악취 등으로부터 주거환경이 보호될 수 있도록 조치

2. 층수가 50층 이상이거나 높이가 150미터 이상인 복합건축물을 건축하는 경우로서 사업계획승인권자가 사생활보호·방범 및 방화 등 주거의 안전과 소음·악취 등으로부터 주거환경이 보호될 수 있다고 인정하는 숙박시설과 공연장의 경우는 예외

② 폐쇄회로 텔레비전[389)]

공동주택을 건설하는 주택단지에는 국토해양부령으로 정하는 기준에 따라 보안 및 방범 목적을 위한 폐쇄회로 텔레비전 설치

5. 주택법 시행규칙

(1) 목적[390)]

주택법 시행규칙은 「주택법」 및 동법 시행령에서 위임된 사항과 그 시행에 관하여 필요한 사항을 규정함을 목적으로 한다.

(2) 폐쇄회로 텔레비전

1. 폐쇄회로 텔레비전의 설치 절차 및 관리[391)]

---

389) 주택건설기준 등에 관한 규정(대통령령 제23916호, 2012.6.29) 제39조(폐쇄회로 텔레비전의 설치); 주택건설기준 등에 관한 규칙(국토해양부령 제455호, 2012.4.3). 제9조(폐쇄회로 텔레비전의 설치 기준) ① 영 제39조에서 "국토해양부령으로 정하는 기준"이란 다음 각 호의 기준을 말한다. 1. 승강기, 어린이놀이터 및 각 동의 출입구마다 폐쇄회로 텔레비전 카메라(이하 "카메라"라 한다)를 설치할 것, 2. 카메라는 전체 또는 주요 부분이 조망되고 잘 식별될 수 있도록 설치하되, 카메라의 해상도는 41만 화소 이상일 것, 3. 카메라 수와 녹화장치의 모니터 수가 같도록 설치할 것. 다만, 모니터 화면이 다채널로 분할 가능하고 다음 각 목의 요건을 모두 충족하는 경우에는 그러하지 아니하다. 가. 다채널의 카메라 신호를 1대의 녹화장치에 연결하여 감시할 경우에 연결된 카메라 신호가 전부 모니터 화면에 표시되어야 하며 1채널의 감시화면의 대각선방향 크기는 최소한 4인치 이상일 것, 나. 다채널 신호를 표시한 모니터 화면은 채널별로 확대감시기능이 있을 것, 다. 녹화된 화면의 재생이 가능하며 재생할 경우에 화면의 크기조절기능이 있을 것.

390) 주택법 시행규칙(국토해양부령 제502호, 2012.7.26) 제1조(목적).

가. 주택단지에 폐쇄회로 텔레비전을 설치하거나 설치된 폐쇄회로 텔레비전을 보수하려는 경우에는 장기수선계획에 반영

나. 주택단지에 설치하는 폐쇄회로 텔레비전은 다음의 기준에 적합하게 관리

1) 선명한 화질이 유지될 수 있도록 관리

2) 촬영된 자료는 컴퓨터보안시스템을 설치하여 30일 이상 보관

3) 폐쇄회로 텔레비전이 고장 난 경우에는 지체 없이 수리

4) 폐쇄회로 텔레비전의 안전관리자를 지정하여 관리

2. 관리주체는 폐쇄회로 텔레비전의 촬영자료를 보안 및 방범 목적 외의 용도로 활용하거나 타인에게 열람 또는 제공이 불가하나 다음에 해당하는 경우에는 가능[392)]

가. 정보주체에게 열람 또는 제공하는 경우

나. 정보주체의 동의가 있는 경우

다. 범죄의 수사와 공소의 제기 및 유지에 필요한 경우

라. 범죄에 대한 재판업무수행을 위하여 필요한 경우

마. 다른 법률에 특별한 규정이 있는 경우

391) 주택법 시행규칙(국토해양부령 제502호, 2012.7.26) 제24조의2(폐쇄회로 텔레비전의 설치 절차 및 관리).

392) 주택법 시행규칙(국토해양부령 제502호, 2012.7.26) 제24조의3(촬영자료 열람·제공 등의 제한).

제 4 절 기타분야 참고법규

1. 관광진흥법

(1) 목적 및 정의

① 목적[393]

관광진흥법은 관광 여건을 조성하고 관광자원을 개발하며 관광사업을 육성하여 관광 진흥에 이바지하는 것을 목적으로 한다.

② 정의[394]

1. 관광사업 : 관광객을 위하여 운송·숙박·음식·운동·오락·휴양 또는 용역을 제공하거나 그 밖에 관광에 딸린 시설을 갖추어 이를 이용하게 하는 업(業).
2. 관광사업자 : 관광사업을 경영하기 위하여 등록·허가 또는 지정(이하 "등록 등")을 받거나 신고를 한 자
3. 기획여행 : 여행업을 경영하는 자가 국외여행을 하려는 여행자를 위하여 여행의 목적지·일정, 여행자가 제공받을 운송 또는 숙박 등의 서비스 내용과 그 요금 등에 관한 사항을 미리 정하고 이에 참가하는 여행자를 모집하여 실시하는 여행
4. 회원 : 관광사업의 시설을 일반 이용자보다 우선적으로 이용하거나 유리한 조건으로 이용하기로 해당 관광사업자와 약정한 자
5. 공유자 : 단독 소유나 공유(共有)의 형식으로 관광사업의 일부 시설을 관광사업자로부터 분양받은 자
6. 관광지 : 자연적 또는 문화적 관광자원을 갖추고 관광객을 위한 기본적인 편의시설을 설치하는 지역으로서 관광진흥법에 따라 지정된 곳

---

393) 관광진흥법(법률 제10599호, 2011.4.14) 제1조(목적).
394) 관광진흥법(법률 제10599호, 2011.4.14) 제2조(정의).

7. 관광단지 : 관광객의 다양한 관광 및 휴양을 위하여 각종 관광시설을 종합적으로 개발하는 관광 거점 지역으로서 이 법에 따라 지정된 곳
8. 민간개발자 : 관광단지를 개발하려는 개인이나 「상법」 또는 「민법」에 따라 설립된 법인
9. 조성계획 : 관광지나 관광단지의 보호 및 이용을 증진하기 위하여 필요한 관광시설의 조성과 관리에 관한 계획
10. 지원시설 : 이란 관광지나 관광단지의 관리·운영 및 기능 활성화에 필요한 관광지 및 관광단지 안팎의 시설
11. 관광특구 : 외국인 관광객의 유치 촉진 등을 위하여 관광 활동과 관련된 관계 법령의 적용이 배제되거나 완화되고, 관광 활동과 관련된 서비스·안내 체계 및 홍보 등 관광 여건을 집중적으로 조성할 필요가 있는 지역으로 이 법에 따라 지정된 곳
12. 문화관광해설사 : 관광객의 이해와 감상, 체험 기회를 제고하기 위하여 역사·문화·예술·자연 등 관광자원 전반에 대한 전문적인 해설을 제공하는 자

(2) 카지노사업자의 준수사항[395)]

1. 카지노사업자(대통령령으로 정하는 종사원 포함)는 다음에 해당하는 행위 불가
   가. 법령에 위반되는 카지노기구를 설치하거나 사용하는 행위
   나. 법령을 위반하여 카지노기구 또는 시설을 변조하거나 변조된 카지노기구 또는 시설을 사용하는 행위
   나. 허가받은 전용영업장 외에서 영업을 하는 행위
   라. 내국인(해외이주자는 제외)을 입장하게 하는 행위
   마. 지나친 사행심을 유발하는 등 선량한 풍속을 해칠 우려가 있는 광고나 선전을 하는 행위
   바. 영업 종류에 해당하지 않는 영업을 하거나 영업 방법 및 배당금 등에 관한 신고를 하지 않고 영업하는 행위
   사. 총매출액을 누락시켜 관광진흥개발기금 납부금액을 감소시키는 행위
   아. 19세 미만인 자를 입장시키는 행위
   자. 정당한 사유 없이 그 연도 안에 60일 이상 휴업하는 행위

395) 관광진흥법(법률 제10599호, 2011.4.14) 제28조(카지노사업자 등의 준수 사항).

2. 카지노사업자는 카지노업의 건전한 육성·발전을 위하여 필요하다고 인정하여 문화체육관광부령으로 정하는 영업준칙 준수
   가. 1일 최소 영업시간
   나. 게임 테이블의 집전함(集錢函) 부착 및 내기금액 한도액의 표시 의무
   다. 슬롯머신 및 비디오게임의 최소배당률
   라. 전산시설·환전소·계산실·폐쇄회로의 관리기록 및 회계와 관련된 기록의 유지 의무
   마. 카지노 종사원의 게임참여 불가 등 행위금지사항

2. 폐광지역 개발 지원에 관한 특별법 시행령

(1) 목적[396)]

폐광지역 개발 지원에 관한 특별법 시행령은 폐광지역 개발 지원에 관한 특별법」에서 위임된 사항과 그 시행에 필요한 사항을 규정함을 목적으로 한다.

(2) 정보주체의 권리[397)]

카지노사업자는 호텔의 내부 및 외부의 주요 지점에 폐쇄회로 텔레비전을 설치·운영하여야 한다.

3. 국회에서의 중계방송 등에 관한 규칙

(1) 목적[398)]

국회에서의 중계방송 등에 관한 규칙은 국회법 제149조의 규정에 의하여 본회의 또는 위원회의 의사에 대한 녹음·녹화·촬영 및 중계방송의 절차·시설에 관한 사항과 방송의 공정성과 객관성을 확보하기 위하여 필요한 사항을 규정함을 목적으로 한다.

---

396) 폐광지역 개발 지원에 관한 특별법 시행령(대통령령 제23742호, 2012.4.20) 제1조(목적).
397) 폐광지역 개발 지원에 관한 특별법 시행령(대통령령 제23742호, 2012.4.20) 제14조(카지노업의 영업에 관한 제한 등) 제②항.
398) 국회에서의 중계방송 등에 관한 규칙(국회규칙 제113호, 2000.12.1) 제1조(목적).

(2) 폐쇄회로시스템

① 폐쇄회로시스템[399)]

국회의장은 본회의 및 예산결산특별위원회 등 국회의 주요 의사진행과정을 국회구내에서 시청하고 음성 및 영상자료를 중계방송용으로 제공할 수 있도록 하는 폐쇄회로시스템을 연차적으로 개발·추진하여야 한다.

② 국회방송자문위원회[400)]

국회방송자문위원회는 다음 각 호의 사항에 대하여 의장 또는 방송심의소위원회의 자문에 응하기 위하여 의장 소속하에 국회방송자문위원회를 둔다.

1. 중계방송에 따르는 국회와 방송국간의 협조 및 의견조사
2. 중계방송의 운영 및 기술상의 문제와 그 개선 및 평가
3. 제11조의 규정에 의한 폐쇄회로 시스템의 개발·추진
4. 기타 의장 또는 방송심의소위원회가 자문을 요구하는 사항

---

399) 국회에서의 중계방송 등에 관한 규칙(국회규칙 제113호, 2000.12.1) 제11조(폐쇄회로 시스템).
400) 국회에서의 중계방송 등에 관한 규칙(국회규칙 제113호, 2000.12.1) 제12조(국회방송자문위원회).

부 록

1. 경비업법
2. 경비업법 시행령
3. 경비업법 시행규칙
4. 기계경비시스템 주요용어
5. 기계경비시스템(무인·로컬 경비시스템)-설치
6. CCTV 시스템 주요용어

1. 경비업법

[법률 제9579호, 2009.4.1]

제1장 총칙

제1조 (목적) 이 법은 경비업의 육성 및 발전과 그 체계적 관리에 관하여 필요한 사항을 정함으로써 경비업의 건전한 운영에 이바지함을 목적으로 한다.

제2조 (정의) 이 법에서 사용하는 용어의 정의는 다음과 같다. 〈개정 2005.5.31〉

1. "경비업"이라 함은 다음 각목의 1에 해당하는 업무(이하 "경비업무"라 한다)의 전부 또는 일부를 도급받아 행하는 영업을 말한다.

가. 시설경비업무 : 경비를 필요로 하는 시설 및 장소(이하 "경비대상시설"이라 한다)에서의 도난·화재 그 밖의 혼잡 등으로 인한 위험발생을 방지하는 업무

나. 호송경비업무 : 운반중에 있는 현금·유가증권·귀금속·상품 그 밖의 물건에 대하여 도난·화재 등 위험발생을 방지하는 업무

다. 신변보호업무 : 사람의 생명이나 신체에 대한 위해의 발생을 방지하고 그 신변을 보호하는 업무

라. 기계경비업무 : 경비대상시설에 설치한 기기에 의하여 감지·송신된 정보를 그 경비대상시설외의 장소에 설치한 관제시설의 기기로 수신하여 도난·화재 등 위험발생을 방지하는 업무

마. 특수경비업무 : 공항(항공기를 포함한다) 등 대통령령이 정하는 국가중요시설(이하 "국가중요시설"이라 한다)의 경비 및 도난·화재 그 밖의 위험발생을 방지하는 업무

2. "경비지도사"라 함은 경비원을 지도·감독 및 교육하는 자를 말하며 일반경비지도사와 기계경비지도사로 구분한다.

3. "경비원"이라 함은 제4조제1항의 규정에 의하여 경비업의 허가를 받은 법인(이하 "경비업자"라 한다)이 채용한 고용인으로서 다음 각목의 1에 해당하는 자를 말한다.

가. 일반경비원 : 제1호 가목 내지 라목의 경비업무를 수행하는 자

나. 특수경비원 : 제1호 마목의 경비업무를 수행하는 자

4. "무기"라 함은 인명 또는 신체에 위해를 가할 수 있도록 제작된 권총·소총 등을 말한다.

제3조 (법인) 경비업은 법인이 아니면 이를 영위할 수 없다.

제2장 경비업의 허가 등

제4조 (경비업의 허가) ①경비업을 영위하고자 하는 법인은 도급받아 행하고자 하는 경비업무를 특정하여 그 법인의 주사무소의 소재지를 관할하는 지방경찰청장의 허가를 받아야 한다. 도급받아 행하고자 하는 경비업무를 변경하는 경우에도 또한 같다.

②제1항의 규정에 의한 허가를 받고자 하는 법인은 대통령령이 정하는 경비인력·자본금·시설 및 장비를 갖추어야 한다.

③제1항의 규정에 의하여 경비업의 허가를 받은 법인은 다음 각호의 1에 해당하는 때에는 지방경찰청장에게 신고하여야 한다.

1. 영업을 폐업하거나 휴업한 때

2. 법인의 명칭이나 대표자·임원을 변경한 때

3. 법인의 주사무소나 출장소를 신설·이

전 또는 폐지한 때

4. 기계경비업무의 수행을 위한 관제시설을 신설·이전 또는 폐지한 때

5. 특수경비업무를 개시하거나 종료한 때

6. 그 밖에 대통령령이 정하는 중요사항을 변경한 때

④제1항 및 제3항의 규정에 의한 허가 또는 신고의 절차, 신고의 기한 등 허가 및 신고에 관하여 필요한 사항은 대통령령으로 정한다.

제5조 (임원의 결격사유) 다음 각호의 1에 해당하는 자는 경비업을 영위하는 법인(제4호에 해당하는 자의 경우에는 특수경비업무를 수행하는 법인을 말하고, 제5호에 해당하는 자의 경우에는 허가취소사유에 해당하는 경비업무와 동종의 경비업무를 수행하는 법인을 말한다)의 임원이 될 수 없다. 〈개정 2008.2.29〉

1. 금치산자 또는 한정치산자

2. 파산선고를 받고 복권되지 아니한 자

3. 금고 이상의 형의 선고를 받고 그 형이 실효되지 아니한 자

4. 이 법 또는 「대통령 등의 경호에 관한 법률」에 위반하여 벌금형의 선고를 받고 3년이 지나지 아니한 자

5. 이 법 또는 이 법에 의한 명령에 위반하여 허가가 취소된 법인의 허가취소 당시의 임원이었던 자로서 그 취소 후 3년이 지나지 아니한 자

제6조 (허가의 유효기간 등) ①제4조제1항의 규정에 의한 경비업 허가의 유효기간은 허가받은 날부터 5년으로 한다.

②제1항의 규정에 의한 유효기간이 만료된 후 계속하여 경비업을 하고자 하는 법인은 행정안전부령이 정하는 바에 의하여 갱신허가를 받아야 한다. 〈개정 2008.2.29〉

제7조 (경비업자의 의무) ①경비업자는 경비대상시설의 소유자 또는 관리자(이하 "시설주"라 한다)의 관리권의 범위안에서 경비업무를 수행하여야 하며, 다른 사람의 자유와 권리를 침해하거나 그의 정당한 활동에 간섭하여서는 아니된다.

②경비업자는 경비업무를 성실하게 수행하여야 하고, 도급을 의뢰받은 경비업무가 위법 또는 부당한 것일 때에는 이를 거부하여야 한다.

③경비업자는 불공정한 계약으로 경비원의 권익을 침해하거나 경비업의 건전한 육성과 발전을 해치는 행위를 하여서는 아니된다.

④경비업자의 임·직원이거나 임·직원이었던 자는 다른 법률에 특별한 규정이 있는 경우를 제외하고는 그 직무상 알게 된 비밀을 누설하거나 다른 사람에게 제공하여 이용하도록 하는 등 부당한 목적을 위하여 사용하여서는 아니된다.

⑤경비업자는 허가받은 경비업무외의 업무에 경비원을 종사하게 하여서는 아니된다.

⑥특수경비업무를 수행하는 경비업자(이하 "특수경비업자"라 한다)는 제4조제3항제5호의 규정에 의한 특수경비업무의 개시신고를 하는 때에는 국가중요시설에 대한 특수경비업무의 수행이 중단되는 경우 시설주의 동의를 얻어 다른 특수경비업자중에서 경비업무를 대행할 자(이하 "경비대행업자"라 한다)를 지정하여 허가관청에 신고하여야 한다. 경비대행업자의 지정을 변경하는 경우에도 또한 같다.

⑦특수경비업자는 국가중요시설에 대한 특수경비업무를 중단하게 되는 경우에는 미리 이를 제6항의 규정에 의한 경비대행업자에게 통보하여야 하며, 경비대행업자는 통보받은 즉시 그 경비업무를 인수하여야 한다. 이 경우 제6항의 규정은 경비대행업자에 대하여 이를 준용한다.

⑧특수경비업자는 이 법에 의한 경비업과 경비장비의 제조·설비·판매업, 네트워

크를 활용한 정보산업, 시설물 유지관리업 및 경비원 교육업 등 대통령령이 정하는 경비관련업외의 영업을 하여서는 아니된다. 〈개정 2002.12.18〉

제3장 기계경비업무

제8조 (대응체제) 기계경비업무를 수행하는 경비업자(이하 "기계경비업자"라 한다)는 경비대상시설에 관한 경보를 수신한 때에는 신속하게 그 사실을 확인하는 등 필요한 대응조치를 취하여야 하며, 이를 위한 대응체제를 갖추어야 한다.

제9조 (오경보의 방지 등) ①기계경비업자는 경비계약을 체결하는 때에는 오경보를 막기 위하여 계약상대방에게 기기사용요령 및 기계경비운영체계 등에 관하여 설명하여야 하며, 각종 기기가 오작동되지 아니하도록 관리하여야 한다.

②기계경비업자는 대응조치 등 업무의 원활한 운영과 개선을 위하여 대통령령이 정하는 바에 따라 관련 서류를 작성·비치하여야 한다.

제4장 경비지도사 및 경비원

제10조 (경비지도사 및 경비원의 결격사유) ①다음 각호의 1에 해당하는 자는 경비지도사 또는 일반경비원이 될 수 없다.

1. 만 18세 미만인 자, 금치산자, 한정치산자
2. 파산선고를 받고 복권되지 아니한 자
3. 금고 이상의 실형의 선고를 받고 그 집행이 종료(집행이 종료된 것으로 보는 경우를 포함한다)되거나 집행이 면제된 날부터 5년이 지나지 아니한 자
4. 금고 이상의 형의 집행유예선고를 받고 그 유예기간중에 있는 자

②다음 각호의 1에 해당하는 자는 특수경비원이 될 수 없다. 〈개정 2008.2.29, 2009.4.1〉

1. 만 18세 미만 또는 만 60세 이상인 자, 금치산자, 한정치산자
2. 제1항 제2호 내지 제4호의 1에 해당되는 자
3. 금고 이상의 형의 선고유예를 받고 그 유예기간중에 있는 자
4. 행정안전부령이 정하는 신체조건에 미달되는 자

③경비업자는 제1항 각호 또는 제2항 각호의 결격사유에 해당하는 자를 경비지도사 또는 경비원으로 채용 또는 근무하게 하여서는 아니된다.

제11조 (경비지도사의 시험 등) ①경비지도사는 제10조제1항 각호의 1에 해당하지 아니하는 자로서 경찰청장이 시행하는 경비지도사시험에 합격하고 행정안전부령이 정하는 교육을 받은 자이어야 한다. 〈개정 2008.2.29〉

②경찰청장은 제1항의 규정에 의한 교육을 받은 자에게 행정안전부령이 정하는 바에 따라 경비지도사자격증을 교부하여야 한다. 〈개정 2008.2.29〉

③경비지도사시험의 시험과목, 시험공고, 시험의 일부가 면제되는 자의 범위 그 밖에 경비지도사시험에 관하여 필요한 사항은 대통령령으로 정한다.

제12조 (경비지도사의 선임 등) ①경비업자는 대통령령이 정하는 바에 따라 경비지도사를 선임하여야 한다.

②제1항의 규정에 의하여 선임된 경비지도사의 직무는 다음과 같다.

1. 경비원의 지도·감독·교육에 관한 계획의 수립·실시 및 그 기록의 유지
2. 경비현장에 배치된 경비원에 대한 순회점검 및 감독
3. 경찰기관 및 소방기관과의 연락방법에 대한 지도
4. 그 밖에 대통령령이 정하는 직무

③선임된 경비지도사는 제2항 각호의 규정에 의한 직무를 대통령령이 정하는 바에 따라 성실하게 수행하여야 한다.

제13조 (경비원의 교육 등) ①경비업자는 경비업무를 적정하게 실시하기 위하여 경비원으로 하여금 대통령령이 정하는 바에 따라 경비원 교육을 받게 하여야 한다.

②특수경비업자는 대통령령이 정하는 바에 따라 정기적으로 특수경비원 교육을 받게 하고 특수경비원 교육을 받지 아니한 자를 특수경비업무에 종사하게 하여서는 아니된다.

③제2항에 의한 특수경비원의 교육시 관할경찰서 소속 경찰공무원이 교육기관에 입회하여 대통령령이 정하는 바에 따라 지도·감독하여야 한다.

제14조 (특수경비원의 직무 및 무기사용 등) ①특수경비업자는 특수경비원으로 하여금 배치된 경비구역안에서 관할 경찰서장 및 공항경찰대장 등 국가중요시설의 경비책임자(이하 "관할 경찰관서장"이라 한다)와 국가중요시설의 시설주의 감독을 받아 시설을 경비하고 도난·화재 그 밖의 위험의 발생을 방지하는 업무를 수행하게 하여야 한다.

②특수경비원은 국가중요시설에 대한 경비업무 수행중 국가중요시설의 정상적인 운영을 해치는 장해를 일으켜서는 아니된다.

③지방경찰청장은 국가중요시설에 대한 경비업무의 수행을 위하여 필요하다고 인정하는 때에는 시설주의 신청에 의하여 무기를 구입한다. 이 경우 시설주는 그 무기의 구입대금을 지불하고, 구입한 무기를 국가에 기부채납하여야 한다.

④지방경찰청장은 국가중요시설에 대한 경비업무의 수행을 위하여 필요하다고 인정하는 때에는 관할경찰관서장으로 하여금 시설주의 신청에 의하여 시설주로부터 국가에 기부채납된 무기를 대여하게 하고, 시설주는 이를 특수경비원으로 하여금 휴대하게 할 수 있다. 이 경우 특수경비원은 정당한 사유없이 무기를 소지하고 배치된 경비구역을 벗어나서는 아니된다.

⑤시설주가 제3항의 규정에 의하여 대여받은 무기에 대하여 시설주 및 관할 경찰관서장은 무기의 관리책임을 지고, 관할 경찰관서장은 시설주 및 특수경비원의 무기관리상황을 대통령령이 정하는 바에 따라 지도·감독하여야 한다.

⑥관할 경찰관서장은 무기의 적정한 관리를 위하여 제3항의 규정에 의하여 무기를 대여받은 시설주에 대하여 필요한 명령을 발할 수 있다.

⑦시설주로부터 무기의 관리를 위하여 지정받은 책임자(이하 "관리책임자"라 한다)는 다음 각호에 의하여 이를 관리하여야 한다.

1. 무기출납부 및 무기장비운영카드를 비치·기록하여야 한다.

2. 무기는 관리책임자가 직접 지급·회수하여야 한다.

⑧특수경비원은 국가중요시설의 경비를 위하여 무기를 사용하지 아니하고는 다른 수단이 없다고 인정되는 때에는 필요한 한도안에서 무기를 사용할 수 있다. 다만, 다음 각호의 1에 해당하는 때를 제외하고는 사람에게 위해를 끼쳐서는 아니된다.

1. 무기 또는 폭발물을 소지하고 국가중요시설에 침입한 자가 특수경비원으로부터 3회 이상 투기(投棄) 또는 투항(投降)을 요구받고도 이에 불응하면서 계속 항거하는 경우 이를 억제하기 위하여 무기를 사용하지 아니하고는 다른 수단이 없다고 인정되는 때

2. 국가중요시설에 침입한 무장간첩이 특수경비원으로부터 투항(投降)을 요구받고도 이에 불응한 때

⑨특수경비원의 무기휴대, 무기종류, 그 사용기준 및 안전검사의 기준 등에 관하여

필요한 사항은 대통령령으로 정한다.

제15조 (특수경비원의 의무) ①특수경비원은 직무를 수행함에 있어 시설주·관할 경찰관서장 및 소속상사의 직무상 명령에 복종하여야 한다.

②특수경비원은 소속상사의 허가 또는 정당한 사유없이 경비구역을 벗어나서는 아니된다.

③특수경비원은 파업·태업 그 밖에 경비업무의 정상적인 운영을 저해하는 일체의 쟁의행위를 하여서는 아니된다.

④특수경비원이 무기를 휴대하고 경비업무를 수행하는 때에는 다음 각호의 1에 정하는 무기의 안전사용수칙을 지켜야 한다.

1. 특수경비원은 사람을 향하여 권총 또는 소총을 발사하고자 하는 때에는 미리 구두 또는 공포탄에 의한 사격으로 상대방에게 경고하여야 한다. 다만, 다음 각목의 1에 해당하는 경우로서 부득이한 때에는 경고하지 아니할 수 있다.

가. 특수경비원을 급습하거나 타인의 생명·신체에 대한 중대한 위험을 야기하는 범행이 목전에 실행되고 있는 등 상황이 급박하여 경고할 시간적 여유가 없는 경우

나. 인질·간첩 또는 테러사건에 있어서 은밀히 작전을 수행하는 경우

2. 특수경비원은 무기를 사용하는 경우에 있어서 범죄와 무관한 다중의 생명·신체에 위해를 가할 우려가 있는 때에는 이를 사용하여서는 아니된다. 다만, 무기를 사용하지 아니하고는 타인 또는 특수경비원의 생명·신체에 대한 중대한 위협을 방지할 수 없다고 인정되는 때에는 필요한 최소한의 범위 안에서 이를 사용할 수 있다.

3. 특수경비원은 총기 또는 폭발물을 가지고 대항하는 경우를 제외하고는 14세 미만의 자 또는 임산부에 대하여는 권총 또는 소총을 발사하여서는 아니된다.

제15조의2 (경비원 등의 의무) ①경비원은 직무를 수행함에 있어 타인에게 위력을 과시하거나 물리력을 행사하는 등 경비업무의 범위를 벗어난 행위를 하여서는 아니된다.

②누구든지 경비원으로 하여금 경비업무의 범위를 벗어난 행위를 하게 하여서는 아니된다.

[본조신설 2005.8.4]

제16조 (복장·장비 등) 경비원의 복장·장비 및 출동차량에 관하여 필요한 사항은 행정안전부령으로 정한다. 〈개정 2008.2.29〉

제17조 (결격사유자 등의 통보) 지방경찰청장 또는 경찰관서장은 경비원이 제10조제1항 각호 또는 제2항 각호의 결격사유에 해당하게 된 사실을 알게되거나 이 법 또는 이 법에 의한 명령에 위반한 때에는 경비업자에게 그 사실을 통보하여야 한다.

제18조 (경비원의 명부와 배치 등) ①경비업자는 행정안전부령이 정하는 바에 따라 경비원의 명부를 작성·비치하여야 한다. 〈개정 2008.2.29〉

②경비업자가 경비원을 배치하거나 배치를 폐지한 경우에는 행정안전부령이 정하는 바에 따라 관할 경찰관서장에게 신고하여야 한다. 다만, 다음 각 호의 경우에는 경비원을 배치하기 24시간 전(제3호의 특수경비원을 배치한 때에는 경비원을 배치하기 전)까지 신고하여야 한다. 〈개정 2005.8.4, 2008.2.29〉

1. 제2조제1호 가목의 규정에 의한 시설경비업무 중 행정안전부령이 정하는 곳에 배치된 일반경비원

2. 제2조제1호 다목의 규정에 의한 신변보호업무를 수행하는 일반경비원

3. 특수경비원

③경찰관서장은 경비업자가 제2항 단서

의 규정을 위반하여 신고를 하지 아니하고 제2항 제1호 및 제2호의 규정에 의한 일반 경비원을 배치한 경우에 배치폐지를 명할 수 있다. 〈신설 2005.8.4〉

제5장 행정처분 등

제19조 (경비업 허가의 취소 등) ①허가관청은 경비업자가 제1호 내지 제6호의 1에 해당하는 때에는 그 허가를 취소하고, 제7호에 해당하는 때에는 그 허가를 취소하거나 6월 이내의 기간을 정하여 영업의 전부 또는 일부에 대하여 영업정지를 명할 수 있다. 〈개정 2002.12.18〉

1. 허위 그 밖의 부정한 방법으로 허가를 받은 때
2. 제7조제5항의 규정에 위반하여 허가받은 경비업무외의 업무에 경비원을 종사하게 한 때
3. 제7조제8항의 규정에 위반하여 경비업 및 경비관련업외의 영업을 한 때
4. 정당한 사유없이 허가를 받은 날부터 1년 이내에 경비 도급실적이 없거나 계속하여 1년 이상 휴업한 때
5. 정당한 사유없이 최종 도급계약 종료일의 다음 날부터 1년 이내에 경비 도급실적이 없을 때
6. 영업정지처분을 받고 계속하여 영업을 한 때
7. 이 법 또는 이 법에 의한 명령에 위반한 때

②허가관청은 제1항의 규정에 의하여 허가취소 또는 영업정지처분을 하는 때에는 경비업자가 허가받은 경비업무중 허가취소 또는 영업정지사유에 해당되는 경비업무에 한하여 처분을 하여야 한다. 다만, 제1항 제2호에 해당하여 허가취소를 하는 때에는 그러하지 아니하다.

제20조 (경비지도사자격의 취소 등) ①경찰청장은 경비지도사가 다음 각호의 1에 해당하는 때에는 그 자격을 취소하여야 한다.

1. 제10조제1항 각호의 결격사유에 해당하게 된 때
2. 허위 그 밖의 부정한 방법으로 경비지도사자격증을 교부받은 때
3. 경비지도사자격증을 다른 사람에게 빌려주거나 양도한 때

②경찰청장은 경비지도사가 다음 각호의 1에 해당하는 때에는 대통령령이 정하는 바에 따라 1년의 범위 내에서 그 자격을 정지시킬 수 있다.

1. 제12조제3항의 규정에 위반하여 직무를 성실하게 수행하지 아니한 때
2. 제24조의 규정에 의한 경찰청장 또는 지방경찰청장의 명령을 위반한 때

③경찰청장은 제1항의 규정에 의하여 경비지도사의 자격을 취소한 때에는 경비지도사자격증을 회수하여야 하고, 제2항의 규정에 의하여 경비지도사의 자격을 정지한 때에는 그 정지기간동안 경비지도사자격증을 회수하여 보관하여야 한다.

제21조 (청문) 경찰청장 또는 지방경찰청장은 다음 각호의 1에 해당하는 처분을 하고자 하는 경우에는 청문을 실시하여야 한다.

1. 제19조의 규정에 의한 경비업 허가의 취소 또는 영업정지
2. 제20조제1항 또는 제2항의 규정에 의한 경비지도사자격의 취소 또는 정지

제6장 경비협회

제22조 (경비협회) ①경비업자는 경비업무의 건전한 발전과 경비원의 자질향상 및 교육훈련 등을 위하여 대통령령이 정하는 바에 따라 경비협회를 설립할 수 있다.

②경비협회는 법인으로 한다.

③경비협회의 업무는 다음과 같다.

1. 경비업무의 연구
2. 경비원 교육・훈련 및 그 연구
3. 경비원의 후생・복지에 관한 사항

4. 경비진단에 관한 사항
5. 그 밖에 경비업무의 건전한 운영과 육성에 관하여 필요한 사항
④경비협회에 관하여 이 법에 특별한 규정이 있는 것을 제외하고는 민법중 사단법인에 관한 규정을 준용한다.

제23조 (공제사업) ①경비협회는 제26조의 규정에 의한 경비업자의 손해배상책임을 보장하기 위하여 대통령령이 정하는 바에 따라 공제사업을 할 수 있다.
②경비협회는 제1항의 규정에 의한 공제사업을 하고자 하는 때에는 공제규정을 제정하여야 한다.
③제2항의 공제규정에는 공제사업의 범위, 공제계약의 내용, 공제금, 공제료 및 공제금에 충당하기 위한 책임준비금 등 공제사업의 운영에 관하여 필요한 사항을 정하여야 한다.

제7장 보칙

제24조 (감독) ①경찰청장 또는 지방경찰청장은 경비업무의 적정한 수행을 위하여 경비업자 및 경비지도사를 지도·감독하며 필요한 명령을 할 수 있다.
②지방경찰청장 또는 관할 경찰관서장은 소속 경찰공무원으로 하여금 관할구역안에 있는 경비업자의 주사무소 및 출장소와 경비원배치장소에 출입하여 근무상황 및 교육훈련상황 등을 감독하며 필요한 명령을 하게 할 수 있다. 이 경우 출입하는 경찰공무원은 그 권한을 표시하는 증표를 관계인에게 내보여야 한다.

제25조 (보안지도·점검 등) 지방경찰청장은 대통령령이 정하는 바에 따라 특수경비업자에 대하여 보안지도·점검을 실시하여야 하고, 필요한 경우 관계기관에 보안측정을 요청하여야 한다.

제26조 (손해배상 등) ①경비업자는 경비원이 업무수행중 고의 또는 과실로 경비대상에 손해가 발생하는 것을 방지하지 못한 때에는 그 손해를 배상하여야 한다.
②경비업자는 경비원이 업무수행중 고의 또는 과실로 제3자에게 손해를 입힌 경우에는 이를 배상하여야 한다.

제27조 (위임 및 위탁) ①이 법에 의한 경찰청장의 권한은 대통령령이 정하는 바에 따라 그 일부를 지방경찰청장에게 위임할 수 있다.
②경찰청장은 제11조의 규정에 의한 경비지도사의 시험 및 교육에 관한 업무를 대통령령이 정하는 바에 따라 관계전문기관 또는 단체에 위탁할 수 있다.

제27조의2 (수수료) 이 법에 따른 경비업의 허가를 받거나 허가증을 재교부 받고자 하는 자는 대통령령이 정하는 바에 따라 수수료를 납부하여야 한다.
[본조신설 2005.5.31]

제8장 벌칙

제28조 (벌칙) ①제14조제2항의 규정에 위반하여 국가중요시설의 정상적인 운영을 해치는 장해를 일으킨 특수경비원은 7년 이하의 징역 또는 5천만원 이하의 벌금에 처한다.
②다음 각호의 1에 해당하는 자는 3년 이하의 징역 또는 3천만원 이하의 벌금에 처한다. 〈개정 2005.8.4〉
1. 제4조제1항의 규정에 의한 허가를 받지 아니하고 경비업을 영위한 자
2. 제7조제4항의 규정에 위반하여 직무상 알게 된 비밀을 누설하거나 부당한 목적을 위하여 사용한 자
3. 제7조제7항의 규정에 위반하여 경비업무의 중단을 통보하지 아니하거나 경비

업무를 즉시 인수하지 아니한 특수경비업자 또는 경비대행업자
4. 과실로 인하여 제14조제2항의 규정에 위반하여 국가중요시설의 정상적인 운영을 해치는 장해를 일으킨 특수경비원
5. 특수경비원으로서 경비구역 안에서 시설물의 절도, 손괴, 위험물의 폭발 등의 사유로 인한 위급사태가 발생한 때에 제15조제1항 또는 제2항의 규정에 위반한 자
6. 제15조의2제2항의 규정을 위반하여 경비원에게 경비업무의 범위를 벗어난 행위를 하게 한 자
③제14조제4항 후단의 규정에 위반하여 정당한 사유없이 무기를 소지하고 배치된 경비구역을 벗어난 특수경비원은 2년 이하의 징역 또는 2천만원 이하의 벌금에 처한다.
④다음 각호의 1에 해당하는 자는 1년 이하의 징역 또는 1천만원 이하의 벌금에 처한다. 〈개정 2005.8.4〉
1. 제14조 제7항의 규정에 위반한 관리책임자
2. 제15조 제3항의 규정에 위반하여 쟁의행위를 한 특수경비원
3. 제18조 제3항의 규정을 위반하여 경찰관서장의 배치폐지 명령을 따르지 아니한 자
⑤제15조의2 제1항의 규정을 위반하여 경비업무의 범위를 벗어난 행위를 한 경비원은 1천만원 이하의 벌금에 처한다. 〈신설 2005.8.4〉

제29조 (형의 가중처벌) 특수경비원이 무기를 휴대하고 경비업무를 수행중에 제14조제8항의 규정 및 제15조제4항의 규정에 의한 무기의 안전수칙을 위반하여 형법 제257조제1항, 제258조제1항·제2항, 제259조제1항, 제260조제1항, 제262조, 제268조, 제276조제1항, 제277조제1항, 제281조제1항, 제283조제1항, 제324조, 제350조 및 제366조의 죄를 범한 때에는 그 죄에 정한 형의 2분의 1까지 가중처벌한다.

제30조 (양벌규정) 법인의 대표자나 법인 또는 개인의 대리인, 사용인, 그 밖의 종업원이 그 법인 또는 개인의 업무에 관하여 제28조의 위반행위를 하면 그 행위자를 벌하는 외에 그 법인 또는 개인에게도 해당 조문의 벌금형을 과(科)한다. 다만, 법인 또는 개인이 그 위반행위를 방지하기 위하여 해당 업무에 관하여 상당한 주의와 감독을 게을리하지 아니한 경우에는 그러하지 아니하다.
[전문개정 2008.12.26]

제31조 (과태료) ①다음 각호의 1에 해당하는 경비업자 또는 시설주는 500만원 이하의 과태료에 처한다.
1. 제4조 제3항 또는 제18조제2항의 규정에 위반하여 신고를 하지 아니한 자
2. 제7조 제6항의 규정에 위반하여 경비대행업자 지정신고를 하지 아니한 자
3. 제9조 제1항의 규정에 위반하여 설명의무를 이행하지 아니한 자
4. 제12조 제1항의 규정에 위반하여 경비지도사를 선임하지 아니한 자
5. 제14조 제6항의 규정에 의한 감독상 필요한 명령을 정당한 이유없이 이행하지 아니한 자
6. 제18조제1항의 규정에 위반하여 명부를 작성·비치하지 아니한 자
②제1항의 규정에 의한 과태료는 대통령령이 정하는 바에 의하여 지방경찰청장 또는 경찰관서장이 부과·징수한다.
③제2항의 규정에 의한 과태료처분에 불복이 있는 자는 그 처분의 고지를 받은 날부터 30일 이내에 지방경찰청장 또는 경찰관서장에게 이의를 제기할 수 있다.
④제2항의 규정에 의한 과태료처분을 받은 자가 제3항의 규정에 의하여 이의를 제기한 때에는 지방경찰청장 또는 경찰관서장은 지체없이 관할법원에 그 사실을 통보

하여야 하며, 그 통보를 받은 관할법원은 비송사건절차법에 의한 과태료의 재판을 한다.

⑤제3항의 규정에 의한 기간 이내에 이의를 제기하지 아니하고 과태료를 납부하지 아니한 때에는 국세체납처분의 예에 의하여 이를 징수한다.

부칙 〈제9579호,2009.4.1〉

이 법은 공포한 날부터 시행한다.

2. 경비업법 시행령

[대통령령 제23759호, 2012.5.1]

제1조(목적) 이 영은 경비업법에서 위임된 사항과 그 시행에 관하여 필요한 사항을 규정함을 목적으로 한다.

제2조(국가중요시설) 경비업법(이하 "법"이라 한다) 제2조제1호마목에서 "대통령령이 정하는 국가중요시설"이라 함은 공항·항만, 원자력발전소 등의 시설중 국가정보원장이 지정하는 국가보안목표시설과 「통합방위법」 제21조제4항의 규정에 의하여 국방부장관이 지정하는 국가중요시설을 말한다. 〈개정 2003.11.11, 2009.11.17〉

제3조(허가신청 등) ① 법 제4조제1항에 따라 경비업의 허가를 받으려는 경우에는 허가신청서에, 경비업의 허가를 받은 법인(이하 "경비업자"라 한다)이 허가를 받은 경비업무를 변경하거나 새로운 경비업무를 추가하려는 경우에는 변경허가신청서에 행정안전부령으로 정하는 서류를 첨부하여 법인의 주사무소를 관할하는 지방경찰청장 또는 해당 지방경찰청 소속의 경찰서장에게 제출하여야 한다. 이 경우 신청서를 제출받은 경찰서장은 지체 없이 관할 지방경찰청장에게 보내야 한다. 〈개정 2011.4.4〉

②제1항의 규정에 의하여 허가 또는 변경허가 신청서를 제출하는 법인은 별표 1의 규정에 의한 경비인력·자본금·시설 및 장비를 갖추어야 한다. 다만, 경비업의 허가 또는 변경허가를 신청하는 때에 별표 1의 규정에 의한 시설 등(자본금을 제외한다. 이하 이 항에서 같다)을 갖출 수 없는 경우에는 허가 또는 변경허가의 신청시 시설 등의 확보계획서를 제출한 후 허가 또는 변경허가를 받은 날부터 1월 이내에 별표 1의 규정에 의한 시설 등을 갖추고 지방경찰청장의 확인을 받아야 한다.

제4조(허가절차 등) ①지방경찰청장은 제3조제1항의 규정에 의하여 허가 또는 변경허가의 신청을 받은 때에는 경비업을 영위하고자 하는 법인의 임원중 법 제5조의 규정에 의한 결격사유에 해당하는 자가 있는지의 유무, 경비인력·시설 및 장비의 확보 또는 확보가능성의 여부, 자본금과 대표자·임원의 경력 및 신용 등을 검토하여 허가여부를 결정하여야 한다.

② 지방경찰청장은 제1항에 따른 검토를 한 후 경비업을 허가하거나 변경허가를 한 경우에는 해당 법인의 주사무소를 관할하는 경찰서장을 거쳐 신청인에게 허가증을 발급하여야 한다. 〈개정 2011.4.4〉

③경비업자는 경비업 허가증을 잃어버리거나 경비업 허가증이 못쓰게 된 경우에는 허가증 재교부신청서에 다음 각 호의 구분에 따른 서류를 첨부하여 법인의 주사무소를 관할하는 지방경찰청장 또는 해당 지방경찰청 소속의 경찰서장에게 재발급을 신청하여야 하고, 신청서를 제출받은 경찰서장은 지체 없이 관할 지방경찰청장에게 보내야 한다. 〈개정 2011.4.4〉

1. 허가증을 잃어버린 경우에는 그 사유서
2. 허가증이 못쓰게 된 경우에는 그 허가증

제5조(폐업 또는 휴업 등의 신고) ① 경비업자는 폐업을 한 경우에는 법 제4조제3항제1호에 따라 폐업을 한 날부터 7

일 이내에 폐업신고서에 허가증을 첨부하여 법인의 주사무소를 관할하는 지방경찰청장 또는 해당 지방경찰청 소속의 경찰서장에게 제출하여야 한다. 이 경우 폐업신고서를 제출받은 경찰서장은 지체 없이 관할 지방경찰청장에게 보내야 한다. 〈개정 2011.4.4〉

② 경비업자는 휴업을 한 경우에는 법 제4조제3항제1호에 따라 휴업한 날부터 7일 이내에 휴업신고서를 법인의 주사무소를 관할하는 지방경찰청장 또는 해당 지방경찰청 소속의 경찰서장에게 제출하여야 하고, 휴업신고서를 제출받은 경찰서장은 지체 없이 관할 지방경찰청장에게 보내야 한다. 이 경우 휴업신고를 한 경비업자가 신고한 휴업기간이 끝나기 전에 영업을 다시 시작하거나 신고한 휴업기간을 연장하려는 경우에는 영업을 다시 시작한 후 7일 이내에 또는 신고한 휴업기간이 끝난 후 7일 이내에 영업재개신고서 또는 휴업기간연장신고서를 제출하여야 한다. 〈개정 2011.4.4〉

③법 제4조제3항제3호의 규정에 의하여 신설·이전 또는 폐지한 때에 신고를 하여야 하는 출장소는 주사무소 외의 장소로서 일상적으로 일정 지역안의 경비업무를 지휘·총괄하는 영업거점인 지점·지사 또는 사업소 등의 장소로 한다.

④법 제4조제3항제6호에서 "그밖에 대통령령이 정하는 중요사항"이라 함은 정관의 목적을 말한다. 〈개정 2003.11.11〉

⑤법 제4조제3항제2호 내지 제6호의 규정에 의한 신고는 그 사유가 발생한 날부터 15일 이내에 하여야 한다.

[제목개정 2003.11.11]

제6조(특수경비업자의 업무개시전의 조치) ①법 제2조제1호마목의 규정에 의한 특수경비업무를 수행하는 경비업자(이하 "특수경비업자"라 한다)는 법 제4조제3항제5호의 규정에 의하여 첫 업무개시의 신고를 하기 전에 지방경찰청장의 비밀취급인가를 받아야 한다.

②지방경찰청장은 제1항의 규정에 의하여 특수경비업자에게 비밀취급인가를 하고자 하는 때에는 법 제25조의 규정에 의하여 특수경비업자로 하여금 경찰청장을 거쳐 국가정보원장에게 보안측정을 요청하도록 하여야 한다.

제7조(기계경비업자의 대응체제) 법 제2조제1호라목의 규정에 의한 기계경비업무를 수행하는 경비업자(이하 "기계경비업자"라 한다)는 법 제8조의 규정에 의하여 관제시설 등에서 경보를 수신한 때에는 경보를 수신한 때부터 늦어도 25분 이내에는 도착시킬 수 있는 대응체제를 갖추어야 한다.

제7조의2(특수경비업자가 할 수 있는 경비관련업) ①법 제7조제8항에서 "대통령령이 정하는 경비관련업"이라 함은 별표 1의2의 규정에 의한 경비관련업을 말한다.

②제1항의 규정에 의한 경비관련업의 범위에 관하여는 법 또는 이 영에 특별한 규정이 있는 경우를 제외하고는 「통계법」의 규정에 의하여 통계청장이 고시하는 한국표준산업분류표에 의한다. 〈개정 2007.10.23〉

[본조신설 2003.11.11]

제8조(오경보의 방지를 위한 설명 등) ①법 제9조제1항의 규정에 의하여 기계경비업자가 계약상대방에게 하여야 하는 설명은 다음 각호의 사항을 기재한 서면 또는 전자문서(이하 "서면등"이라 하며, 이 조에서 전자문서는 계약상대방이 원하는 경우에 한한다)를 교부하는 방법에 의한다.

1. 당해 기계경비업무와 관련된 관제시설 및 출장소(제5조제3항의 규정에 의한 출장소를 말한다. 이하 같다)의 명칭·소재지
2. 기계경비업자가 경비대상시설에서

발생한 경보를 수신한 경우에 취하는 조치

3. 기계경비업무용 기기의 설치장소 및 종류와 그밖의 기계장치의 개요

4. 오경보의 발생원인과 송신기기의 유지·관리방법

②기계경비업자는 제1항 각호의 사항을 기재한 서면등과 함께 법 제26조의 규정에 의한 손해배상의 범위와 손해배상액에 관한 사항을 기재한 서면등을 계약상대방에게 교부하여야 한다.

제9조(기계경비업자의 관리 서류) ①기계경비업자는 법 제9조제2항의 규정에 의하여 출장소별로 다음 각호의 사항을 기재한 서류를 갖추어 두어야 한다.

1. 경비대상시설의 명칭·소재지 및 경비계약기간

2. 기계경비지도사의 명단·배치일자·배치장소와 출동차량의 대수

3. 경보의 수신 및 현장도착 일시와 조치의 결과

4. 오경보인 경우 오경보가 발생한 경비대상시설 및 그 오경보에 대한 조치의 결과

②제1항제3호 및 제4호의 규정에 의한 사항을 기재한 서류는 당해 경보를 수신한 날부터 1년간 이를 보관하여야 한다.

제10조(경비지도사의 구분) 법 제10조 내지 제12조의 규정에 의한 경비지도사는 다음 각호와 같이 구분한다.

1. 일반경비지도사 : 다음 각목의 경비업무에 종사하는 경비원을 지도·감독 및 교육하는 경비지도사

가. 시설경비업무

나. 호송경비업무

다. 신변보호업무

라. 특수경비업무

2. 기계경비지도사 : 기계경비업무에 종사하는 경비원을 지도·감독 및 교육하는 경비지도사

제11조(경비지도사시험의 시행 및 공고) ①경찰청장은 경비지도사의 수급상황을 조사하여 경비지도사를 새로이 선발할 필요가 있다고 인정되는 때에는 법 제11조제1항의 규정에 의한 경비지도사시험(이하 "시험"이라 한다)의 실시계획을 수립하여야 한다.

②경찰청장은 제1항의 규정에 의한 시험의 실시계획에 따라 시험을 실시하고자 하는 때에는 응시자격·시험과목·시험일시·시험장소 및 선발예정인원 등을 시험시행일 90일 전까지 공고하여야 한다. 〈개정 2012.5.1〉

③제2항의 규정에 의한 공고는 관보게재와 각 지방경찰청 게시판 및 인터넷 홈페이지에 게시하는 방법에 의한다.

제12조(시험의 방법 및 과목 등) ①시험은 필기시험의 방법에 의하되, 제1차시험과 제2차시험으로 구분하여 실시한다. 이 경우 경찰청장이 필요하다고 인정하는 때에는 제1차시험과 제2차시험을 병합하여 실시할 수 있다.

②제1차시험 및 제2차시험은 각각 선택형으로 하되, 제2차시험에 있어서는 선택형 외에 단답형을 추가할 수 있다.

③제1차시험 및 제2차시험의 과목은 별표 2와 같다.

④제2차시험은 제1차시험에 합격한 자에 대하여 실시한다. 다만, 제1항 후단의 규정에 의하여 제1차시험과 제2차시험을 병합하여 실시하는 경우에는 그러하지 아니하다.

⑤제1항 후단의 규정에 의하여 제1차시험과 제2차시험을 병합하여 실시하는 경우에는 제1차시험에 불합격한 자가 치른 제2차시험은 이를 무효로 한다.

⑥제1차시험에 합격한 자에 대하여는 다음 회의 시험에 한하여 제1차 시험을 면제한다. 〈신설 2003.11.11〉

제13조(시험의 일부면제) 법 제11조제3항에 따라 다음 각 호의 어느 하나에 해당하는 사람은 경비지도사 제1차 시험을 면제한다.

1. 「경찰공무원법」에 따른 경찰공무원으로 7년 이상 재직한 사람
2. 「대통령 등의 경호에 관한 법률」에 따른 경호공무원 또는 별정직공무원으로 7년 이상 재직한 사람
3. 「군인사법」에 따른 각 군 전투병과 또는 헌병병과 부사관 이상 간부로 7년 이상 재직한 사람
4. 「경비업법」에 따른 경비업무에 7년 이상(특수경비업무의 경우에는 3년 이상) 종사하고 행정안전부령으로 정하는 교육과정을 이수한 사람
5. 「고등교육법」에 따른 대학 이상의 학교를 졸업한 사람으로서 재학 중 제12조제3항에 따른 경비지도사 시험과목을 3과목 이상을 이수하고 졸업한 후 경비업무에 종사한 경력이 3년 이상인 사람
6. 「고등교육법」에 따른 전문대학을 졸업한 사람으로서 재학 중 제12조제3항에 따른 경비지도사 시험과목을 3과목 이상을 이수하고 졸업한 후 경비업무에 종사한 경력이 5년 이상인 사람
7. 일반경비지도사의 자격을 취득한 후 기계경비지도사의 시험에 응시하는 사람 또는 기계경비지도사의 자격을 취득한 후 일반경비지도사의 시험에 응시하는 사람
8. 「공무원임용령」에 따른 행정직군 교정직렬 공무원으로 7년 이상 재직한 사람

[전문개정 2011.4.4]

제14조(시험합격자의 결정) ①제1차시험의 합격결정에 있어서는 매 과목 100점을 만점으로 하며, 매과목 40점 이상, 전과목 평균 60점 이상 득점한 자를 합격자로 결정한다.

②제2차시험의 합격결정에 있어서는 선발예정인원의 범위안에서 60점 이상을 득점한 자중에서 고득점 순으로 합격자를 결정한다. 이 경우 동점자로 인하여 선발예정인원이 초과되는 때에는 동점자 모두를 합격자로 한다.

③경찰청장은 제2차시험에 합격한 자에 대하여 합격공고를 하고, 합격 및 교육소집 통지서를 교부하여야 한다.

제15조(시험출제위원의 임명·위촉 등) ①경찰청장은 시험문제의 출제를 위하여 다음 각호의 1에 해당하는 자중에서 시험출제위원을 임명 또는 위촉한다.

1. 고등교육법에 의한 전문대학 이상의 교육기관에서 경찰행정학과 등 경비업무 관련학과 및 법학과의 부교수(전문대학의 경우에는 교수) 이상으로 재직하고 있는 자
2. 석사 이상의 학위소지자로 경찰청장이 정하는 바에 의하여 경비업무에 관한 연구실적이나 전문경력이 인정되는 자
3. 방범·경비업무를 3년 이상 담당한 경감 이상 경찰공무원의 경력이 있는 자

②제1항의 규정에 의한 시험출제위원의 수는 시험과목별로 2인 이상으로 한다.

③시험출제위원으로 임명 또는 위촉된 자는 경찰청장이 정하는 준수사항을 성실히 이행하여야 한다.

④시험출제위원과 시험관리업무에 종사하는 자에 대하여는 예산의 범위안에서 수당과 여비를 지급할 수 있다. 다만, 공무원인 위원이 그 소관업무와 직접적으로 관련하여 시험관리업무에 종사하는 경우에는 그러하지 아니하다.

제16조(경비지도사의 선임·배치) ①경비업자는 법 제12조제1항의 규정에 의하여 별표 3의 기준에 따라 경비지도사를 선임·배치하여야 한다.

②경비업자는 제1항의 규정에 의하여 선임·배치된 경비지도사에 결원이 있거나 자격정지 등의 사유로 그 직무를 수행

할 수 없는 때에는 15일 이내에 경비지도사를 새로이 충원하여야 한다.

제17조(경비지도사의 직무 및 준수사항) ①법 제12조제2항제4호에서 "그밖에 대통령령이 정하는 직무"라 함은 다음 각호의 직무를 말한다.

1. 기계경비업무를 위한 기계장치의 운용·감독(기계경비지도사의 경우에 한한다)
2. 오경보방지 등을 위한 기기관리의 감독(기계경비지도사의 경우에 한한다)

② 경비지도사는 법 제12조제3항에 따라 같은 조 제2항제1호·제2호의 직무 및 제1항 각 호의 직무를 월 1회 이상 수행하여야 한다. 〈개정 2011.4.4〉

③ 경비지도사는 법 제12조제2항제1호에 따라 경비원에 대한 교육을 실시하고, 행정안전부령으로 정하는 경비원 직무교육 실시대장에 그 내용을 기록하여 2년간 보존하여야 한다. 〈신설 2011.4.4〉

제18조(일반경비원에 대한 교육) ①일반경비업자는 법 제13조제1항의 규정에 의하여 다음 각호의 1에 해당하는 사람에 대하여는 일반경비업자의 부담으로 신임교육을 받게 하여야 한다. 다만, 일반경비원으로 채용된 사람이 경찰공무원법에 의한 경찰공무원, 「대통령 등의 경호에 관한 법률」에 의한 경호공무원·별정직공무원 또는 군인사법에 의한 부사관 이상의 경력을 가진 사람인 경우에는 그를 신임교육의 대상에서 제외할 수 있다. 〈개정 2003.11.11, 2008.2.29〉

1. 경비원의 경력이 없는 사람으로서 일반경비원으로 채용된 사람
2. 경비원 교육을 받은 후 3년 이상의 기간동안 경비업무에 종사하지 아니하다가 일반경비원으로 채용된 사람

②일반경비업자는 법 제13조제1항의 규정에 의하여 소속 일반경비원에 대하여 매월 행정안전부령이 정하는 시간 이상의 직무교육을 실시하여야 한다. 〈개정 2008.2.29〉

③제1항의 신임교육은 다음 각호의 기관 또는 단체가 실시하고, 직무교육은 경비업자가 실시한다.

1. 법 제22조제1항의 규정에 의한 경비협회
2. 경찰교육기관
3. 경비업무 관련학과가 개설된 대학 등 경비원에 대한 교육을 전문적으로 수행할 수 있는 인력과 시설을 갖춘 기관 또는 단체중 경찰청장이 지정하여 고시하는 기관 또는 단체

④일반경비원에 대한 교육의 과목·시간 그밖에 교육의 실시에 관하여 필요한 사항은 행정안전부령으로 정한다. 〈개정 2008.2.29〉

제19조(특수경비원에 대한 교육) ①특수경비업자는 법 제13조제1항의 규정에 의하여 다음 각호의 1에 해당하는 사람에 대하여는 특수경비업자의 부담으로 경찰교육기관이나 행정안전부령이 정하는 기준에 적합한 기관 또는 단체에서 개설한 특수경비원신임교육을 받게 하여야 한다. 〈개정 2003.11.11, 2008.2.29〉

1. 특수경비원의 경력이 없는 사람으로서 특수경비원으로 채용된 사람
2. 특수경비원 교육을 받은 후 3년 이상의 기간동안 특수경비업무에 종사하지 아니하다가 다시 특수경비원으로 채용된 사람

② 삭제 〈2003.11.11〉

③특수경비업자는 법 제13조제2항의 규정에 의하여 소속 특수경비원에 대하여 매월 행정안전부령이 정하는 시간 이상의 직무교육을 실시하여야 한다. 〈개정 2008.2.29〉

④특수경비원에 대한 교육의 과목·시간 그밖에 교육의 실시에 관하여 필요한 사항은 행정안전부령으로 정한다. 〈개정 2008.2.29〉

제20조(특수경비원 무기휴대의 절차 등) ①시설주는 법 제14조제4항의 규정에 의하여 특수경비원이 휴대할 무기를 대여받고자 하는 때에는 무기대여신청서를 관할경찰서장 및 공항경찰대장 등 국가중요시설의 경비책임자(이하 "관할경찰관서장"이라 한다)를 거쳐 지방경찰청장에게 제출하여야 한다.

②시설주는 법 제14조제4항의 규정에 의하여 관할경찰관서장으로부터 대여받은 무기를 특수경비원에게 휴대하게 하는 경우에는 동조제9항의 규정에 의하여 관할경찰관서장의 사전승인을 얻어야 한다.

③제2항의 규정에 의한 사전승인을 함에 있어서 관할경찰관서장은 국가중요시설에 총기 또는 폭발물의 소지자나 무장간첩 침입의 우려가 있는지의 여부 등을 고려하는 등 특수경비원에게 무기를 지급하여야 할 필요성이 있는지의 여부에 관하여 판단하여야 한다.

④시설주는 제3항의 규정에 의한 무기지급의 필요성이 해소되었다고 인정되는 때에는 특수경비원으로부터 즉시 무기를 회수하여야 한다.

⑤법 제14조제9항의 규정에 의하여 특수경비원이 휴대할 수 있는 무기종류는 권총 및 소총으로 한다.

⑥경찰장비의사용기준등에관한규정 제18조 및 별표 2의 규정은 법 제14조제9항의 규정에 의한 안전검사의 기준에 관하여 이를 준용한다.

⑦시설주, 법 제14조제7항의 규정에 의한 관리책임자와 특수경비원은 행정안전부령이 정하는 무기관리수칙을 준수하여야 한다. 〈개정 2008.2.29〉

제21조(무기관리에 대한 지도·감독) 관할경찰관서장은 법 제14조제5항의 규정에 의하여 시설주 및 특수경비원의 무기관리상황을 매월 1회 이상 점검하여야 한다.

제22조(결격사유자 등의 통보) 지방경찰청장 또는 경찰관서장은 법 제17조의 규정에 의하여 경비원이 결격사유에 해당하게 된 사실 등을 경비업자에게 통보하는 때에는 그 사유를 명시한 서면등으로 하여야 한다.

제23조(위반행위의 보고·통보) ①경비업자의 출장소 또는 경비대상시설을 관할하는 지방경찰청장 또는 경찰관서장은 출장소의 임·직원이나 경비원이 법 또는 법에 의한 명령에 위반한 사실을 안 때에는 지체없이 그 사실을 서면등으로 당해 경비업을 허가한 지방경찰청장에게 통보하거나 보고하여야 한다.

②제1항의 규정에 의하여 통보 또는 보고를 받은 지방경찰청장은 그 위반행위에 대하여 행정처분을 한 때에는 이를 해당 지방경찰청장 또는 경찰관서장에게 통보하여야 한다.

제24조(행정처분의 기준) 법 제19조제1항의 규정에 의한 행정처분의 기준은 별표 4와 같다.

제25조(경비지도사의 자격정지처분의 기준) 법 제20조제2항의 규정에 의한 경비지도사에 대한 자격정지처분의 기준은 별표 5와 같다.

제26조(경비협회) ①경비업자는 법 제22조제1항의 규정에 의하여 경비업자 5인 이상이 발기인이 되어 경비협회(이하 "협회"라 한다)를 설립할 수 있다.

②협회는 정관이 정하는 바에 의하여 회원으로부터 회비를 징수할 수 있다.

제27조(공제사업) ①협회는 법 제23조제1항의 규정에 의하여 공제사업을 하는 경우 공제사업의 회계는 다른 사업의 회계와 구분하여 경리하여야 한다.

②협회는 법 제26조제1항 또는 제2항의 규정에 의한 경비업자의 손해배상책임

의 보장 외의 목적으로 공제사업을 운영하여서는 아니된다.

제28조(허가증 등의 수수료) ①법에 의한 경비업의 허가를 받거나 허가증을 재교부받고자 하는 자는 다음 각호의 수수료를 납부하여야 한다.

1. 법 제4조제1항 및 법 제6조제2항의 규정에 의한 경비업의 허가(추가·변경·갱신허가를 포함한다)의 경우에는 1만원
2. 허가사항의 변경신고로 인한 허가증 재교부의 경우에는 2천원

②제1항의 규정에 의한 수수료는 허가 등의 신청서에 수입인지를 첨부하여 납부한다.

③시험에 응시하고자 하는 자는 경찰청장이 정하여 고시하는 수수료를 납부하여야 한다.

④ 제3항에 따라 납부한 응시수수료는 다음 각 호의 어느 하나에 해당하는 경우에는 반환하여야 한다. 이 경우 제1호의 경우에는 과오납한 금액을, 제2호와 제3호의 경우에는 납부한 응시수수료의 전액을 각각 반환한다. 〈신설 2011.4.4〉

1. 응시수수료를 과오납한 경우
2. 시험시행기관의 귀책사유로 시험에 응시하지 못한 경우
3. 시험시행일 3일 전까지 접수를 취소한 경우

⑤경찰청장 및 지방경찰청장은 제2항 및 제3항의 규정에 불구하고 정보통신망을 이용하여 전자화폐·전자결제 등의 방법으로 수수료를 납부하게 할 수 있다. 〈신설 2004.3.17, 2011.4.4〉

제29조(보안지도점검) 지방경찰청장은 법 제25조의 규정에 의하여 특수경비업자에 대하여 연 2회 이상의 보안지도·점검을 실시하여야 한다.

제30조(경비가 필요한 시설 등에 대한 경비의 요청) 지방경찰청장은 행사장 그밖에 많은 사람이 모이는 시설 또는 장소에서 혼잡 등으로 인한 위험의 발생을 방지하기 위하여 법 제2조제3호의 규정에 의한 경비원에 의한 경비가 필요하다고 인정되는 때에는 행사개최일 전에 당해 행사의 주최자에게 경비원에 의한 경비를 실시하거나 부득이한 사유로 그것을 실시할 수 없는 경우에는 행사개최 24시간 전까지 지방경찰청장에게 그 사실을 통지하여 줄 것을 요청할 수 있다.

제31조(권한의 위임 및 위탁) ①경찰청장은 법 제27조제1항의 규정에 의하여 다음 각호의 권한을 지방경찰청장에게 위임한다.

1. 법 제20조의 규정에 의한 경비지도사의 자격의 취소 및 정지에 관한 권한
2. 법 제21조제2호의 규정에 의한 경비지도사 자격의 취소 및 정지에 관한 청문의 권한

②경찰청장 또는 경찰관서장은 법 제27조제2항의 규정에 의하여 법 제11조제1항의 규정에 의한 경비지도사시험의 관리와 경비지도사의 교육에 관한 업무를 경비업무에 관한 인력과 전문성을 갖춘 기관으로서 경찰청장이 지정하여 고시하는 기관 또는 단체에 위탁한다.

제31조의2(민감정보 및 고유식별정보의 처리) 경찰청장, 지방경찰청장, 경찰서장 및 경찰관서장(제31조에 따라 경찰청장 및 경찰관서장의 권한을 위임·위탁받은 자를 포함한다)은 다음 각 호의 사무를 수행하기 위하여 불가피한 경우 「개인정보 보호법 시행령」 제18조제2호에 따른 범죄경력자료에 해당하는 정보와 같은 영 제19조제1호 또는 제4호에 따른 주민등록번호 또는 외국인등록번호가 포함된 자료를 처리할 수 있다.

1. 법 제4조 및 제6조에 따른 경비업의 허가 및 갱신허가 등에 관한 사무
2. 법 제11조에 따른 경비지도사 시험

등에 관한 사무

3. 법 제13조에 따른 경비원의 교육 등에 관한 사무

4. 법 제14조에 따른 특수경비원의 직무 및 무기사용 등에 관한 사무

5. 법 제17조에 따른 결격사유자 등의 통보에 관한 사무

6. 법 제18조에 따른 경비원 배치 등 신고에 관한 사무

7. 법 제19조 및 제20조에 따른 행정처분에 관한 사무

8. 법 제24조에 따른 경비업자 및 경비지도사의 지도·감독에 관한 사무

9. 법 제25조에 따른 보안지도·점검 및 보안측정에 관한 사무

10. 제1호부터 제9호까지의 규정에 따른 사무를 수행하기 위하여 필요한 사무

[본조신설 2012.1.6]

제32조(과태료의 부과기준 등) ① 법 제31조제1항에 따른 과태료의 부과기준은 별표 6과 같다.

② 지방경찰청장 또는 경찰관서장은 「질서위반행위규제법」 제14조 각 호의 사항을 고려하여 별표 6에 따른 금액의 100분의 50의 범위에서 경감하거나 가중할 수 있다. 다만, 가중하는 때에는 법 제31조제1항에 따른 과태료 금액의 상한을 초과할 수 없다.

③ 과태료를 부과받은 자는 과태료 부과 고지서를 받은 날부터 60일 이내에 납부하여야 한다. 다만, 천재지변이나 그 밖의 부득이한 사유로 과태료를 납부할 수 없는 때에는 그 사유가 없어진 날부터 5일 이내에 납부하여야 한다.

④ 제1항부터 제3항까지에서 규정한 사항 외에 과태료의 부과·징수절차에 관하여 필요한 사항은 행정안전부령으로 정한다.

[전문개정 2008.11.26]

부칙 〈제23759호, 2012.5.1〉 (수험생 편의제공 및 충분한 수험준비기간 부여 등을 위한 경비업법 시행령 등 일부개정령)

제1조(시행일) 이 영은 공포한 날부터 시행한다. 〈단서 생략〉

제2조(시험의 공고에 관한 적용례) 이 영 가운데 시험 등의 공고 기한을 개정하는 사항은 2013년 1월 1일 이후에 시행하는 시험부터 적용한다.

3. 경비업법 시행규칙

[행정안전부령 제297호, 2012.5.31]

제1조(목적) 이 규칙은 경비업법 및 동법 시행령에서 위임된 사항과 그 시행에 관하여 필요한 사항을 규정함을 목적으로 한다.

제2조(호송경비의 통지) 경비업법(이하 "법"이라 한다) 제4조제1항의 규정에 의하여 경비업의 허가를 받은 법인(이하 "경비업자"라 한다)은 법 제2조제1호 나목의 규정에 의한 호송경비업무를 수행하기 위하여 관할경찰서의 협조를 얻고자 하는 때에는 현금 등의 운반을 위한 출발 전일까지 출발지의 경찰서장에게 별지 제1호서식의 호송경비통지서(전자문서로 된 통지서를 포함한다)를 제출하여야 한다. 〈개정 2004.12.10〉

제3조(허가신청 등) ①법 제4조제1항 및 「경비업법 시행령」(이하 "영"이라 한다) 제3조제1항에 따라 경비업의 허가를 받으려는 경우 또는 경비업자가 허가를 받은 경비업무를 변경하거나 새로운 경비업무를 추가하려는 경우에는 별지 제2호서식의 경비업 허가신청서 또는 변경허가신청서(전자문서로 된 신청서를 포함한다)에 다음 각 호의 서류(전자문서를 포함한다)를 첨부하여 법인의 주사무소를 관할하는 지방경찰청장 또는 해당 지방경찰청 소속의 경찰서장에게 제출하여야 한다. 이 경우 신청서를 제출받은 경찰서장은 지체없이 관할 지방경찰청장에게 보내야 한다. 〈개정 2004.12.10, 2006.9.7, 2011.4.4〉

1. 법인의 정관 1부
2. 법인 임원의 이력서 1부
3. 경비인력·시설 및 장비의 확보계획서 1부(경비업 허가의 신청시 이를 갖출 수 없는 경우에 한한다)

②제1항에 따른 신청서를 제출받은 지방경찰청장은 「전자정부법」 제36조제1항에 따른 행정정보의 공동이용을 통하여 법인의 등기사항증명서를 확인하여야 한다. 〈신설 2006.9.7, 2008.12.5, 2010.9.10〉

제4조(허가증 등) ①영 제4조제2항의 규정에 의한 허가증은 별지 제3호서식에 의한다.

②영 제4조제3항의 규정에 의한 허가증 재교부신청서는 별지 제4호서식에 의한다.

제5조(폐업 또는 휴업 등의 신고) ①영 제5조제1항의 규정에 의한 폐업신고서와 동조제2항의 규정에 의한 휴업신고서·영업재개신고서 및 휴업기간연장신고서는 별지 제5호서식에 의한다. 〈개정 2003.11.17〉

②법 제4조제3항제2호에 따른 법인의 명칭·대표자·임원, 같은 항 제3호에 따른 주사무소·출장소나 영 제5조제4항에 따른 정관의 목적이 변경되어 법 제4조제3항에 따른 신고를 하는 경우에는 별지 제6호서식의 경비업 허가사항 등의 변경신고서(전자문서로 된 신고서를 포함한다)에 다음 각 호의 서류(전자문서를 포함한다)를 첨부하여 법인의 주사무소를 관할하는 지방경찰청장 또는 해당 지방경찰청 소속의 경찰서장에게 제출하여야 한다. 변경신고서를 제출받은 경찰서장은

이를 지체 없이 관할지방경찰청장에게 보내야 한다. 〈개정 2003.11.17, 2004.12.10, 2006.2.2, 2006.9.7, 2011.4.4〉

1. 명칭 변경의 경우 : 허가증 원본
2. 대표자 변경의 경우
   가. 삭제 〈2006.9.7〉
   나. 법인 대표자의 이력서 1부
   다. 허가증 원본
3. 임원 변경의 경우 : 법인 임원의 이력서 1부
4. 주사무소 또는 출장소 변경의 경우 : 허가증 원본
5. 정관의 목적 변경의 경우 : 법인의 정관 1부

③제2항에 따른 신고서를 제출받은 지방경찰청장은 「전자정부법」 제36조제1항에 따른 행정정보의 공동이용을 통하여 법인의 등기사항증명서를 확인하여야 한다. 〈신설 2006.9.7, 2008.12.5, 2010.9.10〉

④법 제4조제3항제5호의 규정에 의한 특수경비업무의 개시 또는 종료의 신고는 별지 제7호서식에 의한다. 〈개정 2006.9.7〉

[제목개정 2003.11.17]

제6조(허가갱신) ① 법 제6조제2항에 따라 경비업의 갱신허가를 받으려는 자는 허가의 유효기간 만료일 30일 전까지 별지 제2호서식의 경비업 갱신허가신청서(전자문서로 된 신청서를 포함한다)에 허가증 원본 및 정관(변경사항이 있는 경우만 해당한다)을 첨부하여 법인의 주사무소를 관할하는 지방경찰청장 또는 해당 지방경찰청 소속의 경찰서장에게 제출하여야 한다. 경비업 갱신허가신청서를 제출받은 경찰서장은 이를 지체 없이 관할 지방경찰청장에게 보내야 한다. 〈개정 2011.4.4〉

②제1항에 따른 신청서를 제출받은 지방경찰청장은 「전자정부법」 제36조제1항에 따른 행정정보의 공동이용을 통하여 법인의 등기사항증명서를 확인하여야 한다. 〈신설 2006.9.7, 2008.12.5, 2010.9.10〉

③지방경찰청장은 법 제6조제2항의 규정에 의하여 갱신허가를 하는 때에는 유효기간이 만료되는 허가증을 회수한 후 별지 제3호서식의 허가증을 교부하여야 한다. 〈개정 2006.9.7〉

제7조(특수경비원의 신체조건) 법 제10조제2항제4호에서 "행정안전부령이 정하는 신체조건"이라 함은 팔과 다리가 완전하고 두 눈의 맨눈시력 각각 0.2 이상 또는 교정시력 각각 0.8 이상을 말한다. 〈개정 2008.3.6〉

[전문개정 2003.11.17]

제8조(응시원서) 법 제11조의 규정에 의한 경비지도사시험에 응시하고자 하는 자는 별지 제8호서식의 응시원서(전자문서로 된 원서를 포함한다)를 경찰청장에게 제출하여야 한다. 〈개정 2004.12.10〉

제9조(경비지도사에 대한 교육) ①법 제11조제1항에서 "행정안전부령이 정하는 교육"이라 함은 경비지도사에 대한 별표 1의 규정에 의한 과목 및 시간의 교육을 말한다. 〈개정 2008.3.6〉

②제1항의 규정에 의한 교육에 소요되는 비용은 경비지도사의 교육을 받는 자의 부담으로 한다.

제10조(경비지도사시험의 일부면제) 영 제13조제4호에서 "행정안전부령으로 정하는 교육과정을 이수한 사람"이란 다음 각 호의 어느 하나에 해당하는 사람을 말한다. 〈개정 2008.3.6, 2011.4.4〉

1. 고등교육법에 의한 전문대학 이상의 교육기관(경비지도사의 시험과목 3과목

이상이 개설된 교육기관에 한한다)에서 1년 이상의 경비업무관련 과정을 마친 사람

2. 경찰청장이 지정하는 기관 또는 단체에서 실시하는 64시간 이상의 경비지도사 양성과정을 마치고 수료시험에 합격한 사람

제11조(경비지도사자격증의 교부) 경찰청장은 법 제11조의 규정에 의한 경비지도사시험에 합격하고 제9조의 규정에 의한 경비지도사 교육을 받은 자에 대하여는 별지 제9호서식의 경비지도사자격증 교부대장에 소정의 사항을 기재한 후, 별지 제10호서식의 경비지도사 자격증을 교부하여야 한다.

제11조의2(경비원 직무교육 실시대장) 영 제17조제3항에 따른 경비원 직무교육 실시대장은 별지 제10호의2서식에 따른다.

[본조신설 2011.4.4]

제12조(일반경비원에 대한 신임교육의 실시 등) ①영 제18조제4항의 규정에 의한 일반경비원 신임교육의 과목 및 시간은 별표 2와 같다.

②경찰청장은 일반경비원에 대한 신임교육의 실시를 위하여 연도별 교육계획을 수립하고, 영 제18조제3항의 규정에 의한 일반경비원 신임교육 기관 또는 단체가 교육계획에 따라 교육을 실시하도록 하여야 한다. 〈개정 2006.2.2〉

③경비업자는 경비원을 새로이 채용한 때에는 근무배치후 2개월이 경과하기 전까지 신임교육을 받게 하여야 한다. 다만, 법 제18조제2항제1호 및 제2호의 규정에 의하여 배치하는 일반경비원의 경우에는 근무배치 전까지 신임교육을 받게 하여야 한다. 〈개정 2006.2.2, 2009.7.1〉

④영 제18조제3항의 규정에 의한 교육실시의 기관 또는 단체의 장은 제1항의 규정에 의한 신임교육의 과정을 마친 사람에 대하여는 별지 제11호서식의 일반경비원 신임교육 이수증교부대장에 그 사실을 기재한 후 별지 제12호서식의 일반경비원 신임교육이수증을 교부하여야 한다.

⑤경비업자는 일반경비원이 제1항의 규정에 의한 신임교육을 받은 때에는 제23조제1항의 규정에 의한 경비원의 명부에 그 사실을 기재하여야 한다.

제13조(일반경비원에 대한 직무교육의 시간 등) ①영 제18조제2항의 규정에서 "행정안전부령이 정하는 시간"이라 함은 4시간을 말한다. 〈개정 2008.3.6, 2011.1.26〉

② 영 제18조제4항에 따른 일반경비원에 대한 직무교육의 과목은 일반경비원의 직무수행에 필요한 이론·실무과목, 그 밖에 정신교양 등으로 한다. 〈신설 2011.1.26〉

[제목개정 2011.1.26]

제14조(특수경비원에 대한 신임교육의 실시 등) ①영 제19조제1항에 의한 특수경비원 신임교육의 과정을 개설하고자 하는 기관 또는 단체는 별표 3의 규정에 의한 시설 등을 갖추고 경찰청장에게 지정을 요청하여야 한다.

②경찰청장은 제1항의 규정에 의한 교육과정을 개설하고자 하는 기관 또는 단체가 동항의 규정에 의한 지정을 요청한 때에는 별표 3의 규정에 의한 기준에 적합한 지의 여부를 확인한 후 그 기준에 적합한 경우 이를 특수경비원 신임교육을 실시할 수 있는 기관 또는 단체로 지정할 수 있다. 〈개정 2006.2.2〉

③제2항의 규정에 의하여 지정을 받은 기관 또는 단체는 신임교육의 과정에서 필요한 경우에는 관할 경찰관서장에게 경찰관서 시설물의 이용이나 전문적인 소양을 갖춘 경찰관의 파견을 요청할 수 있다. 〈개정 2006.2.2〉

제15조(특수경비원 교육과목 등) ①영 제19조제4항의 규정에 의한 특수경비원 신임교육의 과목 및 시간은 별표 4와 같다.

②영 제19조제1항의 규정에 의한 교육실시의 기관 또는 단체의 장은 제1항의 규정에 의한 신임교육의 과정을 마친 사람에 대하여는 별지 제11호서식의 특수경비원 신임교육 이수증교부대장에 그 사실을 기재한 후 별지 제12호서식의 특수경비원 신임교육이수증을 교부하여야 한다.

③경비업자는 특수경비원이 제1항의 규정에 의한 신임교육을 받은 때에는 제23조제1항의 규정에 의한 경비원의 명부에 그 사실을 기재하여야 한다.

제16조(특수경비원에 대한 직무교육의 시간 등) ①영 제19조제3항에서 "행정안전부령이 정하는 시간"이란 6시간을 말한다. 〈개정 2008.3.6, 2011.1.26〉

②관할경찰서장 및 공항경찰대장 등 국가중요시설의 경비책임자(이하 "관할경찰관서장"이라 한다)는 필요하다고 인정하는 경우에는 특수경비원이 배치된 경비대상시설에 소속공무원을 파견하여 직무집행에 필요한 교육을 실시할 수 있다.

③ 영 제19조제4항에 따른 특수경비원에 대한 직무교육의 과목은 특수경비원의 직무수행에 필요한 이론·실무과목, 그 밖에 정신교양 등으로 한다. 〈신설 2011.1.26〉

[제목개정 2011.1.26]

제17조(무기대여신청서) 영 제20조제1항의 규정에 의한 무기대여신청서는 별지 제13호서식에 의한다.

제18조(무기의 관리수칙 등) ①법 제14조제4항의 규정에 의하여 무기를 대여받은 국가중요시설의 시설주(이하 "시설주"라 한다) 또는 동조제7항의 규정에 의한 관리책임자(이하 "관리책임자"라 한다)는 다음 각호의 관리수칙에 따라 무기(탄약을 포함한다. 이하 같다)를 관리하여야 한다.

1. 무기의 관리를 위한 책임자를 지정하고 관할경찰관서장에게 이를 통보할 것
2. 무기고 및 탄약고는 단층에 설치하고 환기·방습·방화 및 총가 등의 시설을 할 것
3. 탄약고는 무기고와 사무실 등 많은 사람을 수용하거나 많은 사람이 오고 가는 시설과 떨어진 곳에 설치할 것
4. 무기고 및 탄약고에는 이중 시건장치를 하여야 하며, 열쇠는 관리책임자가 보관하되, 근무시간 이후에는 열쇠를 당직책임자에게 인계하여 보관시킬 것
5. 관할경찰관서장이 정하는 바에 의하여 무기의 관리실태를 매월 파악하여 다음 달 3일까지 관할경찰관서장에게 통보할 것
6. 대여받은 무기를 빼앗기거나 대여받은 무기가 분실·도난 또는 훼손되는 등의 사고가 발생한 때에는 관할경찰관서장에게 그 사유를 지체없이 통보할 것
7. 대여받은 무기를 빼앗기거나 대여받은 무기가 분실·도난 또는 훼손된 때에는 경찰청장이 정하는 바에 의하여 그 전액을 배상할 것. 다만, 전시·사변, 천재·지변 그 밖의 불가항력의 사유가 있다고 지방경찰청장이 인정한 때에는 그러하지 아니하다.
8. 시설주는 자체계획을 수립하여 보관하고 있는 무기를 매주 1회 이상 손질할 수 있게 할 것

②시설주 또는 관리책임자는 고의 또는 과실로 무기(부속품을 포함한다)를 빼앗기거나 무기가 분실·도난 또는 훼손되도록 한 특수경비원에 대하여 특수경비업자에게 교체 또는 징계 등의 조치를 요청할 수 있다. 이 경우 특수경비업자는 특별한 사유가 없는 한 이에 응하여야 한다.

③법 제14조제4항의 규정에 의하여 무기를 대여받은 시설주 또는 관리책임자가

특수경비원에게 무기를 출납하고자 하는 때에는 다음 각호의 관리수칙에 따라 무기를 관리하여야 한다.

1. 관할경찰관서장이 무기를 회수하여 집중적으로 관리하도록 지시하는 경우 또는 출납하는 탄약의 수를 증감하거나 출납을 중지하도록 지시하는 경우에는 이에 따를 것
2. 탄약의 출납은 소총에 있어서는 1정당 15발 이내, 권총에 있어서는 1정당 7발 이내로 하되, 생산된 후 오래된 탄약을 우선적으로 출납할 것
3. 무기를 지급받은 특수경비원으로 하여금 무기를 매주 1회 이상 손질하게 할 것
4. 수리가 필요한 무기가 있는 때에는 그 목록과 무기장비운영카드를 첨부하여 관할경찰관서장에게 수리를 요청할 것

④법 제14조제4항의 규정에 의하여 시설주로부터 무기를 지급받은 특수경비원은 다음 각호의 관리수칙에 따라 무기를 관리하여야 한다.

1. 무기를 지급받거나 반납하는 때 또는 무기의 인계 인수를 하는 때에는 반드시 "앞에 총"의 자세에서 "검사 총"을 할 것
2. 무기를 지급받은 때에는 별도의 지시가 없는 한 탄약은 무기로부터 분리하여 휴대하여야 하며, 소총은 "우로 어깨 걸어 총"의 자세를 유지하고, 권총은 "권총집에 넣어 총"의 자세를 유지할 것
3. 지급받은 무기를 다른 사람에게 보관·휴대 또는 손질시키지 아니할 것
4. 무기를 손질 또는 조작하는 때에는 총구를 반드시 공중으로 향하게 할 것
5. 무기를 반납하는 때에는 손질을 철저히 한 후 반납하도록 할 것
6. 근무시간 이후에는 무기를 시설주에게 반납하거나 교대근무자에게 인계할 것

⑤시설주는 다음 각호의 1에 해당하는 특수경비원에 대하여 무기를 지급하여서는 아니되며, 지급된 무기가 있는 경우 이를 즉시 회수하여야 한다.

1. 형사사건으로 인하여 조사를 받고 있는 사람
2. 사의를 표명한 사람
3. 정신질환자
4. 그 밖에 무기를 지급하기에 부적합하다고 인정되는 사람

⑥시설주는 무기를 수송하는 때에는 출발하기 전에 관할경찰서장에게 그 사실을 통보하여야 하며, 통보를 받은 관할경찰서장은 1인 이상의 무장경찰관을 무기를 수송하는 자동차 등에 함께 타도록 하여야 한다.

제19조(제복) ①경비원의 제복은 경찰공무원 또는 군인의 제복과 색상 및 표지장이 명확히 구별될 수 있어야 하며, 경비원임이 식별될 수 있는 복장으로 정하여야 한다.

②경비업자가 경비원의 제복을 정한 때에는 주된 사무소를 관할하는 지방경찰청장에게 그 형식 및 색상을 확인할 수 있는 사진을 제출하여야 한다.

③경비원에 대한 지휘·감독을 위하여 조원·조장·반장 및 대장의 계급제도를 실시하는 경우 그 계급장은 별도 1에 의한다.

④경비원이 제복을 착용할 경우에는 별도 1 내지 별도 3에 의한 계급장·모장·흉장 및 표지장을 별도 4에서 규정된 위치에 붙여야 한다.

⑤경비업자는 근무의 지역 및 내용에 따라 경비원으로 하여금 제복외의 복장을 착용하게 할 수 있다. 〈개정 2006.2.2〉

⑥경비업자는 제5항의 규정에 의하여 제복외의 복장을 착용하는 경비원을 동일한 배치장소에 2인 이상을 배치할 경우 동일한 복장을 착용하게 하여야 한다. 다만, 신변보호 업무의 수행 등 부득이한

사유가 있는 경우에는 그러하지 아니하다. 〈신설 2006.2.2〉

제20조(장구 등) 경비원이 휴대하는 장구의 종류는 경적·경봉 및 분사기 등으로 하되, 근무중에 한하여 이를 휴대할 수 있다.

제21조(분사기의 휴대) 경비업자가 경비원으로 하여금 분사기를 휴대하여 직무를 수행하게 하는 경우에는 총포·도검·화약류등단속법에 의하여 미리 분사기의 소지허가를 받아야 한다.

제22조(출동차량의 도색 등) ①기계경비업자는 출동차량의 도색 및 표지를 경찰차량 및 군차량과 명확히 구별될 수 있는 것으로 정하여야 한다.

②기계경비업자는 출동차량의 도색 및 표지를 정한 때에는 그 도색 및 표지를 확인할 수 있는 사진을 주된 사무소를 관할하는 지방경찰청장에게 제출하여야 한다.

제23조(경비원의 명부) ①법 제18조제1항의 규정에 의하여 경비업자가 갖추어 두어야 하는 경비원의 명부는 별지 제14호서식에 의한다.

②경비업자는 제1항의 규정에 의한 경비원의 명부를 주된 사무소 및 출장소(영 제5조제3항의 규정에 의한 출장소를 말하며, 당해 출장소에 배치된 경비원에 한한다)에 갖추어 두고 이를 항상 정리하여야 한다.

③경비업자가 경비원을 채용하는 경우 법 제10조에 규정된 결격사유의 유무를 확인하기 위하여 필요한 때에는 주된 사무소 및 출장소를 관할하는 경찰관서장에게 범죄경력조회 등 필요한 협조를 요청할 수 있다.

제24조(경비원의 배치 및 배치폐지의 신고) ①경비업자는 법 제18조제2항의 규정에 의하여 경비업무를 수행하기 위하여 20일 이상 경비원을 배치하거나 그 기간을 연장하고자 하는 때에는 경비원을 배치한 후 7일 이내에 별지 제15호서식의 경비원 배치신고서(전자문서로 된 신고서를 포함한다)를 배치지의 관할경찰관서장에게 제출하여야 한다. 다만, 법 제18조제2항제1호의 규정에 의하여 다음 각호의 장소에 일반경비원을 배치하는 때에는 경비원을 배치하는 기간과 관계없이 경비원을 배치하기 24시간 전까지 제출하여야 한다. 〈개정 2006.2.2, 2009.7.1〉

1. 영 제30조의 규정에 의하여 지방경찰청장이 행사장 그 밖의 많은 사람들이 모이는 시설 또는 장소로서 혼잡 등으로 인한 위험의 발생을 방지하기 위하여 경비원에 의한 경비가 필요하다고 인정하는 장소
2. 노사분규가 진행 중인 사업장 또는 노사분규가 발생할 것으로 예상되는 사업장
3. 주택재개발·재건축관련 이해대립이 있어 다툼이 있는 장소
4. 특정 시설물의 설치와 관련하여 민원이 있는 장소
5. 주주총회와 관련하여 이해대립이 있어 다툼이 있는 장소
6. 건물·토지 등 부동산 및 동산에 대한 소유권·운영권·관리권·점유권 등 법적 권리에 대한 이해대립이 있어 다툼이 있는 장소

②제1항의 규정에 의하여 경비원의 배치신고를 한 경비업자가 경비원의 배치를 폐지한 때에는 배치폐지를 한 날부터 7일 이내에 별지 제15호서식의 경비원 배치폐지신고서(전자문서로 된 신고서를 포함한다)를 배치지의 관할경찰관서장에게 제출하여야 한다. 다만, 경비원 배치신고시에 기재한 배치폐지 예정일에 경비원의 배치

를 폐지한 경우에는 그러하지 아니하다. 〈개정 2004.12.10, 2009.7.1〉

제25조(경비전화의 가설) ①관할경찰관서장은 시설주의 신청에 의하여 특수경비원이 배치된 국가중요시설 등에 경비전화를 가설할 수 있다.

②제1항의 규정에 의하여 경비전화를 가설하는 경우의 소요경비는 시설주의 부담으로 한다.

제26조(갖추어 두어야 하는 장부 또는 서류) ①특수경비원을 배치한 시설주는 다음 각호의 장부 및 서류를 갖추어 두어야 한다.

1. 근무일지
2. 근무상황카드
3. 경비구역배치도
4. 순찰표철
5. 무기탄약출납부
6. 무기장비운영카드

②특수경비원을 배치한 국가중요시설의 관할경찰관서장은 다음 각호의 장부 및 서류를 갖추어 두어야 한다.

1. 감독순시부
2. 특수경비원 전·출입관계철
3. 특수경비원 교육훈련실시부
4. 무기·탄약대여대장
5. 그 밖에 특수경비원의 관리 등을 위하여 필요한 장부 또는 서류

③제1항 및 제2항의 규정에 의한 장부 또는 서류의 서식은 경찰관서에서 사용하는 서식을 준용한다.

제27조(신분증명서의 발급) ①경비지도사 및 경비원의 신분증명서는 경비지도사 또는 경비원이 소속된 경비업자가 발급한다.

②제1항의 규정에 의한 신분증명서의 규격 및 지질은 별도 5와 같다.

제28조(과태료 부과 고지서 등) ① 법 제31조제1항에 따른 과태료 부과의 사전 통지는 별지 제16호서식의 과태료 부과 사전 통지서에 따른다.

② 법 제31조제1항에 따른 과태료의 부과는 별지 제17호서식의 과태료 부과 고지서에 따른다.

[전문개정 2008.12.5]

부칙 〈제297호, 2012.5.31〉 (개인정보 보호를 위한 공공기록물 관리에 관한 법률 시행규칙 등 일부개정령)

제1조(시행일) 이 규칙은 공포한 날부터 시행한다.

제2조(서식 개정에 관한 경과조치) 이 규칙 시행 당시 종전의 규정에 따른 서식은 2012년 8월 31일까지 이 규칙에 따른 서식과 함께 사용할 수 있다.

4. 기계경비시스템 주요용어[401)]

가. 무인 기계경비시스템 용어

구 분	주 요 설 명
무인 기계경비시스템	경비대상 시설물에 각종 감지기를 설치하여 이상이 발생할 경우 원격지의 관제센터에서 신호를 수신, 출동요원이 대처하는 경비시스템
로컬(Local) 기계경비시스템	경비대상 시설물에 감지기, 출입통제장치, 영상감시장치 등을 설치하여 이상발생시 자체 관제센터에서 신호를 수신, 상주경비원에게 감지신호의 유형 및 위치에 대해 통보하여 업무 협조하는 형태의 경비시스템
시큐리티 (Security)	고객의 생명, 재산, 정보 등을 안전하게 보호하는 것
시큐리티시스템 (Security System)	고객의 생명, 재산, 정보 등을 안전하게 보호하기 위한 시스템
세트 (Set, Arm)	시큐리티시스템을 감지할 수 있는 상태로 조작하는 것
해제 (Open, Disarm)	시큐리티시스템을 감지할 수 없는 상태로 조작하는 것
세트실수 (Setting Mistake)	세트시 완전한 확인조치를 취하지 않은 상태에서 발생시킨 신호
해제실수 (Open Mistake)	해제시 완전한 확인조치를 취하지 않은 상태에서 발생시킨 신호
감지기 (Sensor)	침입 등의 이상 상태를 감지하여 신호를 발생하는 기기

401) 한국경비협회, 한국경비협회규격(SPS KSAS 0001-1212), 2005, pp.2-9, 내용 재구성; 주일엽, 기계경비개론, 도서출판 진영사, 2012, pp.141-150, 내용 재구성; 기계경비시스템의 특성상 CCTV 시스템 관련사항도 '나. 로컬 기계경비시스템'에 포함하였다.

구 분	주 요 설 명
감지 (Sensing)	감지기가 어떤 요인에 의하여 동작하는 것
경보 (Alarm)	생명, 재산 또는 정보에 대한 위험 존재의 경고로서 감지장치에서 감지된 신호나 그 것을 말하는 것
경보상태 (Alarm Condition)	위험 출현에 대한 경보시스템의 반응에 의해서 신호가 발생된 상태
경보시스템 (Alarm System)	위험 출현에 따른 이상 상태를 탐지하여 알리도록 고안된 시스템
시큐리티회사 (Security Company)	시큐리티시스템을 설치, 유지, 관리하는 회사
경비구역 (Security Area)	경비대상물을 보호하기 위해 설치된 기기가 위험을 탐지할 수 있는 구역
경비대상물 (Security Objects)	약정된 경비구역 범위 내에서 보호해야 하는 생명과 재산
고객 (Customer)	시큐리티회사의 서비스를 제공받는 사람이나 단체
오경보 (False Alarm)	실제 위험 출현 외의 우연한 자극이나 설계기준과 다른 요인에 의하여 발생된 신호
존 (Zone)	감지기를 경비계획에 따라 감시구역별로 구분해 놓은 일정 영역
신호송신기 (Communicator)	통신망을 이용하여 신호를 송출하는 기기

구 분	주요설명
단선 (Line Failure)	주장치와 관제시설 간에 통신이 두절된 상태
정상상태 (Normal Condition)	시스템이 완전하게 동작할 수 있도록 준비된 상태
고장상태 (Fault Condition)	규격에 요구된 기능을 발휘하지 못하는 상태
출동요원 (Patrol Guard)	관제요원의 지령에 따라 경비구역에 출동하여 적절한 행동을 취하는 사람
침입신호 (Burglar Alarm)	경비구역을 무단으로 출입하여 발생하는 신호
지령 (Command)	경비구역에서 발생한 정보를 출동요원에게 전달하는 절차
관제센터 (Alarm Monitoring Center)	경비구역에서 수신된 정보에 대처할 수 있도록 통제하는 업무를 처리하는 시설
관제시스템 (Alarm Monitoring System)	경비구역에서 수신된 정보를 관찰하고 통제하기 위한 시스템
노세트 (No Set)	약정된 시간에 통보 없이 세트 시키지 않는 것
비정기해제 (Irregular Open)	약정된 시간 외에 해제를 하는 것
무감지 (No Sensing)	어떤 요인에 의한 이상 상태를 인지하지 못함
전용회선 (Leased Line)	사용자가 원하는 두 지점 간을 연결하여 독점 사용하는 회선

구 분	주 요 설 명
공중회선 (Public Line)	전화선을 이용하여 통신하는 회선
무선통신망 (Wireless Communication)	무선으로 통신하는 망
조사설계 (Security Planning)	경비구역에 설계자가 방문하여 경비계획을 수립하는 것
통신 단자함 (Main Distribution Frame)	공중회선이나 전용회선이 접속되어 있는 단자함
최종 출입문 (Entry & Exit Door)	세트, 해제를 목적으로 하는 문
종단저항 (End of Line Resister)	감지기 및 감지기의 선로 감시를 목적으로 존(Zone)의 마지막 감지기에 연결한 저항
탬퍼 (Tamper)	경보시스템에 대한 고의의 방해를 감시하기 위한 기능
비밀번호 (Password)	주장치를 세트 또는 해제하기 위한 번호
시큐리티 카드 (Security Card)	주장치를 세트 또는 해제하기 위한 카드
시큐리티 도면 (Security Drawing)	주장치, 감지기 등의 설치된 위치를 표시해 놓은 도면
주장치 (Control Panel)	경비구역에서 발생되는 정보를 수신하여 관제시설로 송신하는 장치
로컬 주장치 (Local Control Panel)	경비구역의 구분과 확장을 위하여 사용하는 주장치

구 분	주 요 설 명
카드 리더기 (Card Reader)	시큐리티 카드를 판독하여 세트, 해제를 하는 장치
화재 이보기 (Fire Alarm Transfer)	화재 발생 경보를 주장치로 전달하는 장치
출입관리기 (Console)	시큐리티시스템을 세트 또는 해제하기 위한 기기
경보기 (Siren)	경보신호 발생을 외부로 알리는 음향장치(사이렌)
프린터 (Printer)	기기동작 상태나 조작 내용을 인쇄하는 장치
경보등 (Strobe Light)	경보신호 발생시 섬광이 반복적으로 동작되어 외부에 알리는 기기
음성통보장치 (Voice Information Device)	기기 동작 상태나 조작 내용을 음성으로 알려주는 장치
전원장치 (Powor Supply)	감지기 및 주변기기에 안정된 직류(DC) 전원을 공급하는 장치
존 확장기 (Zone Expander)	주장치 1대로 경비구역을 감시할 수 없을 때 존(Zone)을 추가시키는 장치
출동 (Alarm Dispatching)	관제시설의 지령으로 현장에 출동하는 것
자석 감지기 (Magnetic Sensor)	자계에 의한 접점의 변화를 이용한 감지기로 대상물의 이격상태를 감지하는 장치
열선 감지기 (Passive Infrared Sensor)	원적외선의 변화량을 감지하는 감지기로 경비구역 내에서 움직이는 침입자를 감지하는 장치

구 분	주 요 설 명
적외선 감지기 (Infrared Sensor)	근적외선을 이용한 감지기로 침입자에 의한 적외선 빔의 차단을 감지하는 장치
금고 감지기 (Vault Sensor)	금고에 부착되어 감지기의 이탈, 충격, 단선 등을 감지하는 감지기로 금고의 개폐나 손상을 감지하는 장치
셔터 감지기 (Shutter Sensor)	자계 또는 적외선에 의한 접점의 변화를 이용한 감지기로 셔터의 오르내림을 감지하는 장치
벽충격 감지기 (Wall Shock Sensor)	진동을 이용한 감지기로 벽면에 가해지는 충격을 감지
CD충격 감지기 (Cash Dispenser Shock Sensor)	진동을 이용한 감지기로 CD기에 가해지는 충격을 감지하는 장치
벤트 감지기 (Vent Sensor)	자계에 의한 접점의 변화를 이용한 감지기로 창문을 일부 개방하고 세트할 수 있는 감지기
유리파손 감지기 (Glass Break Sensor)	진동을 이용한 감지기로 유리에 가해지는 충격을 감지하는 장치
음향 감지기 (Audio Sensor)	진동과 음향을 이용한 감지기로 유리에 가해지는 충격과 유리 파손시의 음향을 감지하는 장치
누수 감지기 (Leaking Water Sensor)	전류의 변화량을 이용한 감지기로 누수로 인한 단락을 감지하는 장치
장력 감지기 (Tension Sensor)	자계에 의한 접점의 변화를 이용한 감지기로 케이블의 늘어짐이나 절단을 감지하는 장치

구 분	주 요 설 명
비상스위치 (Emergency Switch)	인명 및 재산에 중대한 위험이 발생했거나 긴급대처가 필요한 경우 수동으로 동작시키는 스위치
화재 감지기 (Fire Sensor)	화재시 발생되는 열, 연기 또는 화염을 감지하는 장치
가스 감지기 (Gas Sensor)	가스 유입에 의한 저항치의 변화로 가스의 누출을 감지하는 장치
무선 감지기 (Wireless Sensor)	발생된 신호를 무선으로 전송하는 감지기
분전반 (Distributing Switch Board)	주장치나 전원장치에 교류(AC) 전원을 공급하기 위한 전기의 집합장소

나. 로컬 기계경비시스템 용어

구 분	주 요 설 명
주차관리시스템 (Parking Control System)	차량의 출입을 관리하기 위한 시스템
근태관리시스템 (Time & Attendance Control System)	직원의 근태 현황을 관리하기 위한 시스템
출입관리시스템 (Access Control System)	특정 장소의 출입을 관리하기 위한 시스템

구 분	주요설명
해상도 (Resolution)	화상의 섬세한 부분이 어느 정도 세밀한지 나타내는 척도
카메라 (Camera)	렌즈를 통과한 입사광을 전기적 신호로 변환하여 수상기로 전송하는 기기
렌즈 (Lens)	피사체의 입사광을 카메라로 전달하는 기기
하우징 (Housing)	외부환경으로부터 카메라를 보호하는 덮개
브라켓 (Bracket)	카메라를 고정하기 위한 기구
팬틸트 (Pan/Tilt)	카메라를 상하좌우로 회전시키는 기기
투광등 (Search Light)	어두운 곳에서 피사체를 식별하기 위한 조명등
수신기 (Receiver)	조정기에서 신호를 받아 카메라, 렌즈, 팬틸트, 투광등 등에 전달하는 기기
조정기 (Controller)	원거리의 카메라, 렌즈, 팬틸트, 투광기 등을 제어하는 기기
모니터 (Monitor)	영상신호를 화상으로 보여주는 장치
분할기 (Splitter)	여러 대의 카메라 영상을 한 개의 화면에 나누어 주는 기기

구 분	주 요 설 명
순차표시기 (Auto Selector)	여러 대의 카메라 영상을 한 개의 화면에 순차적으로 전환하는 기기
문자시간표시기 (ID Time Date Generator)	수상기 화면상에 시간, 숫자, 문자 등을 표시하는 기기
다중영상기록표시기 (Multiplexer)	여러 대의 카메라 영상을 수상기에 표시하거나 녹화기에 기록하는 기기
영상분배기 (Video Distribution Amplifier)	카메라 영상을 여러 대의 수상기로 나누어주는 기기
녹화기 (Recorder)	카메라 영상을 기록하는 기기
도어락 (Door Lock)	출입문을 개폐하는 장치
전기정 (Electronic Lock)	출입문을 전기적으로 개폐하는 장치
퇴실버튼 (Egress Button)	전기정을 해제하기 위한 버튼
영상감시시스템 (Closed Circuit Television, CCTV)	카메라를 설치하여 영상으로 상황을 감시하기 위한 시스템(CCTV 시스템)

5. 기계경비시스템(무인 · 로컬 경비시스템)-설치

[한국경비협회 규격 SPS-KSAS 0002-1213]

서 문: 이 규격은 국제 규격 IEC 60839-1-1(Alarm system Par 1: General requirements-Section 1: General)과 KS C 6571-1(경보시스템 일반 요구사항 제1부: 일반 사항)을 참조하여 작성하였으며 국내의 기계경비시스템(무인경비시스템, 로컬경비시스템)에 적용되는 설치기준에 대하여 기술한다.

1. 적용범위 이 규격은 사람의 생명과 재산, 정보 보호를 위하여 사용되는 기계경비시스템 중 무인 및 로컬 경비시스템의 설치에 대한 규격을 명시한다. 용어 및 심볼관련 규격은 별도의 규격에 명시되어 있으며 그 규격은 이 규격과 연계하여 사용해야 한다. 이 규격은 외곽경보장치를 다루지 않고 있으며 주로 원격관제센터가 있는 무인경비시스템을 다루고 있다.

1.1 기본 시스템 구성도

1.1.1 기계 경비시스템: 기계장치에 의해 감시하고 사람에 의해 조치하는 경비시스템

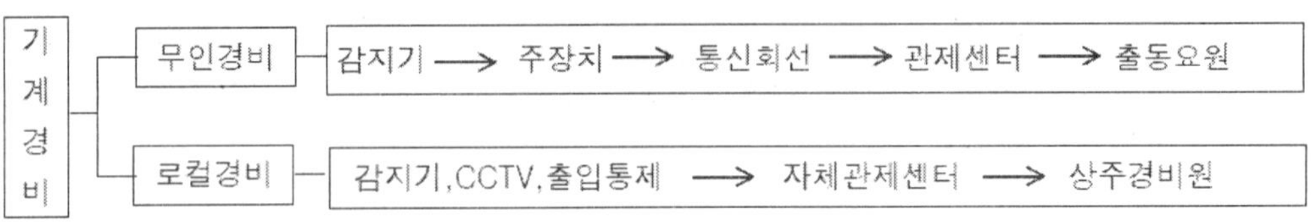

1.1.2 무인 경비시스템: 경비대상 시설물에 각종 감지기를 설치하여 이상 발생시 원격지의 관제센터에서 신호를 수신, 출동요원이 대처하는 시스템

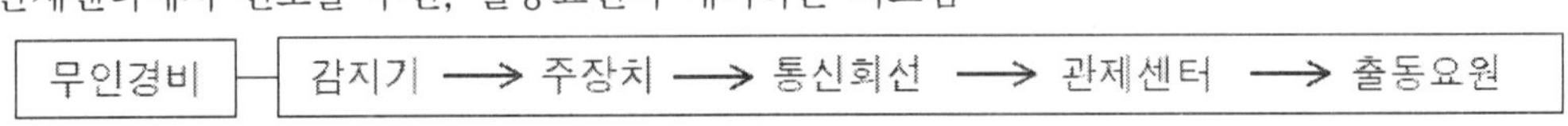

1.1.3 로컬 경비시스템: 경비대상 시설물에 감지기, 출입통제장치, 영상감시장치 등을 설치하여 이상이 발생할 경우 자체관제센터에서 신호를 수신, 상주경비원이 대처하는 시스템

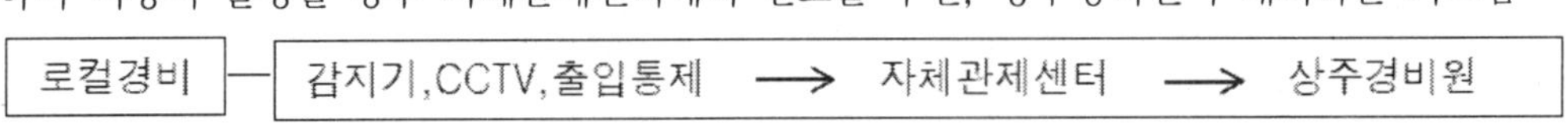

2. 인용규격 다음에 나타내는 규격은 이 규격에 인용됨으로써 이 규격의 규정일부를 구성한다. 이러한 인용규격은 그 최신판을 적용한다.
IEC 60839-1-1 (Alarm system Par 1: General requirements-Section 1: General)
KS C 6571-1 (경보시스템 일반요구사항 제1부 : 일반사항)

3. 정의 이 규격에서 사용하는 주된 용어의 정의는 별도의 규격인 기계경비시스템 (무인경비시스템, 로컬경비시스템) 용어 및 심볼에 명시되어 있다.

4. 설치규격

4.1 무인 경비시스템 설치규격

4.1.1 주장치(control panel)

a) 인테리어, 공사의 편리성, 주장치 성능을 최대한 발휘할 수 있는 곳에 설치한다.
b) 콘크리트 벽면에 설치할 경우 (*)칼블럭을 이용하여 고정한다.
c) 외부 침입자가 쉽게 접근할 수 없는 곳에 설치하여 기기파손을 방지한다.
d) 가스배관으로부터 3 m 이상 떨어진 곳에 설치한다.
e) 연결된 선은 최소 15～30 cm 정도 여유가 있어야 한다.
f) 주 전원 박스 또는 전기 분전반으로부터 60 cm 이상 떨어진 곳에 설치한다.
g) 배수관, 습기가 있는 곳, 화기근처에는 설치하지 않는다.
h) 전원은 상시 전원이 들어오는 곳에서 분기하며 누전차단기를 사용한다.
i) 전원부의 FG(frame ground)는 분전반 접지와 결선한다.
j) 뚜껑을 쉽고 안전하게 열수 있도록 한다.
k) 경비구역 내에 설치하는 것을 원칙으로 한다.
(*) 칼블럭: 시멘트나 벽돌로 된 벽에 나사를 고정시키기 위해 박는 플라스틱 앵커.

4.1.2 로컬 주장치(local control panel)

a) 로컬 주장치는 4.1.1항의 "주장치" 설치규격과 동일하다.

4.1.3 출입 관리기(console)

a) 사각지대와 지연신호를 없애기 위하여 경비구역 밖에 설치하는 것이 좋다.
b) 경비구역 내 설치시 세트, 해제 실수가 발생되지 않도록 설치한다.
c) 어린이 등이 장난으로 조작을 할 수 있으므로 밑 부분을 바닥에서 1.2 m 이상의 위치에 설치한다.
d) 벽면이나 콘크리트에 설치할 경우 견고하게 고정한다.
e) 유리면에 출입 관리기 설치시 탈락되지 않도록 견고하게 붙인다.
f) 간섭이나 노이즈 등의 영향이 없는 곳에 설치한다.

4.1.4 사이렌(siren)

a) 보안이 취약한 지역이나 경비 목적물 근처에 부착한다.
b) 특별한 사항이 없으면 주장치의 윗부분에 부착한다.
c) 주택에는 고객과 협의하여 부착한다.
d) 보안이 취약한 지역은 필요시 외부에 2중으로 부착한다.
e) 벽면이나 콘크리트에 설치할 경우 견고하게 부착한다.
f) 고객의 요구가 없더라도 범죄가 우려되는 경비구역에는 부착 할 수 있다.

4.1.5 경보등(strobe light)

a) 보안이 취약지점이나 침입을 알리기 쉬운 곳에 부착한다.
b) 외부에서 잘 보이는 곳에 부착한다.
c) 이상 발생시 경보등이 동작하도록 주장치의 알람 단자에 결선한다.
d) 벽면이나 콘크리트에 설치할 경우 견고하게 부착한다.
e) 가능한 경비구역 외부에 부착한다.

4.1.6 전원장치(power supply)

a) 전압강하의 영향이 없는 한 주장치와 동일 지역에 설치한다.
b) 콘크리트 벽면에 설치할 경우 칼블럭을 이용하여 고정한다.
c) 가스배관으로부터 3 m 이상 떨어진 곳에 설치한다.
d) 연결된 선은 최소 15 cm 정도 여유분이 있어야 한다.
e) 배수관, 습기가 있는 곳, 싱크대 위쪽에는 설치하지 않는다.
f) 전원은 상시 전원이 들어오는 곳에서 분기하며 누전차단기를 사용한다.
g) 전원부의 FG는 분전반 접지와 결선한다.
h) 뚜껑을 쉽고 안전하게 열 수 있도록 한다.

4.1.7 365 분전반(365 distribution switch board)

a) 365 코너의 기계실내에 설치한다.
b) 고객 측 분전반 인근에 설치한다.
c) 전원은 반드시 UPS(uninterruptible power supply:무정전전원장치) 전원을 사용한다.
d) 벽면이나 콘크리트에 설치할 경우 칼블럭을 이용하여 고정한다.
e) 마그네틱 용량을 감안하여 분전반을 추가 설치한다.
f) 분전반의 외함은 고객 측 분전반 접지에 결선한다.
g) 뚜껑을 쉽고 안전하게 열 수 있도록 한다.

4.1.8 프린터(printer)

a) 고객이 요구하는 장소에 설치한다.
b) 고객이 용지를 쉽게 절단할 수 있는 높이에 설치하되 어린이등이 장난으로 만질 수 없도록 특별한 경우가 아니면 밑 부분이 바닥에서 1.2 m 이상의 위치에 설치한다.
c) 벽면이나 콘크리트에 설치할 경우 견고하게 부착한다.
d) 설치위치가 지정되지 않으면 주장치와 동일위치에 설치한다.
e) 뚜껑을 쉽고 안전하게 열 수 있도록 한다.

4.1.9 차단기(circuit breaker)

a) 분전반 내부에 부착한다.
b) 차단기는 ELB(earth leakage breaker:누전차단기)를 부착한다.
c) 내부에 공간이 없으면 분전반 외부에 차단기 박스를 설치 후 부착한다.
d) 외부 부착시 차단기박스 상단이 분전반 상단 우측과 나란하도록 부착한다.
e) 차단기는 가능한한 분전반과 가까운 거리에 부착한다.
f) 설치 완료 후 테스트 버튼을 눌러 정상 동작 여부를 확인한다.

4.1.10 무선수신기(wireless receiver)

a) 벽면에 노출하여 설치하며 가구 내부에는 설치하지 않는다.
b) TV, 오디오, 에어컨 및 사무기기 등으로부터 최대한 먼 곳에 설치한다.
c) 콘크리트나 벽에 파묻히도록 설치하지 않는다.
d) 설치 위치가 콘크리트일 경우 천정 면과 벽면으로부터 20 cm 이상 떨어진 곳에 설치한다.
e) 사람이나 기타 물체와 접촉되지 않도록 바닥에서 1.5 m 이상 떨어진 곳에 설치한다.
f) 벽면이나 콘크리트에 설치할 경우 칼블럭을 이용하여 고정한다.

4.1.11 자석감지기(magnetic sensor)

a) 창문이나 출입문 틀에는 센서부를 문짝에는 자석부를 부착한다.
b) 선로 인출부는 부싱(bushing)등을 끼워 깔끔하게 처리한다.
c) 센서부와 자석부의 거리는 10 ㎜ 내로 한다.
d) 철문에는 자력상실을 방지하기 위하여 반드시 스페이셔(spacer)를 사용한다.
e) 센서부와 자석부는 일직선이 되도록 부착한다.
f) 내측 창이 열리면서 센서부가 파손될 수 있으므로 필요시 스토퍼(stopper)를 부착한다.
g) 감지기 설치완료 후 동작시켜 작동여부를 확인한다.

4.1.12 열선감지기(passive infrared sensor)

a) 설치 높이는 지면으로부터 2m~3m에 설치함을 원칙으로 한다.
b) 센서가 외부의 영향으로 오작동 할 수 있는 장소는 부착을 피한다. (무선국 설비, 고주파 발생지역, 고압선)
c) 급격한 온도변화를 일으킬 수 있는 에어컨, 환풍기, 난방기 등 주위에서는 물체로부터 최대한 멀리 떨어진 곳에 부착한다.
d) 햇빛이나 자동차의 헤드라이트 등의 영향을 받을 수 있으므로 센서에 외부광선이 직접 닿지 않는 곳에 부착한다.
e) 가급적 창이나 창문을 향하여 부착하지 않는다.
f) 감지기 경계 존(zone)을 가로지르는 방향으로 부착한다.
g) 옥외에는 설치할 수 없으며 차광물이 있는 곳에는 부착을 피한다.
h) 선로인입 부분은 실리콘 등으로 막아 바퀴벌레 및 공기가 유입되지 못하게 한다.
i) 감지기 설치완료 후 동작시켜 작동여부를 확인한다.

4.1.13 적외선감지기(infrared sensor)

a) 벽면에 설치 할 경우

1) 배관 공사시 주변색상과 어울리는 몰드(mold)나 파이프(pipe) 등을 이용하여 바닥이나 천정으로 배관한다.
2) 감지기로 내려가거나 올라가는 부분은 몰드 등을 이용하여 배관한다.
3) 파이프의 연결 부분은 방수박스를 사용하여 방수가 되게 한다.
4) 감지기 설치높이는 창틀에서부터 감지기 중앙까지 하단은 20 ㎝~30 ㎝, 상단은 50 ㎝~90 ㎝ 정도로 한다.
5) 흔들림이 없도록 견고하게 고정한다.

b) 담장에 설치 할 경우

1) 폴(pole) 사용을 원칙으로 한다.
2) 폴(pole)은 앵커나 볼트 등을 이용하여 흔들림 없도록 고정한다.
3) 폴(pole)은 내 측면 설치가 원칙이나 부득이한 경우 담장 위에 설치한다.
4) 배관 배선은 경비구역 안쪽으로 한다.
5) 감지기 설치높이는 담 위에서 감지기 중앙까지 하단은 20 ㎝~30 ㎝, 상단은 50 ㎝~90 ㎝ 정도로 한다.
6) 필요한 경우에는 템퍼(tamper)를 설치한다.

c) 평지나 정원에 설치 할 경우

1) 폴(pole)을 이용하여 감지기를 부착한다.
2) 폴(pole)은 흔들림이 없도록 가급적 거푸집을 만들어 고정한다.
3) 배관 배선은 가급적 노출되지 않도록 매립하여 배관 배선한다.
4) 거푸집은 시멘트 자갈 모래를 1:2:3의 비율로 배합하여 넣고 양생이 되면 폴(pole) 밑면의 고정구멍과 일치하게 볼트를 매입한다.
5) 콘크리트가 완전히 양생되면 와셔 등으로 폴(pole)을 단단히 고정한다.
6) 폴(pole)이 고정되면 박스와 폴(pole)간에 배관을 한 다음 폴(pole)의 인출구로 선을 인출하여 감지기를 부착한다.
7) 감지기 설치 높이는 지면에서부터 감지기 중앙까지 하단은 20 ㎝~40 ㎝, 상단은 70~100 ㎝정도로 한다.
8) 필요한 경우에는 템퍼(tamper)를 설치한다.
9) 수풀을 피하여 설치한다.

4.1.14 셔터감지기(자석식)(shutter sensor(magnetic type))

a) 지면으로부터 2 m 이상인 곳에 설치한다.
b) 벽면에 센서부를 부착하고 셔터 면에 자석부를 부착한다.
c) 센서부가 설치되는 곳은 칼블럭을 사용하여 흔들림이 없어야 한다.
d) 센서부와 자석부의 거리는 전면9 ㎝ 상하 1 ㎝ 이내로 부착한다.
e) 센서부와 자석부는 볼트와 너트를 이용하여 흔들림이 없이 고정한다.

4.1.15 금고감지기(vault sensor)

a) 금고문의 개방을 최우선적으로 감지하도록 부착한다.
b) 감지기를 부착 할 곳의 표면을 깨끗이 닦아 이물질을 제거한다.
c) 접착력을 높이기 위해 실리콘이나 접착제 등을 사용하여 부착한다.
d) 선로는 반드시 결선 박스에서 결선한다.
e) 감지기 선로는 최대한 팽팽하게 하여야 하며, 늘어짐이 없어야 한다.

4.1.16 벽 충격감지기(wall shock sensor)

a) 감지기 부착위치는 현장 상황에 따라 적절히 부착한다.
b) 설치 완료 후 감지대상 벽면 부위에 충격을 가하여 감지하는지 확인한다.
c) 금고 내부의 철판이 등분되어 있을 경우는 각각의 철판에 감지기를 부착한다.
d) 고정식 금고(은행 등)의 외부와 접하는 모든 면에 감지기를 부착한다.

4.1.17 CD충격감지기(cash dispenser shock sensor)

a) CD(cash dispenser:현금지급기), ATM(automatic teller machine:현금자동입출금기) 기의 파손을 감지 할 수 있도록 부착한다.
b) 액정 판 주위에 접착제 등을 이용하여 견고하게 부착한다.
c) 부착한 감지기는 기계내부의 고열로 떨어질 우려가 있으므로 접착 상태를 재확인한다.
d) 기기 내부 배선시 선로에 손상이 되지 않도록 케이블 타이나 마운트 등을 이용하여 고정시킨다.
e) 현금 방출구를 열 때 감지기가 방출구에 장애가 되지 않도록 설치한다.

4.1.18 벤트감지기(vent sensor)

a) 센서 설치는 내측 창 안쪽 틀과 일직선이 되는 위쪽에 설치를 한다.
b) 내측, 외측 창 모두 벤트 스위치(vent switch)를 설치 할 수 없으므로 내측 창에는 벤트 스위치(vent Switch)를 설치하며 외측 창에는 일반 자석 감지기를 설치한다.
c) 오픈(open)거리 초과를 방지하기 위하여 스토퍼(stopper) 및 고정걸이를 설치한다.
d) 센서부는 반드시 수직으로 설치되어야 하며 센서부와 자석부의 설치 각도는 90도가 되어야 한다.

4.1.19 유리감지기(glass break sensor)

a) 부착 부분을 깨끗이 닦는다.
b) 유리면에 선팅(tinting)이 되어있으면 감지거리가 짧아짐으로 썬팅을 제거하고 부착한다.
c) 감지기는 유리 모서리의 상단이나 하단에 3 ㎝~6 ㎝ 정도 떨어진 곳에 부착한다.
d) 유리의 가로 또는 세로의 길이가 2 m가 넘으면 감지기를 추가한다.
e) 양면테이프를 사용하여 감지기를 부착하면 유리에 충격이 가해지더라도 흡수되어 감지될 수 없으므로 유의한다.
f) 감지기는 떨어지지 않도록 견고하게 부착한다.

4.1.20 음향감시기(audio sensor)

a) 최적위치는 유리창쪽과 같은 벽면이다.
b) 가능하면 유리 가까이 설치하며, 감도는 현장에 맞게 조정한다.
c) 공기의 막힘이 없는 곳으로 천정이나 맞은편 벽면에 부착한다.
d) 음파와 충격파를 방해하는 장애물이 없는 곳에 부착한다.
e) 진동이나 음을 발생하는 에어컨이나, 팬, 환풍기, 스피커 등을 피하여 부착한다.
f) 창문 커버가 있다면 음파와 충격파를 커버가 흡수하므로 주의하여야 한다.
g) 이중유리나 필름을 붙인 유리는 진동이 흡수되어 감지범위가 1/2 정도 저하되므로 음향 감지기 부착을 피하여야 한다.
h) 주택 내부에는 부착하지 않는다.

4.1.21 누수감지기(leakage water sensor)

a) 건물의 지하실 및 펌프실, 문서고 등에 부착한다.
b) 감지기는 누수를 감지하고자 하는 위치에 부착한다.

c) 누수 존(zone)에 다른 감지기를 혼용하여 사용하지 않는다.
d) 가입자가 잘못 취급하거나 물청소를 할때 오보가 발생 할 수 있다.
e) 감지기를 바닥가까이 설치하면 파손될 염려가 있으므로 통행량이 적은 곳에 설치한다.

4.1.22 장력감지기(tension sensor)

a) 광범위한 지역의 외곽경비 울타리, 담장, 벽에 설치한다.
b) 옥외용 적외선 감지기 부착이 곤란한 풀밭, 곡선으로 된 곳 등에 설치한다.
c) 와이어를 2 m 간격으로 지지 했을 경우 경계 와이어로프(wire rope)의 어느 위치에 있더라도 1.5 ㎏의 하중을 걸어서 동작하지 않아야 한다.
d) 브라켓(bracket)은 견고하게 부착하여 움직이지 않도록 한다.
e) 계절에 따라 셋팅(setting) 위치를 조절할 필요가 있다.

4.1.23 비상스위치(유선)(emergency switch(wire type))

a) 사용자가 쉽게 사용할 수 있는 곳에 부착한다.
b) 문 근처에 설치하는 경우는 문이 열리는 쪽에 부착한다.
c) 바닥으로 배선할때 금속 몰드 등을 사용하며 몰드가 깨져서 선이 눌리지 않도록 한다.
d) 제 3자나 아이들의 손이 닿기 쉬운 곳에는 부착하지 않는다.

4.1.24 화재감지기(fire sensor)

a) 화재감지기는 화재를 효과적으로 감지할 수 있는 천정부근에 설치한다.
b) 부착높이는 바닥으로부터 8 m를 넘지 않아야 한다.
c) 공기 배출구로부터 1.5 m 이상 떨어진 장소에 부착한다.
d) 열 감지기의 하단은 부착 면으로부터 30cm 이내로 설치해야 한다.
e) 보 등의 두께가 40 ㎝ 이상이면 별개의 감지구역으로 한다.
f) 감지기는 45° 이상 경사가 되지 않도록 부착한다.
g) 기타 설치는 소방법에 준하여 부착한다.

4.1.25 가스감지기(gas sensor)

a) 가스 취급 기기로부터 4m이내에 부착한다.
b) 가스의 종류를 구분하여 부착위치를 정한다.
c) LNG(liquefied natural gas: 액화천연가스)는 천정에서 30 ㎝ 부근에 부착하고, LPG(liquefied petroleum gas: 액화석유가스)는 바닥에서 30 ㎝ 부근에 부착한다.
d) 공기의 흐름이 거의 없는 장소에 부착한다.
e) 수증기가 발생하는 곳이나 통풍이 잘되는 곳 (환풍기, 선풍기)은 부착하지 않는다.
f) 부착 완료 후 감지부에 가스(가스라이터 사용)를 주입 경보 LED(light emitting diode: 발광 다이오드)가 점멸과 동시에 경보음이 나는지 확인한다.
g) 기타 설치는 소방법에 준하여 설치한다.

4.1.26 무선열선감지기(wireless passive infrared sensor)

a) 콘크리트 벽면에 부착시 흔들림이 없도록 견고하게 부착한다.
b) 설치 높이는 지면으로부터 2 m~3 m에 설치함을 원칙으로 한다.

c) 센서가 외부의 영향으로 오작동 할 수 있는 장소는 부착을 피한다. (무선국설비, 고주파 발생지역, 고압선 등) 급격한 온도를 일으킬 d) 수 있는 장소인 에어컨, 환풍기, 난방기 등 주위에서는 최대한 먼 곳에 설치한다.
e) 햇빛이나 자동차의 헤드라이트 등의 영향을 받을 수 있으므로 센서에 외부광선이 직접 닿지 않는 위치로 부착한다.
f) 가급적 창이나 창문을 향하여 부착하지 않는다.
g) 감지기 경계 존(zone)을 가로지르는 방향으로 부착해야 한다.
h) 옥외에는 설치할 수 없으며 차광물이 있는 곳에는 부착을 피한다.
i) 감지기 설치완료 후 동작시켜 작동여부를 확인한다.
j) 배터리 수명연장을 위하여 가능한 서늘한 곳에 설치한다.

4.1.27 무선자석감지기(wireless magnetic sensor)

a) 출입문에 부착시 문과 문틀이 잘맞지않아 틈새가 발생할 경우 브라켓(bracket)을 사용하여 부착한다.
b) 자석부를 철문에 부착시 자력상실을 방지하기 위하여 1개 이상의 스페이서를 사용한다.
c) 감지기에 충격을 주지 말아야 한다.
d) 감지기가 외부의 영향으로 오동작 할 수 있는 장소인 무선국 설비, 고주파발생지역, 고압선 등이 위치한 곳에는 부착을 피한다.
e) 감지기는 경비구역 내에만 부착한다.
f) 배터리는 저온에서보다 고온에서 방전이 심하여 수명이 짧아지기 때문에, 기기를 설치할 경우에는 가능한 서늘한 곳에 위치하여야 한다.
g) 부착 완료 후 감지기를 작동하여 동작하는지 확인한다.

4.1.28 비상스위치(무선)((emergency switch(wireless type))

a) 수신기는 주장치 주변에 부착하는 것을 원칙으로 한다.
b) 수신불가 지역이 없는지 방문을 닫고 확인한다.
c) 수신불가 지역이 있으면 수신기를 수신가능 지역으로 이동하여 부착한다.
d) 감지기 설치완료 후 동작시켜 작동여부를 확인한다.

4.2 로컬경비 시스템 설치규격

4.2.1 카메라(camera)

a) 흔들림이 없도록 견고하게 설치한다.
b) 사람이 손이 직접 닿지 않는 높이에 설치한다.
c) 카메라의 위치는 가능한 한 피사체의 정면에 설치한다.
d) 역광이 최소화 되도록 설치한다.
e) 카메라는 최대한 하우징 유리쪽에 가까이 설치한다.
f) 고압선이나 고주파 발생지역에는 설치하지 않는다.
g) 사각 지역이 발생하지 않도록 설치한다.
h) 유지보수가 용이하게 설치한다.

4.2.2 하우징(housing)

a) 지지대에 흔들림이 없도록 견고하게 설치한다.
b) 현장상황에 맞게 노출형이나 돔형 하우징을 설치한다.
c) 옥외에 설치할 때는 온도조절용 팬히터가 장착된 하우징을 권장한다.
d) 유지보수가 용이하도록 설치한다.

4.2.3 지지대(bracket)

a) 흔들리거나 떨어지지 않도록 견고하게 설치한다.
b) 부식되거나 녹슬지 않는 재질을 사용한다.
c) 현장 상황에 맞는 지지대를 선택한다.

4.2.4 회전기(pan/tilt)

a) 회전기에 부착하는 각종 보조 장치의 무게를 고려하여 설치한다.
b) 옥외에 설치할 때는 기본적으로 눈이나 비를 피할 수 있는 것을 설치한다.
c) 회전반경을 고려하여 설치한다.

4.2.5 투광등(search light)

a) 카메라 사양에 알맞은 밝기의 조명을 사용한다.
b) 불빛이 직접 입사되지 않도록 설치한다.
c) 알람 연동용 조명은 즉시 켜지는 조명을 사용한다.

4.2.6 수신기(receiver)

a) 수신기는 제3자의 접근이 어려운 곳에 설치한다.
b) 비, 먼지, 눈과 같은 환경의 영향을 받지 않도록 외함을 설치한다.
c) 외함에는 반드시 잠금장치를 설치한다.
d) 인입 케이블은 수신기 밑으로 끌어 넣는다.

4.2.7 조정기(controller)

a) 감시자가 조작하기 쉬운 곳에 설치한다.

4.2.8 수상기(monitor)

a) 감시 거리를 감안하여 수상기의 크기를 선택한다.
b) 적절한 시야를 확보할 수 있도록 높이를 고려하여 설치한다.
c) 통풍이 용이한 곳에 설치하여 방열이 잘되도록 한다.
d) 벽면에서 15cm 이상 떨어진 곳에 시킨다.
e) 강전이나 자성체가 발생되는 곳은 피한다.
f) 배후가 밝은 장소는 피한다.
g) 직사광선이나 조명이 수상기에 직접 들어오지 않도록 설치한다.
h) 평평하고 흔들리지 않는 장소에 설치한다.
i) 습기나 화기가 있는 곳은 피한다.

4.2.9 분할기(splitter)

a) 감시자가 조작하기 쉬운 곳에 설치한다.
b) 제3자의 조작방지를 위해 기기수용 함에 설치한다.
c) 기기수용함에 없는 경우는 수상기와 가까운 곳 하단에 설치한다.
d) 평평하고 흔들리지 않는 장소에 설치한다.
e) 습기나 화기가 있는 곳은 피한다.
f) 기기사이에 일정간격을 유지하여 통풍이 잘되도록 한다.

4.2.10 순차표시기(auto selector)

a) 감시자가 조작하기 쉬운 곳에 설치한다.
b) 제3자의 조작방지를 위해 기기수용함에 설치한다.
c) 기기수용함이 없는 경우는 수상기와 가까운 곳 하단에 설치한다.
d) 평평하고 흔들리지 않는 장소에 설치한다.
e) 습기나 화기가 있는 곳은 피한다.
f) 기기사이에 일정간격을 유지하여 통풍이 잘되도록 한다.

4.2.11 문자, 시간표시기(ID time date generator)

a) 감시자가 조작하기 쉬운 곳에 설치한다.
b) 제3자의 조작방지를 위해 기기수용함에 설치한다.
c) 기기수용함이 없는 경우는 수상기와 가까운 곳 하단에 설치한다.
d) 평평하고 흔들리지 않는 장소에 설치한다.
e) 습기나 화기가 있는 곳은 피한다.
f) 기기사이에 일정간격을 유지하여 통풍이 잘되도록 한다.

4.2.12 다중영상표시기(Multiplexer)

a) 감시자가 조작하기 쉬운 곳에 설치한다.
b) 제3자의 조작방지를 위해 기기 수용함에 설치한다.
c) 기기 수용함이 없는 경우는 수상기와 가까운 곳 하단에 설치한다.
d) 평평하고 흔들리지 않는 장소에 설치한다.
e) 습기나 화기가 있는 곳은 피한다.
f) 기기사이에 일정간격을 유지하여 통풍이 잘되도록 한다.

4.2.13 영상분배기(video distribution amplifier)

a) 감시자가 조작하기 쉬운 곳에 설치한다.
b) 제3자의 조작방지를 위해 기기 수용함에 설치한다.
c) 기기 수용함이 없는 경우는 수상기와 가까운 곳 하단에 설치한다.
d) 평평하고 흔들리지 않는 장소에 설치한다.
e) 습기나 화기가 있는 곳은 피한다.
f) 기기사이에 일정간격을 유지하여 통풍이 잘되도록 한다.

4.2.14 녹화기(recorder)

a) 감시자가 조작하기 쉬운 곳에 설치한다.
b) 제3자의 조작방지를 위해 기기 수용함에 설치한다.
c) 기기 수용함이 없는 경우는 수상기와 가까운 곳 하단에 설치한다.
d) 평평하고 흔들리지 않는 장소에 설치한다.
e) 습기나 화기가 있는 곳은 피한다.
f) 기기사이에 일정간격을 유지하여 통풍이 잘되도록 한다.

4.2.15 전기정(electronic lock)

a) 출입문에 견고하게 설치한다.
b) 케이블이 쉽게 절단될 수 없도록 한다.
c) 출입문이 손상되지 않도록 설치한다.
d) 접속 부분은 결선용 박스를 사용하고 박스를 사용 할 수 없는 곳은 수축튜브를 이용하여 결선한다.

4.2.16 퇴실버튼(egress button)

a) 설치 높이는 바닥에서 1.2 m 이상의 높이에 설치한다.
b) 출입문의 손잡이로부터 반경 1.5 m 이내에 설치한다.

6. CCTV 시스템 주요용어[402)]

구 분	주 요 설 명
가변초점 렌즈 (Vari-Focal Lens)	초점거리를 가변할 수 있는 렌즈
가시광선 (Visible Light)	인간의 눈으로 볼 수 있는 빛
감도 (Sensitivity)	각종 기기나 센서가 입력에 대해 응답하는 정도로서 광학에서는 빛을 느끼는 정도를 약칭
고스트 (Ghost)	수신된 영상에 그림자가 생기는 현상으로 원래의 신호보다 빠르거나 늦을 때 화면 상에 나타나는 현상
고정초점 렌즈 (Fixed Lens)	초점거리가 고정된 렌즈
고체촬상소자 (Solid State Image Sensor)	반도체 주사회로에 의해 영상신호가 읽혀지는 촬상소자
광각렌즈 (Wide-Angle Lens)	표준렌즈보다 초점 거리가 짧은 렌즈를 말하며 화각이 넓음
광색 (Light Appearance)	광원의 색은 색온도로서 나타낼 수 있는데 전구색(따뜻한 색감)은 3300K 이하, 백색(미색의 부드러운 색감)은 3300~5000K, 주광색(시원한 색감)은 5000K 이상
광도 (Luminous Intensity)	빛의 강도를 말하여 광원으로부터 어떤 방향으로 얼마만큼의 광량이 방출되는지를 의미하며 단위는 cd(칸데라)
구경 (Aperture)	빛의 강도를 조절하는 다양한 렌즈 직경

402) 주일엽, 기계경비개론, 도서출판 진영사, 2012, pp.193-201, 내용 재구성.

구 분	주 요 설 명
구경비 (Aperture Ratio)	광학계의 입사렌즈의 직경(D)과 초점거리(f)와의 비(D:f)로서 광학계의 밝기를 표시하며, 렌즈의 F값은 구경비의 역수로 f/D로 표시
데시벨 (Decibel, dB)	입력대 출력을 나타내는 수치로서 기준이 되는 전력 P1과 비교대상의 전력 P2를 log값으로 비교 * NP = 10 * LOG10(P2/P1)
동기신호 (Sync Signal)	화상전송 계통에서 수신측의 재현동작을 송신측과 맞추기 위하여 이용하는 신호
동작감지기 (Motion Detector)	야간 또는 사람의 왕래가 빈번하지 않는 지역에서 물체가 움직이는 것만을 녹화하게 하는 장비
램프효율	소모하는 전기 에너지가 빛으로 전환되는 효율성
렌즈 (Lens)	피사체에 초점을 맞추기 위해 한 개 이상의 광학유리로 만들어진 광학 기구
룩스 (Lux)	빛의 감도를 측정하는 단위
망원렌즈 (Telephoto Lens)	유효 초점거리가 실제 렌즈의 길이보다 길게 만들어진 렌즈
모니터 (Monitor)	영상신호를 화상으로 재현하기 위한 장치
모아레 (Moire)	특정한 피사체(규칙적인 상하 줄무늬, 빛살 무늬, 체크 무늬)를 특정한 크기로 촬영하면 아지랑이 모양의 불규칙한 색상이 겹쳐 보이는 현상

구 분	주 요 설 명
백라이팅 (Back Lighting)	피사체의 배경을 조명하는 보조광선
백초점거리 (Back Focal Distance)	렌즈의 최종 굴절면의 정점에서부터 상 초점면까지의 거리
블루밍 (Blooming)	화면중의 밝은 부분에서 주위로 번짐 현상이 발생하는 것
비월주사 (Interlace Scanning)	주사선을 한 줄씩 건너뛰면서 주사하는 2회 수평주사를 통해 한 장의 그림을 완성하는 주사방식
색수차 (Chromatic Aberration)	빛의 파장에 따라 렌즈 등 광학부품의 굴절율이 다르기 때문에 발생하는 결상위치나 확대배율 등의 수차
색신호 (Color Signal)	컬러 영상에서 색에 관한 정보를 갖는 신호의 총칭
색온도 (Color Temperature)	열을 방사하는 물체의 색을 절대온도의 단위로 나타낸 것으로 색온도가 높을수록 차가운 광색을 갖게 되고 색온도가 낮을수록 따뜻한 광색을 가짐
셔터 (Shutter)	정해진 시간 동안 CCD나 필름을 빛에 노출시키기 위해 열리고 닫히는 기계 장치
수동조리개렌즈 (Manual-Iris Lens)	조리개를 고정위치로 설정하여 사용하는 렌즈
수직주사 (Vertical Scanning)	화면을 구성하는 화소의 신호 값을 수평주사선에 수직인 방향으로 순차적으로 읽어내는 것, 또는 같은 방법으로 순차기록 또는 표시하는 것

구 분	주 요 설 명
수직해상도 (Vertical Resolution)	수직방향의 공간해상도 (단위는 본 또는 LINE을 사용)
수평주사 (Horizontal Scanning)	화면을 구성하는 화소의 신호 값을 수평방향으로 순차적으로 읽어 내는 것, 또는 같은 방법으로 순차기록 또는 표시하는 것
수평해상도 (Horizontal Resolution)	수평방향의 공간해상도 (단위는 본 또는 LINE을 사용)
순차주사 (Progressive Scanning)	화상의 주사방법의 일종으로 1프레임 기간 내에 모든 주사선을 순서에 따라 주사하는 방법
신호대 잡음비 (Signal to Noise Ratio)	신호와 잡음과의 비율(S/N Ratio)로서 대부분 신호와 잡음의 전력비로 표시하지만 전압비로 나타내는 경우도 있음
어안렌즈 (Fisheye Lens)	초점 거리 17mm 이하의 단초점 렌즈로 술통형의 왜곡을 만들어 내는 특수 렌즈이며 극도로 넓은 시계표현이 가능
역광 (Back Light)	피사체의 뒤쪽에서 카메라를 향해 광선이 비추는 것을 의미
연색성 (Color Rendering)	조명된 사물의 색재현 충실도를 나타내는 광원의 성질을 말하며 연색지수란 자연광에서 본 사물의 색과 특정 조명에서의 경우 어느 정도 유사한가를 수치로 표현
영상분배기 (VDA)	1대의 카메라 영상신호를 다수의 영상 모니터에 공급하는 장비
영상절환기 (Switcher)	2대 이상의 카메라에서 전송하는 영상신호를 1대의 모니터로 선택 또는 전환

구 분	주 요 설 명
와치독 (Watch Dog)	DVR 시스템 상에서 스스로 오류를 감지하여 대처하는 기능
유효화소수	실제로 영상의 형성에 관계하는 화소의 숫자
인포커스 (In Focus)	촬영시 초점이 맞춰진 것을 의미
자동이득제어 (Automatic Gain Control)	송·수신과 관련하여 출력을 항상 일정하게 유지하기 위해 자동으로 이득을 제어하는 기능(AGC)
자동조리개제어 (Automatic Iris Control)	촬영조도의 변화에 따라 적절한 노광을 얻기 위해 조리개 조정을 자동으로 하는 기능
자동초점조정 (Automation Focus)	렌즈의 초점 조정을 자동으로 하는 기능
잡음 (Noise)	본래신호 이외의 모든 것이며 영상과 음성의 품질을 평가하는 수치의 하나로서 신호(S)와 잡음(N)의 비를 S/N 비로 표현
장초점 렌즈	표준렌즈보다 초점거리가 길며 화각이 좁은 렌즈
적목현상 (Red-Eye Effect)	플래쉬를 사용한 촬영에서 인물의 눈동자가 빨갛게 표현되는 현상
전하결합소자 (Charge Coupled Device)	촬상관을 대신하는 신개념의 촬상장치로서 빛 에너지를 전기적인 신호로 변환하는 고체촬상소자(CCD)
조도 (Illuminance)	입사하는 광속을 단위 면적당으로 환산한 값으로 단위는 룩스(LUX, LX)
조리개 (Iris)	카메라 렌즈의 구경을 조절하여 필름면에 도달되는 빛의 밝기와 피사계 심도를 조절하는 기구로서 F값으로 표현 (F값의 범위는 F1.4~22로 F치가 낮을수록 빛을 많이 통과)

구 분	주 요 설 명
종횡비 (Aspect Ratio)	표준 TV시스템에서 화면 넓이와 높이와의 비율로서 NTSC와 PAL방식은 수평대 수직 비율이 4:3이며, WIDE방식의 경우는 16:9
주사 (Scanning)	2차원의 화상을 시간적인 전기신호로 전송하기 위해 화상을 화소로 분해하고 화소의 신호 값을 일정한 순서와 방법으로 읽어내는 동작
주사방식 (Scanning Standard)	화상을 구성하기 위해 정해진 주사에 관한 방식
주사선수 (Number of Scanning Lines)	수직귀선 기간을 포함한 1프레임의 화면을 나타내는 주사선의 수로 NTSC 방식은 525본, PAL과 SECOM 방식은 625본
줌 렌즈 (Zoom Lens)	광학계의 일부를 광축에 따라 이동시킴으로써 피사체의 위치를 변화시키지 않고 초점거리를 연속적으로 변화시킬 수 있는 렌즈
줌비 (Zoom Ratio)	줌렌즈 또는 가변초점렌즈에서 최대 초점거리와 최소 초점거리와의 비율
지터 (Jitter)	텔레비전 화면상에서 화상이 수평방향으로 불안정하게 흔들리는 현상
집광렌즈 (Condenser Lens)	결상을 목적으로 하지 않고, 단지 빛을 모으는 역할을 하는 렌즈
초점 (Focus)	렌즈를 통하여 들어온 빛이 상을 맺는 위치
초점거리 (Focal Length)	무한대에 초점을 맞추었을 때 렌즈의 광학적 중심에서 초점면까지의 거리로서 초점거리가 짧을수록 넓은 화각(광각)을 얻을 수 있음
촬상관	피사체에 반사된 빛을 받아서 전기적 에너지로 전환시키는 진공관 소자

구 분	주요설명
최소피사체거리 (Minimum Object Distance)	피사체에 초점을 맞출 수 있는 렌즈의 최소 근접거리로서 렌즈 앞부터 피사체까지의 거리로 측정
최저피사체조도 (Minimum Object Illumination)	촬상소자 또는 그것을 이용하는 카메라에서 촬영이 가능한 최저의 피사체 밝기
컨버터 (Converter)	신호를 변환하는 장치
크로스칼라 (Cross Color)	칼라 TV시스템에서 휘도신호에 혼입된 칼라신호 성분에 의해 화상의 재생에 문제를 일으키는 현상
크로스토크 (Cross Talk)	전화 등의 통신회선에서 타 회선의 전력의 일부가 스며들어 본래의 통신 내용과는 다른 내용이 혼입되는 현상
프레임 크기 (Frame Size)	영상을 표시하는데 사용하는 화면의 크기
프레임 (Frame)	TV나 영화에서 한 장의 그림을 의미하는데 NTSC방식에서는 525본의 주사선으로 1프레임이 구성되고, 1초당 30프레임으로 구성
플래쉬 (Flash)	어두운 곳에서 촬영할 경우 밝은 빛을 순간적으로 비추어 밝게 해주는 것
플레어 (Flare)	렌즈로 들어오는 빛이 렌즈 면이나 렌즈 경통 내 혹은 카메라 본체 내에서 반사되어 선명도를 떨어지게 하는 것
플렌지 백 (Flange Back)	렌즈 마운트의 부착 기준면에서 결상면까지의 거리
플리커 (Flicker)	명암이 시간에 따라 교대로 바뀌는 경우, 이것을 볼 때 느껴지는 점멸현상

구 분	주 요 설 명
피사계 심도 (Depth of Field)	렌즈가 초점을 맞추었을 때 사진이 선명하게 나타나는 범위
피사체	촬영되는 대상물
핀홀 렌즈 (Pin-Hole Lens)	카메라를 숨겨서 사용하기 위해서 작은 크기로 만든 렌즈
필드 (Filed)	TV 주사에서 1회의 수직 주사로써 구성되는 화면. NTSC방식에서는 주사선 525본이 기수 필드와 우수 필드로 구성
하우징 (Housing)	어떠한 환경조건에서도 양호한 영상을 얻을 수 있도록 카메라를 보호하는 장치
해상도	카메라가 어느 정도 섬세히 피사체를 볼 수 있는가를 정량적으로 표시한 것
화각	영상을 촬영할 수 있는 범위의 각도로서 렌즈의 mm수가 낮을수록 화각의 범위는 넓음
화소 (Pixel)	화상을 형성하는 최소의 단위로서, 화소수가 많을수록 해상도가 높은 영상을 얻음
후초점 (Back Focus)	렌즈 최종면의 정점에서 상이 맺히는 결상면까지의 거리
휘도 (Luminance)	빛나는 정도로서 빛을 내는 넓이로 빛의 양을 나눈 것으로 어떤 방향으로부터 본 물체의 밝기이며 단위는 cd/㎡, nt(니트)
휘도신호 (Luminance Signal)	화상의 휘도를 표시하는 전기신호
ATSC (Advanced Television System Committee)	비디오(영상), 오디오(소리) 신호의 압축 및 전송 기술에 대한 표준으로 비디오 신호는 MPEG-2로, 오디오 신호는 AC-3로 압축하고 전송기술은 VSB(Vestigial Side Band)을 이용하며, 기존의 NTSC 방식과 주파수 대역(6MHz)이 동일해 호환이 용이한 방식

구 분	주요설명
C/CS마운트 (C/CS Mount)	카메라와 렌즈와의 대표적인 결합구조로서 C마운트 렌즈인 경우, 플렌지의 거리가 17.5mm 이고, CS마운트인 경우는 12.5mm
F값 (F-Number)	렌즈의 밝기를 나타내는 수치로서 광학계의 초점거리를 f, 구경을 D로 했을 때 F=f/D로 표시
NTSC (National Television Systems Committee)	표준화된 비디오 출력방식의 하나로 우리나라가 채택하고 있는 비디오 출력의 방식이며 유럽지역에서는 PAL방식을 사용(NTSC 방식의 주사선은 525개, PAL 방식의 주사선은 625개)
RGB	빛 처리의 기본이 되는 색 신호 처리 체계를 상징하며 빛의 3원색인 적색(Red), 녹색(Green), 청색(Blue)의 첫 영문자들을 따서 만든 약자
Video Decoder	아날로그 비디오 신호를 디지털 정보로 변환하는 장치
Video Encoder	디지털 정보를 아날로그 비디오 신호로 변환하는 장치

찾아보기

(ㅇ)

(N)

(O)

(P)

(R)

(V)

저자 소개

주 일 엽 (朱 一 燁)

[학 력]

▷ 한국항공대학교 항공통신공학과 졸업 (공학사)
▷ 한국체육대학교 사회체육대학원 안전관리학과 졸업 (안전관리학 전공, 체육학석사)
▷ 서울대학교 대학원 체육교육과 졸업 (스포츠사회학 전공, 체육학박사)

[경 력]

▷ 공군 제16전투비행단 / 제7항로보안단 (공군 중위, 통신전자)
▷ 대통령실 경호처 (경호부이사관)
▷ 기계경비지도사 / 일반경비지도사 (한국산업인력공단)
▷ G-20 정상회의 경호안전자문위원 (대통령실 경호처, 2010)
▷ 대전광역시 재난영향성검토위원 (대전광역시, 2012)
▷ 현재 중부대학교 경찰경호학과 교수
한국경호경비학회 이사
한국비서학회 이사
한국치안행정학회 이사
한국민간경비학회 이사
한국공안행정학회 이사

[연구실적]

▷ 저 서
경호경비법 (2010, 공저)
기계경비개론 (2010)

▷ 논 문
효율적 경호를 위한 시큐리티시스템 구축방안에 관한 연구 (2000, 석사학위논문)
프로축구 관중의 집합행동 사례연구(2003)
국제스포츠대회 안전활동 발전방안에 관한 연구 (2006, 박사학위논문)
시큐리티산업과 범죄 발생 및 검거와의 관계 (2007)
외국정보기관의 인간정보 활동에 대응한 산업기술 보호방안 (2008)
환경설계를 통한 범죄예방과 시큐리티시스템 간 연계방안 (2009)
지능형 로봇에 대한 안전관리 발전방안 (2011)
국내 수행비서 연구동향 분석 (2011)
로봇산업과 연계한 경비산업 발전방안 (2011)
범죄 발생에 대한 계절요인 분석 (2012)
시계열 모형을 이용한 범죄예측 사례연구 (2012) 등 다수